부동산유치권법 각론

THE REAL ESTATE LIEN

이찬양

박영사

머리말

저자는 이미 부동산 유치권 강의(박영사)라는 책을 출간한 바 있는바, 부동산 유치권 강의(박영사)는 유치권 논제에 관해 부동산 유치권 경매 3단계에 따른 다소 총론 성격의 논의가 담긴 서적이다. 그런데 본「부동산 유치권법 각론」은 총론 성격이라기보다는 유치권에 관한 특정 논제에 있어 비교적 연구가 활성화되지 않은 제 연구 분야에 집중한 책이다.

저자는 본인의 능력 및 자질이 부족한 청맹과니임을 알고 있으므로 향후 평생에 걸쳐 부단히 공부해야 함을 익히 인지하고 있다. 그러함에도 불구하고 저자가 유치권에 관한 특정 논의를 담은 본서를 감히 출간하게 된 계기는 유치권에 관해 가진 의문점과 그에 대한 다소 거친 견해들을 이 부족한 책으로나마 독자에게 전달하고 싶었기 때문이다. 향후 본서와 유사한 논의를 수행하는 분들에게 본 논의가 조금이라도 도움이 되기를 희망한다.

부동산유치권법 각론에서는 크게 2가지 분야에서의 유치권 논의를 다루었다.

제1장 압류와 유치권 간의 우열 관계에서 제1절에서는 압류와 유치권의 우열 관계를 검토하였고 제2절에서는 상사유치권에 집중하여 압류, 저당권을 둘러싼 상사유치권의 우열 관계를 논의하였다. 이와 더불어 제3절에서는 압류와 유치권의 우열 법리의 재구성을 꾀함을 통해 그동안 조명이 다소 활성화되지 않았던 ⅰ) 압류와 유치권 관련 판례의 근거 법리인 처분금지효와 법적 안정성 간 관계 법리의 재구성, ⅱ) 압류 이후 유치권 법리와 매수인에 대한 유치권 법리 간 관계 법리의 재구성, ⅲ) 압류 이후 유치권 법리와 압류 이후 비용 지출한 유치권 간 관계 법리의 재구성에 관하여 검토하였다.

제2장 압류ㆍ저당권과 유치권 우열에 관한 입법적 대안에서는 제1절

집행법적 시각에서의 유치권 개정안 재조명 논의를 통해 유치권 개정안에 관해 다소 연구가 수행되지 않은 집행법적 시각에서의 논의를 재조명하고자 하였다. 유치권 개정안은 실체법적 문제가 있음은 이미 다수 지적이 있었고 그러한 문제들은 선행연구 등을 통해 장·단점이 검토되었다. 이러한 논의 선상에서 본 개정안에 관하여 집행법적 시각에서 문제점들을 검토하는 것은 개정안의 향후 나아가야 할 방향성을 찾는 데 조금이나마 도움이 될 수 있을 것이다.

제2절 저당권설정청구권 제도의 도입 가능성에서는 기존의 부동산유치권 개정안의 장·단점을 검토하면서 개정안의 여러 대안 중 저당권설정청구권 제도 도입의 가능성과 장·단점 등을 검토하였다. 제3절에서는 유치권 등기제도를 도입할 경우 장·단점과 그 도입 가능성을 논의하였다.

이 책이 출간되기까지 많은 분들의 도움이 있었다. 고려대학교 법학전문대학원 교수님이신 유병현 선생님은 저자의 은사님으로서 저자의 연구 자세, 인생 등에 있어 큰 등대 역할을 해주셨다. 이에 따라 저자는 선생님에 대한 勿逆師敎, 必從師導의 자세로 연구와 강의에 임하려 노력하고 있다. 아울러 고려대학교 법학전문대학원의 정영환 교수님, 김경욱 교수님, 윤남근 명예교수님, 김용재 교수님께서는 저자에게 많은 도움이 되는 가르침 등을 주셨다.

저자를 항상 응원해주시는 부모님께도 溫淸定省으로 감사드리며 무엇보다 저자와 인생길을 함께하며 많은 배려와 응원을 해주는 사랑하는 아내 김소연 교수님께도 감사드린다. 또한, 삶을 이끌어주시는 하나님께 무한한 감사를 드린다.

마지막으로 이 책을 펴내는 데 도움을 주신 박영사 안종만 대표님, 임재무 이사님, 김한유 과장님, 그리고 편집 및 제작 관련하여 고생해주신 양수정 선생님께도 감사의 말씀을 전한다.

이번 책에서 부동산 경매절차와 관련된 부동산 유치권 각론 논제에 있어 학계의 논의와 판례에 관한 심층적 검토, 판례법리의 흐름과 판례법리의 재구성 시도, 향후 입법안 제시와 그 장·단점 등을 충실히 담으려 최대한 노력하였으나 저자의 능력 부족을 실감하고 있다. 본 부동산 유치권 제논의에 있어서 부족한 부분들이 있을 수 있는바, 독자 및 선생님들께서

미진한 부분들을 저자에게 언제든지 지도 · 편달해주실 것을 기대한다. 추후 여러 선생님분들의 가르침을 토대로 개정작업을 통해 본서의 완성도를 높이도록 할 것이다.

2023년 2월
이찬양 지음

목차

제1장

압류와 유치권 간의 우열 관계

압류와 유치권 간의 우열 관계 중 제1절에서는 다소 총론적인 압류와 유치권의 우열 관계를 검토하고 제2절에서는 상사유치권에 집중하여 압류, 저당권을 둘러싼 상사유치권의 우열 관계를 논의한다. 이와 더불어 제3절에서는 압류와 유치권의 우열 법리의 재구성을 꾀함을 통해 그동안 조명이 다소 활성화되지 않았던 ⅰ) 압류와 유치권 관련 판례의 근거 법리인 처분금지효와 법적 안정성 간 관계 법리의 재구성, ⅱ) 압류 이후 유치권 법리와 매수인에 대한 유치권 법리 간 관계 법리의 재구성, ⅲ) 압류 이후 유치권 법리와 압류 이후 비용 지출한 유치권 간 관계 법리의 재구성에 관하여 검토하고자 한다.

압류와 유치권의 우열 관계

I. 서론

부동산 경매 압류단계는 제1단계의 집행처분이다. 금전채권의 만족을 얻기 위할 목적으로 채무자가 소유하고 있는 특정 부동산을 국가의 지배하에 두고 채무자의 처분권을 사실상 또는 법률상으로 금지하는 국가집행기관의 강제적인 행위이며 공권적인 행위인 것이다.[1]

부동산 경매 압류단계에서 유치권[2]의 우열상 핵심쟁점은 가압류채권에 관한 유치권의 우열 및 압류채권에 관한 유치권의 우열이다.[3] 이 중 가

---

[1] 이시윤, 「신민사집행법(제8개정판)」, 박영사, 2020, 264면; 김상수, 「민사집행법(제4판)」, 법우사, 2015, 146면; 김홍엽, 「민사집행법(제4판)」, 박영사, 2017, 146면; 사법연수원, 「민사집행법」, 사법연수원, 2015, 121면; 전병서, 「민사집행법」, Justitia(유스티치아), 2020, 179면.

[2] 이하에서 논의하는 유치권 대상은 동산 및 유가증권이 아니라 부동산에 초점을 맞추고자 한다. 동산, 유가증권은 물권의 이전이 대부분 점유의 이전에 의해 이뤄지기 때문에 점유의 물권성을 기초로 유치권의 물권성을 인정할 수 있다. 따라서 부동산유치권의 물권화와 비교하여 동산은 상대적으로 문제되지 않기 때문에 유치권 대상에서 제외한다.

[3] 압류보다 먼저 취득한 유치권의 우열은 유치권이 압류보다 앞서 성립하였기 때문에 압류에 의한 처분금지효에 영향받지 않게 된다. 따라서 유치권은 압류에 대하여 대항할 수 있고 또

압류채권에 관한 유치권의 우열논제는 후행유치권으로 대항할 수 있다는 대법원 판례법리(대항력취득설)[4]가 우리 법제[5]와 일본 법제[6]에서의 다수설이며 이견이 많지 않다. 또한, 가압류가 집행권원을 얻은 후 본집행인 경매를 신청하여 압류가 개시된 경우 가압류집행은 본집행에 포섭이 된다. 이로써 가압류를 행한 시기에 본집행이 존재한 것과 같은 효력이 있게 된다. 이 경우 가압류를 행한 시기에 본압류가 행해진 것으로 판단할 수 있으므로 가압류채권에 관한 유치권의 우열논제는 압류채권에 관한 유치권의 우열논제로 준용할 수 있어 동일하게 해석하면 된다.[7] 따라서 부동산 경매 압류단계에서는 압류채권에 관한 유치권의 우열논제를 중심으로 검토하고자 한다.

압류채권에 관한 유치권의 우열논제에서는 주로 유치권자와 매수인 간

매수인에 대해서도 대항할 수 있어 매수인은 유치권을 인수하게 된다. 이 사안은 큰 문제의식이 제기되고 있지 않고 학설이나 판례도 따로 없어 논의의 실익이 떨어질 것이므로(김기찬/이춘섭, "부동산경매에서 유치권의 한계에 관한 연구", 부동산학연구 제13집 제2호, 2007, 98면) 본고에서 주요 논의대상으로 삼지는 않았다.

4 대법원은 부동산에 대하여 가압류 등기가 완료된 후 채무자의 점유이전을 통하여 제3자가 유치권을 취득한 경우 이 점유이전은 가압류의 처분금지효에 저촉되지 않는다고 판시하였다. 가압류에 대하여 유치권으로 대항할 수 있다는 법리인 것이다(대법원 2011. 11. 24. 선고 2009다19246 판결).

5 김상원 외 3인 편집대표, 「주석 민사집행법Ⅲ」, 한국사법행정학회, 2004, 338면; 이학수, "유치권이 요구하는 점유의 정도", (부산판례연구회)판례연구 제8집, 1998, 103면; 양삼승 집필 부분, 「주석 강제집행법(Ⅲ)」, 한국사법행정학회, 1993, 84면; 이시윤, 신민사집행법(제5판, 2009), 박영사, 250면; 이학수, 유치권이 요구하는 점유의 정도, 판례연구 8집(1998), 부산판례연구회, 6면; 김상수, 민사집행법(제2판, 2010), 법우사, 170면; 하상혁, "가압류 후에 성립한 유치권으로 가압류채권자에게 대항할 수 있는지 가부", 「대법원중요판례해설 2011 하반기(민사·형사편)」, 사법발전재단, 2012, 49면.

6 鈴木忠一/三ケ月章 編輯代表(中山一郎 執筆), 「注解 民事執行法(3)」, 第一法規, 1984, 296頁. ; 石川明 外 2人 編(廣田民生 執筆), 「注解民事執行法(上卷)」, 1991, 615頁; 福永有利, "不動産上の權利關係の解明と賣却條件", 「民事執行法の基本構造」, 西神田 編輯室, 1981, 356頁; 吉野衛/三宅弘人 編輯代表(大橋寬明 執筆), 「注釋 民事執行法(3)」, 文唱堂, 1983, 293~294頁; 竹下守夫, 「不動産競賣における物上負擔の取扱い 不動産執行法の研究」, 有斐閣, 1977, 141~142頁.

7 차문호, "유치권의 성립과 경매", 사법논집 제42집, 법원도서관, 2006, 403면.

우열국면에서 경합·충돌[8]이 발생한다.[9] 직접적인 문제 발생이 되는 유치권자와 매수인 간의 경합·충돌을 해결하고자 할 경우 선결적 해결과제로 압류채권자와 유치권자 간 우열논제를 먼저 논의해야 할 것이다. 이 선결적 논의를 통해 매수인에 관한 유치권의 우열논제는 자연스럽게 해결을 도모할 수 있을 것이다.[10]

압류채권에 관한 유치권의 우열상 주요쟁점은 부동산이 압류된 이후 유치권을 취득한 자가 압류채권자에 대하여 대항할 수 있는지의 여부가 될 것이며 이 쟁점을 중심으로 검토하고자 한다.[11] 이 논제에 관한 선행연

8　이외의 충돌·경합국면으로는 유치권자와 배당받을 수 있는 채권자(배당적격자) 간 우열국면도 있다. 여기서 배당적격자란 배당요구를 하지 않아도 당연히 배당받을 수 있는 자와 배당요구를 하는 것이 가능한 자로 적법하게 배당요구를 행한 자를 의미한다. 전자의 범위로는 ⅰ) 배당요구 종기까지 경매신청을 행한 압류채권자(이중압류채권자 포함), ⅱ) 처음 경매개시결정등기 이전에 등기한 가압류채권자, ⅲ) 처음 경매개시결정등기 이전에 등기(저당권등기, 전세권등기, 임차권등기, 체납처분으로서의 압류등기 등)를 행하고 매각으로 인하여 소멸하게 되는 우선변제권을 가지고 있는 채권자를 의미한다(민사집행법 제148조). 후자의 범위로는 ⅰ) 집행력 있는 정본을 가지고 있는 채권자 ⅱ) 경매개시결정등기 이후에 가압류를 행한 채권자 ⅲ) 민법·상법 그 밖의 법률에 의해 우선변제권을 가지고 있는 채권자를 의미한다(민사집행법 제88조 제1항). 민법·상법 그 밖의 법률에 의해 우선변제권을 가지고 있는 채권자에는 처음 경매개시결정등기 이후에 등기를 하고 매각으로 인하여 소멸하게 되는 것을 가지고 있는 채권자, 그리고 (최)우선변제권 있는 임차인 등이 포함되나 유치권자는 포함되지 않는 것이 통설 및 실무의 입장이라고 한다(이재석, "유치권의 행사를 제한하는 판례이론에 관한 제언", 사법논집 제16집, 법원도서관, 2016, 341면 각주 4번).

9　이재석, "유치권의 행사를 제한하는 판례이론에 관한 제언", 사법논집 제16집, 법원도서관, 2016, 341면.

10　압류채권과 유치권 간 경합·충돌에 관한 검토를 통하여 유치권의 대항 여부를 논의함으로써 압류의 처분금지효에 대한 유치권의 우열을 검토하게 된다(전자 법리). 이 검토를 통해 매수인 측으로 유치권이 인수될 것인지의 여부가 결정(후자 법리)된다는 점에서 압류채권에 관한 유치권의 우열논제를 선결적 해결과제로 볼 수 있는 것이다. 한편, 전자 법리가 후자 법리에 대한 선결 논제라는 점에 관한 구체적 논의와 검토는 추후 후속 연구에서 지속하고자 한다.

11　본 논제를 검토함에 있어 먼저 유치권의 취득 시기(성립 시기)의 요건의 충족범위에 관하여 다음과 같은 점을 유의할 필요가 있다(유치권의 성립 시기는 점유, 변제기, 견련관계 등이 있는바, 더 구체적으로는 대략 17여 가지의 세부요건으로 나누어 검토할 수 있다. 이 요건들 중 어느 하나라도 탈락하면 그 유치권으로는 기타 우열당사자들에 대하여 대항할 수 없다). 그런데 유치권의 경우 기존에는 실무에서조차 점유를 근거로 그 성립 시기를 판단한 경우가 많았다. 즉, 표면적으로 유치권의 점유개시시

구는 압류채권에 관한 유치권의 우열논제에서 학설 및 판례를 분석하여 여러 법리를 체계적으로 구성하게 만든 의의가 있다. 그러나 어느 법리를 기준으로 논제를 검토하는 것이 아니라 주요 논제에 대한 비판·검토에만 집중하여 그 비판·검토의 방향성이 여러 갈래이거나 각 비판이 서로 상충하기도 하는 한계가 있다. 따라서 본고는 이러한 선행연구의 의의와 한계를 전제로 하여 압류에 관한 유치권의 우열논제의 문제 상황을 대법원 판례법리(2005다22688)인 대항력부정설을 중심으로[12] 풀어내어 검토하고자

기가 언제인지에 따라 그 우선권에 관해 All or Nothing이 되곤 한 것이다. 그러나 이는 유치권의 성립요건 중 점유만을 고려한 판단으로 타당하지 않다(졸저, "부동산 물권공시제도의 관점에서 유치권 등기제도 도입에 관한 민사법적 고찰", 일감법학 제46권, 건국대학교 법학연구소, 2020, 255면). 따라서 변제기 시점까지도 같이 판단해야 유치권의 정확한 성립 시기를 논할 수 있는 것이다. 이와 같은 논의가 진행되면서 위 문제점을 비판하면서 유치권의 성립 시기를 점유보다는 '변제기 시점'을 기준으로 하여야 한다는 견해도 개진되었다. 그런데 이 변제기 시점 기준론 주장도 유치권의 성립 시기를 이해함에 있어 편면적으로 기울어진 주장으로 타당하지 않다. 점유를 기준으로 유치권의 성립 시기를 판단하는 것에 문제가 있으므로 변제기 시점을 기준으로 판단해야 한다는 본 견해는 유치권의 다음과 같은 2가지 성립시기를 고려해야 함을 간과한 견해로 판단된다. 결론적으로 유치권의 성립시기는 첫째, 유치하고 있는 목적물에 대하여 점유를 먼저 하게 된 상황 하에서 변제기가 이후에 도래함을 통해 유치권이 성립한 경우(점유→변제기 도래함으로 인하여 유치권 성립), 그리고 둘째, 변제기는 이미 도래한 피담보채권을 가지고 있는 상황 하에서 추후에 유치목적물의 점유를 통해 유치권이 성립된 경우(변제기 도래→점유를 통한 유치권 성립)의 2가지를 고려하여 판단하여야 한다(이 경우 견련관계 등의 기타 요건은 이미 충족된 것으로 검토하였다). 따라서 유치권의 성립 시기는 변제기 시기에 성립하는 경우, 그리고 변제기가 도래한 이후 목적물을 유치한 시점에 성립한 경우가 있는 것이다. 즉, 위 첫째 사례의 경우에서의 유치권의 성립 시기는 점유개시시점이 아니라 후행하는 변제기 도래 시점이 된다. 둘째 사례의 경우에서의 유치권의 성립 시기는 변제기 도래 시기가 아니라 후행하는 점유개시시점이 된다. 따라서 점유개시시점을 근거로 유치권의 성립 시기를 파악하는 것을 비판하면서 변제기 도래 시기를 단순히 그 유치권의 성립 시기로 파악하여야 한다는 견해는 타당하지 않는 것이다. 따라서 본 주요 논제인 압류채권에 관한 유치권의 우열을 검토함에 있어서도 위와 같은 유치권의 성립 시기를 고려할 필요가 있으며 본고에서는 앞서 언급한 유치권의 성립요건은 모두 충족된 상태에서 논의를 개진하고자 한다. 압류채권에 대하여 유치권의 우열을 논의하면서 유치권의 위 성립 시기를 세부적으로 구분하여 검토하면 그 논증의 방향성이 여러 갈래로 분산되어 본고의 집중을 흐리기 때문이다.

12　Ⅱ. 압류에 관한 유치권의 우열에서의 학설 및 판례 3. 소결 부분에서 대항력부정설의 법리가 타당하였다고 판단하였다.

한다. 논제상황을 검토할 경우에도 핵심가치 기준으로 '경매절차의 법적 안정성(예측가능성)'[13]을 중심으로 검토한다. 또한 압류채권에 관한 유치권의 우열논제에서 대항력부정설 법리의 타당성을 논증한 후 대항력부정설을 중심으로 풀어내어 검토한 연구는 활성화되지 못한 실정이므로 그 연구 필요성이 있다고 보았다.

이 문제의식을 토대로 본문에서는 우선 압류채권에 관한 유치권의 우열논제에 있어서 우리와 일본의 학설 및 판례를 검토하고 어느 법리가 타당한지를 검토한다(Ⅱ). 이후 압류의 처분금지효와 이와 관련한 유치권의 우열논제를 대항력부정설의 법리를 중심으로 검토한다(Ⅲ). 마지막으로는 지금까지 논의한 내용을 정리하고 본 논제로부터 파생될 수 있는 추가 연구 방향인 '압류채권에 관하여 비용을 지출한 경우 유치권의 우열논제'를 환기하며 마무리한다(Ⅳ).

Ⅱ. 압류에 관한 유치권의 우열에서의 학설 및 판례

압류에 관한 유치권의 우열에 대한 학설 및 판례의 입장은 크게 유치권으로 대항할 수 있다는 대항력인정설과 대항할 수 없다는 대항력 부정설이 대립하고 있으며 제한적 인정설 등의 견해도 있다.

이하에서는 부동산 경매절차에서 부동산에 대한 압류 이후 유치권자가 유치권의 성립요건을 충족시킨 경우 이 유치권은 압류의 처분금지효에

---

13 이는 압류의 처분금지효에 의하여 압류 효력이 발생한 경우에 있어 추후 예상치 못한 유치권의 등장 또는 취득으로 성립한 유치권이 있다 할지라도 시간적 시기상 앞서 있는 압류채권의 압류 효력을 우선하여 판단하게 된다. 한편, 부동산에 대하여 경매개시결정등기가 완료되기 전 유치권을 취득한 경우라면 경매절차에서의 매수인에 대하여 유치권으로 대항할 수 있으므로 그 대항력을 인정할 수도 있을 것이다. 다만, 부동산경매절차에서의 법적 안정성을 기준으로 검토한다고 하여 전적으로 대법원 2014. 3. 20. 선고 2009다60336 전원합의체 판결 법리를 의미하는 것은 아니며 또한 유치권자에게만 유리하게 법리를 검토하는 것도 아님을 유의할 필요가 있다. 즉, 부동산 경매절차에서 유치권과 다른 이해당사자 간 되도록이면 합리적 예측이 가능하도록 법적 안정성의 측면에서 검토하는 것이다. 이 법리는 대항력부정설 법리와 대치되는 것이 아니라 오히려 양립 가능하다.

저촉되는 것으로 판단해야 하는지 그리고 매수인(경락인)에 대하여 유치권으로 대항할 수 있는지 등의 문제의식을 토대로 비교법적으로 검토하고자 한다.

한편, 독일에서 유치권은 법적성격이 물권이 아닌 채권이기 때문에[14] 부동산 경매절차상에서의 압류채권자 또는 매수인에 대한 유치권의 우열 또는 대항력의 문제는 발생하지 않는다. 프랑스에서의 유치권(droit de rétention)은 채권적 급부거절권으로 이해하여야 하고[15] 굳이 담보물권으로 취급하기에는 어려움이 있다.[16] 또한, 프랑스 유치권(droit de rétention)은 채무자의 물건을 소지하는 채권자가 자신의 채권이 실현될 때까지 그 물건의 반환에 거절할 수 있는 권능일 뿐이지 누구에게나 주장할 수 있는 물권성을 가진다고 볼 수는 없으므로[17] 역시 유치권의 우열문제를 논할 수 없다. 스위스에서의 유치권은 법적 성격이 물권이긴 하나 동산 또는 유가증권만이 대상이고 부동산은 제외되어 있으므로 역시 본 논제에서의 유치권의 우열 문제가 발생하지 않는다.[18] 일본은 우리와 유치권 법제가 매우 유사하여 유치권의 우열 논제와 비교가 가능하다. 따라서 유치권의 우열논제는 일본과만 비교 검토할 수 있으므로 이하에서는 우리와 일본의 학설 및 판례 등을 검토하고자 한다. 본 논제에 관한 학설 및 판례는 국내와 일본의 논의를 따로 분류하여 검토하지 않고 통합하여 비교 · 검토하였다.[19]

---

14 Claus Ahrens, Zivilrechtliche Zuruckbehaltungsrechte, 2002, S. 19.

15 정두진, "프랑스 민법에서의 유치권제도에 관한 소고", 국제법무 제4집 제2호, 제주대학교 법과정책연구소, 2012, 87면.

16 Bourassin, Brémond et Jobard-Bachellier, Droit des sûretés, 2e éd., Sirey, 2010, n° 1384.

17 M. Bourassin, V. Brémond et M.-N. Jobard-Bachellier, Droit des sûretés, 2e éd., Sirey, 2010, n°1346; M. Cabrillac, Ch. Mouly, S. Cabrillac et Ph. Pétel, Droit des sûretés, 8e éd.,Litec, 2008, n°589; etc.

18 Art. 895 B. (Retentionsrecht)
    1 Bewegliche Sachen und Wertpapiere, die sich mit Willen des Schuldners im Besitze des Gläubigers befinden, kann dieser bis zur Befriedigung für seine Forderung zurückbehalten, wenn die Forderung fällig ist und ihrer Natur nach mit dem Gegenstande der Retention in Zusammenhang steht.

19 논제에 관한 학설 및 판례를 국내와 일본의 논의를 따로 검토하여 굳이 지면을 많이 할애하는 것보다는 각 학설과 판례를 통합하여 핵심만을 비교 · 검토하는 것이 연구

1. 학설

(1) 대항력긍정설(종래 통설)과 비판

1) 대항력긍정설 법리

대항력 긍정설은 부동산에 대하여 압류가 있은 후에도 유치권이 성립할 수 있고 유치권으로 모든 압류채권자나 매수인에 대해 대항할 수 있다는 견해이며 종래 우리와 일본의 통설이다.[20]

일본에서의 대항력긍정설은 경매절차에서의 매수인에게 인수되는 유치권에는 어떠한 규정상의 제한도 없으므로 이 유치권으로 매수인에 대해 대항할 수 있다고 한다(제1설). 그리고 유치권이란 실체법상 우선변제청구권이 부여되지 않기 때문에 매각에 따라 유치권이 소멸하면 유치권자는 대금으로부터 우선적인 만족을 얻을 수도 없는 상태에서 유치권이 상실되기 때문에 그 이익의 침해는 부당하다는 것이다. 또한, 유치권의 피담보채권은 대부분 공익적 성격을 가지고 있기 때문에 유치권은 매수인에 대하여 대항할 수 있어 매수인에게 인수된다고 한다.[21] 그리고 유치권은 채무자의 처분행위를 원인으로 발생하는 것도 아니기 때문에 압류 효력 발생 이후 취득한 유치권이라 할지라도 압류채권자에 대하여 대항할 수 있다는 견해도 있다(제2설).[22] 또한, 압류의 효력이 발생하기 전에 이미 적법한 권원을 가진 채로 부동산을 점유한 자가 그 이후에 취득한 유치권은 경매절차 중에 현황조사보고서, 감정평가서, 매각물건명세서상에 기재되었는지의 여부와는 상관없이 매수인에게 인수된다는 견해도 있다(제3설).[23]

논문의 형식에 더 합당하다고 판단하였기 때문이다.

20　김상원 외 3인 편집대표, 「주석 민사집행법Ⅲ」, 한국사법행정학회, 2004, 338면; 이학수, "유치권이 요구하는 점유의 정도", (부산판례연구회)판례연구 제8집, 1998, 103면; 鈴木忠一／三ケ月章 編集代表(竹下守夫 執筆者), 「註釋 民事執行法(2)」, 第一法規, 1984, 253頁.

21　鈴木忠一／三ケ月章 編集代表(竹下守夫 執筆者), 「註釋 民事執行法(2)」, 第一法規, 1984, 253頁.

22　福永有利, "不動産上の權利關係の解明と賣却條件", 「民事執行法の基本構造」, 西神田編輯室, 1981, 356頁.

23　鈴木忠一／三ケ月章 編輯代表(石丸俊彦 執筆), 「注解 民事執行法(2)」, 1984, 298頁.

대항력 긍정설의 논거로는 ⅰ) 압류 효력은 법률행위에 따른 처분만을 금지하는 것이고 사실행위는 금지하지 않는 것을 근거로 든다. 압류 이후 유치권을 취득하는 것은 사실행위를 바탕으로 법률규정에 따라 발생하기 때문에 압류의 처분금지효에 저촉되지 않으므로 유치권은 성립하고 대항력도 인정된다는 것이다.[24] ⅱ) 유치권의 효력이란 등기 선후 시기에 의해 그 우열이 결정되는 것이 아니기 때문에 압류보다 뒤에 성립한 유치권도 반드시 부정되는 것이 아니고 인정될 수도 있다는 측면[25]을 고려해야 한다고 한다. 또한, ⅲ) 민사집행법 제91조 제5항 규정에 의하여 매수인은 유치권자에 대해 그 유치권으로 담보하고 있는 채권을 변제해야 할 책임이 있다고 규정되어 있지만 인수되는 유치권의 범위에 대해서는 그 어떤 제한도 나타나 있지 않다는 점[26] 등을 근거로 압류채권에 대한 유치권자의 대항력을 인정하고 있다.[27]

2) 대항력 긍정설에 대한 비판

대항력긍정설은 다음과 같은 비판이 있다. 대항력긍정설의 견해 중 유치권에 법률상 우선변제청구권이 인정되지 않으나 사실상의 우선변제권의 실효성을 보장하기 위한 것이라는 견해가 있다. 그러나 사실상 우선변제권을 인정해주어야 하는 유치권은 압류보다 더 이전에 성립한 유치권에 한정되어 있는 것이라고 한다. 압류 이후 성립한 유치권의 경우 압류채권자 또는 매수인에게 유치권의 우선변제권을 보장해 줄 필요가 없다는 비판이 있는 것이다. 따라서 대항력긍정설의 견해는 우선변제권의 일편적인 측면만을 고려한 것이고 압류 이후 성립한 유치권이 압류의 처분금지효에

---

24 이학수, "유치권이 요구하는 점유의 정도", (부산판례연구회)판례연구 제8집, 1998, 103-104면.

25 김상원 외 3인 편집대표, 「주석 민사집행법Ⅲ」, 한국사법행정학회, 2004, 338면.

26 吉野衛/三宅弘人 編輯代表(大橋寬明 執筆), 「注釋 民事執行法(3)」, 文唱堂, 1983, 293-294頁.

27 김상원 외 3인 편집대표, 「주석 민사집행법Ⅲ」, 한국사법행정학회, 2004, 348면; 이학수, "유치권이 요구하는 점유의 정도", (부산판례연구회)판례연구 제8집, 1998, 103-104면; 일본에서도 국내의 이와 같은 입장을 살펴볼 수 있다(鈴木忠一/三ケ月章 編集代表(竹下守夫 執筆者), 「註釋 民事執行法(2)」, 第一法規, 1984, 253頁).

저촉됨을 고려하지 못했다는 것이다.[28] 또한, 유치권의 피담보채권은 대부분 공익성·소액성의 특성이 있기 때문에 보호해야 한다는 법리에 비판이 있다. 유치권의 피담보채권만이 압류채권자 또는 선순위의 담보물권자를 배제하면서까지 보호해야 할 정도로 그 공익성이 강하다고 판단하기는 어렵다는 것이다.[29] 무엇보다 최근 실무에서 주장하는 유치권의 공사대금채권 등은 소액이 아닌 매우 높은 액수인 경우도 많고 그 금액의 많고 적음에 따라서 유치권을 인정할 것인지의 여부를 판단하는 것 또한 불합리하다고 한다.[30]

대항력긍정설의 견해 중 ⅰ) 압류 효력은 법률행위에 의한 처분행위만을 대항할 수 없도록 할 뿐 사실행위에 따른 처분행위를 금지하는 것은 아니기 때문에 사실행위를 근거로 법률규정에 따라 발생하게 되는 유치권 취득을 저지할 힘은 없는 것으로 보아야 한다는 논거와,[31] ⅱ) 유치권은 채무자의 처분행위에 의하여 발생되는 것이 아니기 때문에 압류 효력이 발생한 후 취득한 유치권이라 해도 압류채권자에 대하여 대항할 수 있고 이에 따라 매수인도 이 유치권을 인수해야만 된다는 논거[32]에 비판이 있는 것이다. 그리고 유치권의 효력이란 등기 선후에 의하여 우열이 결정되는 것이 아니므로 압류등기와 유치권 성립 시기와의 선후 관계 판단은 곤란하여 압류채권에 대해 유치권으로 대항할 수 있다는 법리는 타당하지 않

---

28 김건호, "부동산 경매절차에서의 유치권", 법학논고 제36집, 경북대학교 법학연구원, 2011, 394면.

29 강민성, "민사집행과 유치권―이미 가압류 또는 압류가 이루어졌거나 저당권이 설정된 부동산에 관하여 취득한 점유 또는 견련성 있는 채권으로써 경매절차에서 그 부동산을 매수한 사람을 상대로 유치권을 내세워 대항하는 것이 허용되는지 여부에 관하여", 사법논집 제36집, 2003, 74면.

30 서울중앙지방법원에서 경매 실무를 하는 동안 유치권이 주장되고 있는 사건 중의 대부분은 공사대금채권에 기한 사건이 많은데 그 피담보채권의 금액은 1,000만 원 이하의 사건은 거의 찾아보기 힘들고 보통 수천만 원에서 수억 원 이상에 이른다(차문호, "유치권의 성립과 경매", 사법논집 제42집, 법원도서관, 2006, 각주 176번).

31 이학수, "유치권이 요구하는 점유의 정도", (부산판례연구회)판례연구 제8집, 1998, 103면.

32 福永有利, "不動産上の權利關係の解明と賣却條件", 「民事執行法の基本構造」, 西神田編輯室, 1981, 356頁.

다는 비판이 있다. 유치권이란 일반적인 공시방법인 등기와는 달리 점유라는 불완전한 공시방법에 의해 성립되기 때문에 이를 제한해야 할 필요성이 큰 측면을 고려하면 압류등기시기보다 뒤에 있는 유치권으로 대항할 수 있다는 법리는 수긍하기 어렵다는 것이다.[33]

(2) 대항력부정설(판례의 입장)과 비판

1) 대항력부정설 법리

대항력부정설의 입장은 대법원의 입장으로 이미 압류 효력이 발생한 부동산의 점유를 채무자가 임대차 또는 사용대차 등의 행위를 통해 제3자에게 이전해주는 것은 압류의 처분금지효[34]에 저촉되는 행위라고 한다.[35] 또한, 이 견해는 민사집행법 제91조 제5항 규정에 따라 유치권자를 모든 유치권자로 이해하는 것이 아니라 압류채권자 또는 경락인에 대하여 대항할 수 있는 유치권자로 파악한다.[36]

---

33 김상원 외 3인 편집대표, 「주석 민사집행법 III」, 한국사법행정학회, 2004, 340면.

34 처분금지효는 상대적 효력만을 가지고 있다(김기찬/이춘섭, "부동산경매에서 유치권의 한계에 관한 연구", 부동산학연구 제13집 제2호, 2007, 83-86면; 김원수, "압류(가압류)의 효력이 발생한 후에 유치권을 취득한 자가 매수인(경락인)에게 대항할 수 있는지 여부", (부산판례연구회)판례연구 제18집, 2007, 668면).

35 강민성, "민사집행과 유치권-이미 가압류 또는 압류가 이루어졌거나 저당권이 설정된 부동산에 관하여 취득한 점유 또는 견련성 있는 채권으로써 경매절차에서 그 부동산을 매수한 사람을 상대로 유치권을 내세워 대항하는 것이 허용되는지 여부에 관하여", 사법논집 제36집, 2003, 76면; 김기찬/이춘섭, "부동산경매에서 유치권의 한계에 관한 연구", 부동산학연구 제13집 제2호, 2007, 85면; 김원수, "압류(가압류)의 효력이 발생한 이후 유치권을 취득한 자가 매수인(경락인)에게 대항할 수 있는지 여부", (부산판례연구회)판례연구 제18집, 2007, 684면; 東京地裁民事執行實務研究会, 「不動産執行の理論と實務(改訂上)」, 財団法人 法曹会, 1999, 544頁; 石川明 外 2人 編(佐藤歲二 執筆), 「注解民事執行法(上卷)」, 1991, 615頁; 佐藤歲二, "不動産引渡命令", ジュリスト, 876号, 1987, 62頁; 関 武志, 「留置權の研究」, 信山社, 2001, 439~440頁; 이와 같은 견해를 취하고 있는 일본 판례는 앞서 살펴본 福岡高等裁判所(후쿠오카 고등재판소) 1973. 4. 25. 결정(判例時報 726号, 60頁)이 있다.

36 강민성, "민사집행과 유치권-이미 가압류 또는 압류가 이루어졌거나 저당권이 설정된 부동산에 관하여 취득한 점유 또는 견련성 있는 채권으로써 경매절차에서 그 부동산을 매수한 사람을 상대로 유치권을 내세워 대항하는 것이 허용되는지 여부에 관하

2) 대항력부정설에 대한 비판

압류 이후 유치권자의 점유 또는 채권 취득이 압류의 처분금지효에 반하게 되기 때문에 압류채권자에 대하여 대항할 수 없다고 판단하였다는 점에서는 일응 타당하다는 견해가 있다. 다만, 압류채권자에 대하여 대항할 수 없는 유치권을 주장하는 자가 자신의 점유권원이 매수인에 대하여 대항할 수 없는 사실을 인식하였거나 과실로 인해 인식하지 못하였던 경우 그러한 점유는 민법 제320조 제2항 규정을 유추 적용할 필요가 있다고한다. 즉, 원칙적으로 대항력 부정설의 입장을 견지하되 여기서의 점유는 불법행위로 인한 점유이기 때문에 이 유치권은 성립 자체가 인정되지 않는 법리를 취하는 것이 합리적이라는 것이다.[37]

그리고 경매개시결정 기입등기 이후 기입등기 사실을 인지한 채 개시된 점유이전을 불법행위로 판단하면 ⅰ) 압류채권자의 집행취소신청이 있는 경우 또는 ⅱ)매각절차가 취소된 경우 처음부터 불법행위였던 점유이전이 이 취소로 인해 적법행위가 되는 것인지 아니면 여전히 불법행위가 되는 것인지에 관하여 합리적으로 풀어내기 어려운 문제가 상존한다는 것이다.[38]

3) 제한적 대항력 인정설과 비판

제한적 인정설은 압류 이전에 점유가 행해진 경우는 유치권의 대항력

여", 사법논집 제36집, 2003, 76면; 김기찬/이춘섭, "부동산경매에서 유치권의 한계에 관한 연구", 부동산학연구 제13집 제2호, 2007, 85면; 김원수, "압류(가압류)의 효력이 발생한 이후 유치권을 취득한 자가 매수인(경락인)에게 대항할 수 있는지 여부", (부산판례연구회)판례연구 제18집, 2007,, 684면.

37 東京地裁民事執行實務硏究会 ,「不動産執行の理論と実務(改訂上)」, 財団法人 法曹会, 1999, 544頁; 石川明 外 2人 編(佐藤歳二 執筆),「注解民事執行法(上卷)」, 1991, 615頁; 佐藤歳二, "不動産引渡命令", ジュリスト, 876号, 1987, 62頁; 関 武志,「留置権の研究」, 信山社, 2001, 439~440頁; 한편, 이 견해에 대하여 압류채권자에 대해 대항할 수 없는 경우 유치권 주장자의 점유가 곧바로 불법행위가 되기 때문에 유치권이 아예 성립조차 할 수 없다는 주장에는 동의하기 어렵다는 비판도 있다(법원행정처, 「법원실무제요」 민사집행「Ⅱ」 부동산집행, 2003, 48면).

38 차문호, "유치권의 성립과 경매", 사법논집 제42집, 2006, 399면.

을 인정할 수 있으나 압류 이후 점유가 이루어진 경우는 유치권의 대항력을 부인해야 한다는 법리이다.[39] 이 견해는 일본 학계로부터 발생한 학설로 압류 후에 유치권의 성립요건을 갖추게 된 자라 할지라도 유치권을 취득함에는 지장이 없으나 유치권자의 점유개시의 시기에 따라 대항력을 제한해야 한다는 것이다. 즉, 압류 이전에 부동산에 대한 점유권원을 가지고 점유했던 자가 압류 이후 피담보채권 취득으로 유치권을 취득한 경우 압류채권자 또는 경락인에 대하여 유치권으로 대항 가능하나 압류 이후 부동산을 점유하면서 유치권을 취득한 유치권자는 압류채권자 또는 경락인에 대하여 대항할 수 없다는 것이다.[40]

이 견해에는 압류 효력이 발생하기 전부터 대항력을 갖추지 않은 임대차 또는 사용대차 등의 제3자에 대하여 대항력 없는 점유권원을 기초로 부동산을 점유하는 자가 압류가 있었다는 사실을 인식한 채 부동산에 대해 필요비 또는 유익비를 지출하였던 경우에는 문제가 될 수 있다는 비판이 있다(아래 5)(일본의 절충설 중 제1설과 유사). 압류가 있었다는 것을 인식하고 있었음에도 불구하고 유치권자에게 유치권의 성립을 인정해주고 대항력까지 인정해주는 것은 타당하지 않다는 것이다. 경매절차가 개시된 부동산에 대하여 대항력을 갖추지 못한 점유권원을 근거로 점유하는 자가 경매절차가 진행되어 조만간 발생하게 될 수도 있는 점유 상실의 결과를 회피할 목적 하에 유치권이라는 제도를 원 기능 외적으로 악용할 수 있기 때문에 합리적이지 못하다는 것이다. 따라서 점유자가 압류가 있었다는 사실을 인식하였거나 과실로 인하여 이러한 사정을 인식하지 못한 채 부동산에 대해 필요비 또는 유익비를 지출한 때에는 민법 제320조 제2항 규정을 유추 적용하여 부동산 경매절차에서의 매수인에 대하여 유치권을 주장할 수 없도록 할 필요가 있다고 한다.[41]

39 鈴木忠一/三ケ月章 編輯代表(石丸俊彦 執筆),「注解 民事執行法(3)」, 253頁; 제한적 인정설에 대하여는, 장요성,「유치권사건처리실무」, 법률정보센터, 2009, 427면; 김기찬/이춘섭, "부동산경매에서 유치권의 한계에 관한 연구", 부동산학연구 제13집 제2호, 2007, 93면 등 참조.

40 鈴木忠一/三ケ月章 編輯代表(石丸俊彦 執筆),「注解 民事執行法(3)」, 253頁.

41 강민성, "민사집행과 유치권-이미 가압류 또는 압류가 이루어졌거나 저당권이 설정된 부동산에 관하여 취득한 점유 또는 견련성 있는 채권으로써 경매절차에서 그 부동

4) 유형 구분설(또는 제한설)과 비판

유형 구분설(또는 제한설, 이하 편의상 유형 구분설이라 한다)은 ⅰ) 압류 이전 부동산에 대하여 비용을 지출하고 압류 이후 부동산에 대해 점유를 취득한 유치권을 주장하는 경우(비용지출 → 압류 → 점유취득으로 유치권 주장), ⅱ) 압류 이전에 부동산을 점유하였고 압류 이후 유익비 등을 지출하면서 유치권을 주장하는 경우(점유 → 압류 → 유익비 지출하며 유치권 주장), ⅲ) 압류 이후 부동산에 대한 점유를 시작하였고 그 이후의 비용도 지출하면서 유치권을 주장하는 경우(압류 → 점유 → 비용지출로 유치권 주장) 이 3가지의 형태로 분류하여 논의한다.[42] ⅱ), ⅲ)의 경우는 유치권을 성립시킬 목적으로 채무자의 처분행위가 있지 않았고 압류 후 유치권자가 부동산에 비용을 지출하여 이익이 매각될 때까지 현존하고 있기 때문에 이를 유치권자에게 반환해도 공평의 원칙에 반하지 않는다고 한다. 그러나 ⅰ)의 경우에 있어서는 압류 이전에 비용이 이미 투입되어 있는 상황이었고 목적물의 점유이전만 있다면 유치권은 취득되는 것이기 때문에 이 점유이전행위는 유치권을 성립시켜주는 처분행위에 해당한다고 판단하여 유치권을 인정하지 않는다.[43]

그러나 유형 구분설은 지나치게 기술적이고 기교적인 측면이 있기 때문에 동의하기 힘들다는 비판이 있다. 그리고 3가지 유형에 따라 유치권의 우열의 결과가 달라진다는 법리는 실무상 사안마다 그 복잡성으로 인하여 적용하기에도 난해하다고 한다. 유치권의 법정성립요건인 점유와 채권의 변제기 도래의 시점이 압류 이전이었는지 아니면 압류 이후였는지를 판단

산을 매수한 사람을 상대로 유치권을 내세워 대항하는 것이 허용되는지 여부에 관하여", 사법논집 제36집, 2003, 74면.

42 김원수, "압류(가압류)의 효력이 발생한 후에 유치권을 취득한 자가 매수인(경락인)에게 대항할 수 있는지 여부", 판례연구 제18집, 부산판례연구회, 2007, 666면; 이계정, "체납처분 압류와 유치권의 효력", 서울대학교 법학 제56권 제1호, 서울대학교 법학연구소, 2015, 226면.

43 김원수, "압류(가압류)의 효력이 발생한 후에 유치권을 취득한 자가 매수인(경락인)에게 대항할 수 있는지 여부", 판례연구 제18집, 부산판례연구회, 2007, 666면; 이계정, "체납처분 압류와 유치권의 효력", 서울대학교 법학 제56권 제1호, 서울대학교 법학연구소, 2015, 226면.

하면 충분하다는 것이다.[44]

5) 절충설

절충설 중 제1설로는 불법행위에 따른 유치권의 적용배제조항을 근거로 ⅰ) 압류 이후 점유권원이 없는 점유자나 소유자, 또는 압류 이후 자신의 권원이 경매매수인에 대하여 대항할 수 없다는 사실을 알았던 경우 또는 ⅱ) 알지 못했던 것에 과실이 존재하는 자가 주장하는 유치권은 일본민법 제295조 제2항[45]을 유추적용하여 불법으로 점유가 개시된 것으로 판단하자는 것이다. 따라서 위 경우에서의 유치권으로 경매매수인에 대하여 대항할 수 없다는 법리인 것이다.[46]

절충설 중 제2설로는 압류 이후의 점유자가 부동산이 경매물건으로 된 것을 이미 인식한 채로 내장공사 등과 같은 필요비 내지 유익비 비용을 투하하는 행위는 악의의 점유자 내지는 과실이 있는 선의의 점유자의 지출로 평가할 수 있다고 한다. 따라서 일본 민법 제295조 제2항(우리 민법은 제320조 제2항) 규정에 따라 이 비용을 피담보채권으로 유치권을 주장할 수 없다는 것이다.[47]

---

44 이호행, "유치권이 설정된 부동산의 경매-유치적 효력을 중심으로-", 홍익법학 제19권 제1호, 홍익대학교 법학연구소, 2018, 247면; 강구욱, "부동산 압류의 처분금지효와 유치권", 한국민사집행법학회 2018년 하계발표회(2018. 6. 16.) 발표논문집, 2018, 26면.

45 第二百九十五条(留置権の内容)
  1 他人の物の占有者は、その物に関して生じた債権を有するときは、その債権の弁済を受けるまで、その物を留置することができる。ただし、その債権が弁済期にないときは、この限りでない。
  2 前項の規定は、占有が不法行為によって始まった場合には、適用しない。

46 佐藤歳二、ジュリスト 876号、民事執行判例展望、日最高裁判所 昭和51(1976). 6. 17, 同年判例解説 21사건……); 石川明 外 2人 編, 前揭注解民事執行法(上卷), 615頁(廣田民生).

47 石川明 外 2人 編(佐藤歳二 執筆),「注解民事執行法(上卷)」, 857頁; 佐藤歳二, "不動産引渡命令", ジュリスト, 876号, 1987, 62頁; 日最高裁判所 昭和51(1976). 6. 17 判決도 동일한 입장이다. 한편, 이 견해의 입장에 따르면 압류 이후의 점유자가 부동산이 경매물건으로 될 것을 인식한 채 비용을 지출한 경우 이 비용은 고의 또는 과실 있는 선의의 점유자의 지출로 판단하는 취지는 저당권이 설정된 부동산에 비용을 지출한 경우에도 동일하게 준용해야 한다고 주장한다. 비용을 지출한 경우에 관하여는 뒤의 Ⅳ.대항력부정설에 따른 점유자(유치권자)

2. 판례(대항력부정설 등)

압류채권에 관한 유치권의 우열 관련 대법원 판결의 판시내용은 다음과 같다. 부동산에 대하여 압류 효력이 발생한 이후 채무자가 채권자에게 부동산의 점유를 이전해주는 행위를 통하여 유치권을 취득하도록 해준 경우 이와 같은 점유이전행위는 목적물의 교환가치를 감소시킬 수도 있는 처분행위에 해당한다. 이는 민사집행법 제92조 제1항, 그리고 제83조 제4항에 따라 압류의 처분금지효에 저촉되기 때문에 점유자는 이 유치권을 내세워 부동산에 진행되는 경매절차의 매수인에 대하여 대항할 수 없다고 판시[48]하였다(대항력 부정설).[49]

이후 압류의 처분금지효에 반한다는 법리로 유치권의 대항력을 부인하는 해석론이 아닌 다른 법리로 판시한 대법원 전원합의체 판결이 나타나기 시작하였다. 대법원 전원합의체 판결은 전원합의체 다수의견인바, 부동산에 이미 경매절차가 개시되어 경매가 진행되는 상태에서 비로소 부동산에 대한 유치권을 취득한 경우 어떠한 제한도 없이 유치권자가 경매절

의 비용지출 시 유치권의 우열 부분에서 집중적으로 논의한다.

48 대법원 2005. 8. 19. 선고 2005다22688 판결.

49 대법원 2005. 8. 19. 선고 2005다22688 판결; 과거 판례는 대항력긍정설의 입장이었으나 이 판결 이후로 대항력부정설의 법리가 반영된 판례가 나타나기 시작하였다. 대법원 2017. 2. 8. 선고 2015마2025 결정의 법리도 동일 요지의 판시를 내리기도 하였다(강구욱, "부동산 압류의 처분금지효와 유치권의 효력", 법학논고 제62권, 경북대학교 법학연구원, 2018, 145면); 본 대법원 판결에서는 경매개시결정등기 이전에 점유를 취득하였지만 압류 효력이 발생한 이후의 피담보채권 즉, 공사대금채권을 취득한 사안에 대하여 판시를 내린 바 있다. 유치권은 목적물과 관련하여 생긴 채권이 변제기에 도달한 경우에 있어서 비로소 성립하게 되고(민법 제320조) 채무자가 소유하고 있는 부동산에 경매개시결정의 기입등기가 완료되어 압류 효력이 발생한 이후 유치권을 취득한 경우에는 부동산 경매절차에서의 매수인에 대하여 대항할 수 없다고 하였다. 한편, 채무자가 소유하고 있는 건물에 대하여 증·개축 등의 공사를 도급받았던 수급인이 경매개시결정의 기입등기가 완료되기 전에 채무자로부터 건물의 점유를 이전받은 사실이 있더라도, 경매개시결정의 기입등기가 완료되어 압류의 효력이 발생한 이후 공사를 완공하면서 공사대금채권을 취득하게 됨으로써 그 시기에 비로소 유치권이 성립한 상황에서의 수급인은 이러한 유치권을 주장하여 경매절차의 매수인에 대하여 대항할 수 없다는 판결도 내린 바 있다(대법원 2011. 10. 13. 선고 2011다55214 판결). 이 판례는 유치권의 대항력을 부인하는 근거로 기존 법리인 압류의 처분금지효 법리를 직접적으로 언급하지 않은 판결임에 의의가 있다.

차의 매수인에 대하여 유치권의 행사를 허용하게 된다면 경매절차에 대한 신뢰가 저하되고 절차적인 안정성 역시도 크게 위협받게 된다고 한다. 또한, 경매목적부동산을 신속하고 적정한 가격에 환가하려는 노력이 매우 어려워지고 경매절차의 여러 이해관계인에게 불측의 손해를 끼치는 상황이 발생할 수도 있다는 것이다. 이러한 경우까지 압류채권자를 비롯한 여러 다른 이해관계인들의 불측의 손해 등에 희생을 강요하면서 유치권자만을 우선으로 보호하는 것은 집행절차에서의 안정성 측면에서도 수인하기가 매우 어려운 것이라고 한다. 따라서 부동산에 경매개시결정등기가 완료된 이후 비로소 부동산의 점유를 이전받는 경우 또는 피담보채권이 발생하면서 유치권을 취득하게 된 경우 경매절차의 매수인에 대하여 유치권으로 대항할 수 없다고 판시한 판례인 것이다.[50]

이와 같이 법적 안정성을 중시하는 법리를 근거로 한 판례가 나오면서 유치권의 대항력을 부인하는 근거에 대해 '집행절차에서의 법적 안정성'이라는 또 다른 새로운 법리를 내세우고 있기도 하다. 이는 과거 대항력 부인의 대표적 근거인 압류의 처분금지효라는 판결의 해석론적 법리를 판례의 근거로 제시하지 않기 시작한 것이다.[51] 위 대법원 전원합의체 판결에

---

50 대법원 2014. 3. 20. 선고 2009다60336 전원합의체 판결; 이 판결은 부동산 경매절차에서 법적안정성을 중시한 판단으로 매각절차인 경매절차가 개시된 이후 유치권을 취득한 경우 유치권은 경매절차의 매수인에 대하여 그 대항력이 인정되지 않는다고 판단한 것이다. 부동산에 대하여 저당권이 설정되었거나 가압류등기가 완료된 이후 유치권을 취득한 사정이 발생해도 경매개시결정등기가 완료되기 이전에 유치권을 취득한 경우라면 경매절차에서의 매수인에 대하여 유치권으로 대항할 수 있기 때문에 그 대항력을 인정할 수 있음을 보여주기도 하였다(대법원 2014. 3. 20. 선고 2009다60336 전원합의체 판결에서 주로 다수의견의 내용이다. 이 판례와 관련하여 참조하여야 하는 판례로는 대법원 2009. 1. 15. 선고 2008다70763 판결; 대법원 2011. 11. 24. 선고 2009다19246 판결 등이 있다).

51 대법원 2014. 3. 20. 선고 2009다60336 전원합의체 판결에서, 신영철, 민일영, 박보영 대법관의 반대의견도 살펴볼 필요가 있다. 반대의견의 주요 주장은 경매절차에서 압류 효력이 발생한 이후 유치권을 취득하게 된 것이 압류의 처분금지효에 저촉되는 논리와 마찬가지로 체납처분압류 이후에 유치권을 취득하게 되는 것도 체납처분압류의 처분금지효에 저촉되는 것으로 보아야 이론적인 모순이 없게 된다는 것이다. 반대의견은 부동산에 경매개시결정의 등기가 완료되어 압류의 효력이 발생한 이후 채무자로부터 제3자가 점유를 이전받게 되면서 유치권을 취득하게 된 경우 그 점유이전은 해당 목적물의 교환가치를 감소시킬 수도 있는 우려가 있는 처분행위에 해당하게 된

서와 같이 부동산 경매절차에서 법적 안정성을 중시한 법리의 판결이 나타나면서 이후의 판결에도 영향을 주고 있다. 대항력을 제한하는 기준을 새롭게 제시한 법리인 '경매절차의 법적 안정성'을 기준법리로 제시하는 판례가 지속적으로 나타나고 있는 것이다.[52]

일본에서는 압류 이후의 유치권 우열논제와 관련하여 우리처럼 압류채권에 대해서는 압류의 처분금지효에 반하므로 유치권으로 대항할 수 없다는 원칙적 법리를 판시한 최고재판소의 판례는 존재하지 않는다. 다만, 채무자의 점유이전이 압류에 의해 금지되는 처분행위에 해당한다는 법리는 일본에서는 자명한 것으로 받아들여지고 있기 때문에[53] 최고재판소에서 굳이 이 원칙적 법리의 판례를 판시하지 않은 측면이 있다고도 한다.[54]

___

다. 이에, 민사집행법 제92조 제1항 규정, 그리고 제83조 제4항 규정에 의거한 압류의 처분금지효에 저촉되기 때문에 점유자는 그 유치권을 주장하여 경매절차의 매수인에 대하여 대항할 수 없다는 것이 대법원의 확립된 판례라고 강조한다. 이와 더불어 다수의견의 주장도 비판하였는데 다수의견은 이 논리와는 달리 압류의 처분금지효 저촉문제는 비껴가고 그 대신 '집행절차상의 법적 안정성' 또는 '경매절차에 대한 신뢰'라는 해석론을 전면에 부각시키면서, 동시에 체납처분압류로부터 경매절차가 개시되는 것이 아니므로, 경매절차가 개시되기 이전에 유치권을 취득하게 된 상황인 이상 그러한 취득 당시 이미 부동산에 체납처분압류가 되어 있었다 하더라도 '집행절차의 법적 안정성' 또는 '경매절차에 대한 신뢰'를 해치는 것이 아니므로 경매절차의 매수인에 대하여 유치권을 행사하는 것은 아무런 지장이 없다는 식으로 결론을 내린 논리를 비판하고 있다.

52 대법원은 부동산에 경매개시결정등기가 완료된 이후 비로소 유치권을 취득한 자는 경매절차의 매수인에 대하여 유치권으로 대항할 수 없다고 한다(대법원 2005. 8. 19. 선고 2005다22688 판결 등 참조). 이 법리는 어디까지나 부동산 경매절차에서의 법적 안정성을 보장할 목적으로 제시하는 것이기 때문에 경매개시결정등기가 완료되기 이전에 그 부동산에 대해 유치권을 이미 취득한 자는 이 취득에 앞서 저당권설정등기 또는 가압류등기, 체납처분압류등기가 선행적으로 이행되고 있어도 경매절차에서의 매수인에 대하여 자신의 유치권으로 대항할 수 있다고 판시하였다(대법원 2014. 4. 10. 선고 2010다84932 판결). 따라서 본 판례에서는 저당권자, 가압류채권자, 체납처분압류채권자에 따른 경매개시결정이 내려지기 이전에 유치권이 성립한 경우 해당 유치권의 대항을 인정할 수 있다고 한다.

53 강민성, "민사집행과 유치권-이미 가압류 또는 압류가 이루어졌거나 저당권이 설정된 부동산에 관하여 취득한 점유 또는 견련성 있는 채권으로써 경매절차에서 그 부동산을 매수한 사람을 상대로 유치권을 내세워 대항하는 것이 허용되는지 여부에 관하여", 사법논집 제36집, 2003, 75면.

54 강구욱, "부동산 압류의 처분금지효와 유치권의 효력", 법학논고, 경북대학교 법학연

한편, 최고재판소에서는 우리의 우열관계적 판단이 아닌 실체법적 판단을 근거로 대항력부정설 법리를 보여주고 있음을 유의해야 한다. 그리고 하급심 판결에서도 이와 관련한 여러 법리를 제시하고 있다.

먼저 일본 최고재판소에서는 일본 민법 제295조 제2항에 따라 '점유가 불법행위에 의해 개시된 경우'에 규정 내용의 의미를 확장 해석하여 점유 개시 당시에는 유치권자가 점유할 권리가 있었지만 부동산에 대하여 비용을 지출한 당시에는 점유권원이 있지 않은 사실이 있거나 점유할 권한이 존재하지 않음을 인지하거나 이 사실을 과실로 몰랐던 경우까지 위 조항을 적용하여 유치권의 성립을 부정하는 판단을 한 것이다(실체법적인 판단).[55] 그런데 압류 이후 성립된 유치권으로는 경매매수인에 대하여 대항할 수 없다는 입장을 취하면서 점유할 권한을 가지고 있는 상태에서 점유 부동산에 유익비를 지출한 사정이 있더라도 추후에 이 점유 권한이 소급적으로 소멸된 사정이 발생하였고 비용을 지출한 당시에 이러한 소멸 가능성을 인지하였거나 몰랐다 하더라도 소멸될 가능성을 의심하지 않은 측면에 있어서 과실이 존재하는 경우에도 목적물 점유자의 유치권 행사는 불허된다는 판례도 있다.[56]

일본의 하급심 판례에서는 압류 효력이 이미 발생한 이후 이 점유를 가지고 있는 항고인이 해당 사건 건물의 점유 권한을 가지고 경락인에 대해 대항 불가능하다는 것을 인지하고 있는 악의의 점유자이거나 이와 같은 악의의 점유자로는 볼 수는 없다고 하더라도 최소한 알지 못한 것에 과실이 존재하는 점유자는 과실이 있는 선의의 점유자로 판단한 판례가 있다.[57] 그리므로 일본 민법 제295조 제2항의 내용을 유추 적용하여 이 경우에서는 유치권을 행사하는 것이 불가능하여 그 대항력을 인정해줄 수 없다고 판시하였다.[58]

구원, 2018, 145면.

55 日本 大審院(최고재판소의 구 명칭) 昭和13(1938) 4.16. 判決(判決全集 5輯 9号, 9頁); 日最高裁判所 昭和49(1974) 9. 20. 判決(金融法務事情 734号, 27頁).

56 日最高裁判所 昭和 51(1976) 6. 17. 判決(判決全集 30輯 6号, 616頁).

57 福岡高等裁判所 1973. 4. 25. 결정(判例時報 726号, 60頁).

58 福岡高等裁判所 1973. 4. 25. 결정(判例時報 726号, 60頁).

한편, 앞선 판례들과는 다른 법리를 제시한 판례도 있다. 압류 이전에 점유를 하던 자가 압류 전후에 걸쳐서 자신의 비용을 지출한 경우 유치권은 성립하고 그 대항력도 인정해준 판시가 있는 것이다.[59] 또한, 이 판례는 행위가 경매절차개시결정에 따른 압류 효력이 발생한 이후 행해졌다 하더라도 이 압류는 압류 이후의 처분행위를 금지하게 되고 경매매수인에 대해 대항 불가능한 효력을 가지는 것에 그치게 된다고 보았다. 그리고 이미 정당하게 행위를 지속해서 하던 중 압류 효력이 발생한 경우나 압류 이후의 행위가 불법행위로 여겨지는 것이 아니고 그 비용에서는 유치권이 성립한다는 법리를 보여주기도 하였다.[60]

3. 소결

압류채권에 관한 유치권의 우열논제에 관하여 국내와 일본의 학설 및 판례를 검토하였다. 먼저 대항력긍정설에서 유치권의 피담보채권이 대부분 공익성·소액성의 특성이 있으므로 압류채권보다 보호해야 한다는 법리는 찬동하기 어렵다. 오늘날 유치권의 피담보채권의 보전은 그 필요성은 인정되나 압류채권자를 배제하면서까지 보호해야 할 정도로 그 공익성이 강하다고 판단하기는 쉽지 않기 때문이다.[61] 무엇보다 최근 실무에서

---

59 福岡高等裁判所 1955. 11. 5. 결정(下民集 8卷 8号, 579頁).

60 福岡高等裁判所 1955. 11. 5. 결정(下民集 8卷 8号, 579頁); 이 판결에 따라 압류 이후 부동산에 대해 비용을 지출한 경우 부동산 경매절차의 매수인에 대하여 유치권으로 주장하며 대항할 수 있다고 판시한 해석론이 일반론이라고 판단한 견해도 있다(淸水元,「留置權」, 一粒社, 1995, 113-114頁). 그러나 위 판례의 사안은 압류 전후에 걸쳐 비용을 지출한 행위가 행해져서 압류채권자가 유치권의 부담에 대해 예측이 가능할 수 있었다는 특수사정이 존재하였던 것이기 때문에 이 판례의 해석론을 일반론으로 확대하는 것은 신중한 검토를 요한다는 견해도 있다(강민성, "민사집행과 유치권-이미 가압류 또는 압류가 이루어졌거나 저당권이 설정된 부동산에 관하여 취득한 점유 또는 견련성 있는 채권으로써 경매절차에서 그 부동산을 매수한 사람을 상대로 유치권을 내세워 대항하는 것이 허용되는지 여부에 관하여", 사법논집 제36집, 2003, 78면).

61 강민성, "민사집행과 유치권-이미 가압류 또는 압류가 이루어졌거나 저당권이 설정된 부동산에 관하여 취득한 점유 또는 견련성 있는 채권으로써 경매절차에서 그 부동산을 매수한 사람을 상대로 유치권을 내세워 대항하는 것이 허용되는지 여부에 관하

주장하는 유치권의 공사대금채권은 소액보다는 매우 높은 액수인 경우도 많고 또한 그 금액의 많고 적음에 따라 유치권을 인정할 것인지의 여부를 판단하는 것도 불합리하다.[62] 그리고 유형 구분설은 지나치게 기술적이고 기교적이므로 동의하기 어렵다.[63]

　　대항력부정설은 어느 시기를 묻지 않고 성립한 유치권자보다 압류채권을 우선한다는 점에서 부동산 경매절차에서 여러 이해 당사자들의 법적 안정성을 중시한 법리를 보여주고 있다.[64] 따라서 부동산에 대해 압류 효력이 발생한 이후 유치권 주장자의 점유 또는 채권의 취득은 압류의 처분금지효에 반하기 때문에 압류채권자에 대하여 유치권으로 대항할 수 없다는 대항력부정설이 법적 안정성의 측면도 담보하고 있으므로 합리적이다.[65] 따라서 이하에서의 논의는 대법원 판례법리인 대항력부정설을 중심으로 검토하고자 한다.

Ⅲ. 대항력부정설에 따른 압류의 처분금지효와 유치권의 우열

1. 서설

　　압류 관련 다수 유치권 판례들은 부동산 경매절차상의 매수인에 대해 유치권으로 대항할 수 없다고 하는 등 이러한 판례 법리는 유치권의 우열

　　　여", 사법논집 제36집, 2003, 74면.

62　서울중앙지방법원에서 경매실무를 하는 동안 유치권이 주장되고 있는 사건 중의 대부분은 공사대금채권에 기한 사건이 많은데 그 피담보채권의 금액은 1,000만원 이하의 사건은 거의 찾아보기 힘들고 보통 수천만 원에서 수억 원 이상에 이른다(차문호, "유치권의 성립과 경매", 사법논집 제42집, 법원도서관, 2006, 각주 176번).

63　이호행, "유치권이 설정된 부동산의 경매-유치적 효력을 중심으로-", 홍익법학 제19권 제1호, 홍익대학교 법학연구소, 2018, 247면; 강구욱, "부동산 압류의 처분금지효와 유치권", 한국민사집행법학회 2018년 하계발표회(2018. 6. 16.) 발표논문집, 2018, 26면.

64　대법원 2005. 8. 19. 선고 2005다22688 판결 등 참조.

65　김건호, "부동산 경매절차에서의 유치권", 법학논고 제36집, 경북대학교 법학연구원, 2011, 396면; 이상태, "유치권에 관한 연구-대항력제한을 중심으로-(대법원 2009. 1. 15. 선고 2008다70763 판결)", 토지법학 제26-1호, 2010, 97면.

에 관한 것이다.[66] 민법 제320조 제1항 규정에 따르면 유치권의 적극적 성립요건이 규정되어 있고 동조 제2항에서는 소극적 성립요건이 규정되어 있다. 그런데 질권과 저당권과 관련된 민법 제335조, 제337조, 제359조 규정과는 달리 유치권의 우열 또는 대항요건과 관련된 규정은 없기 때문에 위 여러 규정으로부터 유치권 우열상 판례 법리의 근거를 도출하는 것은 쉽지 않다.

한편, 판례에서 유치권 우열법리의 근거로 제시한 규정은 민사집행법 제83조 제4항, 그리고 제92조 제1항이다. 이 중 제92조 제1항에서 "대항하지 못 한다."라는 규정을 찾아볼 수 있기 때문에 그나마 이 규정들을 유치권의 우열 또는 대항력의 근거로 볼 수 있다.

그러나 이러한 규정들도 부동산의 압류 효력과 관련하여 일부의 사항만을 규정하고 있을 뿐 처분금지효와 같은 압류 효력과 관련된 유치권의 우열논제와 직접적인 부분에 대해서는 규정하고 있지 않다.[67] 따라서 부동산 경매 압류단계에서는 유치권 우열에 관한 규정 불비로 인하여 주로 압류의 처분금지효 법리논의 및 이와 결부된 압류채권에 대한 유치권의 우열 논제에 관한 검토가 필요하다.

2. 압류의 처분금지효와 유치권의 우열

(1) 압류의 처분금지효 법리 및 범위

민사집행법 관련 규정에 따르면 채무자가 소유하고 있는 부동산에 대하여 법원의 경매개시결정이 있는 경우 당연하게 압류 효력이 발생하는 것은 아니다. 이 결정에는 경매개시와 그 부동산에 대하여 압류를 명해야 하고 (민사집행법 제83조 제1항) 법원이 경매개시결정을 내리면 법원사무관등은 즉시 등기부에 그 사유를 기입하도록 등기관에게 촉탁하게 된다(민사집행법 제94조 제1항). 그리고 채무자에게 그 결정을 송달해야 한다(민집 제83조 제4항).

---

66 荒木新五, "競売で買収人に対する留置権の主張の有無", 判例タイムズ No. 1150, 2004, 95頁.

67 강구욱, "부동산 압류의 처분금지효와 유치권의 효력", 법학논고, 경북대학교 법학연구원, 2018, 139면.

민사집행법 제94조 제1항의 촉탁에 따라 등기관은·등기부에 경매개시 결정 사유를 기입해야 하며(민집 제94조 제2항) 압류는 이 결정이 송달된 경우 또는 위에서의 등기가 완료된 경우 그 효력이 발생한다(민집 제83조 제4항).[68]

이처럼 압류 절차와 효력 발생의 요건, 시기 관련 규정은 존재하나 압류 효력의 의미와 내용과 관련된 규정은 없다. 이는 민사집행법의 여러 관련 규정들을 종합적으로 참작하여 정하는 것인데 이 쟁점에 대하여 나름의 확립된 해석론이 압류의 처분금지효 이론이다.[69]

부동산 경매절차에서 압류가 있는 경우 압류에 처분금지의 효력이 발생한다. 부동산 경매절차에서는 압류채권자, 압류목적물의 매수인, 그리고 유치권자라는 당사자 간 압류 효력이 문제될 수 있다. 채권 기타 재산권에 대한 압류는 처분금지효[70] 즉, 처분금지적 효력이 발생한다. 부동산이 압류[71]된 후 채무자의 부동산을 양도하는 행위 또는 용익권, 담보권 등을 설정해주는 행위가 금지되며 이에 저촉되는 채무자의 행위 및 처분은 효력이 발생하지 않는다. 이 압류의 처분금지적 효력은 우리 대법원도 인

---

68 이 경우 관념적으로 채무자에게 경매개시 결정이 송달됨으로 인하여 압류의 효력이 발생하였으나 경매개시 등기는 완료되지 않은 사이에 채무자가 제3자 측에게 해당 부동산을 처분하는 사례가 발생할 수도 있다. 그런데 제3자가 그 처분행위를 통해 권리를 취득하게 될 때에 경매신청이나 압류가 있었다는 것을 인지했을 경우에는 압류에 대항할 수 없다(민집 제92조 제1항; 김능환/민일영, 「주석 민사집행법Ⅵ」, 한국사법행정학회, 2012, 328면). 그러나 실무에서는 법원사무관등이 경매개시 등기가 기입되어 있는 사실을 확인한 후에야 채무자 측에게 경매개시 결정을 송달하므로 이 상황이 실제로 발생하기는 힘들다(김능환/민일영, 「주석 민사집행법Ⅵ」, 한국사법행정학회, 2012, 331면).

69 강구욱, "부동산 압류의 처분금지효와 유치권의 효력", 법학논고, 경북대학교 법학연구원, 2018, 140면.

70 한편, 처분금지효라는 단어 보다는 처분제한효라고 하는 것이 더 적절하다고 주장하는 견해도 있다(강해룡, "가압류의 처분금지적 효력에 대한 비판", 법률신문, https://www.lawtimes.co.kr/Legal-Info/Research-Forum-View?serial=1964(최종확인 2020. 1. 25).

71 여기에서의 압류란 강제경매에 따른 경우뿐만 아니라 임의경매에 따른 경우도 포함한다(김건호, "부동산 경매절차에서의 유치권", 법학논고 제36집, 경북대학교 법학연구원, 2011, 390면 각주 4번). 민사집행법 제268조 규정에서는 부동산을 목적으로 하는 담보권실행을 위한 경매절차에서는 부동산의 강제경매와 관련된 규정을 준용하도록 하고 있다.

정하고 있다.[72] 이 법리는 압류채권에 대하여 유치권으로 대항할 수 없다는 대항력부정설의 법리와도 일맥상통하므로 타당하다.

압류의 본질적 효력은 부동산과 관련된 처분권은 국가가 가지고 부동산의 소유자인 채무자의 처분을 금지시키는 것이다. 부동산이 압류된 이후에는 채무자가 부동산을 양도행위 또는 용익권, 담보권 설정행위를 할 수 없고(양도와 부담금지) 이에 저촉되는 채무자의 처분행위는 효력이 없게 된다.[73]

한편, 압류 효력의 범위는 부동산을 소유하고 있는 자로 하여금 압류채권자에 대하여 부동산의 처분행위를 제한하는 것에 그치는 것이고 그밖의 기타 제3자에 대해서의 부동산의 처분행위를 금지하는 것은 아니다. 채무자가 경매 목적물 그 자체를 타인에게 매각하거나 양도하는 법률적 처분행위는 신청 압류채권자와의 관계에서 그 효력이 부정되는 것이다. 그런데 여기서 부정의 의미는 신청 압류채권자와의 관계에서만 적용되는 상대적인 것이고 제3자와의 관계에서도 절대적이거나 대세적으로 무효라고 판단할 수는 없다는 것이다. 따라서 위 채무자가 행하는 제3자와의 부동산 처분행위도 이 당사자 사이에서는 유효한 것이고 향후 경매가 취하된 경우에는 신청 채권자와의 관계에서도 완전하게 유효한 것이 된다. 따라서 경매절차가 진행 중인 경우에도 매수인이 매각대금을 완납하여 부동산에 대한 소유권을 취득하기 전까지는 제3취득자는 부동산을 유효하게 처분할 수 있다.

---

72 채무자 소유의 부동산에 대하여 강제경매개시결정의 기입등기가 경료되고 압류 효력이 발생한 후 채무자가 부동산에 관해 공사대금 채권자에 대하여 점유를 이전해줌으로써 그로 하여금 유치권을 취득하도록 한 경우, 그 점유의 이전행위는 목적물의 교환가치를 감소시킬 수 있는 우려가 있는 처분행위에 해당한다. 따라서 민사집행법 제92조 제1항, 제83조 제4항에 의하여 압류의 처분금지효에 저촉되는 행위이기 때문에 점유자는 위 유치권을 주장하여 부동산에 대한 경매절차상의 매수인에 대하여 대항할 수 없다(대법원 2005. 8. 19. 선고 2005다22688 판결).

73 이시윤, 「신민사집행법 (제7판)」, 박영사, 2016, 266면.

(2) 채무자의 행위가 처분금지효에 저촉되는 처분행위인지의 여부에 따른 유치권의 우열

1) 처분행위의 의미와 범위

학계는 처분행위의 개념을 현존하고 있는 권리의 변동을 직접적으로 일으키는 법률행위라고 하고 이행의 문제를 남기지 않으며 직접적으로 권리변동을 발생시키는 행위라고 한다.[74]

그런데 민사집행법 규정에는 압류의 처분금지효에 저촉되는 처분행위의 의의, 범위에 관한 명시적 규정이 없다. 따라서 이에 관한 해석은 다음 3가지 규정에 의하여 검토해야 한다. ⅰ) 압류는 부동산에 관한 채무자의 관리, 이용행위에 대하여 영향을 미치지 않는다는 규정(민사집행법 제83조 제2항), ⅱ) 제3자가 권리를 취득할 경우 경매신청 또는 압류가 있었다는 것을 인지하였을 경우 제3자는 압류에 대하여 대항할 수 없다는 규정(민사집행법 제92조 제1항), ⅲ) 금전채권을 압류할 경우 법원은 제3채무자에 대하여 채무자에 대한 지급행위를 금지하고 채무자에게는 채권의 처분과 영수를 금지시켜야 한다는 규정(민사집행법 제227조 제1항)이 그것이다. 그리고 처분금지효에서 처분은 채무자의 행위를 의미하는 것이 가장 자연스럽고 금전채권의 압류에 대한 민사집행법 제227조 제1항에서의 내용도 그러하기 때문이다.[75]

2) 채무자의 관리행위·이용행위가 처분금지효에 저촉되는 처분행위인지의 여부에 따른 유치권의 우열

압류는 부동산에 대한 관리, 이용행위에는 영향을 미치지 않는다는 점

---

74 보통 법률행위에 의해 행해지거나 사실행위 예를 들어, 물건의 폐기 등의 행위에 의해 행해질 수도 있다고 한다(지원림, 「민법강의(제12판)」, 홍문사, 2014, 184면); 또한 물권 외의 권리를 변동시키고 이행 문제를 남기지 않는 준물권행위(채무면제, 채권·지식재산권 양도 등), 형성권 행사 등도 이에 포함된다(이재석, "유치권 행사의 제한에 관한 판례이론", 사법논집 제55집, 법원도서관, 2012, 360면).

75 강구욱, "부동산 압류의 처분금지효와 유치권의 효력", 법학논고, 경북대학교 법학연구원, 2018, 141면.

은 이미 검토하였다(민집 제83조 제2항). 압류는 부동산의 처분금지를 통하여 부동산을 현금화시킬 때까지 교환가치를 유지할 것을 목적으로 하므로 이에 저촉되지 않는 한도에서 부동산을 채무자가 관리 · 이용해도 무방한 것이다.[76] 부동산에 대한 압류 이후에는 채무자가 ⅰ) 부동산의 보관 · 관리를 목적으로 임치계약 또는 위임계약을 체결하는 행위를 하거나, ⅱ) 수리 · 수선을 할 목적으로 도급계약을 체결하는 행위, ⅲ) 부동산을 수치인 · 위임인 또는 도급인에게 인도하고 그들에게 계약의 이행을 하도록 할 목적으로 상당 비용을 투입하거나 보관 및 관리비용이 발생한 경우 압류의 처분금지효에 반하는 것으로 판단할 수는 없다. ⅲ) 의 경우 그 수치인 등이 부동산과 관련된 유치권을 취득하여 경매절차상의 매수인에 대하여 대항할 수 있다. 그리고 제3자가 상당 비용을 지출하여 부동산에 대한 적법한 사무관리 행위를 통해 그에 따른 비용상환청구권(민법 제739조)을 취득한 경우 그 제3자는 유치권을 취득하여 경매절차상의 매수인에게 대항할 수 있다. 또한, 점유를 취득한 경우에도 그 사무관리자도 부동산과 관련된 유치권을 취득하여 경매절차상의 매수인에 대하여 역시 대항할 수 있는 것으로 판단하는 것이 타당하다.[77] 비용을 지출한 부분에 한정하여 유치권의 대항을 인정하는 이 법리는 압류채권에 대하여 유치권으로 대항할 수 없다는 대항력부정설의 법리와 충돌하는 것이 아니다. 압류채권에 대하여 유치권으로 대항할 수는 없으나 다만, 압류채권이 있다 할지라도 유치권자가 들인 비용이 객관적으로 명확한 경우에는 그 비용에 한정하여 유치권자의 대항을 인정하는 법리인 것이다.[78] 따라서, 압류채권 시기와 유치권의 성립 시기를 비교하여 앞서고 있는 압류채권에 대하여 유치권의 대항을 인정해주지 않는 대항력부정설의 법리와 딱히 저촉되는 것이 아니라 양립 가능의 측면이 있으므로 위 비용지출 시의 법리는 타당하다.

---

76 이시윤, 「신민사집행법(제7판)」, 박영사, 2016, 265면.

77 강구욱, "부동산 압류의 처분금지효와 유치권의 효력", 법학논고, 경북대학교 법학연구원, 2018, 142면.

78 강구욱, "부동산 압류의 처분금지효와 유치권의 효력", 법학논고, 경북대학교 법학연구원, 2018, 142면.

3) 채무자의 임대행위가 처분금지효에 저촉되는 처분행위인지의 여부에 따른 유치권의 우열

압류의 처분금지효에 저촉이 되는 처분행위에는 부동산에 대한 경매개시 결정이 내려진 이후 채무자가 부동산을 양도(소유권 이전)하는 행위 또는 제한물권(용익물권 및 담보물권)을 설정하는 행위를 의미하는 것이 일반적이다.[79]

그런데 압류 효력이 발생한 이후 채무자가 부동산을 타인에게 임대해준 행위가 있는 경우 민법 제621조에 따라 등기하거나 주택임대차보호법 제3조와 상가건물임대차보호법 제3조에 따라 대항요건을 갖추게 된 경우라 할지라도 경매신청인에 대하여 대항할 수 없다고 판단하여야 한다. 이 법리는 대항력부정설의 견해와도 일맥상통하므로 타당한 것으로 판단된다.

(3) 채무자의 점유이전으로 인한 유치권 취득이 압류의 처분금지효에 저촉되는지의 여부

대법원 판결(2009다19246)[80]에서는 부동산에 가압류등기가 경료된 이후 채무자가 부동산에 대한 처분행위를 하였더라도 이 행위로 가압류채권자에 대하여 대항할 수 있다는 판시를 하였다.[81] 여기에서의 처분행위란 부동산을 양도하였거나 용익물권, 담보물권 등을 설정해주는 행위를 의미하고[82] 특별한 사정이 없는 한 점유이전 행위와 같은 사실행위는 이에 해

---

79 대법원 2011. 11. 24. 선고 2009다19246 판결; 강대성, 「민사집행법(제5판)」, 도서출판 탑북스, 2011, 273면; 김일룡, 「민사집행법강의」, 도서출판 탑북스, 2011, 208면; 오시영, 「민사집행법」, 학현사, 2007, 386면; 이시윤, 「신민사집행법(제7판)」, 박영사, 2016, 266면; 전병서, 「민사집행법」, Justitia(유스티치아), 2016, 207면 등.

80 본 대법원판결은 주로 선행가압류채권에 관한 유치권의 우열과 관련된 판례이긴 하나 채무자의 점유이전을 통해 취득한 유치권이 압류의 처분금지효에 저촉이 되는지의 여부에 관한 법리를 제시함에 관련이 있어 본 논의에서 검토하였다.

81 대법원 2011. 11. 24. 선고 2009다19246 판결.

82 추가적으로 물권 외의 권리를 변동시키고 이행 문제를 남기지 않는 준물권행위 즉, 채권, 지식재산권 양도, 채무면제 등을 의미하며 형성권 행사, 타인으로 하여금 처분을 동의 또는 허락하는 행위를 하거나 처분권을 수여해주는 행위도 이에 포함이 된다 (곽윤직/김재형, 「물권법(제8판, 전면개정)」, 박영사, 2014, 259면).

당하는 것은 아니라고 하였는바, 타당한 법리라고 판단된다.[83] 다만, 부동산에 대하여 경매개시결정의 기입등기가 경료되어 압류 효력이 발생한 이후 채무자가 제3자에게 부동산의 점유를 이전해줌으로써 유치권을 취득하도록 한 경우라면 이 점유이전행위는 처분행위에 해당한다고 보았다.[84] 이 판례에서도 확인할 수 있듯이 채무자의 단순한 점유이전행위는 사실상행위에 불과하기 때문에 처분행위에 해당하지 않는 것으로 판단하는 것이 타당하다. 그러나 이 판례 법리와는 정반대로 가압류가 아닌 압류 이후에 성립한 유치권의 경우 사실행위(준법률행위 중에 비표현행위)인 점유이전이라 할지라도 압류의 처분금지효에 저촉이 되는 처분행위에 해당한다.[85] 이 법리는 압류 효력이 발생한 이후에 점유이전행위에 의하여 유치권이 성립한 경우에는 원칙적으로 압류의 처분금지효에 저촉됨을 인정하여 유치권으로 대항할 수 없다는 것이므로 대항력 부정설 법리와 일맥상통하여 타당한 법리로 판단된다.[86]

---

83 일본에서도 이 법리는 자명한 것으로 판단되고 있다(김원수, "압류(가압류)의 효력이 발생한 후에 유치권을 취득한 자가 매수인(경락인)에게 대항할 수 있는지 여부", (부산판례연구회)판례연구 제18집, 2007, 682면).

84 대법원 2011. 11. 24. 선고 2009다19246 판결.

85 대법원 2005. 8. 19. 선고 2005다22688 판결.

86 강민성, "민사집행과 유치권—이미 가압류 또는 압류가 이루어졌거나 저당권이 설정된 부동산에 관하여 취득한 점유 또는 견련성 있는 채권으로써 경매절차에서 그 부동산을 매수한 사람을 상대로 유치권을 내세워 대항하는 것이 허용되는지 여부에 관하여", 사법논집 제36집, 2003, 13-14면; 박상언, "저당권 설정 후 성립한 유치권의 효력: 경매절차에서의 매수인에 대한 대항가능성을 중심으로", 민사판례연구 제32권, 2010, 362면; 이 법리를 원칙적인 입장으로 이해하고 다만, 예외적으로 채무자가 채권자에게 점유를 이전해주는 행위 없이 채권자가 점유를 취득하는 경우에는 압류의 처분금지효에 위배하는 채무자의 처분행위가 존재하지 않기 때문에 유치권의 성립, 그리고 그 대항력은 부정할 필요가 없는 것으로 판단하는 것이 타당하다. 그리고 채무자의 점유이전행위가 행해지지 않아서 처분행위가 존재하지 않는 경우 이러한 사정 등에 있어서 무조건적으로 유치권의 성립 또는 대항력을 인정하여야 하는 법리는 검토가 요구된다. 즉, 채무자의 점유이전행위가 처분행위에 해당하지 않는 경우라고 할지라도 채권자가 점유를 취득하는 과정에서 중과실 또는 고의에 의한 불법행위를 행한 경우 그 유치권의 우열 또는 대항력은 인정할 수 없는 것이 타당하다(河上正二, "ロ─・クラス 担保物権法講義 2 留置権", 法学セミナー No. 661, 2013, 94頁; 강구욱, "부동산 압류의 처분금지효와 유치권의 효력", 법학논고, 경북대학교 법학연구원, 2018, 149-150면).

    그런데 대법원 판례(2005다22688)의 법리를 검토하면 압류 효력이 발생한 이후 점유가 이전된 경우뿐만 아니라[87] 점유이전이 압류 효력이 발생하기 이전에 행해진 경우에도[88] 유치권의 성립은 처분금지효에 저촉되어 유치권자는 압류채권자 등에 대하여 대항할 수 없다고 보았다. 이러한 판례의 법리를 검토해보았을 때 원칙적으로는 이미 살펴본 바와 같이 대항력 부정설의 입장을 취하되 단순히 점유이전행위=처분행위로 판단해서는 안 되는 측면도 고려해야 한다. 압류 이후 유치권이 성립한 계기가 된 점유이전을 단순히 처분행위에 해당되는 것으로 판단할 경우 다른 경우에서의 점유이전도 역시 단순하게 처분행위에 해당하는 것으로 판단해야 할 것이다. 그런데 이 해석은 점유이전 자체가 존재하기만 하면 이를 처분행위에 해당하는 것으로 판단해야 하므로 합리적이지 않다.[89] 따라서 점유이전이 처분행위에 바로 해당하는지의 쟁점보다는 '점유이전으로 인하여 최종적으로 유치권이 성립하게 되는지의 여부'에 더 포커스를 맞춘 것으로 볼 수 있으며 이 법리는 일응 타당하다.[90]

    그리고 이와 같은 대법원 판례(2005다22688)의 법리는 점유이전이라는 사실행위가 예외적인 면에서 압류 등의 정책적 목적, 그리고 기타 사정 등을 고려한 판단을 통하여 처분행위로 인정될 수도 있음을 시사한 것으로 판단해야 할 것이다. 이와 같은 측면을 고려해본다면 대법원 판결(2009다19246)을 단순하게 무조건 점유이전≠처분행위로 판단해서도 안 될 것이며 그 판단을 함에서는 압류의 목적 등을 종합적으로 고려하여 처분행위 여

---

87 대법원 2005. 8. 19. 선고 2005다22688 판결; 대법원 2006. 8. 25. 선고 2006다22050 판결.

88 대법원 2011. 10. 13. 선고 2011다55214 판결.

89 강구욱, "부동산 압류의 처분금지효와 유치권의 효력", 법학논고, 경북대학교 법학연구원, 2018, 144면.

90 동산에서는 점유이전에 의하여 물권변동이 이뤄진다는 점을 고려해보면 점유이전이 유치권이 성립하는지 여부에 미치는 영향이 매우 크다. 그러나 부동산에서는 등기이전에 의해 물권변동이 이뤄진다는 점을 고려해볼 때, 동산보다 더 많은 여러 요소를 종합적으로 고려한 후에 유치권의 성립여부, 그리고 처분행위에 해당하는지 여부를 판단하여야 할 필요가 있다(서종희, "유치권자의 강제경매신청의 의미와 가압류등기 경료 후 성립한 유치권의 대항력인정 여부", 외법논집 제36권 제4호, 2012, 337면).

부를 판단하는 것이 합리적일 것이다.[91] 이처럼 점유이전이 처분행위에 해당하는지의 쟁점을 정확히 판단하기 위해서는 원칙적으로는 대항력 부정설 법리를 취하되 일방적인 법리를 적용하는 기계식 접근이 아니라 (가)압류의 목적 등을 종합적으로 고려하여 처분행위 여부를 판단하는 것이 타당하다.[92] 따라서 본 대법원 판결(2009다19246)의 법리는 합리적이며 타당한 것으로 판단된다. 따라서 점유이전 자체를 곧바로 처분행위에 해당한다고 판단해서는 안 될 것이고 점유이전 자체가 목적물의 교환가치를 감소시킬 수도 있는 우려의 행위에 해당되는 경우라면 처분행위로 볼 수 있다고 판단하는 것이 합리적이다.

한편, 목적물의 교환가치를 감소시킬 수도 있는 우려의 행위라는 것은 불명료하고 추상적인 개념이기 때문에 어떠한 행위가 처분행위에 해당되는지의 여부를 판정할 경우에 있어서 단순히 기준으로 삼는 것은 합리적이지 않다.[93]

IV. 대항력부정설에 따른 점유자(유치권자)의 비용지출 시 유치권의 우열

1. 비용지출 시 유치권의 우열에 관한 검토

목적물에 관하여 취득한 유치권은 대세적 효력을 가지는 물권의 일종으로 규정된 현 상황을 고려해볼 때 유치권의 피담보채권은 목적물의 교환가치를 창출, 보존, 그리고 증대함에 있어 기여하였던 비용의 투입으로

---

91 서종희, "유치권자의 강제경매신청의 의미와 가압류등기경료 후 성립한 유치권의 대항력인정 여부", 외법논집 제36권 제4호, 2012, 337면.

92 대법원 2011. 11. 24. 선고 2009다19246 판결; 강대성, 「민사집행법(제5판)」, 도서출판 탑북스, 2011, 273면; 김일룡, 「민사집행법강의」, 도서출판 탑북스, 2011, 208면; 오시영, 「민사집행법」, 학현사, 2007, 386면; 이시윤, 「신민사집행법 (제7판)」, 박영사, 2016, 266면; 전병서, 「민사집행법」, Justitia(유스티치아), 2016, 207면 등.

93 강구욱, "부동산 압류의 처분금지효와 유치권의 효력", 법학논고, 경북대학교 법학연구원, 2018, 144면.

인한 채권에 한정하여[94] 인정하는 것이 원칙적으로 타당한 법리이다.[95] 또한, 압류 이후 부동산에 대해 비용을 지출한 경우 부동산 경매절차의 매수인에 대하여 비용을 지출한 부분에 한정하여 유치권을 주장하며 대항할 수 있다는 법리는 일반론으로도 판단할 수 있을 것이다.[96]

비교법적인 검토를 할 경우에도 목적물의 가치증가는 유치권의 성립에 가장 중요한 기준이 된다. 먼저 독일에서는 유치권을 채권으로 판단하기 때문에[97] 제3자에 대하여 권리를 주장하기 어려워 유치권의 우열을 인정하지 않는다.[98] 그러함에도 독일민법 제999조 제2항에 따라 비용을 지출한 점유자의 경우 목적물의 양수인에 대하여 비용상환을 청구할 수 있다.[99] 또한, 독일 민법 제1000조[100]에서는 점유자의 비용지출이 있는 경우에 있

94　坂本武憲, "不動産費用債権の担保", ジュリスト No. 1223, 2002, 44頁.

95　池田清治, "必要費と有益費", 法学セミナ— No. 705, 2013, 91頁; 강구욱, "부동산 압류의 처분금지효와 유치권의 효력", 법학논고, 경북대학교 법학연구원, 2018, 144면.

96　清水元, 「留置權」, 一粒社, 1995, 113-114頁; 민법개정안의 입장도 비용지출한 부분에 한정하여 유치권의 피담보채권을 인정해주는 법리를 채택하고 있다(김미혜, "부동산유치권 관련 개정안에 대한 몇 가지 제언 -2013년 민법 일부개정법률안을 중심으로-", 아주법학 제8권 제1호, 2014, 160면; 이에 관한 자세한 논의는 제6장 부동산유치권에 관한 입법론 참조).

97　BGB § 273 (Zurückbehaltungsrecht)
(1) Hat der Schuldner aus demselben rechtlichen Verhältnis, auf dem seine Verpflichtung beruht, einen fälligen Anspruch gegen den Gläubiger, so kann er, sofern nicht aus dem Schuldverhältnis sich ein anderes ergibt, die geschuldete Leistung verweigern, bis die ihm gebührende Leistung bewirkt wird.
(2) Wer zur Herausgabe eines Gegenstands verpflichtet ist, hat das gleiche Recht, wenn ihm ein fälliger Anspruch wegen Verwendungen auf den Gegenstand oder wegen eines ihm durch diesen verursachten Schadens zusteht, es sei denn, dass er den Gegenstand durch eine vorsätzlich begangene unerlaubte Handlung erlangt hat.

98　Münchener(Krüger), Münchener Kommentar zum Bürgerlichen Gesetzbuch, 5. aufl., Carl Heymanns Verlag, 2009, §273. Rn. 56f; Staudinger(Bitner), Kommentar Zum Bürgerlichen Gesetzbuch mit Einführungsgesetz und Nebengesetzen: Buch 2: Recht der Schuldverhältnisse, §273. Neubearbeitung, 2009, Rn. 60.

99　Münchener(Baldus), Münchener Kommentar zum Bürgerlichen Gesetzbuch, 5. aufl., Carl Heymanns Verlag, 2009, §999. Rn. 2.

100　BGB § 1000 (Zurückbehaltungsrecht des Besitzers)
Der Besitzer kann die Herausgabe der Sache verweigern, bis er wegen der ihm zu ersetzenden

어서 물건의 가치가 증가한 경우 그 비용상환을 청구할 수도 있다.[101]

프랑스에서는 프랑스 민법 제2103조 제4호에 따라 유치권, 그리고 건물공사수급인의 보수 내지 공사대금청구권상의 우선변제권을 인정한다. 이를 위해서 법인이 선임해놓은 감정인으로부터 공사를 완공하기 전에 검수를 받아야 하고 검수 이후의 부동산의 가치증가분에 한정하여 우선변제권을 인정해주고 있다. 이것은 부동산에 대해 가치증가분에 한정하여 우선변제권을 인정해준다는 점에서 가치증가 부분에 대한 유치권자의 우열을 인정하는 것이다.[102]

그리고 스위스에서는 스위스 민법 제837조 제1항 제3호에 따라 공사수급인은 비용을 들인 경우 법정저당권 설정청구권 행사가 가능하다. 이 권리는 소유자뿐만 아니라 소유자 측의 파산관재인 및 양수인에 대해서도 행사할 수 있다는 측면을 고려해볼 때, 비용을 들인 공사수급인을 강하게 보호하는 것으로 판단된다.[103]

오스트리아에서는 오스트리아 민법 제471조에 따라 "물건을 반환해야 하는 의무를 지는 자는 물건에 대하여 비용을 지출하였거나 물건으로부터 발생한 손해로 인하여 채권이 변제기에 도달한 경우 채권의 담보를 위할 목적으로 유치할 수 있다고 한다.[104]

일본에서도 유치권자가 비용을 지출한 경우로 인하여 증가한 비용 부분에 한정하여 유치권을 인정하고 있다.[105] 이처럼 각 나라에서의 가치증가의 원칙을 고려한 측면을 살펴보면 유치권자가 비용을 지출한 경우로

Verwendungen befriedigt wird. Das Zurückbehaltungsrecht steht ihm nicht zu, wenn er die Sache durch eine vorsätzlich begangene unerlaubte Handlung erlangt hat.

101 Münchener(Busche), Münchener Kommentar zum Bürgerlichen Gesetzbuch, 5.aufl., Carl Heymanns Verlag, 2009, §647. Rn. 4.

102 Philippe Simler et Philippe Delebecque, 「-Droit civil-Les sûretés」 4" édition, la publicité foncière, 2004, nO 425.

103 Dieter Zobl , Das Bauhandwerkerpfandrecht de lege lata und de lege ferenda, 2. Halbband, ZSR, 1982, S. 77; BaslerKomm/Hofstetter, ZGB, Art. 837, 2007, N. 13ft.; BGE 95 11 31.

104 Rummel/Hofmann, ABGB(오스트리아 민법총전-Das Allgemeine Bürgerliche Gesetzbuch) Kommentar, 3. Aufl., 2000, §471 Rdnr. 8 참조).

105 座談會, "近未来の抵当権とその實行手続_改正のあり方お探る", 経済法, 令究會刊·銀行法務21, 第600号, 2002, 37頁.

인하여 증가한 비용 부분에 한정하여 유치권을 인정하는 경향을 볼 수 있다. 이는 비용을 들인 유치권자를 강하게 보호하는 측면이 있는 것으로 파악된다. 다만, 점유가 불법행위에 의해 개시된 경우에 있어서 규정 내용의 의미를 확장 해석하여 ⅰ) 점유 개시 당시에는 유치권자가 점유할 권리가 있었으나 목적물에 대해 비용을 지출한 당시에는 점유권원이 존재하지 않은 사실이 있거나 ⅱ) 점유할 권한이 존재하지 않음을 인지한 경우 그리고 ⅲ) 이 사실을 과실로 인지하지 못한 경우에는 유치권으로 대항할 수 없는 것으로 판단하는 것이 타당하다.[106]

또한, 압류 이후 성립한 유치권으로는 경매매수인에 대하여 대항할 수 없다는 입장을 취하면서 점유할 권한을 가지고 있는 상태에서 점유 목적물에 유익비를 지출하였던 사정이 있는 경우에 있어서 추후 이러한 점유 권한이 소급적으로 소멸된 사정이 발생하였고 그 비용을 지출한 당시에 이 소멸 가능성을 인지하였거나 인지하지 못하였다 할지라도 소멸될 가능성에 의심을 하지 않은 면에 과실이 존재하는 경우에는 목적물 점유자의 유치권 행사는 불허되는 것이 타당하다.[107]

이 법리는 압류채권에 대하여 유치권으로 대항할 수는 없으나 다만, 압류채권이 있다 할지라도 유치권자가 들인 비용이 객관적으로 명확한 경우에는 그 비용에 한정하여 유치권자의 대항을 인정하는 법리인 것이다.[108] 이는 압류채권 시기와 유치권의 성립시기를 비교하여 앞서고 있는 압류채권에 대하여 유치권의 대항을 인정해주지 않는 대항력부정설의 법리와 저촉되지 않으며 양립 가능하므로 비용지출 시의 법리는 타당하다.

2. 부동산 증·개축을 통한 유치권자의 매수인에 대한 우열

유치권자가 비용을 지출하는 여러 경우 중 건물과 관련한 증·개축의

---

106 日本 大審院(최고재판소의 구 명칭) 昭和13(1938) 4. 16. 判決(判決全集 5輯 9号, 9頁); 日最高裁判所 昭和49(1974) 9. 20. 判決(金融法務事情 734号, 27頁).

107 日最高裁判所 昭和 51(1976) 6. 17. 判決(判決全集 30輯 6号, 616頁).

108 강구욱, "부동산 압류의 처분금지효와 유치권의 효력", 법학논고, 경북대학교 법학연구원, 2018, 142면.

경우와 리모델링 공사에 소요된 비용 또는 부속물의 부속에 소요된 비용(부속물 가액도 포함)과 관련된 채권을 담보할 목적으로 유치권이 성립한 경우에 있어 이러한 유치권의 우열을 인정할 것인지의 여부가 문제가 된다.

이것은 증·개축 등의 부분 또는 부속물에 대하여 압류·매각의 효력이 미치는지 여부를 기준으로 판정하는 것이 합리적이다.[109] 증·개축 등의 부분 또는 물건과 관련하여 압류·매각의 효력이 미치는 경우라 할지라도 매수인이 그 부분 또는 물건에 대하여 소유권을 취득한 경우가 있다. 이 경우 비용을 투입한 자에게 그 부분에 한정하여 유치권을 인정해주는 것은 역시 타당하다.[110]

3. 대항할 수 없는 자의 비용지출에 따른 유치권의 우열

ⅰ) 본래 제3자에 대하여 대항할 수 없는 본권에 의한 점유자(예를 들면 대항요건을 갖추지 못한 주택 임차인 등)가 압류 이후 필요비 또는 유익비를 지출한 경우와 ⅱ) 압류에 대해 대항할 수 없는 처분행위에 의하여 점유를 취득하게 된 자(임차인)가 필요비 또는 유익비를 지출한 경우에 대한 검토가 필요하다. 이러한 경우를 해석할 경우 민법 제320조 제2항을 근거로 유추 적용하여 이 점유는 불법행위에 의한 점유에 해당되는 것으로 판단하여 유치권을 인정할 수 없다는 법리, 그리고 유치권의 성립 자체는 인정할 수 있다 할지라도 부동산 경매절차상의 매수인에 대하여 그 유치권의 대항력을 인정하는 것은 부당하다는 견해가 있다.[111]

---

109 압류 효력이 미치는 범위는 원칙적으로 저당권 효력이 미치게 되는 범위(민법 제358조)와 동일하다. 따라서 압류의 효력은 부동산의 부속물과 종물에 미치게 된다(김일룡, 「민사집행법강의」, 도서출판 탑북스, 2011, 273면; 김홍엽, 「민사집행법(제2판)」, 박영사, 2014, 144면; 박두환, 민사집행법, 법률서원, 2003, 286면; 오시영, 「민사집행법」, 학현사, 2007, 386면; 이시윤, 「신민사집행법(제7판)」, 박영사, 2016, 266면; 전병서, 「민사집행법」, Justitia(유스티치아), 2016, 207면 등.

110 강구욱, "부동산 압류의 처분금지효와 유치권의 효력", 법학논고, 경북대학교 법학연구원, 2018, 144면.

111 강민성, "민사집행과 유치권-이미 가압류 또는 압류가 이루어졌거나 저당권이 설정된 부동산에 관하여 취득한 점유 또는 견련성 있는 채권으로써 경매절차에서 그 부동산을 매수한 사람을 상대로 유치권을 내세워 대항하는 것이 허용되는지 여부에 관하여", 사법논집

이러한 견해와 관련하여 압류와 관련한 유치권 우열논제의 초점은 압류채권자 또는 압류 부동산의 매수인과 유치권자 사이에서 문제가 되지만 위 불법행위에 의한 점유에서 문제의 초점은 채무자(소유자)와 유치권자 사이에서 문제가 된다.[112] 본 쟁점은 유치권의 소극적 성립요건인 것이고 양자의 포섭범위는 완전히 다르다. 따라서 압류채권에 대한 유치권의 대항력 없는 점유를 불법행위에 의한 점유로 보거나 권원 없는 점유로 판단하는 법리는 검토가 요구된다. 불법행위에 의한 점유가 아닌 한, 유치권이 아예 성립하지 않는 것으로 판단하기에는 무리가 있는 것이다.[113]

점유권원이 압류에 대한 대항력이 없다는 이유로 점유 중 취득한 유치권도 대항력이 바로 아예 없는 것으로 판단하는 것도 법적 근거가 없다. 유치권은 변제기에 놓여 있는 피담보채권의 존재, 그리고 목적물의 점유가 있다면 당연하게 성립하는 법정담보물권인바, 유치권의 성립을 목적으로 하는 법률행위에 의하여 성립하는 것이 아닌 것이다.[114]

대항력부정설의 입장은 압류채권의 시기와 유치권의 시기를 시간 순으로 비교하여 앞서 있던 압류채권에 대해 유치권의 대항을 인정해주지 않는 법리이다. 이는 점유권원이 없어[115] 대항력이 없는 유치권도 불법점유가 아닌 한, 그 성립은 가능하다고 판단하되 압류채권에 대해서는 그 우열상 대항할 수 없도록 판단하면 합리적이라는 면에서 대항력부정설의 법리와도 양립 가능하기 때문에 타당하다.

제36집, 2003, 77면; 남준희, "저당권 설정 후 경매개시결정 기입등기 전에 취득한 유치권의 효력 : 대상판결 : 대법원 2009. 1. 15. 선고 2008다70763 판결", 동북아법연구 제3권 제2호, 전북대학교 동북아연구소, 2009, 561면; 차문호, "유치권의 성립과 경매", 사법논집 제42집, 법원도서관, 2006, 413면 등.

112 강구욱, "부동산 압류의 처분금지효와 유치권의 효력", 법학논고, 경북대학교 법학연구원, 2018, 148면.

113 安永正昭, "留置権", 法学教室 No. 329, 2008, 28頁; 법원행정처, 「법원실무제요」 민사집행「Ⅱ」 부동산집행, 2003, 48면.

114 강구욱, "부동산 압류의 처분금지효와 유치권의 효력", 법학논고, 경북대학교 법학연구원, 2018, 148면.

115 역시 불법점유가 아닌 경우에 한정한다.

V. 결론

지금까지 검토한 내용을 정리하면 다음과 같다.

논제에 관하여 어느 시기를 묻지 않고 성립한 유치권자보다 압류채권을 우선한다는 점에서 부동산 경매절차에서 여러 이해 당사자들의 법적 안정성을 중시한 법리이자 대법원 판례법리인 대항력부정설이 더 타당하다.

대항력부정설에 따른 압류채권에 관한 유치권의 우열논제에서는 첫째, 압류 이후 채무자의 관리행위·이용행위는 압류의 처분금지효에 반하는 것이 아니다. 부동산에 대한 압류 이후에는 채무자가 ⅰ) 부동산의 보관·관리를 목적으로 임치계약 또는 위임계약을 체결하는 행위를 하거나, ⅱ) 수리·수선을 할 목적으로 도급계약을 체결하는 행위, ⅲ) 부동산을 수치인·위임인 또는 도급인에게 인도하고 그들에게 계약의 이행을 하도록 할 목적으로 상당 비용을 투입하거나 보관 및 관리비용이 발생한 경우 압류의 처분금지효에 반하는 것으로 판단할 수는 없다. 특히 ⅲ)의 경우 그 수치인 등이 부동산과 관련된 유치권을 취득한 경우 경매절차상의 매수인에 대하여 대항할 수 있다.

둘째, 압류 효력이 발생한 이후 채무자가 부동산을 타인에게 임대해준 행위가 있는 경우 민법 제621조에 따라 등기하거나 주택임대차보호법 제3조와 상가건물임대차보호법 제3조에 따라 대항요건을 갖추게 된 경우라 할지라도 경매신청인에 대하여 대항할 수 없다고 판단하는 것이 합리적이며 대항력부정설의 견해와도 일맥상통하므로 타당한 것으로 판단된다.

셋째, 부동산에 대하여 경매개시결정의 기입등기가 경료되어 압류 효력이 발생한 이후 채무자가 제3자에게 부동산의 점유를 이전해줌으로써 유치권을 취득하도록 한 경우라면 이 점유이전행위는 처분행위에 해당한다. 따라서 이 경우에서의 압류채권에 관한 유치권의 대항력은 인정되지 않는 것으로 판단하는 것이 합리적이며 대항력부정설과도 양립 가능하다.

한편, 압류채권에 관하여 점유자의 점유이전행위가 있는 경우 무조건적으로 점유이전≠처분행위로 판단해서도 안 될 것이며 그렇다고 점유이전=처분행위로 판단함은 검토가 필요하다. 그 판단을 함에서는 압류의 목적 등 여러 제반사정을 종합적으로 고려하여 처분행위 여부를 판단하는 것이 합리적이다. 위 논의와 더불어 압류채권이 있는 경우 점유자가 비용을 지출하였을 때 유치권의 우열에 관하여도 후속 연구에서 검토되어야 할 것이다.

상기 제 논의는 대법원이 유치권을 공평의 견지 측면에서 변제의 간접적인 확보, 그리고 최우선변제의 사실상의 보장을 위한 제도로 파악하고 있으면서도 유치권자와 다른 이해당사자 간 우열 관계를 합리적으로 조정할 목적, 그리고 민사집행제도의 신속·적정한 운용을 도모할 목적으로 그 행사를 합리적으로 제한하는 것으로 판단된다.[116]

---

116 이재석, "유치권 행사의 제한에 관한 판례이론", 사법논집 제55집, 법원도서관, 2012, 403면.

참고 문헌

Ⅰ. 국내 문헌

1. 단행본

강대성, 「민사집행법(제5판)」, 도서출판 탑북스, 2011.

김능환/민일영, 「주석 민사집행법Ⅵ」, 한국사법행정학회, 2012.

김상수, 「민사집행법(제4판)」, 법우사, 2015.

김상원 외 3인 편집대표, 「주석 민사집행법Ⅲ」, 한국사법행정학회, 2004.

김일룡, 「민사집행법강의」, 도서출판 탑북스, 2011.

김홍엽, 「민사집행법(제4판)」, 박영사, 2017.

곽윤직/김재형, 「물권법(제8판, 전면개정)」, 박영사, 2014.

법원행정처, 「법원실무제요」 민사집행「Ⅱ」 부동산집행, 2003.

사법연수원, 「민사집행법」, 사법연수원, 2015.

양삼승 집필 부분, 「주석 강제집행법(Ⅲ)」, 한국사법행정학회, 1993.

이시윤, 「신민사집행법(제8개정판)」, 박영사, 2020.

이재석, 「유치권의 아킬레스건」, 푸른솔, 2018.

오시영, 「민사집행법」, 학현사, 2007.

전병서, 「민사집행법」, Justitia(유스티치아), 2020.

지원림, 「민법강의(제12판)」, 홍문사, 2014.

2. 논문

강구욱, "부동산 압류의 처분금지효와 유치권의 효력", 법학논고 제62권, 경북대학교 법학연구원, 2018.

강민성, "민사집행과 유치권-이미 가압류 또는 압류가 이루어졌거나 저당권이 설정된 부동산에 관하여 취득한 점유 또는 견련성 있는 채권으로써 경매절차에서 그 부동산을 매수한 사람을 상대로 유치권을 내세워 대항하는 것이 허용되는지 여부에 관하여", 사법논집 제36집, 2003.

김기찬/이춘섭, "부동산경매에서 유치권의 한계에 관한 연구", 부동산학연구 제13집 제2호, 2007.

김건호, "부동산 경매절차에서의 유치권", 법학논고 제36집, 경북대학교 법학연구원, 2011.

김원수, "압류(가압류)의 효력이 발생한 후에 유치권을 취득한 자가 매수인(경락인)에게 대항할 수 있는지 여부", (부산판례연구회)판례연구 제18집, 2007.

박상언, "저당권 설정 후 성립한 유치권의 효력:경매절차에서의 매수인에 대한 대항가능성을 중심으로", 민사판례연구 제32권, 2010.

서종희, "유치권자의 강제경매신청의 의미와 가압류등기경료 후 성립한 유치권의 대항력인정 여부", 외법논집 제36권 제4호, 2012.

이계정, "체납처분 압류와 유치권의 효력", 서울대학교 법학 제56권 제1호, 서울대학교 법학연구소, 2015.

이재석, "유치권의 행사를 제한하는 판례이론에 관한 제언", 사법논집 제16집, 법원도서관, 2016.

_____, "유치권 행사의 제한에 관한 판례이론", 사법논집 제55집, 법원도서관, 2012.

이찬양, "부동산 물권공시제도의 관점에서 유치권등기제도 도입에 관한 민사법적 고찰", 일감법학 제46권, 건국대학교 법학연구소, 2020.

이학수, "유치권이 요구하는 점유의 정도", (부산판례연구회)판례연구 제8집, 1998.

이호행, "유치권이 설정된 부동산의 경매-유치적 효력을 중심으로-", 홍익법학 제19권 제1호, 홍익대학교 법학연구소, 2018.

장요성, 「유치권사건처리실무」, 법률정보센터, 2009.

정두진, "프랑스 민법에서의 유치권제도에 관한 소고", 국제법무 제4집 제2호, 제주대학교 법과정책연구소, 2012.

차문호, "유치권의 성립과 경매", 사법논집 제42집, 법원도서관, 2006.

하상혁, "가압류 후에 성립한 유치권으로 가압류채권자에게 대항할 수 있는지 가부", 「대법원중요판례해설 2011 하반기(민사·형사편)」, 사법발전재단, 2012.

Ⅱ. 국외 문헌

1. 프랑스 및 독일 문헌

M. Bourassin, V. Brémond et M.-N. Jobard-Bachellier, Droit des sûretés, 2e éd., Sirey, 2010.

M. Cabrillac, Ch. Mouly, S. Cabrillac et Ph. Pétel, Droit des sûretés, 8e éd.,Litec, 2008.

Claus Ahrens, Zivilrechtliche Zuruckbehaltungsrechte, 2002.

2. 일본 문헌

河上正二, "ロー.クラス 担保物権法講義 2 留置権", 法学セミナー No. 661, 2013.

池田清治, "必要費と有益費", 法学セミナー No. 705, 2013.

松岡久和, "留置権", 法学セミナー No. 704, 2013.

荒木新五, "競売で買収人に対する留置権の主張の有無", 判例タイムズ No. 1150, 2004.

座談會, "近未来の抵当権とその實行手続_改正のあり方お探る", 経済法, 令究會刊·銀行法務21, 第600号, 2002.

坂本武憲, "不動産費用債権の担保", ジュリスト No. 1223, 2002.

鈴木忠一/三ケ月章 編輯代表(中山一郎 執筆), 「注解 民事執行法(3)」, 第一法規, 1984.

石川明 外 2人 編(廣田民生 執筆), 「注解民事執行法(上卷)」, 1991.

福永有利, "不動産上の權利關係の解明と賣却條件", 「民事執行法の基本構造」, 西神田 編輯室, 1981.

吉野衛/三宅弘人 編輯代表(大橋寛明 執筆), 「注釋 民事執行法(3)」, 文唱堂, 1983.

竹下守夫, 「不動産競賣におおける物上負擔の取扱い 不動産執行法の研究」, 有斐閣, 1977.

生熊長幸, "建築請負代金債權による敷地への留置權と抵當權(下)" 「金融法務事情」 第1447号, 1996.

三ケ月章, 「民事執行法」, 弘文堂, 1981.

園尾隆司, 「留置權による競賣および形式的競賣の賣却手續」, 金融法務事情 1221号6, 金融財政事情研究所, 1989.

坂本倫城, 「留置權による競賣申立て」, 大石忠生ほか編, 裁判實務大系7, 青林書院, 1986.

生田治郎, 「留置權の實行をめぐる諸問題」, 加藤一郎一 林良平編集代表, 擔保法大系第二卷, 金融財政, 1985.

竹田稔, 「民事執行の實務Ⅰ」, 酒井書店, 1980.

東京地裁民事執行實務研究会 , 「不動産執行の理論と實務(改訂上)」, 財団法人 法曹会, 1999.

石川明 外 2人 編(佐藤歳二 執筆), 「注解民事執行法(上卷)」, 1991.

佐藤歳二, "不動産引渡命令", ジュリスト, 876号, 1987.

関 武志, 「留置權の研究」, 信山社, 2001.

清水元, 「留置權」, 一粒社, 1995.

Ⅲ. 언론기사 및 기타자료

강구욱, "부동산 압류의 처분금지효와 유치권", 한국민사집행법학회 2018년 하계발표
    회(2018. 6. 16.) 발표논문집.

강해룡, "가압류의 처분금지적 효력에 대한 비판", 법률신문, https://www.lawtimes.
    co.kr/Legal-Info/Research-Forum-View?serial=1964(최종확인: 2020. 1. 25).

압류·저당권과 상사유치권의 우열 관계*

I. 서론

상사유치권과 관련한 상법 제58조는 "상인 간의 상행위로 인한 채권이 변제기에 있는 때에는 채권자는 변제를 받을 때까지 그 채무자에 대한 상행위로 인하여 자기가 점유하고 있는 채무자 소유의 물건 또는 유가증권을 유치할 수 있다. 그러나 당사자 간에 다른 약정이 있으면 그러하지 아니하다."라고 규정하고 있다. 상사유치권은 피담보채권과 목적물 간 견련성을 요구하고 있는 민사유치권과는 다르게 상인 간 거래에서 신속, 편리한 방법으로 담보를 취득하도록 하려는 목적에서 피담보채권과 목적물 간 견련성을 요구하지 않고 있다.[1]

민사유치권과 상사유치권의 견련성 인정 범위에 대한 이러한 차이는 '견련성 조건 미비로 민사유치권이 성립되지 않은 경우를 회피'하게 만드

---

* 제2절 압류·저당권과 상사유치권의 우열 관계에서는 부동산 중 주로 건물을 기준으로 압류·저당권에 관한 상사유치권의 우열상 제문제에 집중하여 논의하였다. 본 절은 법학연구 통권 제61집에 게재된 논문을 수정 및 보완한 것이다.

1 이철송, 「상법총칙·상행위(제21판)」, 박영사, 2013, 342면.

는 하나의 수단이 되고 있다. 즉, 임대차보증금반환채권을 피담보채권으로 하고 있는 민사유치권,[2] 건축공사수급인의 건축물 대지[3]에 관한 민사유치권 등에 대하여 견련성 조건 미비를 이유로 민사유치권을 부정하는 판례[4]가 축적되자, 이제는 견련성 요건이 약한 상사유치권을 주장하여 유치권을 성립시키고자 하는 사례[5]가 실무상 점점 늘어나고 있는 실정이다.[6] 따라서 이제는 상사유치권의 우열[7]을 합리적으로 제한할 기준에 대한 연구가 필요한 시점이 되었다.

건물[8]에 관한 민사유치권 법리에 따르면, 민사유치권자는 선행저당권

---

2 임대차보증금반환채권을 피담보채권으로 하는 민사유치권 주장은 성립할 수 없다. 임차건물과 보증금반환채권 간 견련관계가 없다는 것을 이유로 제시하고 있다(대법원 2009. 6. 25. 2009다30212 판결).

3 상사유치권의 우열에서 부지와 대지 등의 개념에 혼동이 있을 수 있다. 부지는 하천 또는 도로 등의 바닥토지로 사용하는 포괄적인 용어로 건축할 수 있는 토지와 건축할 수 없는 토지를 모두 포괄하므로 대지보다 더 큰 개념이다. 그러나 대지는「공간정보의 구축 및 관리 등에 관한 법률」상 지목이 대인 토지를 의미하고 건축할 수 있는 토지를 의미한다. 본고에서는 대지와 건물을 구분하여 대지를 논의함에 있어서도 건축을 통한 건물에 집중하여 논의하는 측면을 고려해볼 때, 건축할 수 없는 토지와 건축할 수 있는 토지 모두를 의미하는 부지가 아니라 건축할 수 있는 토지를 의미하는 대지가 더 정확하다. 따라서 이하에서는 대지 개념으로 통일하여 사용하고자 한다.

4 건축공사대금 채권, 그리고 건축부지 간에는 보통 견련성을 인정하지 않는 것으로 판단하는 것이 다수의 견해이다(박진근, "건축계약상 수급인의 유치권 제한", 민사법학 제39권 제1호, 한국민사법학회, 2007, 322면). 따라서 유치권의 성립요건 중 하나인 견련성이 인정되지 않으므로 이 경우에서는 민사유치권을 주장할 수 없다.

5 앞서 살펴본 임차인이 임대차보증금반환채권을 피담보채권으로 하는 민사유치권의 성립을 인정하지 않게 판례가 축적되자, 이제는 임대차보증금반환채권이 아닌 부당이득반환채권(대구지방법원 2010. 7. 30. 2009가단53335 판결 등) 또는 대여금채권 등을 피담보채권으로 하는 상사유치권을 주장하는 사례(서울지방법원 2000. 9. 1. 2000나21078 판결 등)가 늘고 있다. 이에 위 사례에서 임대차계약의 상행위성을 인정해줌으로써 상사유치권의 성립을 인정하고 있는 판례가 제시되고 있는 것이다.

6 김연우, "상사유치권에 부동산이 포함되는지 여부 및 선행 저당권자와의 관계 대상판결 : 대법원 2013. 2. 28. 선고 2010다57350 판결", 재판과 판례 제22집, 대구판례연구회, 2013, 350면.

7 본고에서는 건물에 관한 상사유치권의 실체법적인 성립 논제보다는 우열논제에 집중하였다. 상사유치권의 성립을 중심으로 하는 연구는 추후 과제로 남긴다.

8 일반적으로 부동산에 관한 민사유치권이라는 표현을 사용하곤 한다. 본고에서는 대지와 부동산을 분류하여 부동산에 집중하여 논의한다. 한편, 부동산은 토지(대지)와 건

자의 신청에 따른 경매절차에서 건물을 취득한 매수인에 대하여 대항할 수 없는데,[9] 이 경우 본 건물에는 민사유치권이 존속하게 된다. 여기서 매수인이 건물을 취득하기 위해서는 유치권에 의하여 담보된 채권을 변제해야 한다.[10][11] 그런데 해당 경우에 허위유치권을 주장하거나 경매건물에 실질적으로 소요된 비용보다 더 많은 필요비 또는 유익비를 지출하였다는 주장자가 나오는 사례도 있을 수 있다. 또한, 건물에 정당한 유치권이 있는 경우에 매수인은 경매절차에서 낙찰받은 목적물을 인도받기 위해 매각대금 외에도 추가로 유치권의 피담보채권을 인수·부담해야 한다. 허위유치권이 있는 경우에는 유치권의 피담보채권액수만큼 매각건물의 매각가격이 감액되거나 매수인에게 불의의 타격을 입히는 등 여러 폐해가 발생[12]하

물을 포함하는 범위이므로(민법 제99조 제1항) 이 두 개념을 기준으로 살펴볼 때 대지가 아닌 부분을 부동산이라고 하기 보다는 건물로 표기하는 것이 더 정확하다고 판단하였다. 따라서 이하에서는 흔히 우열논제에 있어서 부동산의 해당하는 개념을 대지와의 구분을 위하여 건물로 표기하고자 한다.

9 민사유치권으로 선행저당권에 대항할 수 없기 때문에 선행저당권자의 신청에 의한 경매절차에서의 목적물의 매수인에 대해서 민사유치권으로 대항할 수 없다(대법원 2009. 1. 15. 선고 2008다70763 판결).

10 민사집행법 제268조(부동산을 목적으로 하는 담보권 실행을 위한 경매절차에는 제79조 내지 제162조의 규정을 준용한다) 및 민사집행법 제91조 제5항(매수인은 유치권자에게 그 유치권으로 담보하는 채권을 변제할 책임이 있다) 참조.

11 다만, 이는 유치권자가 매수인에게 피담보채권의 변제가 있을 때까지 그 인도를 거절할 수 있음을 의미하는 것이지 변제를 청구할 수 있는 권리를 가진다는 의미는 아니다; 대법원 1996. 8. 23. 선고 95다8713 판결(민사소송법 제728조에 의해 담보권의 실행을 위한 경매절차에 준용되는 동법 제608조 제3항에서 경락인은 유치권자에게 유치권으로 담보하는 채권을 변제해야 할 책임이 있다고 규정하고 있다. 그런데 여기에서 '변제해야 할 책임이 있다'는 것은 건물상의 부담을 승계한다는 취지로 인적 채무까지 인수한다는 취지는 아니다. 따라서 유치권자는 경락인에 대하여 피담보채권의 변제가 있을 때까지 유치목적물인 건물의 인도를 거절할 수 있을 뿐이고 피담보채권의 변제를 청구할 수는 없다).

12 이러한 유치권 남용이 건물 경매질서를 어지럽히는 경매공적 제1호라고 하면서, 이에 대한 해결방안으로 경매개시결정 이후의 보전처분에 의해 경매목적물에 수리비 지출 등의 행위를 함부로 하지 못하도록 하는 조치, 경매목적물에 필요불가결이 아닌 개축비 및 수리비의 지출은 경매건물의 가격손상으로 판단하여 매각허가결정을 취소시키는 방안, 집행관이 현황조사를 행할 경우 유치권 파악 등을 간과하였을 때에는 국가배상책임을 강화하는 방안 등을 제시하고 있다(이시윤, 신민사집행법(제5판), 박영사, 2009. 제250면 이하).

고 있는 것이다.[13]

　이와 같은 민사유치권의 폐해를 개선할 목적으로 건물에 대한 민사유치권을 합리적으로 제한하기 위해 대법원 법리(선행저당권에 대하여 민사유치권으로 대항할 수 있다는 법리)[14]가 어느 정도 정착되어 있다. 그런데 이 민사유치권 제한법리가 건물에 대한 상사유치권에서도 동일하게 적용하는 것(선행저당권에 대하여 상사유치권으로 대항할 수 있다는 법리)이 합리적인지에 대해 문제가 제기될 수 있다. 이는 민사유치권의 우열상 제한 법리를 상사유치권에서도 동일하게 파악하고 있는 관행에 대해 이미 많은 문제[15]가 제기되고 있기 때문이다.[16] 이러한 문제상황은 건물에 대한 '상사유치권의 우열논제에서 상사유치권의 합리적인 제한기준'을 정하는 쟁점의 논의로 환원하여 이해할 수 있다.[17]

13　이와 관련하여 현행 건물 유치권은 유치권이 등기부에 공시되지 않는데도 불구하고 사실상 우선변제를 받게 되어 제3자 측에게 예측 불가능한 손해를 입힐 뿐만 아니라, 유치권자가 점유를 통해 유치권을 행사하는 동안 타인이 건물을 사용 수익하지 못하게 되어 사회경제적 효용을 감소시키는 문제점 등이 지적되어 왔다. 이 문제를 해결하고자 유치권 제도의 적용상 범위를 제한하는 한편, 유치권의 상실로 인하여 지위가 약화된 채권자를 위하여 별도의 채권자 보호 장치를 마련하려는 취지에서 민법 개정안이 국회에 제출된 바 있다. 그 주요 내용은 등기건물에 대한 유치권 폐지(개정안 제320조, 제320조의2), 미등기건물에 대하여 한시적 유치권 인정, 이에 따라 약화된 채권자의 지위를 보완하기 위해 저당권설정청구권의 인정(개정안 제320조의2, 제369조의2), 등기건물에 대한 특례로서 저당권설정청구권 부여(개정안 제369조의3) 등이다. 한편, 개정안을 우열을 중심으로 검토한 연구로는 졸저, "부동산유치권 개정안 중 저당권설정청구권 제도 도입에 관한 고찰─부동산 경매절차에서 선행저당권에 관한 유치권의 우열 논제를 중심으로─", 법학논총 제26권 제2권, 조선대학교 법학연구소, 2019, 303─338면 참조.

14　대법원 2009. 1. 15. 선고 2008다70763 판결.

15　민사유치권과 상사유치권은 연혁, 정당성 등의 근거가 다름에도 불구하고 그 차이를 반영한 정치한 입법이 되어 있지 않다.

16　서인겸, "부동산경매절차상 유치권의 효력에 관한 몇 가지 쟁점", 원광법학 제32권 제2호, 원광대학교 법학연구소, 2016, 276면; 손종학, "건축부지에 대한 건축수급인의 상사유치권 성립 여부", 가천법학 제50권 제2호, 가천법학연구소, 2009, 413면.

17　즉, 민사유치권의 판례의 입장(대법원 2009. 1. 15. 선고 2008다70763 판결)이 대항력 인정설(선행저당권에 대하여 민사유치권으로 대항할 수 있다는 법리)을 취하고 있는 이상 민사유치권과 상사유치권을 구분한 후에 상사유치권에 있어서는 선행저당권자에 대하여 그 대항력을 제한할지 아니면 제한하지 않는 것으로 판단할지, 제한을 할 경우 합리적인 제한기준을 어떻게 정할지가 문제되는 것이다.

물론 상사유치권의 우열 논제에 관한 몇몇 선행연구는 존재한다.[18] 그러나 선행연구는 대지와 건물을 구분하여 파악하고 있지 않기 때문에, 대지에서의 논의와 건물에서의 논의 영역이 불명확하게 혼재되어 있다. 뿐만 아니라 대지와 건물에서의 상황의 다름을 간과한 경향이 있어 실질적 문제해결에 적합하지 않고 보완이 필요하다는 한계가 있다. 따라서 본고에서는 대지와 건물을 구분한 후[19] 건물을 중심으로 상사유치권의 우열에 관한 논의를 검토하고자 하며 건물을 중심으로 또한 대항관계설을 중심으로 상사유치권의 우열논제를 논의한 연구는 거의 없으므로 연구에 의의가 있다고 보았다. 물론 건물에 집중하여 상사유치권의 우열을 검토할 경우 대지에 대한 상사유치권의 우열논의가 반드시 필요한 때에는 대지에 대한 상사유치권 논의도 함께 제시하였다. 그리고 우열 논제 중에서도 - 오늘날 실무상 대지보다 더 문제가 증폭되고 있는- 건물을 먼저 대상으로 하여 상사유치권으로 범위를 한정하여 논의를 전개하고자 한다.[20]

이를 위해서 우선 건물에 관한 상사유치권의 우열 논제에 관하여 우리와 일본의 학설 및 판례를 검토하고 어느 법리가 타당한지를 논증하고자 한다(Ⅱ). 그런 후 대항관계설을 중심으로[21] 건물에 관한 상사유치권의 주요쟁점을 검토하고자 하며(Ⅲ), 마지막으로는 건물에 있어서 선행저당권에 관한 상사유치권의 우열논제에 관한 대법원 판례를 대항관계설을 중심으로 풀어내 검토한다(Ⅳ).

---

18 김연우, "상사유치권에 부동산이 포함되는지 여부 및 선행 저당권자와의 관계 대상판결 : 대법원 2013. 2. 28. 선고 2010다57350 판결", 재판과 판례 제22집, 대구판례연구회, 2013, 345-384면; 박양준, "부동산 상사유치권의 대항범위 제한에 관한 법리 : 대법원 2013. 2. 28. 선고 2010다57350 판결", 청연논총 제12집, 2013, 52-108면 등.

19 우리 실무도 보통 대지와 건물을 별개의 것으로 보고 있다(대법원 1993. 10. 26. 선고 93다2483 판결 등).

20 대지에 대한 상사유치권의 우열상의 제문제는 추후 연구하고자 한다.

21 (Ⅱ)에서 대항관계설이 타당하다고 판단하였기 때문이다(Ⅱ. 건물에 관한 상사유치권의 우열에 관한 학설 및 판례 부분 참조).

Ⅱ. 건물에 관한 상사유치권의 우열에 관한 학설 및 판례

　　건물에 관한 상사유치권의 우열논제[22]와 관련하여 독일에서의 상사유치권은 독일 상법 제3편 제1장 총칙 제369조 제1항에서 규정하고 있는데 채무자의 동산 및 유가증권에 대하여 유치권을 행사할 수 있다.[23] 따라서 유치권의 대상에 건물이 없다. 또한, 민사유치권도 그 대상에 건물이 있으나 법적 성격이 물권이 아닌 채권의 성격이기 때문에 건물 경매절차상의 매수인 또는 저당권자에 대한 유치권의 대항력 또는 우열의 문제는 발생하지 않는다. 스위스에서의 민사유치권과 상사유치권은 법적 성격이 물권이라 할지라도 동산 또는 유가증권만이 대상이고 건물은 제외되어 있다 (ZGB 895 Ⅰ).[24] 그리고 프랑스에서의 상사유치권은 민법의 담보법을 2006년 개정하기 전의 두 가지 유형의 유치권, 그리고 2006년 개정 이후의 유치권 규정을 살펴보아도 상사유치권과 관련하여서는 규정하지 않고 있다.[25] 따라서 건물에 관한 상사유치권의 우열에 관한 학설과 판례 논의는

22　앞서 건물에 관한 상사유치권의 실체법적인 성립 논제보다는 우열논제에 집중하였는 바. 한편, 이 우열 논제를 논의함에 있어 성립과 관련된 학설 및 판례가 필요한 경우에는 같이 검토하였다.

23　**HGB §369 (Kaufmännisches Zurückbehaltungsrecht)**
(1) Ein Kaufmann hat wegen der fälligen Forderungen, welche ihm gegen einen anderen Kaufmann aus den zwischen ihnen geschlossenen beiderseitigen Handelsgeschäften zustehen, ein Zurückbehaltungsrecht an den beweglichen Sachen und Wertpapieren des Schuldners, welche mit dessen Willen auf Grund von Handelsgeschäften in seinen Besitz gelangt sind, sofern er sie noch im Besitz hat, insbesondere mittels Konnossements, Ladescheins oder Lagerscheins darüber verfügen kann. Das Zurückbehaltungsrecht ist auch dann begründet, wenn das Eigentum an dem Gegenstand von dem Schuldner auf den Gläubiger übergegangen oder von einem Dritten für den Schuldner auf den Gläubiger übertragen, aber auf den Schuldner zurückzuübertragen ist.

24　**Art. 895 B. (Retentionsrecht)**
1 Bewegliche Sachen und Wertpapiere, die sich mit Willen des Schuldners im Besitze des Gläubigers befinden, kann dieser bis zur Befriedigung für seine Forderung zurückbehalten, wenn die Forderung fällig ist und ihrer Natur nach mit dem Gegenstande der Retention in Zusammenhang steht.

25　정두진, "프랑스 민법에서의 유치권제도에 관한 소고", 국제법무 제4집 제2호, 제주대학교 법과정책연구소, 2012, 70면.

일본과 비교 논의[26]를 한다.[27]

1. 학설

(1) 긍정설

상사유치권의 성립요건에서 점유의 유무는 점유의 외형적인 사실을 참고로 판단할 수밖에 없기 때문에 수급인이 도급인에게 건물을 인도해주지 않은 이상 수급인은 공사 도중은 물론이고 공사를 완료한 이후에도 여전히 대지[28]를 점유하고 있는 것으로 판단해야 한다는 견해이다. 그리고 상

---

26 일본과 비교 검토를 함에 있어서 상사유치권의 우열 논제에 관한 학설 및 판례는 국내에서는 논의가 매우 부족한 상황이나 일본에서의 논의는 활성화되어 있다. 따라서 국내와 일본의 논의를 따로 진행하지 않고 학설 및 판례의 범주 내에서 통합하여 비교·검토하였다.

27 아래의 학설 및 판례 소개 및 검토에서 건물이 상사유치권에 포함되는지 여부 논의와 선행저당권에 상사유치권으로 대항할 수 있는지 여부 논의(우열 논제)는 그 쟁점이 구분되므로 따로 논의해야 한다는 비판이 있을 수 있다. 그러나 이는 상사유치권의 대상에 건물이 포함되는지 여부논의가 위 우열논제에 직결된다는 법리를 간과한 견해로 타당하지 않다. 상사유치권의 대상에 건물이 포함되는 경우에는 당연하게 건물에 있어 선행저당권에 대한 상사유치권의 대항여부(우열논제) 논의로 이어진다. 한편, 상사유치권의 대상에 건물이 포함되지 않는 경우 해당 건물에는 상사유치권이 없기 때문에 건물에 있어 선행저당권에 대하여 상사유치권으로 대항할 수 없다. 따라서 이하에서는 학설 및 판례에서 상사유치권의 대상에 건물이 포함되는지 여부의 논의도 우열논의와 같이 제시할 필요가 있는 것이다. 그리고 최소한 물건에 건물이 제외되는 것으로 판단하기는 어렵고 국내 학자 중 건물이 제외된다고 주장하는 학자도 없기 때문에 국내 학설 및 판례가 우선적으로 소개되고 일본 학설은 참고로 제시되어야 한다는 견해도 있을 수 있다. 그러나 건물제외설이 타당하지 않고 이 학설을 지지하는 학자가 없다는 근거를 통하여 일본보다는 국내 학설 및 판례가 우선적으로 소개되어야 한다는 주장은 다소 검토가 요구된다. 위 주장은 민사유치권과 상사유치권에서의 국내 및 일본의 학설 및 판례의 논의현황을 전부 검토하지 못한 오류에서 발생한 것으로 판단된다. 국내 학설 및 판례를 중심으로 소개하여야 한다는 위 주장은 민사유치권에서는 일응 타당하다. 그러나 상사유치권 우열과 관련된 학설 및 판례는 국내의 논의는 거의 없고 일본에서의 논의가 대다수이므로 국내의 학설 및 판례를 중심으로 논의를 전개할 수가 없다. 따라서 본 연구범위인 우열 논제에 있어서는 일본의 학설 및 판례는 매우 활성화되어 있기 때문에 일본의 학설 및 판례를 중심으로 하되, 한국에서의 상사유치권 관련 학설 및 판례 논의가 아예 없는 것은 아니므로 학설 및 판례의 틀 안에서 일본과 국내의 학설 및 판례를 함께 소개 및 검토하는 것이 더 합리적이다.

28 본 긍정설의 견해가 대지에 관하여만 법리를 보여주는 것으로 볼 수 있으나 견해 말

사유치권의 성립요건으로서의 점유는 점유권원을 요구하고 있지 않기 때문에 저당권자가 자신의 저당권을 실행하지 않는 이상 유치권자로서는 건물 및 대지의 점유관리라는 무거운 부담을 지게 되므로 이러한 유치권자의 상사유치권을 긍정하자는 것이다.[29]

(2) 부정설(건물제외설)

부정설(건물제외설)은 건축 대지에 대하여 상사유치권을 부정하는 견해이고 또한 상법상 상사유치권의 대상에 건물이 포함되지 않는다는 입장이다.[30] 그러나 일본 상법 제521조에서 상사유치권의 대상을 '物 또는 유가증권'으로 규정하고 있고 이 목적물을 동산으로 한정하고 있는 것이 아니므로 이를 해석할 때 건물이 포함되지 않는 것으로 해석할 수는 없다는 비판이 있다. 그리고 입법 경위 또는 입법자의 의사를 고려해볼 때도 상사유치권의 목적물에 건물이 포함되는 것으로 해석이 가능하다는 비판도 있다.[31]

(3) 대항관계설(대항력 문제로 접근하는 입장)

대항관계설은 건축 대지에 대하여 상사유치권의 성립은 원칙적으로 긍정하나 저당권자도 보호해야 할 필요성이 있으므로 상사유치권의 성립 시기와 저당권 설정 시기를 비교하여 그 선후에 의하여 상사유치권의 대항력을 판단하여야 한다고 주장한다.[32] 상사유치권 점유의 개시시기 또는 성

미에 대지 및 건물에 관한 법리를 살펴볼 수 있기 때문에 대지와 건물 모두에 해당되는 입장으로 볼 수 있다.

29 河野玄逸, "抵當權과 先取特權, 留置權과의 競合," 銀行法務第21号, 1995, 95頁.

30 淺生重機, 建築請負人의 建築敷地에 對하는 商事留置權의 成否, 金融法務事情 第1453号, 1996. 6, 20~24頁.

31 槇悌次, 民事와 商事의 留置權의 特徵(上), NBL 648號 1998, 10頁; 小久保孝雄, 商事留置權, 金融·商事判例 1211號, 2005, 135頁.

32 生熊長幸, "建築請負代金債權에 의한 敷地에의 留置權과 抵當權(下)," 金融法務事情 第1447号, 1996, 34頁; 이 견해는 건축 도급계약에서 대지에 대하여 선행저당권자가 존재하고 있었고 추후에 지상에 건축한 건물에 대하여 수급인이 상사유치권을 행사하는 행위로 진행되므로 대지와 건물이 혼합된 법리이다. 따라서 본 건물에 대하여 상사유치권의 우열과 관련된 학설로 볼 수 있다. 또한 이 견해에 의하면 유치권자는 선

립 시기보다 먼저 설정된 저당권이 있는 경우에는 상사유치권은 선행저당
권에 대하여 대항할 수 없다는 것이다. 이 견해는 또한 통상 건축 도급계
약에서 대지에 대하여 최초의 저당권자가 최우선담보권자로 등기되었는데
그 이후 지상에 건물을 건축하였던 수급인이 공사대금을 지급받지 못하게
된 사실을 원인으로 하는 상사유치권 행사행위는 저당권자의 기대를 위배
하는 것으로 타당하지 못하다고 한다. 수급인의 이익, 그리고 저당권자의
이익이 경합하게 되는 경우에는 상사유치권자에 의한 점유취득시기와 저
당권설정등기 시기를 비교하여 그 시기 선후에 의하여 우열을 정하여야
한다는 것이다.[33]

행하고 있는 저당권자가 아닌 건물의 채무자, 그리고 유치권이 성립한 후에 물권을
취득하게 된 목적건물의 양수인 또는 후순위의 저당권자, 일반채권자들에게만 대항
할 수 있다고 해석한 일본문헌도 빈번하게 찾아볼 수 있다(生熊長幸, "建築請負代金
債權による敷地への留置權と抵當權(下)," 金融法務事情 第1447號, 1996, 45頁). 따
라서 대항관계설은 대지뿐만 아니라 건물에도 적용할 수 있는 견해이며 대법원 2013.
2. 28. 선고 2010다57350 판결에서도 유치권의 대상에 건물을 명시하고 있다.

33 이와 같은 대항관계설의 입장은 일본 민법이 프랑스 민법을 근거로 유치권을 규정하
였다는 측면을 고려해볼 때 충분히 수긍 가능한 입장으로 볼 수 있다는 견해가 있다.
즉, 프랑스 민법에서 유치권의 대항력 논의에 영향을 준 학자는 Cassin인데 판례의 입
장도 과거에는 유치권과 다른 제한물권의 대항요건의 시간적 선후에 의하여 우열을
나누곤 하였으나 오늘날에는 채무자, 채무자의 포괄승계인, 선행하고 있는 질권자,
그리고 일반채권자보다 우선하게 되었다고 한다. 그런데 일본 판례는 오늘날의 프랑
스 판례의 입장보다 유치권의 성립범위를 더 좁게 보고 있고 이것은 독일 민법의 해
석론에 의하여 유래한 것으로 볼 수 있다는 견해가 있을 수 있다. 그러나 이 견해는
상사유치권에서는 재고가 필요하고 전적으로 민사유치권의 경우에 있어서도 타당하
지 않은 측면이 있긴 하나 일부분에 있어서는 어느 정도 통용이 될 수는 있다. 민사유
치권에서 일본 판례가 오늘날의 프랑스 판례에 비해 유치권의 성립범위를 좁게 판단
하고 있다는 부분은 독일 민법에서의 해석론에서 유래한 것으로 볼 수 있다고 한 부
분을 검토하여야 한다. 이 사안과 관련된 쟁점으로는 대항력에 관한 쟁점인 수급인
의 상사유치권의 성립 시기와 저당권자의 설정등기 시기의 선후를 비교하여 어느 쪽
에 대항력을 인정해줄 것인가이다. 그런데 독일에서의 민사유치권은 법적 성격이 채
권이므로 매수인 또는 저당권자에 대하여 조금도 아니 전혀 그 대항력을 주장하지 못
한다. 따라서 본 쟁점인 대항력과 관련하여 일본 판례의 입장이 독일 민법의 해석론
(대항력 문제가 전혀 발생하지 않음)에 유래하였기 때문에 상사유치권의 성립범위를
좁게 판단하였다는 견해(좁게 판단하였다는 것은 유치권의 성립으로 인하여 그 대항
력을 인정하되 그 범위를 상대적으로 더 좁게 인정해주었다는 법리)는 합리적이지 않
다. 또한, 일본 판례의 입장은 유치권자의 대항력을 인정하는 것을 전제로 하는 법리
가 다수라는 측면에서도 위 견해의 전제 자체가 타당하지 않다. 그리고 상사유치권의

그러나 대항관계설의 견해도 다음과 같은 비판이 있다. 유치권은 등기를 대항요건으로 하고 있는 다른 담보물권과는 다른 제도이고 등기를 공시방법으로 요구하고 있는 저당권과 점유를 공시방법으로 요구하고 있는 유치권을 그 성립 시기를 기준으로 하여 우열을 정하는 것이 과연 타당한 것인지 의문시된다는 것이다. 뿐만 아니라 이처럼 우열을 가리는 것은 그 성립의 시기를 묻지 않고도 매수인에게 인수가 이뤄지게 될 수 있다는 점,[34] 수급인이 투입하였던 비용과 노력을 통하여 건물의 가치가 증가한 경우 저당권자는 기대하지도 않았던 이익을 얻게 되나 수급인은 자신이 들였던 비용을 고려해볼 때 손실을 입게 되어 불합리하다는 점, 마지막으로 점유를 취득한 시기를 기준으로 하는 입장은 피담보채권의 변제기가 도래하지 않는 이유로 유치권이 성립되지 않은 경우에서도 점유를 대항요건으로 해석하게 되는 점에 이론적인 난점이 있다는 것이다.[35]

2. 판례

(1) 상사유치권의 성립을 긍정하는 입장

상사유치권의 성립을 긍정하는 판례들이 다수 있는바[36] 가장 최근의 일

측면에 있어서도 검토하면 독일에서 상사유치권 규정은 독일 상법 제3편 제1장 총칙 제369조 제1항에 나타나 있다. 독일의 상사유치권에서의 건물은 민사유치권에서와는 달리 그 대상에서 제외되어 있고 동산, 유가증권만 그 대상이 될 수 있다. 민사유치권은 당사자 간 공평의 원칙을 추구하는 반면, 상사유치권은 상인 간 거래의 활성화를 위할 목적으로의 제도라는 연혁의 측면을 고려해볼 때 민사유치권보다 훨씬 그 성립의 범위가 광범위해지기 때문에 상사유치권에서는 그 대상에 건물을 제외시킨 것이다. 따라서 위 견해처럼 독일에서 유래했기 때문에 일본 판례가 상사유치권의 성립범위를 좁게 판단하고 있다는 견해는 상사유치권의 경우에 있어서도 그 상사유치권의 대상에 아예 건물 자체가 포함되지 않기 때문에 건물을 그 상사유치권의 대상으로 포함되는 것을 전제로 하고 있는 본 쟁점과 합치되지 않는다. 즉, 일본 판례의 입장의 다수가 상사유치권의 대상에 건물을 포함시키고 있는 실정을 고려할 때도 위 견해는 타당하지 않다.

34　松岡久和, 不動産留置権に関する立法論, NBL 730号, 2002, 22頁.

35　松岡久和, 不動産留置権に関する立法論, NBL 730号, 2002, 22頁.

36　東京高等裁判所 1994(平成6年). 2. 7. 決定(平成5年(ラ)1077号); 東京高等裁判所 1998(平成10年) 11. 27. 決定(平成9年(ラ)1996号).

본 최고재판소의 입장은 다음과 같다. 일본상법 제521조 규정에서 '物'에 건물이 포함되는지의 여부 즉, 상사유치권의 대상에 건물이 포함되는지에 관하여 기존의 학설은 긍정설, 그리고 판례는 부정설로 나누어져 있었다. 논쟁 중 최근 최고재판소에서는 일본상법 제521조 규정에서의 '物'에 건물도 포함된다고 판시하였다.[37] 또한, 일본에서의 실무도 상사유치권 대상에 건물을 포함하는 것이 다수의 입장이다.[38]

그리고 저당권 설정 이후 건물의 건축이 행해진 경우 저당권자는 저당권을 설정 받은 후에 유치권이 발생하는 것을 예측하기 어렵기 때문에 저당권자에 대하여 수급인의 유치권 주장을 인정해주는 것은 토지저당권 설정에 따른 금융거래의 안전 상태를 현저하게 저해시킨다는 판결 법리[39]도 상사유치권의 대상에 건물을 포함하는 것을 전제로 하고 있음을 알 수 있다.

상사유치권의 성립을 긍정하는 판례 중 상사유치권은 민사유치권과는 달리 견련성을 요구하지 않으므로 상사유치권이 성립된다는 법리를 제시한 판례도 있다. 일본 동경고등재판소에서는 공사대금채권은 건물과 관련하여 발생한 것이므로 대지에 관하여는 견련성이 인정되지 않아 민사유치권이 성립되지 않는다고 보았다. 그러나 상사유치권의 경우는 민사유치권과는 다르게 목적물과 피담보채권 간 견련성을 요구하고 있지 않으므로 상사유치권이 성립할 수 있다고 본 것이다. 건물도급계약이란 상행위인 것이고 수급인의 점유취득행위도 상사유치권에서 요구하고 있는 상행위성을 충족시킴에 충분하다고 판단하여 상사유치권이 성립할 수 있다고 판시하였다.[40]

---

37 日最高裁判所 2017(平成29年). 12. 14. 第一小法廷 判決(平成29年(受)第675号). 우리 대법원 2013. 5. 24. 선고 2012다39769/39776 판결에서도 동일한 법리의 판시를 하였다.

38 김연우, "상사유치권에 부동산이 포함되는지 여부 및 선행 저당권자와의 관계 대상판결 : 대법원 2013. 2. 28. 선고 2010다57350 판결", 재판과 판례 제22집, 대구판례연구회, 2013. 362면.

39 大阪高等裁判所 1998(平成10年). 4. 28. 決定.

40 東京高等裁判所 1994(平成6年) 2. 7. 決定(平成5年(ラ)1077).

(2) 상사유치권 대상에 건물이 포함되지 않는다는 입장

상사유치권은 그 연혁을 고려하면 당사자의 합리적 의사에 근거를 두는 것이라고 판단할 수 있는데 상인 간 상거래에서 일방당사자가 소유하고 있는 건물의 점유가 옮겨졌다는 사실만으로 건물을 거래의 담보로 할 의사가 당사자 쌍방에게 있는 것으로 판단하는 것은 곤란하다는 판시가 있다. 그리고 위 사실만을 요건으로 하는 상인 간 유치권을 건물에 대해 인정하는 것은 당사자의 합리적 의사와 합치되지 않는다고 판시하였다. 또한, 등기 순위에 의하여 정해지는 것을 원칙인 건물 거래에 관한 법 제도 중 목적물과의 견련성도 요건으로 요구하지 않는 상인 간의 유치권을 인정하는 것은 건물 거래의 안전을 현저하게 해하는 것이고, 법질서 전체의 정합성도 손상시키는 것이라고 하였다. 이상과 같은 제도 연혁, 입법 경위, 당사자 간 의사관계, 그리고 법질서 전체의 정합성 등을 종합하여 고려하면 건물은 일본 상법 제521조에서의 상인 간에 있어서의 유치권 대상으로 되지 않는 것으로 판단하는 것이 상당하다고 판시하였다.[41]

(3) 상사유치권의 성립을 부분적으로 부정하는 입장

상사유치권과 관련한 일본 상법 제521조에서 규정하는 점유에 해당하지 않으므로 상사유치권이 성립하지 않는다는 입장의 판례이다. 수급인은 도급인의 점유보조자이므로 대지를 점유하는 것에 불과하기 때문에 수급인의 상사유치권은 성립하지 않는다는 판례가 있다.[42] 그리고 수급인의 대지 점유는 도급인의 점유에 독립된 점유가 아니기 때문에 수급인의 상사유치권은 성립하지 않는다는 판례도 있다.[43] 또한, 수급인의 대지 점유는 자기를 위한 의사가 아닌 점유 즉, 건축공사 시공의무를 이행하고자 하는

---

41 東京高等裁判所 1996(平成8年). 5. 28. 決定.

42 東京高等裁判所 1998(平成10年). 6. 12. 決定(平成9年(ラ)2039호); 東京高等裁判所 1998(平成10年). 12. 11. 決定(平成10年(ラ)604호); 東京高等裁判所 1998(平成10年). 6. 12. 決定(平成9年(ラ)2039호); 東京高等裁判所 2010(平成22年). 9. 9. 決定(平成22年(ラ)656호) 등.

43 東京高等裁判所 1998(平成10年). 6. 12. 決定(平成9年(ラ)2039호); 東京高等裁判所 1994(平成6年). 12. 19. 決定(平成5年(ワ)24961호) 등.

점유에 불과한 것이므로 본 점유를 근거로 수급인의 상사유치권은 성립하지 않는다는 판시내용도 있다.[44]

(4) 선행저당권에 관한 상사유치권의 주장은 신의칙에 반하게 되는 권리행사 또는 권리남용이므로 허용되지 않는다는 입장

이 판결은 채무자의 채무초과나 이에 임박한 상태에서 선행의 담보물권자가 불이익을 입게 될 것을 잘 인식하면서 채권자가 자신의 채권의 우선적 만족 즉, 선행의 담보물권자보다 우선하는 채권의 만족을 얻을 목적으로 의도적으로 채무자와 유치권의 성립요건을 충족시켜주는 내용의 거래(임대차계약 체결)를 한 사안이다. 이후 목적물을 점유함으로써 상사유치권이 성립하게 된 경우 그와 같은 담보물권자의 신청에 의해 개시된 경매절차에서 유치권을 그 담보물권자 등에 대하여 주장하는 것은 원칙적으로 신의칙에 반하게 되는 권리행사 또는 권리남용이기 때문에 허용되지 않는다고 판시하였다. 저당권이 설정된 이후 상사유치권이 성립하였고 압류의 효력이 발생한 경우 일정한 때에 그와 같은 유치권을 그 담보물권자 등에 대하여 주장하는 것은 신의칙에 반하게 되는 권리행사나 권리남용에 해당할 수 있다는 것이다.[45]

---

44 東京高等裁判所 2010(平成22年). 9. 9. 決定(平成22年(ラ)656号), 東京高等裁判所 1999(平成11年). 7. 23. 決定(平成11年(ラ)597号).

45 그리고 거래당사자가 그 유치권을 자신의 이익을 위할 목적으로 고의로 작출함으로써 … 유치권의 최우선순위 담보권으로의 지위를 부당하게 이용하게 된 것이고 이는 담보권질서 전체에 관하여 법의 구상을 왜곡할 위험이 있다고 하였다. 그리고 개별 사안의 구체적 사안을 종합적으로 고려해보면 신의성실 원칙에 반하게 된다고 평가되는 유치권 제도 남용의 유치권 행사행위는 이를 허용해서는 안 될 것이라고도 하였다. … 특히 다음과 같은 요건을 갖추게 되는 경우 유치권으로 저당권자 등에 대하여 주장하는 행위는 특별한 사정이 없는 한 신의칙에 반하게 되는 권리행사나 권리남용에 해당하게 되고 이는 허용되지 않는다고 판시하였다. 이 요건에는 ⅰ) 객관적으로 채무자가 채무초과 상태에 이미 빠져있거나 그와 같은 상태가 임박하게 되어 채권자 입장에서 원래라면 자신의 채권의 충분한 만족을 얻게 될 가능성이 현저히 낮아지게 된 상황에서 … 유치권의 성립요건을 충족시키는 내용의 거래를 하고 이 거래에 의해 목적물을 점유하게 됨으로써 그 유치권이 성립한 경우가 신의칙에 반하게 되는 권리행사나 권리남용에 해당하는 요건이라고 보았다. ⅱ) 주관적으로는 채무자가 소유하고 있는 목적물에 이미 저당권 기타 담보물권이 설정되어 있으므로 유치권이 성립됨

(5) 대항관계설

대법원 판결(2010다57350)에서는 "… 상사유치권은 민사유치권과 다르게 그 피담보채권이 '목적물과 관련하여' 발생해야 할 필요는 없으나 유치권의 대상이 되는 물건은 '채무자의 소유'의 것으로 제한되어 있다고 판시하였다(상법 제58조, 민법 제320조 제1항 참조). 그리고 이처럼 상사유치권의 대상이 되는 목적물에 '채무자 소유의 물건'으로 한정하는 취지는 상사유치권에서 목적물과 피담보채권 간 견련관계가 완화되고 피담보채권이 해당 목적물에 대한 공익비용적 성질을 가지고 있지 않아도 되는 것이므로 피담보채권이 유치권자와 채무자 간에 발생하는 모든 상사채권으로 무한정으로 확장될 수 있다고 하였다. 이로 인해 이미 제3자가 목적물과 관련하여 확보하였던 권리를 침해할 우려가 있으므로 상사유치권의 성립범위나 상사유치권으로 대항할 수 있는 범위를 제한토록 한 것이라고 판시하였다. 즉, 상사유치권이 채무자가 소유하고 있는 물건에 대해서만 성립할 수 있다는 것은, 상사유치권은 그 성립 당시에 채무자가 목적물에 대하여 보유하고 있는 담보가치만을 대상으로 하는 제한물권이라는 의미를 가지고 있다. 따라서 유치권이 성립할 그 당시에 이미 목적물과 관련하여 제3자에 의하여 제한물권이 설정되어 있는 경우 상사유치권은 그와 같이 제한되어 있는 채무자의 소유권에 기초하여 성립하게 되는 것일 뿐이고 기존의 제한물권이 확보하고 있었던 담보가치를 사후적으로 침탈할 수는 없다고 하였다. 그러므로 채무자가 소유하고 있는 건물에 대하여 이미 선행(先行)하고 있는 저당권이 설정되어 있는 경우, 추후에 채권자의 상사유치권이 성립한 경우 상사유치권자로서는 채무자, 그리고 그 이후 그 채무자로부터 건물을 양수 또는 제한물권을 설정 받게 된 자에 대하여 대항할 수 있으나 선행저당권자 또는 선행저당권에 의한 임의경매절차에서 건물을 취득하게

에 따라 저당권자 등의 입장에서 그러한 채권 만족상의 불이익을 입게 될 것을 잘 인식하고 있으면서 즉, 유치권자가 이와 같은 사정 등을 인식하고 있으면서 자신의 채권의 우선적인 만족을 얻을 목적으로(유치권자의 목적) 위의 사정과 같은 취약한 재정적 지위에 놓여 있는 채무자와의 사이에서 의도적으로 유치권을 작출하는 요건이 역시 신의칙에 반하게 되는 권리행사 또는 권리남용에 해당하게 된다는 것이다(대법원 2011. 12. 22. 선고 2011다84298 판결).

된 매수인에 대해서는 그러한 상사유치권으로 대항할 수 없다고 판시하였다.[46] 즉, 선행저당권에 관하여 상사유치권으로는 대항할 수 없으나 후행저당권에 관하여는 상사유치권으로 대항할 수 있다는 대항관계설의 법리를 보여준 것이다.

3. 소결

이상과 같이 학설과 판례의 입장을 살펴보았는바, 상사유치권의 성립 또는 우열논제와 관련하여 국내에서는 논의가 거의 없다.[47] 그나마 일본에서의 학설 및 판례 법리는 활성화되어 있긴 하여도 완전히 확립된 것은 아니다. 가장 최근에 일본 최고재판소 판례[48]가 판시되었으나 상사유치권의 대상에 건물이 포함된다는 정도의 법리만 보여주고 있다. 따라서 건물에 관한 상사유치권의 성립 및 우열에 관한 법리는 아직 정착되지 않았고 여전히 하급심 판례 간 각자의 법리로 논쟁 중에 있다.[49]

긍정설[50]은 상사유치권의 성립을 인정해주어야 한다는 하는 견해인데 기존부터 발생하고 있었던 상사유치권의 문제점[51]을 도외시하고 있다는 측면에서 납득하기 어렵다.[52] 그 이외의 견해로는 상사유치권의 성립에 있

---

46 대법원 2013. 2. 28. 선고 2010다57350 판결; 대법원 2013. 2. 28. 선고 2010다67678 판결(건물명도)과 대법원 2013. 2. 28. 선고 2010다57299 판결(건물명도)도 동일 취지의 판시를 하였다.

47 건물에 관한 상사유치권의 성립 및 우열에 관한 국내 논의는 대항관계설을 취한 대법원 2013. 2. 28. 선고 2010다57350 판결, 그리고 신의칙 위반 또는 권리남용 법리를 보여주는 대법원 2011. 12. 22. 선고 2011다84298 판결 등이 있다.

48 日最高裁判所 2017(平成29年). 12. 14. 第一小法廷 判決(平成29年(受)第675号).

49 상사유치권의 성립 또는 대항력을 긍정, 부정, 제한하는 학설 및 판례에 대하여는 松岡久和, 前揭論文(註33), 88~110頁.

50 서인겸, "부동산경매절차상 유치권의 효력에 관한 몇 가지 쟁점", 원광법학 제32권 제2호, 원광대학교 법학연구소, 2016, 276면; 河野玄逸, "抵當權과 先取特權, 留置權과의 競合," 銀行法務 第21号, 1995, 95頁.

51 선행저당권자의 교환가치를 후행유치권자가 박탈하는 국면이다.

52 박진근, "건축계약상 수급인의 유치권 제한", 민사법학 제39권 제1호, 한국민사법학회, 2007, 323면.

어서 건물을 제외[53]시키거나 점유를 부정[54] 또는 제한하는 방법[55]을 통하여 상사유치권을 제한하려는 주장을 하고 있음도 검토해볼 수 있었다. 상사 유치권의 점유를 부정하는 방법을 통하여 상사유치권을 제한하고자 하는 입장은 본 연구에서 제외시키되[56] 상사유치권의 대상에 건물을 제외시킨 다는 법리는 우리와 일본의 현행법 규정을 근거로 검토하면 상사유치권의 대상에 건물을 제외할 이유가 없으므로 타당하지 않다. 또한, 일본 최고재 판소에서도 그 대상에 건물을 포함하는 판시[57]를 내린바 있으므로 합리적 이지 않다.

한편, 통상의 건축 도급계약에서 대지에 대하여 최초의 저당권자가 최 우선담보권자로 등기된 상황에서 그 이후 지상에 건물을 건축하게 된 수 급인이 공사대금의 미지급을 근거로 하여 상사유치권을 행사하는 주장[58] 은 저당권자의 기대를 저버리는 것이므로 타당하지 않다.[59] 따라서 수급인 의 이익, 그리고 저당권자의 이익이 경합하는 경우 상사유치권의 성립 시 기 그리고 저당권설정 등기 시기를 선후 간 시간적 비교를 통하여 상사유 치권의 우열을 결정하는 대항관계설의 법리가 타당하다.[60] 상사유치권의

---

53 淺生重機, 建築請負人の建築敷地に對する商事留置權の成否, 金融法務事情 第1453号, 1996. 6. 20~24頁.

54 東京高等裁判所 2015(平成27年). 5. 25. 決定.

55 澤重 信, "敷地抵當權と建物請負報酬債權", 金融法務事情, 第1329号, 1992, 22~25 頁; 東京高等裁判所 1996(平成8年) 5. 28. 決定 등.

56 본 연구는 실체법적으로 점유 부정 법리를 다룬다기 보다는 주로 집행법적인 측면에 서 상사유치권의 우열 논제에 집중하고 있기 때문이다. 다만, 우열 논제를 논의함에 있어 전제로서 필요한 경우에 한해서는 점유 부정 법리를 다루었다.

57 日最高裁判所 2017(平成29年). 12. 14. 第一小法廷 判決(平成29年(受)第675号).

58 선행저당권에 관한 상사유치권의 우열논제의 가장 주된 쟁점이다.

59 본 판례법리는 대지에 대하여 최초에 저당권자가 관여되어 있다가 건물이 건축되면 본 건물에 있어 선행저당권에 관한 상사유치권의 우열로 이어지는 판례이다. 따라서 본 판례는 대지와 건물 모두에 있어서 검토할 수 있는 법리이므로 본 건물에 있어 상 사유치권의 우열 논의에서 다루었다.

60 박진근, "건축계약상 수급인의 유치권 제한", 민사법학 제39권 제1호, 한국민사법학 회, 2007, 323면; 손종학, "건축부지에 대한 건축수급인의 상사유치권 성립 여부", 가 천법학 제50권 제2호, 가천법학연구소, 2009, 412면; 본 판례 역시도 부지와 건물 모 두에 있어 적용할 수 있는 법리이다.

성립 시기와 저당권의 공시방법으로서의 등기 시기를 서로 시간적으로 비교하여 먼저 공시방법을 갖추게 된 물권에게 우선적인 효력을 부여하는 법리가 합리적인 것이다.[61]

따라서 아래에서는 이와 같은 대항관계설 법리를 중심으로 각 쟁점들을 검토하고자 한다.

III. 대항관계설에 따른 건물 상사유치권의 우열

1. 민·상사유치권의 차이에 따른 상사유치권의 우열

(1) 민·상사유치권의 차이에 따른 상사유치권의 우열 논의의 필요성

민사유치권과 상사유치권은 연혁과 제도의 목적을 달리하고 있다. 민사유치권과 다르게 상사유치권은 목적물과 피담보채권 간 견련성을 요구하지 않는다.[62] 민사유치권에서는 피담보채권이 성립되는 과정에서 목적

---

61 박진근, "건축계약상 수급인의 유치권 제한", 민사법학 제39권 제1호, 한국민사법학회, 2007, 323면; 대항관계설의 견해는 건축수급인의 대지에 대한 상사유치권의 주장을 긍정하고 있으면서도 한편으로는 상사유치권의 절대적인 효력을 인정하는 것은 아니고 점유개시 이전 또는 유치권이 성립하기 이전에 앞서 설정되어 있었던 저당권자에 대하여는 상사유치권을 주장할 수 없다고 판단하여 절충적인 대안을 제시하고 있는바, 타당한 법리로 판단된다(손종학, "건축부지에 대한 건축수급인의 상사유치권 성립 여부", 가천법학 제50권 제2호, 가천법학연구소, 2009, 414면).

62 즉, 상사유치권에서는 단지 "영업을 통하여 관련"되어 있기만 하면 된다고 하여 견련성이 완화되어 있다(정찬형, 「상법강의(상)(제11판)」, 박영사, 2008, 206면). 이와 같은 민사유치권과 상사유치권 간 차이점은 상사유치권을 채권담보의 수단으로 파악하는 데서 비롯되는 것이라고 것인데(이철송, 「상법총칙·상행위(제21판)」, 박영사, 2013, 291면) 여기에서 더 나아가 이처럼 바라보게 되는 연혁이나 취지에 대한 이해가 선행되어야 한다고 한다(이철기, "선행저당권이 설정된 부동산에 대한 상사유치권의 성립 여부", 가천법학 제7권 제3호, 가천대학교 법학연구소, 2014, 72면). 한편, 이외에도 민사유치권과 상사유치권 간 차이로는 ⅰ) 채권자와 채무자 쌍방 모두 상인이어야 하고, ⅱ) 피담보채권의 경우 쌍방적 상행위로 인하여 발생한 채권이어야 하며 ⅲ) 변제기의 도래, 그리고 ⅳ) 유치할 수 있는 건물은 채무자의 소유이어야 할 것 등이 있다. 그리고 본고에서의 주된 논의 판결인 대법원 2013. 2. 28. 선고 2010다57350 판결이 2013년에 판시되었기 때문에 이와 관련하여 2013년 이후에 출간된 교과서를 참조할 필요가 있다는 비판이 있을 수 있다. 그러나 이 논의에서 참조하는 교

물의 가치증가가 발생하는 경우가 대부분이나 상사유치권에서는 목적물의 가치증가가 수반되지 않는다. 한편, 선행저당권에 관한 민사유치권의 우열에서 판례의 입장이 대항력인정설의 입장을 채택[63]하였다고 할지라도 상사유치권에서는 선행저당권자의 권리가 침해되지 않도록 대항관계의 범위를 다르게 정하는 것은 가능하다고 판단된다.

이와 관련하여 선행저당권에 관한 상사유치권의 우열문제를 상사유치권의 목적물에 건물이 포함되지 않는 법리(건물제외설)를 적용하여 해결하는 것이 여러 측면을 고려해볼 때 간명한 해석방법이라는 견해가 있기도 하다.[64]

그러나 문리해석의 한계문제로 인하여 건물제외설을 채택하는 것이 부담으로 작용하게 되고 판례의 입장도 건물을 그 대상에 포함하고 있기 때문에[65] 이처럼 아예 상사유치권의 대상에 건물을 제외하는 견해는 합리적이지 못하다.[66] 따라서 대항력을 부정하는 방법을 통하여 건물 상사유치권

과서 내용은 상사유치권의 요건에 해당하는 다소 기본적 논의이고 교과서가 개정된다 하여도 이와 같은 요건은 개정되지 않았기 때문에 위 주장은 타당하지 않다. 그리고 이하에서 대법원 2013. 2. 28. 선고 2010다57350 판결에 대한 분석 및 검토는 교과서보다는 2013년 이후의 논문 등을 주로 참고하였고 이 판결에 대해 교과서를 인용하는 경우에 있어서도 역시 그 주된 논의 법리의 이론적 토대 등을 제시한 것이므로 문제될 것은 없다.

63 대법원 2009. 1. 15. 선고 2008다70763 판결.

64 최기원, 「상법학신론(상)」, 박영사, 2011, 230면.

65 대법원의 법리는 상사유치권은 민사유치권의 성립요건을 변경, 완화하여 채권자 측의 보호를 강화함으로써 지속적인 신용거래를 원활, 안전하게 하기 위할 목적으로 당사자 간 합리적 담보설정의사를 배경으로 하여 추인된 법정담보물권으로 민사유치권과 다르게 개별적 견련관계를 요구하지 않고 있는 대신 유치권의 대상이 되는 물건을 '채무자가 소유하고 있는 물건'으로 한정하고 있으므로 이와 같은 제한이 없는 민사유치권과는 차이가 있다고 보았다. 그러면서 민사유치권과 마찬가지로 목적물을 동산에 한정하지 않았고 '물건 또는 유가증권'으로 규정하고 있는 점을 고려해보면 상사유치권의 '물건'에는 건물도 포함되는 것으로 판단하여야 한다고 판시하였다(대법원 2013. 5. 24. 선고 2012다39769 판결).

66 문리해석상으로 볼 때 물건에 건물을 포함하는 것이 타당하다는 견해가 있고 그 이외에도 다른 논거를 제시하지 않았던 경우가 대부분이긴 하나 건축수급인의 공사대금채권을 대지에 대한 상사유치권으로 보호할 필요성이 있다는 견해(서헌제, 「상법강의(상)」, 법문사, 2007, 208면)가 있고 상가임차인의 보증금채권을 상가를 대상으로 하는 상사유치권으로 보호할 필요성도 있다는 견해(권순희, "상가임대차 보증금과 상사유치권에 관한 고찰", 상사법연구 제26권 제4호, 한국상사법학회, 2008, 175면; 전

의 주장으로 인한 부작용을 최소화할 필요가 있는 것으로 보인다. 또한, 민사유치권과 상사유치권의 연혁, 제도의 목적을 고려해볼 때[67] 이와 같이 대항력 인정 여부를 다르게 취급할 근거를 찾을 수 있다.[68] 민사유치권과는 달리 상사유치권에서는 다른 법리를 적용할 수 있다는 것이므로 이는 대항관계설 채택의 근거가 된다.

(2) 민사유치권과의 비교를 통한 상사유치권 차별 법리 여부

상인 간의 거래에서 피담보채권과 유치목적물 간 일반적 견련성[69]이 아

욱, "공사수급인의 건축 부지에 대한 상사유치권의 행사", 법학연구 제49권 제2호 통권 60호, 부산대학교 법학연구소, 2009, 433면)도 있다. 또한, 오늘날에는 건물을 상품화하고 있는 현실을 고려해볼 때 상인 간의 건물을 둘러싼 지속적 신용거래의 안전 및 신속을 위해서라도 상사유치권의 물건에 건물을 포함시키는 것이 합리적이라는 견해(손종학, "건축부지에 대한 건축수급인의 상사유치권 성립 여부", 가천법학 제50권 제2호, 가천법학연구소, 2009, 410면)와 건설기계 등 건물에 준하고 있는 물건 또는 건물에 관해서도 상사유치권을 인정해야 할 필요가 있으므로 건물의 경우도 상사유치권의 목적물에 포함되어야만 한다는 견해(정동윤, 「상법총칙/상행위」, 법문사, 1996, 309면; 김성태, 「상법총칙/상행위」, 법문사, 1998, 420면)도 이를 지지하고 있다.

67 대법원 2009. 1. 15. 선고 2008다70763 판결; 선행저당권에 대한 민사유치권은 그 유치권의 성립요건이 엄격하고 반드시 그 견련관계가 인정되어야만 민사유치권을 주장할 수 있다. 그런데 상사유치권은 그 성립요건으로 견련관계를 요구하고 있지 않고 상행위를 활성화하고자 하는 시장적인 측면이 고려된 제도이어서 민사유치권보다는 좀 더 쉽게 인정해주는 측면이 있기 때문에 민사유치권에서는 대항력 부정설을 주장한 것이고 상사유치권에서는 대항력부정설보다 조금이나마 더 상사유치권의 법리를 인정해줄 수 있는 대항관계설의 법리를 주장한 것이다.

68 김연우, "상사유치권에 부동산이 포함되는지 여부 및 선행 저당권자와의 관계 대상판결 : 대법원 2013. 2. 28. 선고 2010다57350 판결", 재판과 판례 제22집, 대구판례연구회, 2013, 377면.

69 상사유치권과 관련된 규정인 상법 제58조에서는 그 성립요건으로 상인 간의 상행위로 인한 채권", 그리고 "그 채무자에 대한 상행위로 인하여 자신이 점유하고 있는 채무자 소유의 물건 또는 유가증권"을 제시하고 있는데 이것은 개별적 견련성을 의미하는 것이 아니고 단지 영업을 통해 관련되어 있으면 된다(정찬형, 「상법강의(상)(제11판)」, 박영사, 2008, 206면)라는 일반적 견련성을 요구하고 있는 것이라고 한다(이철기, "선행저당권이 설정된 부동산에 대한 상사유치권의 성립 여부", 가천법학 제7권 제3호, 가천대학교 법학연구소, 2014, 71면). 즉, 일반적 견련성이란 상사유치권에서의 완화된 견련성을 의미하는 것이다.

니라 개별적 견련성[70]이 인정되는 상황에서 상사유치권이 성립하는 경우에 서조차도, 채무자가 소유하고 있는 건물에 대하여 이미 선행저당권이 있 는 경우 상사유치권자는 선행저당권자 또는 선행저당권에 의한 임의경매 절차로부터 건물을 취득하게 된 매수인에 대해 상사유치권으로 대항할 수 없다는 견해가 있다. 그런데 이 견해는 민사유치권과 비교해볼 때 합리적 이유 없이 상사유치권에게 유독 불리하다는 견해가 있다. 이 주장은 ⅰ) 상인 간의 거래에서 신속하며 편리한 방법으로 담보를 취득하도록 하는 활 성 취지와 ⅱ) 피담보채권의 범위에 있어 모든 상사채권으로의 무한정 확 장이 될 가능성에 의한 제한의 취지라는 양자 사이에서 적절한 균형성을 파괴한다는 것이다. 또한 합리인 이유를 제시함도 없이 상사유치권을 민 사유치권보다 부당하게 차별하는 것이어서 타당하지 못하다는 것이다.[71]

위 주장은 개별적 견련성이 인정되는 상황 즉, 예를 들면 대지가 아닌 건물에 대하여 민사유치권이 성립할 수 있는 상황에서 상사유치권도 동일 한 기준을 적용하여 그 대항력을 제한하고 있는 것이 민사유치권과 비교 할 때 부당하다는 것이며 일응 합리적인 해석으로 볼 수도 있다. 민사유치 권에서는 채권과 목적물 간 개별적 견련성을 요구하고 있는데 이와는 달 리 상사유치권에서는 개별적인 견련성을 요구하지 않고 일반적 견련성만 을 요구하고 있는 점이 상사유치권에 있어서 더 불리한 차별로 보일 수 있 다는 것이다. 위 동일 사안에서 민사유치권에서 요구하고 있는 개별적 견 련성을 충족시키는 것보다 상사유치권에서 요구하고 있는 일반적 견련성 을 충족시키는 것이 더 까다롭다는 것이다. 예를 들어, 대지가 아닌 건물 에 대하여 민사유치권이 성립할 수 있는 사례에서 민사유치권에서의 개별 적 견련성은 민법 제320조 제1항에서 "그 물건이나 유가증권에 관하여 발 생하게 된 채권"임을 충족시켜야 하는데 건물과 관련하여 그 피담보채권

---

70 민사유치권과 관련한 민법 제320조 제1항 규정에서 "그 물건 또는 유가증권에 관하여 생긴 채권"으로 설시되어 있는데 이는 민사유치권에서 피담보채권과 유치목적물 간 의 견련성을 개별적 견련성으로 지칭하고 있다(이철기, "선행저당권이 설정된 부동 산에 대한 상사유치권의 성립 여부", 가천법학 제7권 제3호, 가천대학교 법학연구소, 2014, 71면).

71 이철기, "선행저당권이 설정된 부동산에 대한 상사유치권의 성립 여부", 가천법학 제 7권 제3호, 가천대학교 법학연구소, 2014, 78면.

이 발생하게 되면 충족이 될 것이다. 그러나 상사유치권에서의 일반적 견련성은 상법 제58조 규정에서 "상인 간의 상행위에 의한 채권, 그리고 그 채무자를 대상으로 하는 상행위로 인하여 자기가 점유하고 있는 채무자가 소유하는 물건 또는 유가증권"임을 알 수 있다. 이 경우 형식적으로 살펴볼 때 상사유치권에서의 일반적 견련성은 민사유치권의 개별적 견련성보다 충족을 시키기가 더 어렵다는 것이다.[72]

그러나 상사유치권을 주장하려면 민사유치권에서 요구하고 있는 견련성[73] 요건을 충족하지 않아도 성립할 수 있는 측면을 더 넓게 검토해보면 이 견련성이 없어도 이외의 요건들이 충족될 경우에는 무한정으로 그 상사유치권을 주장할 수 있다. 상사유치권의 성립요건은 상인 간의 상행위에 따른 채권이어야 하고 이는 ⅰ) 채무자와 상사유치권을 주장하는 자 모두가 상인의 지위를 갖추었는지를 판단하여야 하며 또한 ⅱ) 상인 간의 상행위는 영업으로 하는 기본적인 상행위(상법 제46조)뿐만 아니라 영업을 위할 목적으로 행하는 상행위(상법 제47조)를 불문하고 있는데 이는 실로 매우 광범위한 범위를 포괄하고 있으므로 이에 해당하기만 하면 그 요건을 충족시킬 수 있는 것이다. 또한, 실무상으로도 견련성을 요구하지 않는 상사유치권이 민사유치권보다 더 수월하게 주장할 수 있는 측면[74]도 고려해보면 상사유치권이 불합리하게 차별받는 것으로만 볼 수 없다. 민사유치권과는 달리 목적물에 해당하는 건물과 상사유치권의 피담보채권 간 견련성을 요구하지 않기 때문에 민사유치권으로 주장할 수 없는 경우에도 상거래 관련 위 요건들만 충족이 되는 많은 경우에 상사유치권으로 주장할 수 있다. 따라서 반드시 상사유치권에게 불합리하다고 판단할 수는 없고 오히려 상사유치권에게 그 피담보채권의 광범위한 확장 가능성으로 인해 더

---

72 이철기, "선행저당권이 설정된 부동산에 대한 상사유치권의 성립 여부", 가천법학 제 7권 제3호, 가천대학교 법학연구소, 2014, 78면.

73 여기에서 의미하는 견련성은 유치권의 일반적인 성립 요건상의 견련성을 의미한다.

74 주로 대지에 대하여 유치권을 주장하는 경우 민사유치권으로는 주장할 수 없으나 상사유치권으로는 주장할 수 있는 상황이 이에 해당한다. 물론 건물에 대해서도 물품대금채권, 손해배상채권, 부당이득반환채권, 대여금채권 등을 피담보채권으로 하는 경우도 있다(구체적 논의에 관하여는 Ⅳ. 4. 대항관계설 보완 시 예상비판에 대한 재비판 부분 참조).

주장을 할 수 있는 환경으로 판단할 수 있다.

이처럼 상사유치권 측에게 조금 더 유리한 환경의 측면이 있으므로 민사유치권과 그 형평을 맞추기 위해 상사유치권에서의 목적물은 민사유치권에서와는 달리 채무자가 소유하고 있어야 하는 요건을 제시하였다고 판단된다. 민사유치권에서 목적물의 소유권이 채무자에서 제3자 측으로 이전되더라도 민사유치권은 이 목적물에 그대로 존속하는 것에 비해 상사유치권에서는 채무자의 소유권이 제3자 측으로 이전되면 상사유치권은 인정되지 않게 함으로써 그 양자 간 형평을 맞춘 것이라 생각된다. 따라서 이러한 측면을 고려해볼 때 선행하고 있는 기존 제한물권이 확보하고 있었던 담보가치를 상사유치권의 주장을 통하여 사후적으로 침탈할 수 없다는 주장은 민사유치권자와 비교해볼 때 상사유치권자를 불리하게 차별하는 법리가 아니며 매우 적절한 법리로 판단된다. 이와 더불어 대법원의 입장[75]도 이와 같은 대항관계설의 법리이다. 그리고 ⅰ) 신속하게 상거래를 활성화하고자 하는 취지와 ⅱ) 상사유치권 피담보채권의 광범위한 확장 가능성을 막기 위한 제한의 취지라는 양자 간 적절한 균형성을 파괴하는 것이 아니라 오히려 균형을 맞춰주고 있는 것이다. 따라서 상거래 활성화 취지보다 상거래상 사회적 위험이 더 크다고 판단하여 대법원 판단도 대항관계설의 입장을 취한 것이므로 타당한 법리로 판단된다.

(3) 민 · 상사유치권의 성립요건 차이를 간과한 법리 검토

건축수급인에게 인정되는 상사유치권을 부정할 목적으로 대법원 판결(2005다22688)[76]에서는 민사집행법 제92조 제1항 규정과 제83조 제4항 규정을 그 근거로 제시하고 있다. 그런데 민사집행법 제92조 규정은 제3자와 압류의 효력과 관련된 내용으로 제3자가 권리를 취득할 시기에 경매신청이나 압류가 존재하고 있다는 것을 인지하였을 경우에는 대항할 수 없다는 것이다. 제3자인 수급인이 압류 이후에 점유권을 취득한 것은 저당권

---

75 대법원 2013. 2. 28. 선고 2010다57350 판결.

76 본 판결은 압류 이후 유치권에 관한 대표적인 판례이나 본 사안에서 민사유치권과 상사유치권의 성립요건상의 차이를 고려한 법리를 제시하였는지를 검토하기 위하여 제시하였다.

자나 건물 경매절차의 매수인에 대해 대항할 수 없다는 것이 대법원 판결(2005다22688)의 취지인 것이다.[77]

그런데 대법원 판결(2005다22688)의 판결 이유 부분과 관련하여 이 판례의 사안을 민사유치권의 문제로만 판단하고 있다는 견해가 있다. 이 견해는 민사유치권과 상사유치권은 그 성립요건이 확연하게 구별되기 때문에 양 권리 간 차이를 검토하지 않은 채로 대법원 판결(2005다22688)에서는 민사유치권만의 성립 및 대항력만을 논의하는 것이 문제라고 한다. 이것은 법 적용에 대한 오류인 것이고 상사유치권에 대한 논의에 집중하여야 한다고 주장하는 것이다.[78]

위 주장에 전반적으로는 동의하긴 하나 대법원 판결(2005다22688)에서 논의되었던 법리 전체는 민사유치권과 상사유치권을 구분하여 법리를 제시하였다고 판단하는 것 보다는 건물에 있어서 민사유치권과 상사유치권을 모두 포함하여 이 유치권에 대한 성립 및 우열논의를 제시한 것으로 판단하는 것이 더 타당하다.[79] 대법원 판결(2005다22688)이 제시하였던 전체 법리는 건물에 대해서는 민사유치권과 상사유치권 모두 그 대상이 됨을 전제로 판시한 것이기 때문에 위 견해처럼 흑백논리식으로 본 판결이 상사유치권에 대한 법리도 제시하여 판시하였어야만 한다는 주장은 판결의 전체법리를 잘못 파악한 것으로 동조하기 어렵다. 다만, 구체적인 사안으로 들어가면 목적물을 건물이 아닌 대지에 대한 사안으로만 한정하여 검토해볼 때는 대법원 판결(2005다22688)은 민사유치권과 상사유치권을 구분

---

77 대법원 2005. 8. 19. 선고 2005다22688 판결.

78 박진근, "건축계약상 수급인의 유치권 제한", 민사법학 제39권 제1호, 한국민사법학회, 2007, 323면.

79 기존 연구에서는 일반적으로 민사유치권과 상사유치권을 구분하지 않고 유치권에 관한 법리로 통용하여 논의해왔기 때문이다(최승재, "대법원의 판결로 본 은행대출과 상사유치권", 은행법연구 Vol.6 No.1, 은행법학회, 2013, 160면). 즉, 상법 규정에서 민사유치권과의 관계에 있어서 성립요건과 관련해서만 규정을 두고 있고 효과 내지 대항력에 대해서는 규정하고 있지 않은 이유는 상사유치권은 민사유치권의 규정을 준하여 해석하기 때문에(정찬형, 「상법강의(상)(제11판)」, 박영사, 2008, 230면) 굳이 상사유치권 규정에서 효과 내지 대항력에 관한 내용을 규정해놓을 필요가 없다는 것이다. 이 해석방법은 기존의 우리 하급심 법원의 다수 법리이기도 하다(최승재, "대법원의 판결로 본 은행대출과 상사유치권", 은행법연구 Vol.6 No.1, 은행법학회, 2013, 180면).

하지 않고 법리를 제시하였기 때문에 민사유치권과 상사유치권 간 비교 논의를 전제로 하지 않는 법리 제시로 보일 수 있다. 따라서 대법원 판결 (2005다22688)에서의 법리논의가 상사유치권 관련 논의로 집중되어야 한다는 주장은 적어도 목적물을 건물이 아닌 대지에 관한 사안으로만 한정했을 경우에는 동의할 수 있는 것이다. 그런데 대법원 판결(2005다22688)에서의 사안은 건물의 대지만을 그 목적물의 대상으로 정하여 법리를 판단해야만 하는 사건이 아니고 건물에 대해서도 법리를 제시하고 있기 때문에 반드시 상사유치권의 관점에서만 법리를 검토하였어야만 하는 주장은 타당하지 않다.

2. 선행저당권에 관한 상사유치권의 우열

선행저당권에 관한 상사유치권의 우열논제에서는 상사유치권의 대항력을 제한함이 없이 건물에 대하여 상사유치권을 무조건적으로 인정해줄 경우 발생하게 될 부작용이 너무 크다. 따라서 선행저당권에 대하여 상사유치권으로 대항할 수 없는 법리가 타당하다.

그 이유는 첫째, 상인인 공사수급인은 자신의 상사유치권에 의해 공사대금채권에 있어서 사실상의 우선변제력을 갖추게 되는 반면, 건축대지에 대하여 근저당권을 설정하고 대출을 해주었던 선순위에 있었던 채권자는 공사수급인의 상사유치권으로 인하여 사실상으로 그 권리의 순위가 뒤바뀌는 예상치 못한 불이익을 당하게 된다.[80] 또한, 대지를 담보로 하여 자금을 융자해주려고 하는 측(은행 등)에서는 저당권을 설정한 후에 발생할지도 모르는 상사유치권을 고려하여 담보가치를 평가해야만 하는 불안한 요소로 인하여 대출을 꺼리게 되어 실질적으로 대지를 담보로 사용할 수 없

---

80 도제문, "금융거래와 상사유치권", 상사판례연구, 제26집 제4권, 2013, 228-229면; 이현석, "유치권과 점유 −민사유치권과 상사유치권을 중심으로−", 법과 정책연구 제 17권 제4호, 한국법정책학회, 2017, 173면; 이 견해는 건축 도급계약에서 대지에 대하여 선행저당권자가 존재하고 있었고 추후에 지상에 건축한 건물에 대하여 수급인이 상사유치권을 행사하는 행위로 진행되므로 대지와 건물이 혼합된 법리이다. 따라서 본 건물에 대하여 상사유치권의 우열과 관련된 학설로 볼 수 있다.

는 상황이 발생할 수도 있다.[81] 건물과 관련하여 점유를 요건으로 하지 않고 등기 선후에 의하여 우선권이 결정되는 저당권 제도에 목적물과의 견련성을 요하지도 않는 상사유치권을 인정해주는 것은 저당권과의 경합인 것이고 그 결과 건물 거래의 안전도 해칠 수 있기 때문이다.[82]

둘째, 선행저당권자에 대하여 상사유치권의 대항력을 제한하지 않게 되면 상가건물에 대한 금융거래에서 대혼란이 발생할 수 있다. 상가건물에 대하여 담보가치를 확보하지 못할 수도 있다는 불가능성 때문에 금융거래 중단의 우려와 상가건물을 신축하거나 상가건물을 거래함에 있어서 그 위축이 초래될 가능성이 많아지기 때문이다.[83]

셋째, 민사집행법 제91조 제2항 규정을 근거로 민사집행법의 취지 또는 거래의 안전이라는 측면을 고려해볼 때 선행저당권자에 대하여 상사유치권의 사후적인 침탈은 불가능하다는 판단이 타당하기 때문이다. 민사집행법 제91조 제2항에서 지상권, 전세권, 지역권 및 등기된 임차권은 압류채권, 가압류채권, 저당권에 대하여 대항할 수 없는 경우에는 건물이 매각되면 소멸한다. 그런데 동 조 제4항 규정에서는 이 경우 이외의 상황인 저당권, 압류채권, 가압류채권에 대하여 대항할 수 있는 경우에는 지상권, 전세권, 지역권 및 등기된 임차권은 매수인 측으로 인수됨을 규정하고 있다. 이 규정의 법리는 건물 경매절차에서 저당권자 담보가치 부분을 보장하고자 하는 취지이다. 이는 민사집행법상의 취지 또는 거래의 안전이라는 측면을 근거로 저당권이 설정된 이후에 성립하게 된 상사유치권은 선순위에 있는 저당권자에 대하여 대항할 수 없다는 주장은 대항관계설의 법리와도 양립 가능하여 타당하기도 하다.[84]

---

81 전욱, "공사수급인의 건축 부지에 대한 상사유치권의 행사", 법학연구 제49권 제2호 통권 60호, 부산대학교 법학연구소, 2009, 445면.

82 이상덕/서완석, "부동산의 선순위 근저당권과 상사유치권의 우열 관계", 가천법학 제7권 제2호, 2014, 71면; 이현석, "유치권과 점유 −민사유치권과 상사유치권을 중심으로−", 법과 정책연구 제17권 제4호, 한국법정책학회, 2017, 175면.

83 김연우, "상사유치권에 부동산이 포함되는지 여부 및 선행 저당권자와의 관계 대상판결 : 대법원 2013. 2. 28. 선고 2010다57350 판결", 재판과 판례 제22집, 대구판례연구회, 2013, 381면.

84 하창효, "건축공사 수급인의 건물부지에 대한 상사유치권의 성립가능성과 효력의 범위에 관한 소고", 주거환경 제12권 제3호(통권 제25호), 한국주거환경법학회, 2014, 94면.

한편, 상인 간 거래에서 신속하며 편리한 방법으로 담보를 취득하도록 할 목적으로 민법 제320조 규정의 유치권과 별도로 상법 제58조 규정에서 상사유치권을 규정하고 있는 측면을 검토해볼 필요가 있다. 민사유치권과 상사유치권은 서로 권리상 배척 관계에 있는 것이 아니므로 법문상 민사 유치권과 상사유치권의 요건 모두를 충족할 수 있는 경우 경합적으로 위 두 가지 유치권을 주장할 수 있는 것으로 해석하고 있다. 이 때 수급인은 민사유치권을 주장하면 자신의 피담보채권액을 보전받을 수 있고 만약 민사유치권으로 주장할 수 없는 경우에는 상사유치권으로 주장할 수 있다.

이는 저당권자와 비교하여 조금 더 유리한 지위에 있는 것으로 보인다. 저당권자는 자신이 저당권을 설정할 그 당시에 목적물의 교환가치만을 지배하고 있는 것이고 이로써 자신의 피담보채권을 변제받을 수 있는 지위에 있다. 이에 반해 수급인에게 민사유치권과 상사유치권 모두를 주장할 수 있도록 해주는 것은 양 권리자를 형평의 관점에서 바라볼 때 수급인 측에게 조금 더 유리한 측면이 있으므로 합리적인 해석이 아니라고 판단된다.[85]

Ⅳ. 대항관계설에 따른 건물 상사유치권의 우열에 관한 대법원 판례의 검토

1. 대법원 판결의 대항관계설 채택 및 한계

대법원 판결(2010다57350)에서는 건축 대지[86]에 대한 상사유치권의 성립

---

85 물론 목적물의 건물과 대지에 대하여 수급인이 민사유치권과 상사유치권 모두를 행사할 수 있는 사안에서의 한정되는 부분일 것이다. 실무에서 유치권이 문제되는 사건의 대다수의 모습은 저당권자와 수급인의 유치권의 우열 관계를 논함에 있어서 수급인은 당연하게 건물에 대하여 유치권을 주장하는 것을 전제로 논하고 있다. 이는 건물을 건축함에 있어서 주로 상행위를 목적으로 함(예를 들어 상행위를 목적으로 하는 대형쇼핑몰과 같은 건물을 건축하는 사안)이 아닌 주거 목적 등을 건축하는 사안(주거를 목적으로 하는 아파트 건축 사안 등)에서 저당권과 유치권자 간 대항관계가 논의되는 것이 다수이기 때문이다. 즉, 대지에 대하여 상사유치권을 논의하는 것은 실무상 그렇게 많지는 않으나 최근에는 앞서 논의한 바와 같이 그 주장이 증가하고 있는 추세이다.

86 본 대법원 판결 역시도 대지와 건물에 대한 판례이므로 본 연구범위인 건물에 관한

은 원칙적으로 긍정하나 저당권자도 보호해야 할 필요성이 있으므로 상사유치권의 성립 시기와 저당권 설정 시기를 비교하여 그 선후에 의하여 상사유치권의 대항력을 판단하여야 한다는 법리를 판시하였으며 이는 대항관계설의 법리를 보여주고 있으므로 합리적인 법리로 판단된다.[87]

대법원 판결(2008다70763)에서는 상사유치권이 아닌 민사유치권과 관련하여 대항관계설의 입장을 전면적으로 수용하는 판시를 보여주지는 않았다. 그 결과 민사유치권의 성립 시기가 저당권설정, 가압류 집행, 체납처분압류의 집행 이후라고 할지라도 민사유치권자로서는 자신의 유치권으로 경매절차의 매수인에 대하여도 대항할 수 있게 된다. 다만, 선행하는 압류채권 이후에 유치권이 성립한 경우에는 압류의 처분금지효에 의해 유치권의 대항력이 제한되기 때문에 압류와 관련하여서는 대항관계설의 법리를 적용한 것과 동일 결과가 나온다.[88] 선행가압류, 선행체납처분압류 또는 선행저당권과의 관계와는 달리 선행하는 압류집행에만 이처럼 대항력을 제한하는 근거를 '시간적 시기에 의한 순위의 원칙에서 찾을 수는 없는 것이고 경매절차의 공정성, 그리고 신뢰를 보호하기 위해 압류의 효력을 어느 정도 특별하게 취급하게 된 결과로 이해할 수 있다.[89]

상사유치권의 우열 논제에서 검토할 수 있다.

87 生熊長幸, "建築請負代金債權による敷地への留置權と抵當權(下)," 金融法務事情 第 1447号, 1996, 34頁; 선행저당권에 대한 상사유치권의 우열에 관한 여러 쟁점을 앞서 검토해보았는바, 그와 같은 쟁점 논의 안에서 선행저당권에 대하여 상사유치권의 우열에 관한 대법원 판결 등의 법리와 관련된 논의도 함께 진행하였다(Ⅲ). 그런데 여러 쟁점별 논의를 함에 있어서 대법원 판결 등의 법리와 결부지어 검토를 진행하였음에도 그와 같은 쟁점 내용과 중복되지 않는 선행저당권과 상사유치권의 우열과 관련된 대법원 판결상의 법리 검토가 필요한 부분은 이곳에서 논의하고자 한다.

88 대법원 2009. 1. 15. 선고 2008다70763 판결.

89 한편 법무부 민법개정위원회의 유치권 개정안에 따르면 건물 상사유치권은 폐지하고 민사유치권의 경우는 미등기건물에 대하여만 인정하도록 하였다. 건물을 등기할 때에는 소로서 저당권설정청구권을 행사하도록 하고 저당권설정등기가 경료된 후에는 피담보채권의 변제기가 도달하였을 때 저당권이 성립되는 것으로 간주된다. 이처럼 유치권이 저당권으로 전환이 된 경우 저당권처럼 취급되기 때문에 소멸주의의 적용을 받게 되는 것은 당연하다. 만약 건물을 매각할 때까지 유치권이 저당권으로 전환이 되지 않은 채 저당권설정청구권을 행사하고 있는 중인 상태인 경우에 있어서도 그 유치권은 인수되는 것이 아니라 소멸되는 것이며 유치권자의 채권액은 공탁된 후에 추가배당이나 재배당된다. 결론적으로 제한적으로 인정되는 민사유치권조차도 저

그런데 위 민사유치권 관련 판례(2008다70763)의 법리와는 다르게 대법원 판결(2010다57350)에서는 기존 법리가 아닌 상사유치권에 있어서 대항관계설의 입장을 전면적으로 채택하였다. 대항관계설의 입장을 채택하면 선행하고 있는 저당권 등의 담보가치가 후에 성립한 상사유치권에 의해 사후적으로 침탈되지 않는다. 따라서 건물 상사유치권을 인정해줄 때 이로 인한 부작용이 가장 심한 부분인 '선행하는 저당권 등이 존재하고 있는 국면'상의 문제점이 상당 부분 해소될 수 있을 것이다. 또한 이 법리만으로도 향후 건물에 대하여 상사유치권을 둘러싸고 여러 분쟁의 상당 부분을 정리하는 효과가 있고[90] 대항관계설의 법리를 보여주고 있으므로 대법원 판결(2010다57350)[91]은 일응 타당한 법리이다.[92]

그러나 대법원 판결(2010다57350)에 의해 상사유치권의 대항범위가 제한이 되어도 건물 담보와 매매거래에서 안전이 확보되지 않는 영역이 여전히 남아있다. ⅰ) 상가임차인의 상사유치권, 그리고 ⅱ) 신소유자 등의 후행 권리자와 상사유치권자 간의 관계, ⅲ) 상가매수인의 물품대금채권을 피담보채권으로 하는 상사유치권과 후행 권리자와의 관계가 문제되는 영역은 선행저당권자의 담보가치를 사후적으로 박탈하는 영역이 아니라 건물 매매 또는 담보 거래에 앞서 상사유치권의 성립요건을 갖추게 된 경우이다(이하 "건물 담보와 매매거래에서 안전이 확보되지 않는 영역"이라 한다). 이 경우 등기주의 원칙의 취지가 몰각되고 건물 거래에서 안전이 위협받게 될

당권과 유사 권리로 취급하도록 하여 시간적 순서에 의한 순위의 원칙, 그리고 소멸주의 원칙이 적용되도록 하고 있는 것이다(박양준, "부동산 상사유치권의 대항범위 제한에 관한 법리 : 대법원 2013. 2. 28. 선고 2010다57350 판결", 청연논총 제12집, 2013, 각주 69번).

90 박양준, "부동산 상사유치권의 대항범위 제한에 관한 법리 : 대법원 2013. 2. 28. 선고 2010다57350 판결", 청연논총 제12집, 2013, 101면.

91 대법원 판결(2010다57350)에서의 사안은 건물에 대하여 상사유치권을 주장하는 자가 선행저당권을 기초로 하는 임의경매 매수인에 대하여 제기한 유치권존재확인 소송이다. 이는 그 상사유치권이 선행저당권보다 앞서 성립하였음을 주장, 증명하지 못하는 한 그러한 청구는 기각되는 것으로 보는 것이 합리적이다(박양준, "부동산 상사유치권의 대항범위 제한에 관한 법리 : 대법원 2013. 2. 28. 선고 2010다57350 판결", 청연논총 제12집, 2013, 99면).

92 박양준, "부동산 상사유치권의 대항범위 제한에 관한 법리 : 대법원 2013. 2. 28. 선고 2010다57350 판결", 청연논총 제12집, 2013, 99면.

소지가 있을 수 있다.[93]

2. 대항관계설 비판으로서 소멸설(존속제한설) 및 상행위제한설의 타당성 검토

(1) 소멸설(존속제한설) 검토

대항관계설 법리로도 해결할 수 없는 위 한계를 개선하고자 또한 비판하고자 먼저 소멸설의 견해가 제시되고 있다. 소멸설이란 상사유치권의 목적물인 건물이 소유자에 의해 제3자 측에게 양도된 경우 동산 양도와는 달리 점유자는 자신의 상사유치권이 소멸하여 그 상사유치권으로 양수인에 대하여 주장할 수 없다는 견해이다.[94]

소멸설은 건물의 소유권이 변동됨에 따라 기존의 상사유치권이 소멸한다는 법리를 건물에 적용하면 대항관계설에 따를 경우 발생하는 많은 문제를 해결할 수 있다고 한다.[95] 소멸설은 다음과 같은 근거를 제시하고 있다. ⅰ) 저당권 설정을 포함하고 있는 건물 물권의 변동에 의해 기존의 상사유치권은 소멸하는 것으로 해석하는 법리 그리고 ⅱ) 상사유치권을 근거로 새로운 물권을 취득하게 된 자에 대해서는 대항할 수 없다는 법리로 확장해보면 위 대항관계설에 따를 경우에서의 한계 영역에서 발생하는 문제를 모두 해결할 수 있다는 것이다.

그러나 이처럼 소멸설의 법리를 따르게 될 경우 건물의 상사유치권은

---

93 상사유치권자와 채무자 간의 관계가 문제되는 상황에서 상사유치권은 동시이행의 항변권과 비교하여 그 인도거절을 할 수 있는 항변의 범위를 넓히는 결과로 나타나게 된다. 건물의 경우 이처럼 항변의 범위가 넓어지게 되는 것 역시 당사자의 일반적 기대 또는 법 인식에 부합하지 않는 측면이 있긴 하나, 그와 같은 효력이 쌍방 당사자 관계에서만 국한되기 때문에 큰 문제가 되지는 않을 것이다(박양준, "부동산 상사유치권의 대항범위 제한에 관한 법리 : 대법원 2013. 2. 28. 선고 2010다57350 판결", 청연논총 제12집, 2013, 100면).

94 또한, 소멸설의 견해는 부동산이 상사유치권의 목적물에 해당하는지도 심히 의문이라고 한다(鈴木禄弥,「商人留置権の流動担保性をめぐる若干の問題」, 西原寬一博士追悼,『企業と法(上)』, 有斐閣,1977, 244頁).

95 鈴木禄弥,「商人留置権の流動担保性をめぐる若干の問題」, 西原寬一博士追悼,『企業と法(上)』, 有斐閣,1977, 244頁.

그 대세적, 물권적 효력이 사실상 전면적으로 부정되고 채무자에 대한 동시이행의 항변권과 유사한 권리로만 남게 되기 때문에 이 경우에서의 상사유치권은 더 이상 물권으로 볼 수 없는 문제가 있다.[96] 이는 독일에서의 유치권[97]과 유사한 권리로 파악되는 것이다.[98] 독일 유치권의 가장 특이한 점은 법적 성질이 채권이기 때문에[99] 반대채권의 채무자에 대하여만 주장할 수 있는 권리에 불과하다는 것이다.[100]

또한, 동시이행의 항변권과 비교하여 특별하게 더 넓은 항변권을 인정해주어야 할 만한 특별한 필요성조차 없게 되는 결과가 되는데 이는 채무자와의 관계에서 상사유치권의 제도적인 유용성도 존재하지 않게 되는 것이기 때문에 건물 상사유치권은 독자적인 존재의 의미가 없게 된다. 이는 사실상 상사유치권의 대상에 건물을 제외하여야 한다는 건물제외론의 입

---

96 박양준, "부동산 상사유치권의 대항범위 제한에 관한 법리 : 대법원 2013. 2. 28. 선고 2010다57350 판결", 청연논총 제12집, 2013, 102면.

97 독일에서는 독일민법(BGB) 제273조에서의 일반적 유치권이 일반규정의 역할을 하고 있다.

98 독일에서의 상사유치권은 그 대상에 부동산을 포함하고 있지 않으므로 비교 자체가 불가능하다. 따라서 독일 민사유치권과 유사하다. 독일 민사유치권과 본 논의에서의 상사유치권과의 법적 성질의 유사함에 따른 비교는 기존 연구에서 일반적으로 민사유치권과 상사유치권을 구분하지 않고 유치권에 관한 법리로 통용하여 논의해왔기 때문이다(최승재, "대법원의 판결로 본 은행대출과 상사유치권", 은행법연구 Vol.6 No.1, 은행법학회, 2013, 160면).

99 Claus Ahrens, Zivilrechtliche Zuruckbehaltungsrechte, 2002, S. 19.

100 김성욱, "유치권 제도의 운용과정에서의 법적 문제", 법학연구 제16권 제1호, 인하대학교 법학연구소, 2013, 8면; 독일에서의 유치권의 법적성질이 우리와 달리 채권인 이유는 우리와 독일과의 거래관행 차이 때문이다. 우리는 건축수급인이 먼저 자신의 비용을 들여 공사를 진행하여 완공한 후 그 비용을 보전받는 거래 관행이 있다. 실제 건축을 할 경우 은행에서는 먼저 대지를 담보로 대출해준다. 이후 공사수급인이 건축을 어느 정도 진행하면 그 정도에 따라 은행은 다시 대출을 해준다. 여기서 어느 정도로 건축을 완공할 때까지의 모든 비용은 공사수급인의 지출하는 것이 우리 특유의 거래 관행이다. 이러한 거래 관행이 만연해 있을지라도 수익을 창출하려면 공사수급인은 어쩔 수 없이 건축업에 임해야 한다. 이는 오늘날의 시대적 모습과도 맞닿아 있다. 따라서 이 비용을 보전받을 수 있도록 유치권의 물권성이 강조된 것이다. 반면에 독일에서는 건축수급인이 먼저 자신의 비용을 들여 공사를 진행하는 거래 관행이 없다. 계약관계를 근거로 건물을 완공하기 때문에 공사수급인이 행사하는 유치권에 물권성을 강조할 필요가 없는 것이다(Claus Ahrens, Zivilrechtliche Zuruckbehaltungsrechte, 2002, S. 33).

장으로 귀결되는 문제가 있는 것이다. 또한, 이러한 소멸설의 법리는 대법원이 채택하였던 건물포함설의 법리[101]와도 양립하기 어렵다.[102] 더욱이 일본에서는 이 쟁점에 대하여 하급심에서 대립이 많았으나 최종적으로 최고재판소[103]에서 건물포함설의 법리로 정리가 되었으므로 건물포함설 법리를 지지하고 있다.

그리고 소멸설의 견해는 소멸설 법리와 동일한 법리를 취한 것으로 판단한 판결로 대법원 판례(2005다22688)를 그 근거로 제시하곤 한다. 그러나 대법원 판례(2005다22688)의 법리는 민사유치권과 상사유치권을 구분하지 않은 채로 판시한 법리이기 때문에 상사유치권에 특정되어 있는 소멸설의 법리와 비교 자체가 불가능하다. 대법원 판례(2005다22688)가 민사유치권과 상사유치권을 구분하지 않은 채 판시한 이유는 대법원 판례(2010다57350)가 나오기 전까지는 관행적으로 선행저당권자에 대한 유치권의 대항 여부의 논의를 민사유치권, 상사유치권을 구분하지 않은 채 논의하였기 때문이다.[104] 대법원 판례(2010다57350)가 나온 이후에야 민사유치권과 상사유치권을 구분하여 법리를 제시하기 시작하였고 향후 양자를 구분하여 논의하고 있는 것이다.

소멸설은 이미 담보권이 설정되어 있는 건물에 대해 상사유치권이 성립한 후에 경매절차가 개시된 경우 건물에 관한 상사유치권의 대항력(우열또는 효력)을 제한하는 판례법리를 새롭게 이론구성을 할 것을 제안하고 있다. 건물에 있어 선행저당권에 대하여 상사유치권으로 대항할 수 없는 경우 상사유치권은 소멸한다는 것이다.

그러나 선행저당권에 대하여 상사유치권으로 대항할 수 없는 경우 본상사유치권을 소멸하는 것으로 보는 법리는 건물의 소유자와 상사유치권

---

101 대법원 2013. 5. 24. 선고 2012다39769, 39776 판결.

102 박양준, "부동산 상사유치권의 대항범위 제한에 관한 법리 : 대법원 2013. 2. 28. 선고 2010다57350 판결", 청연논총 제12집, 2013, 102면.

103 日最高裁判所 2017(平成29年). 12. 14. 第一小法廷 判決(平成29年(受)第675号).

104 서인겸, "부동산경매절차상 유치권의 효력에 관한 몇 가지 쟁점", 「원광법학」, 제32권 제2호, 원광대학교 법학연구소, 2016, 276면; 河野玄逸, "抵當權과 先取特權, 留置權과의 競合," 銀行法務 第21号, 1995, 276면; 손종학, "건축부지에 대한 건축수급인의 상사유치권 성립 여부", 가천법학 제50권 제2호, 가천법학연구소, 2009, 413면.

자 간 실질적인 계약(공사계약)을 체결한 경우 본 실체적 계약관계를 부정하게 된다. 또한, 건물의 소유자가 부동산을 양도하여 새롭게 소유를 하게 된 자(신소유자)에 대하여 상사유치권자가 대항할 수 없도록 하는 것은 물권인 상사유치권을 가지고 있는 자에게 너무 불리한 해석이다. 신소유자에 대하여 상사유치권으로 대항할 수 없도록 하는 것은 물권이 아니라 채권적 요소를 보여주는 것이기 때문이다.

따라서 소멸설과 같이 건물에 있어 선행저당권에 대하여 상사유치권으로 대항할 수 없는 경우 상사유치권이 소멸한다는 법리보다는 선행저당권에 대해서는 상사유치권으로 대항할 수 없는 경우 그러한 범위 내에서 매수인에 대해서도 대항할 수 없다는 법리에 의해 해결하는 것으로 충분하다고 판단된다.[105] 따라서 후행저당권에 대해서는 상사유치권으로 대항할 수 있다는 대법원 판결(2010다57350)의 법리인 대항관계설이 더 타당하다.[106] 또한, 대항관계설의 법리를 따르게 되면 소멸설을 취할 경우의 위 2가지 큰 문제가 보완될 수도 있어 합리적이다. 따라서 소멸설의 법리를 적용하는 것 보다는 대법원 판례(2010다57350)인 대항관계설의 법리를 적용하는 것이 더 타당하며 이는 또한 대항관계설의 입장이기도 하다.

(2) 상행위제한설 검토

검토한 바와 같이 소멸설의 법리는 받아들이기 어렵다. 따라서 이제는 대항관계설의 한계를 해결할 수 있는 방안으로서의 상행위제한설의 법리를 검토한다.

상행위제한설의 법리는 이미 상사유치권의 성립요건 부분과 관련하여 상행위의 개념을 제한하여 해석하려는 시도로 나타나고 있다. 이는 건물

---

105 굳이 선행저당권이 설정된 유치건물이 경매절차에서 매각된 경우 상사유치권이 소멸한다고 까지 해석하는 것은 불필요하다. 따라서 상사유치권을 적용할 경우 그 전반에 걸쳐서 소멸설의 견해를 취하는 것은 곤란하고 학설도 역시 거의 예외 없이 존속설의 입장을 취하고 있다(박양준, "부동산 상사유치권의 대항범위 제한에 관한 법리 : 대법원 2013. 2. 28. 선고 2010다57350 판결", 청연논총 제12집, 2013, 104면).

106 김경욱, "선행저당권과 상사유치권"에 대한 토론문, 민사집행법학회 2018년 제3회 추계학술대회, 2018, 1면.

에 상사유치권이 인정되는 경우에서의 불합리를 해당 영역에서 유형화하여 배제하고자 하는 법관의 균형감각이 작동하는 대응 법리이며 하급심의 실제 사례에서의 적용을 통하여 형성, 발전되어 온 것이다. 건축대지에 대한 상사유치권 배제 법리,[107] 그리고 임대차목적물에 대한 상사유치권 배제 법리가 이와 같은 상행위제한설의 대표적 영역이다.[108]

상행위제한설을 따를 경우 건물에 관한 상사유치권의 제한 법리는 주로 임대차목적물에 대한 상사유치권 배제 법리로 나타난다. 상행위제한설의 법리는 영업을 위할 목적의 보조적인 상행위로(지속적인 상행위가 아닌 예를 들어, 1회적 상행위) 건물을 임차하는 경우 임차인의 영업상대방은 통상 제3자에 해당하고 임대인과 임차인 간 지속적인 거래 관계가 예정되지는 않는 점을 고려해볼 때, 임차인이 영업활동을 위할 목적으로 건물을 임차하여 점유하게 되고 보증금반환채권을 취득하였던 사실이 있다 할지라도 이것을 상사유치권이 성립하기 위한 목적 하의 요건으로서의 상인 간의 상행위로 인한 채권 및 상대방에 대한 상행위로 인한 점유로 볼 수는 없다는 법

107　본 연구에서는 대지가 아닌 건물에 집중하여 논의하고 있으므로 대지에 대한 논의는 본 쟁점의 심층적인 이해를 돕기 위하여 상행위제한설을 따를 경우 다음과 같이 대지에 관한 상사유치권의 제한 법리를 소개만 하는 것에 그친다. 상행위제한설에 따를 경우 건축수급인의 건축대지에 대한 상사유치권 배제 법리는 ⅰ) 수급인인 건설업자가 자신의 유치권을 행사하기 위한 배타적 지배를 시작하기 전에 단지 건물의 신축과정에서 건축대지에 대해 일부분을 지배하는 것은 별개적인 독립적인 점유에 해당하는 것이 아니라 건물 점유의 일부 또는 건물 점유의 반사적 효과에 불과한 것이기 때문에 이 경우 수급인은 대지를 점유하고 있는 것이라고 볼 수 없다는 법리가 있다. 그리고 ⅱ) 유치권 행사를 위하여 대지에 대하여 배타적으로 지배하면서 점유를 개시하기는 하였지만 그 점유개시행위는 상행위를 위할 목적 하의 점유개시가 아니라고 평가하는 법리, 그리고 ⅲ) 건물을 신축하는 과정에서 수급인의 점유 자체는 일응 인정을 해주면서도 그 점유는 직접적인 도급계약을 원인으로 하는 것이 아니기 때문에 상행위를 원인으로 대지에 대하여 점유를 취득하는 것이 아니라는 법리가 활용되고 있다. 이것은 목적물에 대한 점유의 취득이 상법에서 예정하고 있는 상행위를 직접적 원인으로 하는 것이 아니어서 상사유치권 발생요건을 구비하지 못하였다는 것을 의미하는 것이다. 형식적으로는 대지에 대한 점유의 취득이 보조적인 상행위를 원인으로 하여 이루어졌다고 보는 해석도 가능하므로 점유취득의 원인이 되는 상행위를 제한하여 해석한 결과라고 할 수 있는 것이다(박양준, "부동산 상사유치권의 대항범위 제한에 관한 법리 : 대법원 2013. 2. 28. 선고 2010다57350 판결", 청연논총 제12집, 2013, 105면).

108　박양준, "부동산 상사유치권의 대항범위 제한에 관한 법리 : 대법원 2013. 2. 28. 선고 2010다57350 판결", 청연논총 제12집, 2013, 105면.

리를 제시하고 있다. 이 역시도 점유를 취득하게 되는 원인인 상행위의 의미, 그리고 피담보채권의 발생 원인인 상행위의 의미를 상사유치권 제도에서의 취지를 고려하여 제한하여 해석한 것이다. 그리고 이 임대차목적물에 대한 상사유치권 배제 법리는 매매목적물에 대한 상가유치권 배제의 논리로도 재구성될 수 있다.[109] 이 해석에 따르면 상인이 보조적인 상행위로 임차 또는 매수하여 점유하고 있는 상가는 거의 대부분 상사유치권의 목적물로 될 수 없고 그 상가에 대한 임대차보증금 반환채권 또는 매수대금 상당의 손해배상채권 역시도 상사유치권의 피담보채권에서 제외될 것이다.

그러나 위 상행위제한설의 법리는 지속적인 상행위의 거래 관계가 예정되어 있는 것이 아니라는 근거만으로 상행위의 개념을 제한하고자 하는 해석 기준이 분명하지 않다.[110] 오늘날 상가임대차를 한 임차인과 임대인 간 상행위인지의 여부, 상행위로 인정될 경우라 할지라도 그 상행위의 지속성 판단 기준을 명확하게 확립하는 것은 매우 어렵고 난해하다. 그리고 지속성이 아닌 보조적인 상행위나 1회적 상행위라는 개념도 오늘날과 같이 상행위의 개념이 광범위한 거래 관행에서는 그 개념을 확정하여 증명해내는 것도 실무상 쉽지 않다.

또한, 여러모로 합리적인 판결이라는 평가를 받고 있는 대법원 판결(2010다57350)에서도 명시적인 판시 법리를 적시하지는 않았지만 논리적으로 검토해볼 경우 상행위제한설의 법리를 채택하지도 않았다.[111] 대법원은 상가임대차 또는 상가매매와 관련하여 상행위제한설의 적용 여부와 관련하여 명시적인 판단을 내린 판시를 한 적이 없다. 따라서 상행위제한설의 그 타당성은 일응 인정되나 이러한 한계가 있으므로 타당하지 않다.

그렇다고 상행위제한설의 법리 전체가 불합리하여 배제할 것은 아니

109 박양준, "부동산 상사유치권의 대항범위 제한에 관한 법리 : 대법원 2013. 2. 28. 선고 2010다57350 판결", 청연논총 제12집, 2013, 104면.

110 김연우, "상사유치권에 부동산이 포함되는지 여부 및 선행 저당권자와의 관계 대상판결 : 대법원 2013. 2. 28. 선고 2010다57350 판결", 재판과 판례 제22집, 대구판례연구회, 2013, 359면.

111 김연우, "상사유치권에 부동산이 포함되는지 여부 및 선행 저당권자와의 관계 대상판결 : 대법원 2013. 2. 28. 선고 2010다57350 판결", 재판과 판례 제22집, 대구판례연구회, 2013, 378면.

다. 상행위제한설이 위와 같은 한계가 있음에도 불구하고 대항관계설을 취할 경우 한계 부분인 건물 담보와 매매거래에서 안전이 확보되지 않는 영역에서 발생할 수 있는 건물 상사유치권의 문제를 통제하여야 할 필요가 있기 때문에 상거래를 유형별로 파악하여 상행위의 개념을 제한 해석하려는 시도는 지속될 필요가 있으며 계속되어야 한다고 판단된다.[112] 다만, 그 상행위의 개념을 제한 해석하는 법리는 사례의 집적을 통해 거래유형별로 구체화되어야 할 것이다. 또한, 상행위제한설은 법관의 자의적인 판단의 개입이 많아질 소지도 있으므로 위 정도의 법리가 완성되기 전까지는 상행위제한설의 법리는 한계가 있음을 인정해야 한다. 따라서 상행위제한설은 무조건적으로 타당하다고 할 수는 없으나 완전히 배제할 수는 없는 법리로 판단된다.

이에 대항관계설을 취할 경우 발생하는 한계 영역을 상행위제한설의 법리로도 완전히 해결해줄 수 없다는 측면에서 상행위제한설의 법리를 전적으로 취하기에는 어려움이 따른다. 또한, 대항관계설 법리와 직접적으로 양립 가능한 것도 아니다.

3. 대항관계설로의 회귀(상대적 타당성)와 한계에 대한 보완 필요성

소멸설과 상행위제한설의 법리를 검토해본 결과 이 2가지 학설의 법리도 여러 명백한 한계가 있음을 알 수 있었다. 따라서 위 2가지 법리를 적용하는 것보다는 기존의 대법원 판결(2010다57350)의 입장인 대항관계설의 법리가 상대적으로 더 합리적이고 타당하다. 상사유치권과 관련하여 대법원 판결(2010다57350)의 법리는 선행저당권에 대해서는 상사유치권으로 대항할 수 없고 후행저당권에 대해서는 상사유치권으로 대항할 수 있다는 법리인 대항관계설을 천명하였다.[113]

그런데 이 대항관계설은 많은 긍정적인 평가가 있음에도 불구하고 앞서 살펴본 바와 같이 그 한계 영역인 건물 담보와 매매거래에서 안전이 확

---

112 박양준, "부동산 상사유치권의 대항범위 제한에 관한 법리 : 대법원 2013. 2. 28. 선고 2010다57350 판결", 청연논총 제12집, 2013, 105면.

113 대법원 2013. 2. 28. 선고 2010다57350 판결.

보되지 않는 영역에 대한 해답을 제시해주지 못한다. 그렇다고 이 문제를 해결하고자 위에서 검토한 소멸설 또는 상행위제한설을 적용하면 그 명백한 한계 영역이 추가로 발생되어 합리적이지 않다.

대항관계설을 적용할 경우 한계 영역은 구체적으로 ⅰ) 상가임차인의 상사유치권, 그리고 ⅱ) 상사유치권자와 신소유자 등의 후행 권리자 간의 관계, ⅲ) 상가매수인의 물품대금채권을 피담보채권으로 하는 상사유치권과 후행 권리자와의 관계이다. 이 경우는 선순위에 있는 저당권자의 담보가치를 사후적으로 박탈하는 영역이 아니라는 점에서 대항관계설을 취할 경우 문제가 없다. 그러나 건물 매매 또는 담보 거래에 있어서 상사유치권의 성립요건을 갖추게 된 경우에는 문제가 되는 것이다.

이는 대항관계설 법리에 상사유치권은 신소유자 등의 후행권리자에 대하여 대항할 수 있다는 법리를 보완하면 해결된다.[114] 건물에 이미 상사유치권의 법률 규정상의 성립요건을 갖춘 이후에 건물 매매가 있는 때에 신소유자 등 후행권리자에 대하여 상사유치권자가 대항할 수 있는 법리를 추가하면 되는 것이다. 이 법리 보완을 적용하면 대항관계설을 취할 경우에서의 한계 영역은 다음과 같이 보완된다. 첫째, 상가임차인이 상사유치권의 성립요건을 갖추게 되면 상사유치권을 취득한다. 둘째, 상사유치권자는 상가(건물)에 대한 매매로 인한 신소유자에 대하여 대항할 수 있다. 셋째, 상가매수인의 물품대금채권을 피담보채권으로 하는 상사유치권자는 후행 권리자에 대하여 대항할 수 있다. 이처럼 대항관계설 적용 시 한계 영역을 보완할 수 있다.

---

114 대항관계설 법리는 선행저당권에 대하여 상사유치권으로 대항할 수 없으나 후행저당권에 대해서는 대항할 수 있다는 것이다. 따라서 후행권리자 중 후행저당권자에 대한 대항 가능 여부에 대한 논의는 검토할 필요가 없고 신소유자에 대한 대항 가능 여부만 검토하면 될 것이다. 한편, 여기서 후행저당권자에 대한 대항 가능 여부에 대하여 검토할 필요가 없다는 의미는 대항관계설 법리를 따르면 후행저당권자에 대하여 상사유치권을 근거로 대항할 수 있다는 측면을 부각하려는 의도를 보여준 것이지 아예 후행저당권자에 대한 상사유치권의 대항 여부 자체를 검토할 필요가 없다는 의미는 아니다. 그리고 후행저당권자와 신소유자는 동일한 주체로 볼 수 없으며 또한 신소유자가 후행저당권자의 예시로도 볼 수 없다. 후행저당권자는 말 그대로 건물에 대하여 상사유치권이 성립한 후에 저당권을 설정한 자를 의미하는 것이지만, 신소유자는 건물의 소유자로부터 매매 또는 양도 등을 통하여 건물을 이전받게 된 제3자를 의미하는 것이기 때문이다.

4. 대항관계설 보완 시 예상비판에 대한 재비판

대항관계설 법리에 대한 보완으로 신소유자에 대하여 상사유치권의 대항을 인정해주는 법리추가에 대하여는 상가임대차 등 상가건물 관련 법률관계에 부정적 영향을 초래할 것이라는 비판이 예상된다. 이 견해에 따르면 지나친 과장이 될 수도 있겠지만 상가건물과 관련된 경제활동에 큰 영향을 끼친다는 것이다.[115] 한편, 대항관계설에 대한 보완 법리를 적용하기 전까지는 상사유치권자가 상가임대차보호법에 의한 대항력을 얻지 못하는 한 건물 매수인에 대해 대항할 수 없다는 것이 거래계의 관행이었다. 그런데 대법원 판결(2010다57350)이 판시되어 대항관계설에 보완법리까지 추가되면 상사유치권자는 신소유자에 대하여 대항할 수 있게 되어 사실상 상가임대차보호법과 같은 정도로 보호를 받게 되는 점이 큰 문제라는 것이다. 또한, 임차인이 상가유치권을 주장할 수 있게 된 것은 합리적이지 않다고 한다.[116]

그리고 상사유치권자가 상사유치권이 성립한 이후의 소유자 또는 소유자로부터 권리를 취득한 신소유자 그리고 후행저당권자에 대하여 대항할 수 있다는 보완 법리는 큰 의미가 없다는 견해도 있다. 선행저당권자가 경매를 신청함에 따른 매수인의 인도청구 등에 대해 상사유치권자는 자신의 유치권을 근거로 대항할 수 없기 때문에 상사유치권자는 점유를 상실하게 되며 상사유치권이 소멸되는 것을 이유로 삼고 있는 것이다.[117]

마지막으로 건물에 있어서 상사유치권자가 신소유자에 대하여 대항할 수 있다는 법리에 대해서는 유치권자는 일반적으로 상인이 아니라 투자목적의 일반인(직장인 등)인 경우가 많다는 비판이 있을 수 있다. 따라서 유치권자가 상인이 아니기 때문에 상사유치권으로 신소유자에 대하여 대항

---

115 김연우, "상사유치권에 부동산이 포함되는지 여부 및 선행 저당권자와의 관계 대상판결 : 대법원 2013. 2. 28. 선고 2010다57350 판결", 재판과 판례 제22집, 대구판례연구회, 2013, 382면.

116 김연우, "상사유치권에 부동산이 포함되는지 여부 및 선행 저당권자와의 관계 대상판결 : 대법원 2013. 2. 28. 선고 2010다57350 판결", 재판과 판례 제22집, 대구판례연구회, 2013, 383면.

117 이재석, "선행저당권이 설정되어 있는 경우 상사유치권의 행사를 제한하는 판례이론의 문제점과 해결방안", 민사집행법연구 제15권, 한국민사집행법학회, 2019, 263면.

할 수 없다는 것이고 민사유치권으로만 대항할 수 있다는 것이다. 즉, 보완법리는 상사유치권에서 활용가치가 없을 수 있다는 것이다.

그러나 ⅰ) 후행저당권자에 대해서도 대항할 수 있다는 대법원의 판단(대항관계설)[118]을 고려해볼 경우 그리고 ⅱ) 물품대금채권,[119] 손해배상채권,[120] 부당이득반환채권,[121] 대여금채권[122]을 근거로 민사유치권으로 주장할 수 없었던 사건을 상사유치권으로 주장하여 인정된 사례[123]가 늘어나고 있으며 ⅲ) 상사유치권 관련 법률규정상의 성립요건을 충족한 경우를 고려해보면 신소유자 등의 후행권리자에 대하여는 상사유치권으로 대항할 수 있다는 법리가 더 타당하다. 또한, 임차인이 상사유치권으로 신소유자 등에게 대항할 수 있다는 법리가 기존보다 상사유치권자가 더 유리해진다는 측면만을 근거로 상사유치권을 행사하지 못하도록 하는 것은 유치권

---

118 대법원 2013. 2. 28. 선고 2010다57350 판결.

119 갑(아크릴합성수지 관련 사업을 하는 자연인)이 소유하고 있는 공장건물을 임차한 을(아크릴 제조·가공업 회사)이 갑에게 관련 물품을 공급하였으나 최종적으로 받지 못한 물품잔대금채권(5억 원)을 확보할 목적으로 해당 건물을 점유하는 경우 그 물품대금채권을 피담보채권으로 주장하는 A의 상사유치권은 성립할 수 있다(서울고등법원 2012. 1. 11. 2010나68871 판결). 다만, 을이 건물에 대하여 병 명의로 근저당권설정등기가 된 이후에 상사유치권을 취득한 경우, 을은 상사유치권을 취득하기는 하지만 선행저당권자 병, 그리고 선행저당권에 기한 경매절차의 매수인에게 그 상사유치권으로 대항할 수는 없다(대판 2013. 6. 13. 2012다25753 참조)는 점은 유의해야 한다.

120 갑 소유의 상가건물을 을이 분양받고 을은 분양대금을 모두 납부하였다. 그러나 갑의 소유권이전등기의무가 이행불능으로 된 경우 그 손해배상채권을 피담보채권으로 하는 을의 상사유치권 주장은 성립할 수 있다고 판시하였다(대전지법 2010. 6. 16. 선고 2010나2839 판결 등).

121 부당이득반환채권을 확보하기 위할 목적으로 임차인이 상사유치권을 행사할 수 있다. 갑과 을은 상인이고 을의 건물 점유행위는 갑과의 관계에서 상행위인 임대차계약에 의한 것이며 갑에 대한 을의 부당이득반환청구권은 상행위관계인 임대차관계에서 발생하였기 때문이다(대구지방법원 2010. 7. 30. 선고 2009가단53335 판결).

122 상인과 상인 간 영업을 위한 목적으로 부동산 임대차계약을 체결하였는바, 이는 원칙적으로 상법 제58조가 규정하고 있는 상행위에 해당하는 것으로 판단하는 것이 타당하다. 따라서 갑(상인)이 을(상인)에게 금전을 대여해준 경우 갑의 점유는 을과의 관계에서 상행위인 임대차계약에 의해 취득하게 되고 갑의 대여금채권은 을과의 상행위인 금전소비대차계약에 의해 취득한 것이다(서울지방법원 2000. 9. 1. 선고 2000나21078 판결).

123 위 4가지 판례 모두 민사유치권을 주장할 수 없으나 상사유치권으로는 주장할 수 있는 사례이다.

성립요건상의 법률 규정에 위배되는 판단으로 볼 수 있다. 법률 규정상 상사유치권의 성립요건을 충족하였음에도 상사유치권자가 기존보다 유리해진다는 점을 근거로 상사유치권의 대항을 부정하는 것은 타당하지 않다.

그리고 신소유자 등의 후행권리자에 대하여 상사유치권으로 대항할 수 있다는 보완 법리가 의미가 없다는 견해 역시도 선행저당권에 대하여 상사유치권으로 대항할 수 없을 경우 상사유치권이 소멸한다는 소멸설의 근거를 제시하고 있으므로 타당하지 않다.[124] 이는 앞서 검토해본 바와 같이 선행저당권에 대하여 상사유치권으로 대항할 수 없는 경우에는 상사유치권은 소멸하는 것이 아니라 대항을 할 수 없을 뿐이지 건물에 존속하기 때문이다. 즉, 이 상사유치권은 선행저당권에 대하여 대항할 수 없어도 성립 그 자체는 인정되는 것이다. 이는 선행저당권에 대하여 상사유치권으로 대항할 수 없을 경우 상사유치권이 소멸하지는 않는 것을 전제로 하고 있는 대항관계설의 법리와도 양립 가능하므로 타당하다.

유치권자는 일반적으로 상인이 아니라 투자 목적의 일반인(직장인 등)인 경우가 많다는 비판은 오늘날의 새롭게 부각되고 있는 상사유치권의 주장 사례의 증가를 인지하지 못한 것이므로 타당하지 않다. 오늘날은 일반적으로 민사유치권이 적용될 수 있는 상황에서도 앞서 살펴본 바와 같이 물품대금채권, 손해배상채권, 부당이득반환채권, 대여금채권을 근거로 민사유치권으로 주장할 수 없었던 사건을 상사유치권으로 주장하여 인정되는 사례[125]가 증가하고 있다. 이처럼 양 당사자가 상인에 해당할 수 있는 요소가 매우 광범위해진 것이다. 따라서 유치권자가 상인이 아니기 때문에 상사유치권으로 신소유자에 대하여 대항할 수 없다는 비판은 검토가 요구된다.

또한, 오늘날의 건물도급계약에 있어서는 상사유치권의 요건을 충족시킬 수 있는 요소가 많다. 이는 양 당사자 쌍방이 모두 상인에 해당할 수 있는 범위가 매우 광범위하여 상행위로 판단할 수 있는 경우가 많기 때문이다. 수급인의 점유취득행위 역시도 광범위한 상행위에 포함될 수 있는 요소가 상당하고 이를 근거로 상사유치권에서 요구하는 상행위성을 충족시킴에 충분하다고 판단하여 상사유치권이 성립할 수 있다고 판단한 경우도

---

124   이미 소멸설에 대한 검토는 위 2. (1) 소멸설(존속제한설) 검토 부분 참조.

125   각주 120~124 번 참조.

있다.[126] 상사유치권에서는 민사유치권에서의 견련성을 요구하지 않고 있고 단지 "영업을 통하여 관련"되어 있기만 하면 된다고 하여 견련성이 완화되어 있기 때문이다.[127] 또한, 최근에는 임대차계약을 상행위로 판단하는 판시도 늘어나고 있다.[128]

5. 대항관계설 및 보완법리 적용의 지속성을 위한 입법론 검토

앞서 검토해본 바와 같이 건물에 대한 상사유치권의 합리적 제한을 위한 기준으로 대법원 판결(2010다57350)인 대항관계설의 법리에 상사유치권은 신소유자 등 후행권리자에 대항할 수 있다는 법리를 추가하는 것이 조금 더 합리적이다. 그런데 건물에 대한 상사유치권의 합리적 제한을 위한 목적으로 위 대항관계설 및 보완법리를 규정으로 입법화하여 그 대법원의 대항관계설 및 보완법리를 정착화할 필요성에 대해서 검토가 요구된다.

그러나 상사유치권의 우열 논제에 관한 법리는 이미 민사유치권에서도 동일하게 적용할 수 있는 것으로 현존하는 민사집행법 제91조 제5항과 민법 제320조 제2항, 상법 제58조에 대한 해석으로 가능하다. 따라서 우열 논제를 위 규정들로부터 해석이 가능함에도 이를 규율하는 법리를 직접적으로 법 규정화할 경우 입법 기술적으로도 충돌이 일어나기 때문에 굳이 규정을 신설할 필요가 없다. 또한, 우열 법리는 사건의 구체적인 세밀한 차이에 의해서도 크게 달라질 수 있기 때문에 위와 같은 법리를 입법화하는 것은 법원의 재량권 침해로 이어질 수 있다. 법원에서는 그 동안 수많은 민사유치권뿐만 아니라 상사유치권 우열 법리를 축적해왔으므로 굳이 우열 법리의 입법화는 더 많은 부작용을 야기할 수 있다.

---

126 東京高等裁判所 1994(平成6年) 2. 7. 決定(平成5年(ラ)1077).

127 정찬형, 「상법강의(상)(제11판)」, 박영사, 2008, 206면.

128 대구지방법원 2010. 7. 30. 선고 2009가단53335 판결; 서울지방법원 2000. 9. 1. 선고 2000나21078 판결 등.

V. 결론

지금까지 논의한 내용을 정리하면 다음과 같다.

대항관계설에 따른 상사유치권의 우열논제에서는 첫째, 선행저당권에 관한 민사유치권의 우열에서 판례의 입장이 대항력인정설의 입장을 채택하였다고 할지라도 상사유치권에서는 선행저당권자의 권리가 침해되지 않도록 대항관계설 법리를 취하는 것이 합리적이다. 민사유치권과 상사유치권의 연혁, 제도의 목적을 고려해볼 때 상사유치권의 우열을 다르게 취급할 근거를 찾을 수 있기 때문이다. 둘째, 선행하고 있는 기존 제한물권이 확보하고 있었던 담보가치를 상사유치권의 주장을 통하여 사후적으로 침탈할 수 없다는 주장은 민사유치권자와 비교해볼 때 상사유치권자를 불리하게 차별하는 법리가 아니며 매우 적절한 법리이다. 셋째, 대법원 판결(2005다22688)에서의 법리논의가 상사유치권 관련 논의로 집중되어야 한다는 주장은 적어도 목적물을 건물이 아닌 대지에 관한 사안으로만 한정했을 경우에는 동의할 수 있다. 그러나 대법원 판결(2005다22688)에서의 사안은 건물의 대지만을 그 목적물의 대상으로 정하여 법리를 판단해야만 하는 사건이 아니었기 때문에 반드시 상사유치권의 관점에서만 법리를 검토하였어야만 하는 주장은 타당하지 않다.

대항관계설에 따른 대법원 판례 검토에서는 첫째, 대법원 판결(2010다57350)은 대항관계설 법리를 판시하였고 일응 타당하다. 둘째, 대항관계설 법리를 취할 경우 발생하는 한계를 보완하고자 소멸설과 상행위제한설 법리를 검토하였는바, 소멸설 또는 상행위제한설 법리를 취할 경우의 한계가 더 명백하고 극명히 드러나므로 대항관계설 법리가 상대적으로 더 합리적이다. 셋째, 이 대항관계설의 한계점은 대항관계설 법리에 상사유치권은 신소유자 등의 후행권리자에 대하여 대항할 수 있다는 법리를 보완하면 해결할 수 있다. 넷째, 대항관계설 법리와 보완법리에 대한 입법화는 기존 규정의 해석만으로도 충분하므로 굳이 입법화할 필요는 없다.

참고 문헌

Ⅰ. 국내문헌

1. 단행본

김성태, 「상법총칙/상행위」, 법문사, 1998.

서헌제, 「상법강의(상)」, 법문사, 2007.

이시윤, 「신민사집행법(제5판)」, 박영사, 2009.

이철송, 「상법총칙 · 상행위(제21판)」, 박영사, 2013.

정동윤, 「상법총칙/상행위」, 법문사, 1996.

정찬형, 「상법강의(상)(제11판)」, 박영사, 2008.

최기원, 「상법학신론(상)」, 박영사, 2011.

2. 논문

김성욱, "유치권 제도의 운용과정에서의 법적 문제", 법학연구 제16권 제1호, 인하대
학교 법학연구소, 2013.

김연우, "상사유치권에 부동산이 포함되는지 여부 및 선행 저당권자와의 관계 대상판
결 : 대법원 2013. 2. 28. 선고 2010다57350 판결", 재판과 판례 제22집, 대구판례
연구회, 2013.

권순희, "상가임대차 보증금과 상사유치권에 관한 고찰", 상사법연구 제26권 제4호,
한국상사법학회, 2008.

도제문, "금융거래와 상사유치권", 상사판례연구, 제26집 제4권, 2013.

박양준, "부동산 상사유치권의 대항범위 제한에 관한 법리 : 대법원 2013. 2. 28. 선고
2010다57350 판결", 청연논총 제12집, 2013.

박진근, "건축계약상 수급인의 유치권 제한", 민사법학 제39권 제1호, 한국민사법학
회, 2007.

서인겸, "부동산경매절차상 유치권의 효력에 관한 몇 가지 쟁점", 「원광법학」, 제32권
제2호, 원광대학교 법학연구소, 2016.

손종학, "건축부지에 대한 건축수급인의 상사유치권 성립 여부", 가천법학 제50권 제2
호, 가천법학연구소, 2009.

이상덕/서완석, "부동산의 선순위 근저당권과 상사유치권의 우열 관계", 가천법학 제7권 제2호, 2014.

이재석, "선행저당권이 설정되어 있는 경우 상사유치권의 행사를 제한하는 판례이론의 문제점과 해결방안", 민사집행법연구 제15권, 한국민사집행법학회, 2019.

이찬양, "부동산유치권 개정안 중 저당권설정청구권 제도 도입에 관한 고찰-부동산 경매절차에서 선행저당권에 관한 유치권의 우열 논제를 중심으로-", 법학논총 제26권 제2권, 조선대학교 법학연구소, 2019.

이철기, "선행저당권이 설정된 부동산에 대한 상사유치권의 성립 여부", 가천법학 제7권 제3호, 가천대학교 법학연구소, 2014.

이현석, "유치권과 점유 -민사유치권과 상사유치권을 중심으로-", 법과 정책연구 제17권 제4호, 한국법정책학회, 2017.

전욱, "공사수급인의 건축 부지에 대한 상사유치권의 행사", 법학연구 제49권 제2호 통권 60호, 부산대학교 법학연구소, 2009.

정두진, "프랑스 민법에서의 유치권제도에 관한 소고", 국제법무 제4집 제2호, 제주대학교 법과정책연구소, 2012.

최승재, "대법원의 판결로 본 은행대출과 상사유치권", 은행법연구 Vol.6 No.1, 은행법학회, 2013.

하창효, "건축공사 수급인의 건물부지에 대한 상사유치권의 성립가능성과 효력의 범위에 관한 소고", 주거환경 제12권 제3호(통권 제25호), 한국주거환경법학회, 2014.

II. 외국 문헌

1. 일본 문헌

河野玄逸, "抵當權과 先取特權, 留置權과의 競合," 銀行法務 第21号, 1995.

淺生重機, 建築請負人の建築敷地に對する商事留置權の成否, 金融法務事情 第1453号, 1996.

槇悌次, 民事と商事の留置權の特徵(上), NBL 648號 1998.

小久保孝雄, 商事留置權, 金融・商事判例 1211號, 2005.

生熊長幸, "建築請負代金債權による敷地への留置權と抵當權(下)," 金融法務事情 第1447号, 1996.

松岡久和, "留置權に関する立法論: 不動産留置權と抵当權の關係を中心に", 倒産実体法: 改正のあり方を探る, 商事法務, 2002.

澤重 信, "敷地抵當權と建物請負報酬債權", 金融法務事情, 第1329号, 1992.

鈴木禄弥, 「商人留置權の流動担保性をめぐる若干の問題」, 西原寬一博士追悼, 『企業と法(上)』, 有斐閣, 1977.

2. 독일 문헌

Claus Ahrens, Zivilrechtliche Zuruckbehaltungsrechte, 2002.

Ⅲ. 기타자료

김경욱, "선행저당권과 상사유치권"에 대한 토론문, 민사집행법학회 2018년 제3회 추
　　계학술대회, 2018.
이재석, "선행저당권과 상사유치권", 한국민사집행법학회 발표문, 2018년 제3회 추계
　　학술대회. 2018.

압류와 유치권의 우열 법리의 재구성[*]

Ⅰ. 서론

부동산 경매 압류단계는 제1단계의 집행처분이다. 금전채권의 만족을 얻을 목적으로 채무자 소유의 특정 부동산을 국가의 지배하에 놓고 채무자의 처분권을 사실상 또는 법률상 금지하는 국가 집행기관의 강제적 행위이자 공권적인 행위인 것이다.[1]

---

[*] 제3절 압류와 유치권의 우열 법리의 재구성에서는 압류 이후 유치권의 우열논제에 관하여 먼저 우리와 일본의 학설 및 판례를 검토하고 압류 이후 유치권의 우열논제에 있어서의 대법원 판결 법리 간 연결성 부재의 문제 제기를 검토하였고 이에 관한 대안법리 등을 논의하였다. 구체적으로는 본 논제에 관한 판례 법리 간 관계에 있어 ⅰ) 압류의 처분금지효 법리와 법적 안정성 법리 간 관계법리의 재구성, ⅱ) 압류 이후 유치권 법리와 매수인에 대한 유치권 법리 간 관계법리의 재구성, ⅲ) 압류 이후 유치권 법리와 압류 이후 비용 지출한 유치권 법리 간 관계법리의 재구성을 시도하였다. 또한, 압류 이후 유치권 논제에 있어 대항력 부정설에 따른 유치권의 우열상 제논의를 검토하였으며 대항력 부정설 적용의 합리적 예외사항도 집중적으로 검토하였다.

[1] 이시윤, 「신민사집행법(제8개정판)」, 박영사, 2020, 264면; 김상수, 「민사집행법(제4판)」, 법우사, 2015, 146면; 김홍엽, 「민사집행법(제4판)」, 박영사, 2017, 146면; 사법연수원, 「민사집행법」, 사법연수원, 2015, 121면; 전병서, 「민사집행법」, Justitia(유스티치아), 2020, 179면.

부동산 경매 압류단계에서 유치권[2]의 우열문제는 가압류에 관한 유치권의 우열과 압류에 관한 유치권의 우열이 핵심이다.[3] 이 중 가압류에 관한 유치권의 우열논제는 후행 유치권으로 대항할 수 있다는 대법원 판례법리(대항력취득설)[4]가 우리 법제[5]와 일본 법제[6]에서의 다수설이며 이견이 많지 않다. 또한, 가압류가 집행권원을 얻은 후 본집행인 경매를 신청하여 압류가 개시된 경우 가압류 집행은 본집행에 포섭이 된다. 이로써 가압류를 행한 시기에 본집행이 존재한 것과 같은 효력이 있게 된다. 이 경우 가압류를 행한 시기에 본압류가 행해진 것으로 판단할 수 있으므로 가압류

2 이하에서 논의되는 유치권 대상은 동산, 유가증권이 아니라 부동산에 포커스를 맞추고자 한다. 동산, 유가증권은 물권 이전이 대부분 점유 이전에 의해 이뤄지므로 점유의 물권성을 근거로 유치권의 물권성을 인정할 수 있다. 따라서 유치권의 물권화와 비교볼 때 동산은 상대적으로 문제가 되지 않으므로 유치권 대상에서 제외한다.

3 압류보다 먼저 취득한 유치권의 우열은 유치권이 압류보다 앞서 성립하였기 때문에 압류에 의한 처분금지효에 영향받지 않게 된다. 따라서 유치권은 압류에 대하여 대항할 수 있고 또 매수인에 대해서도 대항할 수 있어 매수인은 유치권을 인수하게 된다. 이 사안은 큰 문제의식이 제기되고 있지 않고 학설이나 판례도 따로 없어 논의의 실익이 떨어질 것이므로(김기찬/이춘섭, "부동산경매에서 유치권의 한계에 관한 연구", 부동산학연구 제13집 제2호, 2007, 98면) 본고에서 주요 논의대상으로 삼지는 않았다.

4 대법원은 부동산에 대하여 가압류 등기가 완료된 후 채무자의 점유이전을 통하여 제3자가 유치권을 취득한 경우 이 점유이전은 가압류의 처분금지효에 저촉되지 않는다고 판시하였다. 가압류에 대하여 유치권으로 대항할 수 있다는 법리인 것이다(대법원 2011. 11. 24. 선고 2009다19246 판결).

5 김상원 외 3인 편집대표, 「주석 민사집행법 III」, 한국사법행정학회, 2004, 338면; 이학수, "유치권이 요구하는 점유의 정도", (부산판례연구회)판례연구 제8집, 1998, 103면; 양삼승 집필 부분, 「주석 강제집행법(III)」, 한국사법행정학회, 1993, 84면; 이시윤, 「신민사집행법(제8개정판)」, 박영사, 2020, 250면; 이학수, 유치권이 요구하는 점유의 정도, 판례연구 8집(1998), 부산판례연구회, 6면; 김상수, 「민사집행법(제4판)」, 법우사, 2015, 170면; 하상혁, "가압류 후에 성립한 유치권으로 가압류채권자에게 대항할 수 있는지 가부", 「대법원중요판례해설 2011 하반기(민사·형사편)」, 사법발전재단, 2012, 49면.

6 鈴木忠一/三ケ月章 編輯代表(中山一郎 執筆), 「注解 民事執行法(3)」, 第一法規, 1984, 296頁.; 石川明 外 2人 編(廣田民生 執筆), 「注解民事執行法(上卷)」, 1991, 615頁; 福永有利, "不動産上の權利關係の解明と賣却條件", 「民事執行法の基本構造」, 西神田編輯室, 1981, 356頁; 吉野衛/三宅弘人 編輯代表(大橋寬明 執筆), 「注釋 民事執行法(3)」, 文唱堂, 1983, 293~294頁; 竹下守夫, 「不動産競賣における物上負擔の取扱い 不動産執行法の研究」, 有斐閣, 1977, 141~142頁.

에 관한 유치권의 우열 논제는 압류에 관한 유치권의 우열논제로 준용할 수 있어 동일하게 해석하면 된다.[7] 따라서 부동산 경매[8] 압류단계에서는 압류에 대한 유치권의 우열논제를 중심으로 검토하고자 한다.

압류에 관한 유치권의 우열논제에서는 주로 유치권자와 매수인 간 우열국면에서 경합·충돌[9]이 발생한다.[10] 직접적인 문제 발생이 되는 유치권자와 매수인 간의 경합·충돌을 해결하고자 할 경우 선결적 해결과제로 압류채권자와 유치권자 간 우열논제를 먼저 논의해야 할 것이다. 이 선결적 논의를 통해 매수인에 관한 유치권의 우열논제는 자연스럽게 해결을 도모할 수 있을 것이다.[11]

---

7 차문호, "유치권의 성립과 경매", 사법논집 제42집, 법원도서관, 2006, 403면.

8 한편, 인터넷 경매에 관하여는 박신욱, "인터넷 경매에서 공서양속 위반을 판단함에 있어 주관적 요건의 추정에 관한 연구", 홍익법학 제14권 제3호, 홍익대학교 법학연구소, 2013, 1−23면 참조.

9 이외의 충돌·경합국면으로는 유치권자와 배당받을 수 있는 채권자(배당적격자) 간 우열국면도 있다. 여기서 배당적격자란 배당요구를 하지 않아도 당연히 배당받을 수 있는 자와 배당요구를 하는 것이 가능한 자로 적법하게 배당요구를 행한 자를 의미한다. 전자의 범위로는 ⅰ) 배당요구 종기까지 경매신청을 행한 압류채권자(이중압류채권자 포함), ⅱ) 처음 경매개시결정등기 이전에 등기한 가압류채권자, ⅲ) 처음 경매개시결정등기 이전에 등기(저당권등기, 전세권등기, 임차권등기, 체납처분으로서의 압류등기 등)를 행하고 매각으로 인하여 소멸하게 되는 우선변제권을 가지고 있는 채권자를 의미한다(민사집행법 제148조). 후자의 범위로는 ⅰ) 집행력 있는 정본을 가지고 있는 채권자 ⅱ) 경매개시결정등기 이후에 가압류를 행한 채권자 ⅲ) 민법·상법 그 밖의 법률에 의해 우선변제권을 가지고 있는 채권자를 의미한다(민사집행법 제88조 제1항). 민법·상법 그 밖의 법률에 의해 우선변제권을 가지고 있는 채권자에는 처음 경매개시결정등기 이후에 등기를 하고 매각으로 인하여 소멸하게 되는 것을 가지고 있는 채권자, 그리고 (최)우선변제권 있는 임차인 등이 포함되나 유치권자는 포함되지 않는 것이 통설 및 실무의 입장이라고 한다(이재석, "유치권의 행사를 제한하는 판례이론에 관한 제언", 사법논집 제16집, 법원도서관, 2016, 341면 각주 4번).

10 이재석, "유치권의 행사를 제한하는 판례이론에 관한 제언", 사법논집 제16집, 법원도서관, 2016, 341면; 한편, 상사유치권의 우열에 관한 검토는 졸저, "건물에 관한 상사유치권의 우열상 제문제" 법학연구 제61집, 전북대학교 법학연구소, 2019, 305−346면 참조.

11 압류와 유치권 간 경합·충돌에 관한 검토를 통하여 유치권의 대항 여부를 논의함으로써 압류의 처분금지효에 대한 유치권의 우열을 검토하게 된다(전자 법리). 이 검토를 통해 매수인 측으로 유치권이 인수될 것인지의 여부가 결정(후자 법리)된다는 점에서 압류에 관한 유치권의 우열논제를 선결적 해결과제로 볼 수 있는 것이다. 한편,

압류에 관한 유치권의 우열상 주요쟁점은 부동산이 압류된 이후 유치권을 취득한 자가 압류에 대하여 대항할 수 있는지의 여부가 될 것이며 이 쟁점을 중심으로 검토하고자 한다.[12] 이 논제에 관한 선행연구는 압류에 관한 유치권의 우열 논제에서 학설 및 판례를 분석하여 여러 법리를 체계적으로 구성하게 만든 의의가 있다. 그러나 어느 법리를 기준으로 논제를 검토하는 것이 아니라 주요 논제에 대한 비판·검토에만 집중하여 그 비판·검토의 방향성이 여러 갈래이거나 각 비판이 서로 상충하기도 하는 한계가 있다. 따라서 본고에서는 이러한 선행연구의 의의 및 한계를 전제로 압류에 관한 유치권의 우열논제의 문제 상황을 대법원 판례법리(2005다22688)인 대항력 부정설을 중심으로[13] 풀어내어 검토하고자 한다. 논제상황을 검토할 경우에도 핵심가치 기준으로 '경매절차의 법적 안정성(예측 가능성)'을 중심으로 검토한다.[14]

전자 법리가 후자 법리에 대한 선결 논제라는 점에 관한 구체적 논의와 검토는 Ⅲ. 2. 압류 이후 유치권 법리와 매수인에 대한 유치권 법리 간 관계 부분 참조.

12 본 논제를 검토함에 있어 유치권의 성립 시기를 살펴볼 필요가 있다. 민법 제320조 또는 제320조 제1항에서 "채권이 변제기에 있는 때"에 유치권 성립을 인정한다. 유치권의 성립 시기는 ⅰ) 유치 부담이 있는 목적물에 관해 점유를 먼저 하는 동안에 변제기가 추후에 도래하게 되어 유치권이 성립한 경우, ⅱ) 변제기가 이매 도래해버린 피담보채권을 가지고 있는 상태에서 나중에 유치 부담이 있는 목적물을 점유하여 유치권이 성립하게 된 경우 등 2가지가 있다. 유치권이 성립하는 시기는 변제기 시점에 성립하게 되는 경우 그리고 변제기가 도래해버린 후 목적물을 유치하게 된 시기에 성립하는 경우가 존재함을 고려할 필요가 있다(강민성, "민사집행과 유치권," 사법논집 제36집, 2003, 51면; 오시영, "유치권 관련 민법개정안에 대한 검토", 강원대학교 비교법학연구소, 2013, 120면; 차문호, "유치권의 성립과 경매," 사법논집 제42집, 2006, 343면). 본 주요 논제를 검토함에 있어서도 위와 같은 유치권의 성립 시기를 고려할 필요가 있고 본고에서는 앞서 언급한 유치권의 성립 요건은 모두 충족된 상태에서 논의를 개진하고자 한다. 압류 이후 유치권의 우열논제를 논의하면서 유치권의 위 성립 시기를 세부적으로 구분하여 검토하면 그 논증의 방향성이 여러 갈래로 분산되고 너무 확장되어 본고의 집중을 흐리기 때문이다.

13 Ⅱ. 6. 검토 부분에서 대항력 부정설의 법리가 타당하였다고 판단하였다.

14 이는 압류의 처분금지효에 의하여 압류 효력이 발생한 경우에 있어 추후 예상치 못한 유치권의 등장 또는 취득으로 성립한 유치권이 있다 할지라도 시간적 시기상 앞서 있는 압류의 압류 효력을 우선하여 판단하게 된다. 한편, 부동산에 대하여 경매개시결정등기가 완료되기 전 유치권을 취득한 경우라면 경매절차에서의 매수인에 대하여 유치권으로 대항할 수 있으므로 그 대항력을 인정할 수도 있을 것이다. 다만, 부동산

한편, 압류에 관한 유치권의 우열논제에서 대항력 부정설 법리의 타당성을 논증한 후 ⅰ) 대항력 부정설을 중심으로 풀어내어 검토한 연구는 활성화되지 못한 점, ⅱ) 주요 논제에 관한 판례법리의 의의뿐만 아니라 판례의 흐름 속에서도 논제를 검토한 점, ⅲ) 핵심 판례법리 내에서의 법리 부재를 검토한 점, 그리고 여기서 더 확장하여 ⅳ) 논제 관련 여러 판례법리 간 관계에 관한 논의를 통해 판례법리 부재의 해소를 시도한 점 등의 연구는 그동안 잘 다뤄지지 않았다는 점에서 그 연구 의의가 있다.

이 문제의식을 토대로 본문에서는 우선 압류 이후 유치권의 우열논제에 있어서 우리와 일본의 학설 및 판례를 검토하고 어느 법리가 타당한지를 검토한다(Ⅱ). 이후 압류 이후 유치권 논제에 있어 대항력 부정설을 둘러싸고 압류 이후 유치권 제법리 간 연결 관계의 미흡을 문제 제기하고 이에 관한 판결 법리의 재구성을 시도한다(판결 법리의 이론적 · 총론적 재구성 시도 논의)(Ⅲ). 대항력 부정설 법리의 타당성을 이론적 · 총론적으로 재논증하였으므로 이제는 압류의 처분금지효와 이와 관련한 유치권의 우열상 논제를 대항력 부정설의 법리를 중심으로 검토(판결 법리의 각론적 논의 개시)한다(Ⅳ). 마지막으로는 본 검토의 주요 기준인 대항력 부정설의 예외사항에 관한 검토로 '압류에 관하여 비용을 지출한 경우 유치권의 우열논제'를 환기(판결 법리의 각론적 논의 심화)하며(Ⅴ) 마무리한다(Ⅵ).

경매 절차에서의 법적 안정성을 기준으로 검토한다고 하여 전적으로 대법원 2014. 3. 20. 선고 2009다60336 전원합의체 판결 법리를 의미하는 것은 아니며 또한 유치권자에게만 유리하게 법리를 검토하는 것도 아님을 유의할 필요가 있다. 즉, 부동산 경매 절차에서 유치권과 다른 이해당사자 간 되도록이면 합리적 예측이 가능하도록 법적 안정성의 측면에서 검토하는 것이다. 한편, 대법원 판례법리(2005다22688)인 대항력 부정설 법리와 2009다60336 전원합의체 판결 법리인 경매절차의 법적 안정성(예측 가능성) 법리 간 관계에 관한 구체적 논의는 Ⅲ. 1. 판례의 근거 법리로써 처분금지효와 법적 안정성 간 관계 부분 참조.

Ⅱ. 압류 이후 유치권의 우열논제에 관한 학설 및 판례

　　부동산 경매절차에서 부동산에 대한 압류 이후 유치권자가 유치권의 성립요건을 충족시킨 경우 이 유치권은 압류의 처분금지효에 저촉되는 것으로 판단해야 하는지 그리고 매수인(경락인)에 대하여 유치권으로 대항할 수 있는지 등의 문제의식을 토대로 비교법적으로 검토하고자 한다.

　　한편, 독일에서 유치권은 법적 성격이 물권이 아닌 채권이기 때문에 [15] 부동산 경매절차상에서의 압류채권자 또는 매수인에 대한 유치권의 우열 또는 대항력의 문제는 발생하지 않는다. 프랑스에서의 유치권(droit de rétention)은 채권적인 급부거절권으로 파악하여야 하고[16] 굳이 담보물권으로 취급하기에는 어려움이 있다.[17] 또한, 프랑스 유치권(droit de rétention)은 채무자의 물건을 소지하게 되는 채권자가 자기의 채권이 실현될 때까지 해당 물건의 반환 요청에 대하여 거절할 수 있는 권능일 뿐이고 어느 누구를 대상으로도 주장 가능한 물권성을 가지는 것으로 볼 수는 없으므로 [18] 역시 유치권의 우열문제를 논할 수 없다.[19] 스위스에서의 유치권은 법적 성격이 물권이긴 하나 동산 또는 유가증권만이 대상이고 부동산은 제외되어 있으므로 역시 본 논제에서의 유치권상 우열 문제가 나타나지 않는다.[20] 일본은 우리와 유치권 법제가 유사하여 유치권의 우열논제와 비교할

15　Claus Ahrens, Zivilrechtliche Zuruckbehaltungsrechte, 2002, S. 19.

16　정두진, "프랑스 민법에서의 유치권제도에 관한 소고", 국제법무 제4집 제2호, 제주대학교 법과정책연구소, 2012, 87면.

17　Bourassin, Brémond et Jobard-Bachellier, Droit des sûretés, 2e éd., Sirey, 2010, n° 1384.

18　M. Bourassin, V. Brémond et M.-N. Jobard-Bachellier, Droit des sûretés, 2e éd., Sirey, 2010, n°1346 ; M. Cabrillac, Ch. Mouly, S. Cabrillac et Ph. Pétel, Droit des sûretés, 8e éd.,Litec, 2008, n°589 ; etc.

19　프랑스 유치권에 관하여는 남궁술, "프랑스 민법전의 유치권에 관한 연구 = 개정 담보법(2006)의 내용을 중심으로", 민사법학 제49권 제2호, 한국민사법학회, 2010, 49-80면 참조.

20　**Art. 895 B. (Retentionsrecht)**

　　1 Bewegliche Sachen und Wertpapiere, die sich mit Willen des Schuldners im Besitze des Gläubigers befinden, kann dieser bis zur Befriedigung für seine Forderung zurückbehalten, wenn die Forderung fällig ist und ihrer Natur nach mit dem Gegenstande der Retention in

수 있다. 따라서 유치권의 우열 논제는 일본과만 비교 검토할 수 있으므로 이하에서는 우리와 일본의 학설 및 판례 등을 검토하고자 한다. 본 논제에 관한 학설 및 판례는 국내와 일본의 논의를 따로 분류하여 검토하지 않고 통합하여 비교·검토하였다.[21]

이하에서 학설 소개와 그 검토는 유치권자의 권리 보호와 유치권 행사의 오·남용 사이의 갈등 관계에 매우 직접적인 영향을 미치므로 이 논제와 결합하여 검토한다.

1. 유치권자의 권리 보호와 유치권 행사의 오·남용 사이의 갈등 관계

본고의 논제인 압류 이후 유치권의 우열상 쟁점은 압류가 있은 후에 유치권이 성립한 경우 이 유치권으로 압류에 대항할 수 있는 것인지 여부, 이와 더불어 이 유치권으로 매수인에 대하여 대항할 수 있는 것인지 여부이다. 이 논제에 관하여는 대표적으로 유치권으로 이들에게 대항할 수 있다는 대항력 긍정설, 그리고 유치권으로 이들에게 대항할 수 없다는 대항력 부정설이 있다.

이 학설 대립은 곧 유치권자의 권리 보호를 중시할 것인지의 측면을 강조할 경우 대항력 긍정설의 입장이 대두된다. 압류 이후에 성립한 유치권으로 대항할 수 있다는 대항력 긍정설에 따를 경우 유치권자의 권리가 더 중시되는 것이다. 이와는 달리 유치권 행사의 오·남용을 제한할 것인지의 측면을 강조할 경우 대항력 부정설의 입장으로 대별 된다. 압류 이후 성립한 유치권으로 대항할 수 없는 경우가 대항력 부정설인바, 이는 유치권자의 권리가 축소되며 유치권 제한으로 판단할 수 있는 것이다. 그렇다면 압류 이후 유치권의 대항 여부에 관하여 어느 학설이 더 합리적이며 타당한지 아래에서 검토하고자 한다.[22]

Zusammenhang steht.

21 논제에 관한 학설 및 판례를 국내와 일본의 논의를 따로 검토하여 굳이 지면을 많이 할애하는 것 보다는 각 학설과 판례를 통합하여 핵심만을 비교·검토하는 것이 연구 논문의 형식에 더 합당하다고 판단하였기 때문이다.

22 그 외의 학설인 제한적 대항력 인정설, 유형 구분설(또는 제한설), 절충설 등은 논제와 직접적인 연관성이 떨어지나 각 학설의 의의가 있으므로 아래의 4. 그 외의 학설

2. 대항력 긍정설의 내용과 한계
- 유치권자 권리 보호 측면을 중심으로

(1) 대항력 긍정설 내용

대항력 긍정설은 부동산에 대하여 압류가 있은 후에도 유치권이 성립할 수 있고 유치권으로 모든 압류채권자나 매수인에 대해 대항할 수 있다는 견해이며 종래 우리와 일본의 통설이다.[23]

일본에서의 대항력 긍정설은 경매절차에서의 매수인에게 인수되는 유치권에는 어떠한 규정상의 제한도 없으므로 이 유치권으로 매수인에 대해 대항할 수 있다고 한다(제1설). 그리고 유치권이란 실체법상 우선변제청구권이 부여되지 않기 때문에 매각에 따라 유치권이 소멸하면 유치권자는 대금으로부터 우선적인 만족을 얻을 수도 없는 상태에서 유치권이 상실되기 때문에 그 이익의 침해는 부당하다는 것이다. 또한, 유치권의 피담보채권은 대부분 공익적 성격을 가지고 있기 때문에 유치권은 매수인에 대하여 대항할 수 있어 매수인에게 인수된다고 한다.[24] 그리고 유치권은 채무자의 처분행위를 원인으로 발생하는 것도 아니기 때문에 압류 효력 발생 이후 취득한 유치권이라 할지라도 압류채권자에 대하여 대항할 수 있다는 견해도 있다(제2설).[25] 또한, 압류의 효력이 발생하기 전에 이미 적법한 권원을 가진 채로 부동산을 점유한 자가 그 이후에 취득한 유치권은 경매절차 중에 현황조사보고서, 감정평가서, 매각물건명세서상에 기재되었는지의 여부와는 상관없이 매수인에게 인수된다는 견해도 있다(제3설).[26]

의 내용과 한계 부분에서 따로 검토한다.

23 김상원 외 3인 편집대표, 「주석 민사집행법 Ⅲ」, 한국사법행정학회, 2004, 338면; 이학수, "유치권이 요구하는 점유의 정도", (부산판례연구회)판례연구 제8집, 1998, 103면; 鈴木忠一/三ケ月章 編集代表(竹下守夫 執筆者), 「註釋 民事執行法(2)」, 第一法規, 1984, 253頁.

24 鈴木忠一/三ケ月章 編集代表(竹下守夫 執筆者), 「註釋 民事執行法(2)」, 第一法規, 1984, 253頁.

25 福永有利, "不動産上の權利關係の解明と賣却條件", 「民事執行法の基本構造」, 西神田編輯室, 1981, 356頁.

26 鈴木忠一/三ケ月章 編輯代表(石丸俊彦 執筆), 「注解 民事執行法(2)」, 1984, 298頁.

대항력 긍정설의 논거로는 ⅰ)압류 효력은 법률행위에 따른 처분만을 금지하는 것이고 사실행위는 금지하지 않는 것을 근거로 든다. 압류 이후 유치권을 취득하는 것은 사실행위를 바탕으로 법률규정에 따라 발생하기 때문에 압류의 처분금지효에 저촉되지 않으므로 유치권은 성립하고 대항력도 인정된다는 것이다.[27] ⅱ)유치권의 효력이란 등기 선후 시기에 의해 그 우열이 결정되는 것이 아니기 때문에 압류보다 뒤에 성립한 유치권도 반드시 부정되는 것이 아니고 인정될 수도 있다는 측면[28]을 고려해야 한다고 한다. 또한, ⅲ)민사집행법 제91조 제5항 규정에 의하여 매수인은 유치권자에 대해 그 유치권으로 담보하고 있는 채권을 변제해야 할 책임이 있다고 규정되어 있지만 인수되는 유치권의 범위에 대해서는 그 어떤 제한도 나타나 있지 않다는 점[29] 등을 근거로 압류에 대한 유치권자의 대항력을 인정하고 있다.[30]

(2) 대항력 긍정설에 대한 비판

대항력 긍정설은 다음과 같은 비판이 있다. 대항력 긍정설의 견해 중 유치권에 법률상 우선변제청구권이 인정되지 않으나 사실상의 우선변제권의 실효성을 보장하기 위한 것이라는 견해가 있다. 그러나 사실상 우선변제권을 인정해주어야 하는 유치권은 압류보다 더 이전에 성립한 유치권에 한정되어 있는 것이라고 한다. 압류 이후 성립한 유치권의 경우 압류채권자 또는 매수인에게 유치권의 우선변제권을 보장해 줄 필요가 없다는 비판이 있는 것이다. 따라서 대항력 긍정설의 견해는 우선변제권의 일편적인 측면만을 고려한 것이고 압류 이후 성립한 유치권이 압류의 처분금지

---

27 이학수, 유치권이 요구하는 점유의 정도, 판례연구 8집, 부산판례연구회, 1998, 103-104면.

28 김상원 외 3인 편집대표, 「주석 민사집행법 Ⅲ」, 한국사법행정학회, 2004, 338면.

29 吉野衛/三宅弘人 編輯代表(大橋寬明 執筆), 「注釋 民事執行法(3)」, 文唱堂, 1983, 293-294頁.

30 김상원 외 3인 편집대표, 「주석 민사집행법 Ⅲ」, 한국사법행정학회, 2004, 348면; 이학수, 유치권이 요구하는 점유의 정도, 판례연구 8집, 부산판례연구회, 1998, 103-104면; 일본에서도 국내의 이와 같은 입장을 살펴볼 수 있다(鈴木忠一/三ケ月章 編集代表(竹下守夫 執筆者), 「註釋 民事執行法(2)」, 第一法規, 1984, 253頁).

효에 저촉됨을 고려하지 못했다는 것이다.[31] 또한, 유치권의 피담보채권은 대부분 공익성·소액성의 특성이 있기 때문에 보호해야 한다는 법리에 비판이 있다. 유치권의 피담보채권만이 압류채권자 또는 선순위의 담보물권자를 배제하면서까지 보호해야 할 정도로 그 공익성이 강하다고 판단하기는 어렵다는 것이다.[32] 무엇보다 최근 실무에서 주장하는 유치권의 공사대금채권 등은 소액이 아닌 매우 높은 액수인 경우도 많고 그 금액의 많고 적음에 따라서 유치권을 인정할 것인지의 여부를 판단하는 것 또한 불합리하다고 한다.[33]

대항력 긍정설의 견해 중 ⅰ) 압류 효력은 법률행위에 의한 처분행위만을 대항할 수 없도록 할 뿐 사실행위에 따른 처분행위를 금지하는 것은 아니기 때문에 사실행위를 근거로 법률 규정에 따라 발생하게 되는 유치권 취득을 저지할 힘은 없는 것으로 보아야 한다는 논거와,[34] ⅱ) 유치권은 채무자의 처분행위에 의하여 발생되는 것이 아니기 때문에 압류 효력이 발생한 후 취득한 유치권이라 해도 압류채권자에 대하여 대항할 수 있고 이에 따라 매수인도 이 유치권을 인수해야만 된다는 논거[35]에 비판이 있는 것이다. 그리고 유치권의 효력이란 등기 선후에 의하여 우열이 결정되는 것이 아니므로 압류등기와 유치권 성립 시기와의 선후 관계 판단은 곤란하여 압류채권에 대해 유치권으로 대항할 수 있다는 법리는 타당하지 않다는 비판이 있다. 유치권이란 일반적인 공시방법인 등기와는 달리 점유라는 불완전한 공시방법에 의해 성립되기 때문에 이를 제한해야 할 필요성이 큰 측면을 고려하면 압류등기시기보다 뒤에 있는 유치권으로 대항할

---

31 김건호, "부동산 경매절차에서의 유치권", 법학논고 제36집, 경북대학교 법학연구원, 2011, 394면.

32 강민성, "민사집행과 유치권," 사법논집 제36집, 2003, 74면.

33 서울중앙지방법원에서 경매 실무를 하는 동안 유치권이 주장되고 있는 사건 중의 대부분은 공사대금채권에 기한 사건이 많은데 그 피담보채권의 금액은 1,000만 원 이하의 사건은 거의 찾아보기 힘들고 보통 수천만 원에서 수억 원 이상에 이른다(차문호, "유치권의 성립과 경매," 사법논집 제42집, 2006, 각주 176번).

34 이학수, 유치권이 요구하는 점유의 정도, 판례연구 8집, 부산판례연구회, 1998, 103면.

35 福永有利, "不動産上の權利關係の解明と賣却條件", 「民事執行法の基本構造」, 西神田編輯室, 1981, 356頁.

수 있다는 법리는 수긍하기 어렵다는 것이다.[36]

3. 대항력 부정설의 내용과 한계
– 유치권 행사 오·남용 방지 측면을 중심으로

(1) 대항력 부정설의 내용

대항력 부정설은 대법원의 입장으로 이미 압류 효력이 발생한 부동산의 점유를 채무자가 임대차 또는 사용대차 등의 행위를 통해 제3자에게 이전해주는 것은 압류의 처분금지효[37]에 저촉되는 행위라고 한다.[38] 또한 이 견해는 민사집행법 제91조 제5항 규정에 따라 유치권자를 모든 유치권자로 이해하는 것이 아니라 압류채권자 또는 경락인에 대하여 대항할 수 있는 유치권자로 파악한다.[39]

---

36 김상원 외 3인 편집대표,「주석 민사집행법Ⅲ」, 한국사법행정학회, 2004, 340면.

37 처분금지효는 상대적 효력만을 가지고 있다(김기찬/이춘섭, "부동산경매에서 유치권의 한계에 관한 연구", 부동산학연구 제13집 제2호, 2007, 83–86면; 김원수, "압류(가압류)의 효력이 발생한 후에 유치권을 취득한 자가 매수인(경락인)에게 대항할 수 있는지 여부", (부산판례연구회)판례연구 제18집, 2007, 668면).

38 강민성, "민사집행과 유치권," 사법논집 제36집, 2003, 76면; 김기찬/이춘섭, "부동산경매에서 유치권의 한계에 관한 연구", 부동산학연구 제13집 제2호, 2007, 85면; 김원수, "압류(가압류)의 효력이 발생한 후에 유치권을 취득한 자가 매수인(경락인)에게 대항할 수 있는지 여부", (부산판례연구회)판례연구 제18집, 2007, 684면; 東京地裁民事執行実務研究会 ,「不動産執行の理論と実務(改訂上)」, 財団法人 法曹会, 1999, 544頁; 石川明 外 2人 編(佐藤歳二 執筆),「注解民事執行法(上卷)」, 1991, 615頁; 佐藤歳二, "不動産引渡命令", ジュリスト, 876号, 1987, 62頁; 関 武志,「留置権の研究」, 信山社, 2001, 439~440頁; 이와 같은 견해를 취하고 있는 일본 판례는 앞서 살펴본 福岡高等裁判所(후쿠오카 고등재판소) 1973. 4. 25. 결정(判例時報 726号, 60頁)이 있다.

39 강민성, "민사집행과 유치권," 사법논집 제36집, 2003, 76면; 김기찬/이춘섭, "부동산경매에서 유치권의 한계에 관한 연구", 부동산학연구 제13집 제2호, 2007, 85면; 김원수, "압류(가압류)의 효력이 발생한 후에 유치권을 취득한 자가 매수인(경락인)에게 대항할 수 있는지 여부", (부산판례연구회)판례연구 제18집, 2007, 684면

(2) 대항력 부정설에 대한 비판

압류 이후 유치권자의 점유 또는 채권 취득이 압류의 처분금지효에 반하게 되기 때문에 압류채권자에 대하여 대항할 수 없다고 판단하였다는 점에서는 일응 타당하다는 견해가 있다. 다만, 압류에 대해 대항 불가능한 유치권을 주장하는 자가 자기의 점유권원이 매수인에 대해 대항 불가능한 사실을 인식하였거나 과실로 인해 인식하지 못하였던 경우 그러한 점유는 민법 제320조 제2항 규정을 유추 적용할 필요가 있다고 한다. 즉, 원칙적으로 대항력 부정설의 입장을 견지하되 여기서의 점유는 불법행위로 인한 점유이기 때문에 이 유치권은 성립 자체가 인정되지 않는 법리를 취하는 것이 합리적이라는 것이다.[40]

그리고 경매개시결정 기입등기 이후 기입등기 사실을 인지한 채 개시된 점유이전을 불법행위로 판단하면 ⅰ)압류채권자의 집행취소신청이 있는 경우 또는 ⅱ)매각절차가 취소된 경우 처음부터 불법행위였던 점유이전이 이 취소로 인해 적법행위가 되는 것인지 아니면 여전히 불법행위가 되는 것인지에 관하여 합리적으로 풀어내기 어려운 문제가 상존한다는 것이다.[41]

4. 그 외의 학설의 내용과 한계

(1) 제한적 대항력 인정설과 그 비판

제한적 인정설은 압류 이전에 점유가 행해진 경우는 유치권의 대항력을 인정할 수 있으나 압류 이후 점유가 이루어진 경우는 유치권의 대항력

---

40   東京地裁民事執行實務研究会 ,「不動産執行の理論と實務(改訂上)」, 財団法人 法曹会, 1999, 544頁; 石川明 外 2人 編(佐藤歲二 執筆),「注解民事執行法(上卷)」, 1991, 615頁; 佐藤歲二, "不動産引渡命令", ジュリスト, 876号, 1987, 62頁; 関 武志,「留置権の研究」, 信山社, 2001, 439~440頁; 한편, 이 견해에 대하여 압류채권자에 대해 대항할 수 없는 경우 유치권 주장자의 점유가 곧바로 불법행위가 되기 때문에 유치권이 아예 성립조차 할 수 없다는 주장에는 동의하기 어렵다는 비판도 있다(법원행정처, 「법원실무제요」 민사집행「Ⅱ」 부동산집행, 2003, 48면).

41   차문호, "유치권의 성립과 경매," 사법논집 제42집, 2006, 399면.

을 부인해야 한다는 법리이다.[42] 이 견해는 일본 학계로부터 발생한 학설로 압류 후에 유치권의 성립요건을 갖추게 된 자라 할지라도 유치권을 취득함에는 지장이 없으나 유치권자의 점유개시의 시기에 따라 대항력을 제한해야 한다는 것이다. 즉, 압류 이전에 부동산에 대한 점유권원을 가지고 점유했던 자가 압류 이후 피담보채권 취득으로 유치권을 취득한 경우 압류채권자 또는 경락인에 대하여 유치권으로 대항 가능하나 압류 이후 부동산을 점유하면서 유치권을 취득한 유치권자는 압류채권자 또는 경락인에 대하여 대항할 수 없다는 것이다.[43]

이 견해에는 압류 효력이 발생하기 전부터 대항력을 갖추지 않은 임대차 또는 사용대차 등의 제3자에 대하여 대항력 없는 점유권원을 기초로 부동산을 점유하는 자가 압류가 있었다는 사실을 인식한 채 부동산에 대해 필요비나 유익비를 지출하였던 경우에는 문제가 될 수 있다는 비판이 있다. 압류가 있었다는 것을 인식하고 있었음에도 불구하고 유치권자에게 유치권의 성립을 인정해주고 대항력까지 인정해주는 것은 타당하지 않다는 것이다. 경매절차가 개시된 부동산에 대하여 대항력을 갖추지 못한 점유권원을 근거로 점유하는 자가 경매절차가 진행되어 조만간 발생하게 될 수도 있는 점유상실의 결과를 회피할 목적 하에 유치권이라는 제도를 원기능 외적으로 악용할 수 있기 때문에 합리적이지 못하다는 것이다. 따라서 점유자가 압류가 있었다는 사실을 인식하였거나 과실로 인하여 이러한 사정을 인식하지 못한 채 부동산에 대해 필요비나 유익비를 지출한 때에는 민법 제320조 제2항 규정을 유추 적용하여 부동산 경매절차에서의 매수인에 대하여 유치권을 주장할 수 없도록 할 필요가 있다고 한다.[44]

---

42 鈴木忠一/三ケ月章 編輯代表(石丸俊彦 執筆), 「注解 民事執行法(3)」, 253頁; 제한적 인정설에 대하여는, 장요성, 「유치권사건처리실무」, 법률정보센터, 2009, 427면; 김기찬/이춘섭, "부동산경매에서 유치권의 한계에 관한 연구", 부동산학연구 제13집 제2호, 2007, 93면 등 참조.

43 鈴木忠一/三ケ月章 編輯代表(石丸俊彦 執筆), 前の本, 253頁.

44 강민성, "민사집행과 유치권," 사법논집 제36집, 2003, 74면.

(2) 유형구분설(또는 제한설)과 그 비판

유형구분설(또는 제한설, 이하 편의상 유형구분설이라 한다)은 ⅰ) 압류 이전 부동산에 대하여 비용을 지출하고 압류 이후 부동산에 대해 점유를 취득한 유치권을 주장하는 경우(비용지출 → 압류 → 점유취득으로 유치권 주장), ⅱ) 압류 이전에 부동산을 점유하였고 압류 이후 유익비 등을 지출하면서 유치권을 주장하는 경우(점유 → 압류 → 유익비 지출하며 유치권 주장), ⅲ) 압류 이후 부동산에 대한 점유를 시작하였고 그 이후의 비용도 지출하면서 유치권을 주장하는 경우(압류 → 점유 → 비용지출로 유치권 주장) 이 3가지의 형태로 분류하여 논의한다.[45] ⅱ), ⅲ)의 경우는 유치권을 성립시킬 목적으로 채무자의 처분행위가 있지 않았고 압류 후 유치권자가 부동산에 비용을 지출하여 이익이 매각될 때까지 현존하고 있기 때문에 이를 유치권자에게 반환해도 공평의 원칙에 반하지 않는다고 한다. 그러나 ⅰ)의 경우에 있어서는 압류 이전에 비용이 이미 투입되어 있는 상황이었고 목적물의 점유 이전만 있다면 유치권은 취득되는 것이기 때문에 이 점유이전행위는 유치권을 성립시켜주는 처분행위에 해당한다고 판단하여 유치권을 인정하지 않는다.[46]

그러나 유형구분설은 지나치게 기술적이고 기교적인 측면이 있기 때문에 동의하기 힘들다는 비판이 있다. 그리고 3가지 유형에 따라 유치권의 우열의 결과가 달라진다는 법리는 실무상 사안마다 그 복잡성으로 인하여 적용하기에도 난해하다고 한다. 유치권의 법정성립요건인 점유와 채권의 변제기 도래의 시점이 압류 이전이었는지 아니면 압류 이후였는지를 판단하면 충분하다는 것이다.[47]

---

45 김원수, "압류(가압류)의 효력이 발생한 후에 유치권을 취득한 자가 매수인(경락인)에게 대항할 수 있는지 여부", (부산판례연구회)판례연구 제18집, 2007, 666면; 이계정, "체납처분 압류와 유치권의 효력", 서울대학교 법학 제56권 제1호, 서울대학교 법학연구소, 2015, 226면.

46 김원수, "압류(가압류)의 효력이 발생한 후에 유치권을 취득한 자가 매수인(경락인)에게 대항할 수 있는지 여부", (부산판례연구회)판례연구 제18집, 2007, 666면; 이계정, "체납처분 압류와 유치권의 효력", 서울대학교 법학 제56권 제1호, 서울대학교 법학연구소, 2015, 226면.

47 이호행, "유치권이 설정된 부동산의 경매-유치적 효력을 중심으로-", 홍익법학 제

(3) 절충설

절충설 중 제1설로는 불법행위에 따른 유치권의 적용배제조항을 근거로 ⅰ)압류 이후 점유권원이 없는 점유자나 소유자, 또는 압류 이후 자신의 권원이 경매매수인에 대하여 대항할 수 없다는 사실을 알았던 경우 또는 ⅱ)알지 못했던 것에 과실이 존재하는 자가 주장하는 유치권은 일본 민법 제295조 제2항[48]을 유추적용하여 불법으로 점유가 개시된 것으로 판단하자는 것이다. 따라서 위 경우에서의 유치권으로 경매매수인에 대하여 대항할 수 없다는 법리인 것이다.[49]

절충설 중 제2설로는 압류 이후의 점유자가 부동산이 경매물건으로 된 것을 이미 인식한 채로 내장공사 등과 같은 필요비 내지 유익비 비용을 투하하는 행위는 악의의 점유자 내지는 과실이 있는 선의의 점유자의 지출로 평가할 수 있다고 한다. 따라서 일본 민법 제295조 제2항(우리민법은 제320조 제2항) 규정에 따라 이 비용을 피담보채권으로 유치권을 주장할 수 없다는 것이다.[50]

19권 제1호, 홍익대학교 법학연구소, 2018, 247면; 강구욱, "부동산 압류의 처분금지효와 유치권", 한국민사집행법학회 2018년 하계발표회(2018. 6. 16.) 발표논문집, 2018, 26면.

48 第二百九十五条(留置権の内容)
1 他人の物の占有者は、その物に関して生じた債権を有するときは、その債権の弁済を受けるまで、その物を留置することができる。ただし、その債権が弁済期にないときは、この限りでない。
2 前項の規定は、占有が不法行為によって始まった場合には、適用しない。

49 佐藤歳二、ジュリスト 876号、民事執行判例展望、日最高裁判所 昭和51(1976). 6. 17. 同年判例解説 21사건……); 石川明 外 2人 編, 前揭注解民事執行法(上卷), 615頁(廣田民生).

50 石川明 外 2人 編(佐藤歳二 執筆),「注解民事執行法(上卷)」, 857頁; 佐藤歳二, "不動産引渡命令", ジュリスト, 876号, 1987, 62頁; 日最高裁判所 昭和51(1976). 6. 17 判決도 동일한 입장이다. 한편, 이 견해의 입장에 따르면 압류 이후의 점유자가 부동산이 경매물건으로 될 것을 인식한 채 비용을 지출한 경우 이 비용은 고의 또는 과실 있는 선의의 점유자의 지출로 판단하는 취지는 저당권이 설정된 부동산에 비용을 지출한 경우에도 동일하게 준용해야 한다고 주장한다. 비용을 지출한 경우에 관하여는 뒤의 Ⅴ. 압류 이후 유치권자에 대한 대항력 부정설 적용의 예외상황 부분에서 집중적으로 논의한다.

5. 판례(대항력 부정설 등)

압류 이후 유치권의 우열 관련 대법원 판결의 판시내용은 다음과 같다. 부동산에 대하여 압류 효력이 발생한 이후 채무자가 채권자에게 부동산의 점유를 이전해주는 행위를 통하여 유치권을 취득하도록 해준 경우 이와 같은 점유이전행위는 목적물의 교환가치를 감소시킬 수도 있는 처분행위에 해당한다. 이는 민사집행법 제92조 제1항, 그리고 제83조 제4항에 따라 압류의 처분금지효에 저촉되기 때문에 점유자는 이 유치권을 내세워 부동산에 진행되는 경매절차의 매수인에 대하여 대항할 수 없다고 판시[51]한 것이다(대항력 부정설).[52]

대법원 판례가 먼저 대항력 부정설을 채택한 의의가 있다. 대법원 판결(2005다22688)[53]에서는 민사집행법 제91조 제5항 규정에 따라 그동안 전면적 인수주의를 취하여 해석해왔던 통설의 입장과는 달리 압류채권자에 대한 대항할 수 없는 유치권 즉, 압류의 처분금지효에 저촉되는 유치권은 매수인 측으로 인수되지 않고 경매절차에서의 매수인에게 대항할 수 없음을

---

51 대법원 2005. 8. 19. 선고 2005다22688 판결.

52 대법원 2005. 8. 19. 선고 2005다22688판결; 과거 판례는 대항력 긍정설의 입장이었으나 이 판결 이후로 대항력 부정설의 법리가 반영된 판례가 나타나기 시작하였다. 대법원 2017. 2. 8. 선고 2015마2025결정의 법리도 동일 요지의 판시를 내리기도 하였다(강구욱, "부동산 압류의 처분금지효와 유치권의 효력", 법학논고, 경북대학교 법학연구원, 2018, 145면); 본 대법원 판결에서는 경매개시결정등기 이전에 점유를 취득하였지만 압류 효력이 발생한 이후의 피담보채권 즉, 공사대금채권을 취득한 사안에 대하여 판시를 내린 바 있다. 유치권은 목적물과 관련하여 생긴 채권이 변제기에 도달한 경우에 있어서 비로소 성립하게 되고(민법 제320조) 채무자가 소유하고 있는 부동산에 경매개시결정의 기입등기가 완료되어 압류 효력이 발생한 이후 유치권을 취득한 경우에는 부동산 경매절차에서의 매수인에 대하여 대항할 수 없다고 하였다. 한편, 채무자가 소유하고 있는 건물에 대하여 증·개축 등의 공사를 도급받았던 수급인이 경매개시결정의 기입등기가 완료되기 전에 채무자로부터 건물의 점유를 이전받은 사실이 있더라도, 경매개시결정의 기입등기가 완료되어 압류의 효력이 발생한 이후 공사를 완공하면서 공사대금채권을 취득하게 됨으로써 그 시기에 비로소 유치권이 성립한 상황에서의 수급인은 이러한 유치권을 주장하여 경매절차의 매수인에 대하여 대항할 수 없다는 판결도 내린 바 있다(대법원 2011. 10. 13. 선고 2011다55214 판결). 이 판례는 유치권의 대항력을 부인하는 근거로 기존 법리인 압류의 처분금지효 법리를 직접적으로 언급하지 않은 판결임에 의의가 있다.

53 대법원 2005. 8. 19. 선고 2005다22688 판결.

최초로 선언한 판결로서 그 의의가 있는 것이다. 이 법리는 최초로 명시되었다는 점에서 유치권 제도의 운용에 있어 새로운 국면으로 접어들게 만든 판결인 것이다.[54] 이처럼 대법원은 경매를 매매의 일종으로 보아[55] 대법원 판결(2005다22688)[56]에서는 선행하는 압류와 유치권이 충돌하는 경우 유치적인 효력을 부정하는 논거로 압류의 처분금지효를 사용하곤 하였다.[57]

이후 압류의 처분금지효에 반한다는 법리로 유치권의 대항력을 부인하는 해석론이 아닌 다른 법리로 판시한 대법원 전원합의체 판결이 나타나기 시작하였다. 대법원 전원합의체 판결은 전원합의체 다수의견인바, 부동산에 이미 경매절차가 개시되어 경매가 진행되는 상태에서 비로소 부동산에 대한 유치권을 취득한 경우 어떠한 제한도 없이 유치권자가 경매절차의 매수인에 대하여 유치권의 행사를 허용하게 된다면 경매절차에 대한 신뢰가 저하되고 절차적인 안정성 역시도 크게 위협받게 된다고 한다. 또한, 경매목적 부동산을 신속하고 적정한 가격에 환가하려는 노력이 매우 어려워지고 경매절차의 여러 이해관계인에게 불측의 손해를 끼치는 상황이 발생할 수도 있다는 것이다. 이러한 경우까지 압류채권자를 비롯한 여러 다른 이해관계인들의 불측의 손해 등에 희생을 강요하면서 유치권자만을 우선으로 보호하는 것은 집행절차에서의 안정성 측면에서도 수인하기가 매우 어려운 것이라고 한다. 따라서 부동산에 경매개시결정등기가 완료된 이후 비로소 부동산의 점유를 이전받는 경우 또는 피담보채권이 발생하면서 유치권을 취득하게 된 경우 경매절차의 매수인에 대하여 유치권

---

54 이재석, "유치권의 행사를 제한하는 판례이론에 관한 제언", 사법논집 제16집, 법원도서관, 2016, 373면.

55 대법원 1991. 10. 11. 선고 91다21640 판결; 대법원 1993. 5. 25. 선고 92다15574 판결.

56 본 판례의 입장은 압류의 효력이 발생되어진 이후에 채무자가 압류되어진 부동산에 관한 공사대금의 채권자에게 그 부동산의 점유를 이전해주는 행위를 하면서 그로 하여금 유치권을 취득하도록 해준 경우에 대한 판례에 관한 판시내용을 보여주고 있다. 즉, 이 경우에서의 이와 같은 점유의 이전행위는 목적물의 교환가치를 감소시킬 수도 있는 우려가 있는 처분행위에 해당하게 되어 민사집행법 제92조 제1항, 그리고 제83조 제4항 규정에 의하여 압류의 처분금지효에 저촉되기 때문에 점유자 입장에서는 이러한 유치권을 내세워서 해당 부동산에 관하여 진행되고 있는 경매절차의 매수인에 대하여 대항할 수 없다고 판시하였다(대법원 2005. 8. 19. 선고 2005다22688 판결).

57 대법원 2005. 8. 19. 선고 2005다22688 판결.

으로 대항할 수 없다고 판시한 판례인 것이다.[58]

이와 같이 법적 안정성을 중시하는 법리를 근거로 한 판례가 나오면서 유치권의 대항력을 부인하는 근거에 대해 '집행절차에서의 법적 안정성'이라는 추가 법리를 내세우고 있기도 하다.[59]

일본에서는 압류 이후의 유치권 우열 논제와 관련하여 우리처럼 압류채권에 대해서는 압류의 처분금지효에 반하므로 유치권으로 대항할 수 없다는 원칙적 법리를 판시한 최고재판소의 판례는 존재하지 않는다. 다만, 채무자의 점유이전이 압류에 의해 금지되는 처분행위에 해당한다는 법리

---

58 대법원 2014. 3. 20. 선고 2009다60336 전원합의체 판결; 이 판결은 부동산 경매절차에서 법적 안정성을 중시한 판단으로 매각절차인 경매절차가 개시된 이후 유치권을 취득한 경우 유치권은 경매절차의 매수인에 대하여 그 대항력이 인정되지 않는다고 판단한 것이다. 부동산에 대하여 저당권이 설정되었거나 가압류등기가 완료된 이후 유치권을 취득한 사정이 발생해도 경매개시결정등기가 완료되기 이전에 유치권을 취득한 경우라면 경매절차에서의 매수인에 대하여 유치권으로 대항할 수 있기 때문에 그 대항력을 인정할 수 있음을 보여주기도 하였다(대법원 2014. 3. 20. 선고 2009다60336 전원합의체 판결에서 주로 다수의견의 내용이다. 이 판례와 관련하여 참조하여야 하는 판례로는 대법원 2009. 1. 15. 선고 2008다70763 판결; 대법원 2011. 11. 24. 선고 2009다19246 판결 등이 있다).

59 대법원 2014. 3. 20. 선고 2009다60336 전원합의체 판결에서, 신영철, 민일영, 박보영 대법관의 반대의견도 살펴볼 필요가 있다. 반대의견의 주요 주장은 경매절차에서 압류 효력이 발생한 이후 유치권을 취득하게 된 것이 압류의 처분금지효에 저촉되는 논리와 마찬가지로 체납처분압류 이후에 유치권을 취득하게 되는 것도 체납처분압류의 처분금지효에 저촉되는 것으로 보아야 이론적인 모순이 없게 된다는 것이다. 반대의견은 부동산에 경매개시결정의 등기가 완료되어 압류의 효력이 발생한 이후 채무자로부터 제3자가 점유를 이전받게 되면서 유치권을 취득하게 된 경우 그 점유이전은 해당 목적물의 교환가치를 감소시킬 수도 있는 우려가 있는 처분행위에 해당하게 된다. 이에, 민사집행법 제92조 제1항 규정, 그리고 제83조 제4항 규정에 의거한 압류의 처분금지효에 저촉되기 때문에 점유자는 그 유치권을 주장하여 경매절차의 매수인에 대해 대항 불가능하다는 것이 대법원의 확립된 판례라고 강조한다. 이와 더불어 다수의견의 주장도 비판하였는데 다수의견은 이 논리와는 달리 압류의 처분금지효 저촉문제는 비껴가고 그 대신 '집행절차상의 법적 안정성' 또는 '경매절차에 대한 신뢰'라는 해석론을 전면에 부각시키면서, 동시에 체납처분압류로부터 경매절차가 개시되는 것이 아니므로, 경매절차가 개시되기 이전에 유치권을 취득하게 된 상황인 이상 그러한 취득 당시 이미 부동산에 체납처분압류가 되어 있었다 하더라도 '집행절차의 법적 안정성' 또는 '경매절차에 대한 신뢰'를 해치는 것이 아니므로 경매절차의 매수인에 대하여 유치권을 행사하는 것은 아무런 지장이 없다는 식으로 결론을 내린 논리를 비판하고 있다.

는 일본에서는 자명한 것으로 받아들여지고 있기 때문에[60] 최고재판소에서 굳이 이 원칙적 법리의 판례를 판시하지 않은 측면이 있다고도 한다.[61]

한편, 최고재판소에서는 우리의 우열 관계적 판단이 아닌 실체법적 판단을 근거로 대항력 부정설 법리를 보여주고 있음을 유의해야 한다. 그리고 하급심 판결에서도 이와 관련한 여러 법리를 제시하고 있다.

먼저 일본 최고재판소에서는 일본 민법 제295조 제2항에 따라 '점유가 불법행위에 의해 개시된 경우'에 규정 내용의 의미를 확장 해석하여 점유 개시 당시에는 유치권자가 점유할 권리가 있었지만 부동산에 대하여 비용을 지출한 당시에는 점유권원이 있지 않은 사실이 있거나 점유할 권한이 존재하지 않음을 인지하거나 이 사실을 과실로 몰랐던 경우까지 위 조항을 적용하여 유치권의 성립을 부정하는 판단을 한 것이다(실체법적인 판단).[62] 그런데 압류 이후 성립된 유치권으로는 경매매수인에 대하여 대항할 수 없다는 입장을 취하면서 점유할 권한을 가지고 있는 상태에서 점유 부동산에 유익비를 지출한 사정이 있더라도 추후에 이 점유권한이 소급적으로 소멸된 사정이 발생하였고 비용을 지출한 당시에 이러한 소멸 가능성을 인지하였거나 몰랐다 하더라도 소멸될 가능성을 의심하지 않은 측면에 있어서 과실이 존재하는 경우에도 목적물 점유자의 유치권 행사는 불허된다는 판례도 있다.[63]

일본의 하급심 판례에서는 압류 효력이 이미 발생한 이후 이 점유를 가지고 있는 항고인이 해당 사건 건물의 점유권한을 가지고 경락인에 대해 대항 불가능하다는 것을 인지하고 있는 악의의 점유자이거나 이와 같은 악의의 점유자로는 볼 수는 없다고 하더라도 최소한 알지 못한 것에 과실이 존재하는 점유자는 과실이 있는 선의의 점유자로 판단한 판례가 있다.[64] 그러므로 일본 민법 제295조 제2항의 내용을 유추 적용하여 이 경우

---

60 강민성, "민사집행과 유치권," 사법논집 제36집, 2003, 75면.

61 강구욱, "부동산 압류의 처분금지효와 유치권의 효력", 법학논고, 경북대학교 법학연구원, 2018, 145면.

62 日本 大審院(최고재판소의 구 명칭) 昭和13(1938) 4. 16. 判決(判決全集 5輯 9号, 9頁); 日最高裁判所 昭和49(1974) 9. 20. 判決(金融法務事情 734号, 27頁).

63 日最高裁判所 昭和 51(1976) 6. 17. 判決(判決全集 30輯 6号, 616頁).

64 福岡高等裁判所 1973. 4. 25. 결정(判例時報 726号, 60頁).

에서는 유치권을 행사하는 것이 불가능하여 그 대항력을 인정해줄 수 없다고 판시하였다.[65]

한편, 앞선 판례들과는 다른 법리를 제시한 판례도 있다. 압류 이전에 점유를 하던 자가 압류 전후에 걸쳐서 자신의 비용을 지출한 경우 유치권은 성립하고 그 대항력도 인정해준 판시가 있는 것이다.[66] 또한, 이 판례는 행위가 경매절차개시결정에 따른 압류 효력이 발생한 이후 행해졌다 하더라도 이 압류는 압류 이후의 처분행위를 금지하게 되고 경매매수인에 대해 대항 불가능한 효력을 가지는 것에 그치게 된다고 보았다. 그리고 이미 정당하게 행위를 지속해서 하던 중 압류 효력이 발생한 경우나 압류 이후의 행위가 불법행위로 여겨지는 것이 아니고 그 비용에서는 유치권이 성립한다는 법리를 보여주기도 하였다.[67]

6. 검토

압류 이후 유치권의 우열 논제에 관하여 국내와 일본의 학설 및 판례를 검토하였다. 먼저 대항력 긍정설에서 유치권의 피담보채권이 대부분 공익성·소액성의 특성이 있으므로 압류채권보다 보호해야 한다는 법리는 찬동하기 어렵다. 오늘날 유치권의 피담보채권의 보전은 그 필요성은 인정되나 압류채권자를 배제하면서까지 보호해야 할 정도로 그 공익성이 강하다고 판단하기는 쉽지 않기 때문이다.[68] 무엇보다 최근 실무에서 주장하는 유치권의 공사대금채권은 소액보다는 매우 높은 액수인 경우도 많고 또한

---

65 福岡高等裁判所 1973. 4. 25. 결정(判例時報 726号, 60頁).

66 福岡高等裁判所 1955. 11. 5. 결정(下民集 8卷 8号, 579頁).

67 福岡高等裁判所 1955. 11. 5. 결정(下民集 8卷 8号, 579頁); 이 판결에 따라 압류 이후 부동산에 대해 비용을 지출한 경우 부동산 경매절차의 매수인에 대하여 유치권으로 주장하며 대항할 수 있다고 판시한 해석론이 일반론이라고 판단한 견해도 있다(淸水元, 前の本, 一粒社, 1995, 113~114頁). 그러나 위 판례의 사안은 압류 전후에 걸쳐 비용을 지출한 행위가 행해져서 압류채권자가 유치권의 부담에 대해 예측이 가능할 수 있었다는 특수사정이 존재하였던 것이기 때문에 이 판례의 해석론을 일반론으로 확대하는 것은 신중한 검토를 요한다는 견해도 있다(강민성, "민사집행과 유치권," 사법논집 제36집, 2003, 78면).

68 강민성, "민사집행과 유치권," 사법논집 제36집, 2003, 74면.

그 금액의 많고 적음에 따라 유치권을 인정할 것인지의 여부를 판단하는 것도 불합리하다.[69] 그리고 유형구분설은 지나치게 기술적이고 기교적이므로 동의하기 어렵다.[70]

대항력 부정설은 어느 시기를 묻지 않고 성립한 유치권자보다 압류채권을 우선한다는 점에서 부동산 경매절차에서 여러 이해당사자들의 법적 안정성을 중시한 법리를 보여주고 있다.[71] 따라서 부동산에 대해 압류 효력이 발생한 이후 유치권 주장자의 점유 또는 채권의 취득은 압류의 처분금지효에 반하기 때문에 압류채권자에 대하여 유치권으로 대항할 수 없다는 대항력 부정설이 법적 안정성의 측면도 담보하고 있고 오늘날 유치권 행사의 오·남용의 제한에 중점을 두고 있는 현 실정에도 부합하므로 조금 더 합리적이다.[72] 따라서 이하에서의 논의는 대법원 판례법리인 대항력 부정설을 중심으로 검토하고자 한다.

Ⅲ. 압류 이후 유치권의 우열 논제에 있어서 판결 법리의 재구성

본고에서는 대항력 부정설을 중심으로 논제들을 검토할 것인바, 대항력 부정설 법리 중 세부 법리 간 관계에 관하여 먼저 검토가 필요하다. 이들 세부 법리 간 관계에 관하여 다소 문제 제기를 하는 견해도 있는바, 이 부분에 관한 검토는 검토 기준인 대항력 부정설 법리 하에서 세부 법리 간

---

69 서울중앙지방법원에서 경매실무를 하는 동안 유치권이 주장되고 있는 사건 중의 대부분은 공사대금채권에 기한 사건이 많은데 그 피담보채권의 금액은 1,000만 원 이하의 사건은 거의 찾아보기 힘들고 보통 수천만 원에서 수억 원 이상에 이른다(차문호, "유치권의 성립과 경매," 사법논집 제42집, 2006, 각주 176번).

70 이호행, "유치권이 설정된 부동산의 경매-유치적 효력을 중심으로-", 홍익법학 제19권 제1호, 홍익대학교 법학연구소, 2018, 247면; 강구욱, "부동산 압류의 처분금지효와 유치권", 한국민사집행법학회 2018년 하계발표회(2018. 6. 16.) 발표논문집, 2018, 26면.

71 대법원 2005. 8. 19. 선고 2005다22688 판결 등 참조.

72 김건호, "부동산 경매절차에서의 유치권", 법학논고 제36집, 경북대학교 법학연구원, 2011, 396면; 이상태, "유치권에 관한 연구-대항력제한을 중심으로-(대법원 2009. 1. 15. 선고 2008다70763 판결)", 토지법학 제26-1호, 2010, 97면.

검토 부재의 측면을 상쇄하고자 함이다. 이는 본고의 주요 논제를 대항력 부정설로 검토할 경우 발생할 수 있는 법리 간 관계에서의 논의 부재를 선점적으로 해소할 목적도 있는 것이다. 주요 검토 사항으로는 대항력 부정설 법리 하에서 ⅰ) 판례의 근거 법리로써의 처분금지효와 법적 안정성 간 관계, ⅱ) 압류 이후 유치권 법리와 매수인에 대한 유치권 법리 간 관계, ⅲ) 압류 이후 유치권 법리와 압류 이후 비용 지출한 유치권 법리 간 관계이다. 이 논제에 관한 연구는 현재 거의 활성화되지 않았으므로 그 연구의 의의가 있다. 한편, 대항력 부정설에서의 위 논제를 검토함에 앞서 판례가 본 법리를 채택한 의의를 우선적으로 검토하면서 진행한다.

1. 판례의 근거 법리로써 처분금지효와 법적 안정성 간의 관계 법리의 재구성

(1) 양자 법리 간 관계에 관한 문제 제기

압류 이후 유치권의 우열 논제를 검토하면서 이와 관련하여 압류의 처분금지효 저촉 여부에 따른 유치권의 대항 가능 여부 법리(이하 '전자 법리'라 하며 대법원 판결(2005다22688) 법리 또는 대항력 부정설로 대별된다)와 집행(경매)절차의 법적 안정성 법리(이하 '후자 법리'라 하며 2014년 대법원 판결 법리로 대별된다) 간 관계에 대하여 검토가 요구된다. 이 관계에 있어 전자 법리는 후자 법리로 대체·폐기되어 양자 법리는 서로 아예 절연된 것으로 주장하는 견해가 있을 수 있기 때문이다. 양자 법리가 진정 절연의 관점으로 바라보아야 하는지의 여부는 본고에서의 논제를 검토하는 도구인 대항력 부정설 법리의 확장 여부와도 관련이 있으므로 논의가 필요하다. 이에 관하여는 아래에서 구체적으로 검토한다. 본 양자 법리의 관계에 관하여는 연구가 매우 부족하므로 연구의 시발점으로써의 검토 의의도 있다.

(2) 양자 법리 간 연관성에 관한 비판

양자 법리 간 관계에 관하여는 그 연관성이 매우 미흡하다는 비판이 있을 수 있다. 양자 법리의 관계를 파악함에 있어 전자 법리는 후자 법리로 완전히 대체되었고 양자는 완전히 절연되었다고 판단하는 것이 간단하고 또 명료하다는 것이다. 즉, 전자 법리와 후자 법리 양자 법리는 법리적, 논리적으로 아예 절연된 것으로 판단하는 것이 타당하다는 것이다.

(3) 연관성 비판론 검토

전자 판결의 법리가 후자 판결의 법리로 대체, 폐기되었다는 판단 즉, 양자 법리 간 연관성이 미흡하다는 비판에 일응 큰 틀에 있어서 기본적으로 또 원칙적으로 동의하고 찬동한다. 다만, 다음과 같은 점들은 양자 법리의 관계를 검토함에 있어 참고할 필요가 있다. 양자의 법리는 아예 절연된 것으로 판단하기에는 위험 소지가 있으며 이는 다소 검토가 요구된다.[73]

일단 전자 법리로 대별 되는 판결 법리(2005다22688)[74]인 대항력 부정설에서의 압류의 처분금지효 법리가 후자 법리로 대별되는 2014년 판결(2009다60336)에서의 집행(경매)절차의 법적 안정성 법리[75]와 큰 축에서 살펴볼 경우 아예 절연이라기보다는 연관성 즉, 양립 가능할 수도 있는 측면을 검토할 필요가 있다.

첫째, 전자 법리는 사실상 후자 법리로 대체, 폐기되었다는 견해는 그 핵심 근거로 후자 법리는 전자의 판결 법리를 변경한다는 전원합의체 판결임을 제시하고 있다. 그러나 본 양자 법리 간 관계는 동일 사건에 관하여 이전의 판결 법리를 변경한다는 전원합의체 판결과는 관련이 없음을 검토할 필요가 있다. 대법원의 심판권은 전원합의체와 대법관 3인 이상으로 구성되는 부에서 행사하게 된다. 부에서는 구성원인 대법관 전원의 의견일치에 의하여 재판을 하고 전원합의체에서는 출석 과반수 의견에 의해 재판한다. 부에서 의견이 일치되지 않는 경우에 또는 다음과 같은 사유에 해당하는 때에는 전원합의체에서 재판하게 된다. ⅰ) 명령·규칙이 헌

---

73 따라서 서론에서도 본 여러 논제들을 대항력 부정설(전자 법리)의 입장에서 검토하고 또 여러 사항에 있어서는 법적 안정성(후자 법리)의 측면에서도 검토한다고 설시한 것이다. 전자 판결 법리와 후자 판결 법리는 처분금지효의 '발생 시점 내지 단계'의 면에서 볼 경우 동일하다고 판단할 수 있기 때문이다.

74 대법원 2005. 8. 19. 선고 2005다22688 판결.

75 대법원 2014. 3. 20. 선고 2009다60336 전원합의체 판결.

법이나 법률이 위반됨이 인정되는 경우, ⅱ) 종전 대법원에서 판시하였던 헌법·법률·명령이나 규칙의 해석 적용에 관한 견해를 변경할 필요가 인정되는 경우, ⅲ) 부에서 재판하는 것이 적당하지 않다고 인정되는 경우이다. 이 중 두 번째를 근거로 전원합의체 판결 법리인 '집행(경매)절차의 법적 안정성' 법리가 전자 법리인 '압류의 처분금지효' 법리를 대체하였다고 주장하는 것이다. 그러나 이 전원합의체 판결은 위 두 번째 사유로 판시한 판결이 아니다. 전자 법리인 대법원판결(2005다22688)에서의 사건 내용과 후자 법리인 대법원 전원합의체 판결(2009다60336)에서의 사건 내용은 전혀 다르다.

즉, 전자 법리인 대법원판결(2005다22688)에서는 압류 이후의 유치권의 우열에 관하여 압류의 처분금지효 법리 저촉 여부에 따른 유치권자의 대항 여부가 주요 핵심 쟁점인 것이다.[76] 그런데 후자 법리인 대법원 전원합의체 판결(2009다60336)에서는 압류가 아닌 체납처분압류 이후 유치권의 우열 여부에 관한 쟁점에 관하여 판시하였다.[77] 전자 법리도 압류의 효력이 유치권과의 우열을 다루고 있고 후자 법리도 체납처분압류를 다루고 있으니 동일한 압류로 판단하여 판례변경을 위한 전원합의체 판결로 판단한 듯하다.[78]

그런데 엄연히 압류와 체납처분압류는 동일한 영역으로 판단하기에는 다소 어려움이 있다. 압류의 주체는 집행관, 집행법원이고 그 근거 법도 민사집행법이나 체납처분압류의 주체는 집행관 또는 집행법원이 아니라 국세청이며 근거 법도 국세징수법으로 양자의 영역을 동일하게 파악할 수 없는 것이다. 따라서 전자 법리와 후자 법리가 그 동일한 사건을 다루었다는 근거를 토대로 전자 법리가 후자 법리인 전원합의체 판결로 완전히 대체, 폐기되었다는 견해는 검토가 요구된다.

둘째, 본 사유로 전원합의체 판결이 판시되는 경우라면 본 전원합의체

---

76 대법원 2005. 8. 19. 선고 2005다22688 판결.

77 대법원 2014. 3. 20. 선고 2009다60336 전원합의체 판결.

78 실제로 양자 판결을 동일 선에서 연구를 진행한 경우도 종종 있는바, 이러한 연구는 양자 법리의 관계를 절연의 관점이 아니라 다소 연관성의 입장에서 검토한 연구가 대다수이다.

판결에서 여러 가지 사유로 동일 사건에 대하여 판결 법리를 변경한다는 등의 문장을 판시하곤 한다. 그런데 후자 법리인 대법원 전원합의체 판결(2009다60336)에서는 이와 같은 판시내용도 전혀 찾아볼 수 없다. 따라서 전자 법리가 후자 법리로 완전히 대체 폐기되어 아예 절연되었다는 주장의 핵심 근거는 존재하지 않는 점을 검토할 필요가 있는 것이다.

셋째, 압류에 대해서 유치권으로 대항할 수 없다는 큰 기조의 측면에서 양자의 판결은 축을 같이 하는 점을 유념할 필요가 있다. 전자의 판결 법리와 후자의 판결 법리는 이 압류에 대해 유치권으로 대항할 수 없다는 결론의 근거 법리의 측면에서 차이가 있는 것이지 결론의 측면에서는 동일 법리로 판단할 수 있기 때문이다.

넷째, 전자 판결 법리와 후자 판결 법리는 결론의 측면에 있어서는 압류에 대하여 유치권으로 대항할 수 없다는 동일 법리임을 알 수 있는바, 여기서 전자의 판결 법리 역시도 유치권자보다 앞서 있던 압류채권자가 기대하는 교환가치에 대한 신뢰 보호를 목적으로 하는 법적 안정성의 가치가 내포되어 있는 것이다. 전자 법리와 후자 법리는 큰 축에서 검토할 경우 법적 안정성 법리를 내포하고 있는 것이다. 따라서 이 기조에서 양자 법리 간 연관성을 추론할 수 있다.

이에 따라 서론에서도 전자 판결 법리인 대항력 부정설을 중심으로 논제들을 검토하되 추가 핵심가치 기준으로 후자 판결 법리에 해당하는 '경매절차의 법적 안정성'을 중심으로도 검토함을 설시한 것이다.

다섯째, 전자 법리에서 결론의 근거로써의 판결 법리의 경우 대체, 폐기되었다는 후자 법리의 판결에서도 구체적으로 살펴볼 경우 그 전자 법리를 찾아볼 수 있다는 점이다. 즉, 후자 법리 판결을 구체적으로 검토할 경우 ⅰ) 부동산에 대하여 경매개시결정등기가 완료된 후에 비로소 부동산의 점유를 이전받은 경우(이 사례에서는 전자 법리로 대별되는 압류의 처분금지효 법리가 당연히 내포된 것임) 압류에 대하여 이 유치권으로 대항할 수 없다는 법리(법적 안정성의 측면), 그리고 ⅱ) 피담보채권이 발생하게 되어 유치권을 취득하게 된 경우 유치권자는 경매절차의 매수인에 대하여 대항할 수 없다는 판결 법리(압류의 처분금지효 법리와 법적 안정성 법리가 혼합된 형태) 등의 전자 법리를 찾아볼 수 있는 것이다. 따라서 후자 판결에서도 전자 법리를 찾아볼 수 있다는 점에서 전자 법리는 후자 법리와 완전 절연된 것으로 판단하는 것은 위험의 소지가 있다.

여섯째, 전자 법리의 경우 우리 유치권 법제와 매우 유사한 일본에서는 너무나 당연하게 자명한 것으로 받아들여지고 있는 점[79]을 검토할 필요가 있다. 전자 법리와 후자 법리를 절연의 관점으로 보기에는 전자 법리가 일본에서 자명하게 판단되고 있고 우리 유치권 법제에서도 각종 교과서, 연구논문, 보고서 등에서 활발히 논의가 개진된 측면을 검토할 경우 단순히 전자 법리를 경시하는 듯한 절연의 관점은 검토가 요구되는 것이다.

일곱째, 전자 법리로 대별되는 압류의 처분금지효 법리는 민사집행법 제92조 제1항, 제83조 제4항에 의해 인정될 수 있는 법리이므로 규정들의 해석을 통해 현재도 도출될 수 있는 전자 법리가 완전히 무시되고 후자 법리로 대체되었다는 견해는 역시 검토가 필요하다.

이에 따라 전자 법리를 아예 무시하는 판단은 다소 검토가 요구된다.[80]

---

79 강민성, "민사집행과 유치권," 사법논집 제36집, 2003, 51쪽; 오시영, "유치권 관련 민법개정안에 대한 검토", 강원대학교 비교법학연구소, 2013, 120쪽; 차문호, "유치권의 성립과 경매," 사법논집 제42집, 2006, 75면.

80 한편, 후자 판결 법리에서의 '경매절차에서의 법적 안정성 보장' 법리는 정책적 결단이라는 측면이 있으므로 유치권을 부정할 수 있는 확실한 법적 근거(예를 들어, 불법행위에 의한 점유를 통한 유치권 주장 등)가 미흡하다. 즉, 후자 판결 법리에서의 '경매절차에서의 법적 안정성 보장' 법리는 법 규정을 합당하게 해석하기 위할 목적으로 이념적 지표 정도는 될 수는 있다 하여도 특정 법해석에 관한 구체적 법적 근거로 되기에는 미흡한 것이다. 이 법리에서 정책적 고려 또는 판단이라는 것은 법해석론의 범위를 벗어나는 것이고 법원은 존재하고 있는 법을 해석하고 적용하는 기관이지 국회와 같이 정책 · 입법기관이 아니며 법해석학도 역시 정책학 또는 입법학이 아니므로 법해석의 영역에 있어서는 이와 같은 정책적 결단 법리는 검토가 필요하다. 그러함에도 유치권이 사회적 문제화되는 것을 막기 위할 목적으로 이 법리를 개진한 측면은 일응 타당한 측면도 상당하다고 판단된다. 후자 법리의 이러한 양면성 중 비판점을 상쇄할 수 있는 법리에 관하여 지속적인 연구가 필요하다.

2. 압류 이후 유치권 법리와 매수인에 대한 유치권 법리 간 관계 법리의 재구성

(1) 양자 법리 간 관계에 대한 문제 제기

본고의 여러 논제들을 검토할 핵심 법리는 대항력 부정설이라 할 수 있고 대법원 판결(2005다22688) 법리로도 대별 된다.[81] 즉, 압류 이후 성립한 유치권은 압류에 대항할 수 없으며 이 유치권을 근거로 매수인에 대해서도 대항할 수 없다는 법리이다.

그런데 이 핵심 법리 중 압류채권자와 유치권자 간 우열에 관한 법리 및 논의(이하 '전자 법리'라 한다. 위 1번에서의 전자 법리와는 그 범위가 다름을 유의[82])와 유치권자와 매수인 간 우열에 관한 법리 및 논의(이하 '후자 법리'라 한다.)와의 관계에 관하여 검토가 요구된다. 양자 법리 간 관계에 대하여 법리가 부족하여 그 해소가 필요하다는 견해도 있을 수 있기 때문이다. 아래에서는 이와 같은 문제의식을 토대로 양자 법리의 관계 내지 연관성 법리에 관하여 구체적으로 검토한다. 이 논의는 기존에 거의 활성화되지 못하였고 대법원 판례법리 부재의 측면을 검토함을 통해 판례법리 부재 문제를 상쇄할 수 있는 법리를 검토할 수도 있다는 점에서 그 연구의 의의가 있다.

(2) 양자 법리 간 연관성에 대한 비판

전자 법리와 후자 법리의 관계는 정책적 결단의 문제이지 직접적으로는 서로 관련이 없다는 비판이 있을 수 있다. 즉, 압류 이후에 성립한 유치권으로 압류에 대하여 대항할 수 없다는 법리(전자 법리)와 이 유치권으로 매수인에 대하여 대항할 수 없다는 법리(후자 법리)는 서로 자연스럽게 연결되는 것이 아니라는 것이다. 이 지점을 통해 대항력 부정설을 제시하는 대법원 판결(2005다22688) 법리는 그 양자 법리의 연결 법리가 부재하다는 비판도 제기될 수 있다. 양자 법리는 서로 연관성을 추론할 수 있는 법리의 부재로도 판단될 수 있는 여지가 있다는 것이므로 이 논제에 관한 연구는 논

---

81 대법원 2005. 8. 19. 선고 2005다22688 판결.

82 아래 (3) 연관성 비판론 검토 부분 참조.

제 관련 양자의 판례법리 간 관계 및 연관성을 검토하게 되는 것이다.

(3) 연관성 비판론 검토

1) 연관성 검토를 위한 정리

일단 이러한 비판적 견해에 대해 일응 동조하는 부분도 있다. 전자 법리 및 논의가 후자 법리 및 논의로의 자연스러운 선결문제로 판단하는 것은 아직 연구가 많이 활성화되지 않아 이와 같이 판단하는 것은 다소 우려가 있을 수도 있다.

전자 법리 및 논의와 후자 법리 및 논의 간 관계에 관해 검토함에 앞서 먼저 전자의 법리에 관하여 정리가 필요한 것으로 판단된다. 양자 법리는 서로 연관성의 부재가 있다며 비판하는 견해는 전자의 법리를 압류의 처분금지효 법리만을 의미한다고 파악한 것으로 판단된다. 그런데 본고에 있어서의 전자의 범위는 압류 이후 성립한 유치권으로 압류에 대하여 대항할 수 없다는 법리인바, 이는 ⅰ) 압류의 처분금지효 법리를 기본적으로 포함하고, 1번에서도 검토한 바와 같이 ⅱ) 이미 압류의 효력이 발생한 후에 성립한 유치권의 우열 논제 상황에서 압류채권자가 목적물에 대하여 기대하는 교환가치의 측면을 고려할 경우 신뢰보호의 차원에서의 법적 안정성 법리까지도 포함하는 것이며 ⅲ) 지속적인 대법원 판례법리인 압류에 대하여 유치권으로 대항할 수 없는 경우(전자 법리) 이 유치권으로 매수인에 대하여 대항할 수 없다(후자 법리)는 양자가 함께 가는 법리도 포섭하는 것임을 의미한다.[83] 이와 같은 정리를 토대로 아래에서 양자 법리 간 관계를 검토한다.

2) 양자 법리 간 절연의 관점에 관한 우려

전자 법리와 후자 법리 간 관계는 서로 연결점의 근거가 없이 정책적 판단임을 주장하면서 전자 법리와 후자 법리 간의 관계를 아예 절연의 관

83　따라서, 2005년 판결인 대항력 부정설 법리를 중심으로 논제를 검토하되 앞서 있는 압류채권자의 신뢰 보호의 측면을 검토할 경우 '법적 안정성' 법리의 측면에서도 검토하고자 함은 이미 서론과 위 1번 논의에서 설시한 바가 있는 것이다.

점에서 파악해야 한다는 비판이 제기될 수 있다. 그런데 이 견해는 다소 검토가 필요하다.

어찌 보면 양자가 함께 가는 혹은 연결되어 있는 법리로 판단할 수 있는 측면을 검토할 필요가 있는 것이다. 이는 압류에 대하여 유치권으로 대항할 수 없는 경우(전자 법리) 이 유치권의 효력(대항력)은 제한되기 때문에 (통설 및 다수 판례) 이 유치권으로 후자 법리인 매수인에 대하여 대항할 수 없다는 법리(후자 법리)로 판단될 수 있을 것이다. 즉, 이 양자가 함께 가는 법리는 대법원 판례법리가 지속적으로 판시하고 있는 법리이므로 이러한 측면을 파악하는 것이 조금 더 합리적일 것이다. 전자와 후자가 같이 가는 혹은 연결되어 있는 법리는 '압류가 있는 경우 (채무자의 점유이전 등으로 인하여 성립한) 유치권으로 대항할 수 없는 경우(전자 법리) 이와 같은 유치권으로 경매절차상 매수인을 대상으로 대항할 수 없다[84](후자 법리)'는 법리로 볼 수 있다. 즉, 양자 법리의 관계를 절연의 관점으로는 판단하지는 않는 것을 의미한다.

이 법리를 검토할 경우 ⅰ) 대법원 판례가 이 법리를 명시적으로 반복하여 선언하고 있어 정착이 되었다는 평가가 많은 점, ⅱ) 상당수의 학계로부터도 지지를 받고 있는 점, ⅲ) 과거의 판례법리로부터 대체, 폐기되었다는 즉, 양자 법리가 서로 절연되었다고 제시하곤 하는 2014년 전원합의체 판례의 법리에서조차도 역시 구체적으로 살펴볼 경우(다수의견뿐만 아니라 소수의견에서도), 위 법리를 동일하게 설시하고 있는 점, ⅳ) 이러한 대법원 법리를 토대로 이미 많은 연구와 논의가 개진되어 유치권 행사를 제한하기 위한 합리적 법리로서 판단되고 있는 상황에서 그 동안 정립된 압류 이후 유치권의 우열 논제와 관련된 선행연구 및 선행판결의 전제 법리를 아예 부정할 수도 있는 우려가 있는 점, ⅴ) 현재까지도 실무 법리(대항력 부정설의 입장에서 양자가 함께 가는 법리를 설시한 최근 대법원 판결로도 판시[85]되고 있는 점)로 판시되고 있는 점, ⅵ) 양자 법리가 절연되었으므로 그 양자 법리 간 연결고리는 '정책적 결단'에 불과하다는 견해를 검토할 경우 그 정

---

84 따라서 매수인은 그러한 유치권으로 담보하는 피담보채권을 변제할 책임이 없다는 추가 법리가 도출된다.

85 대법원 2017. 2. 7. 선고 2015마2025 결정 등

책적 결단이라는 법리가 가지는 추상성 및 모호성, 그리고 명확한 법적 근거가 없는 한계가 있다는 점, vii) 전자 법리의 상황에서 후자 법리의 상황으로 이어지는 연결고리를 전자 법리에 후자 법리를 단순히 연계하여 입론하였다고 이해하게 될 경우 그렇다면 대법원 법리는 법리적 근거가 전혀 없고 진정으로 양자 법리를 단순하게 연계한 것에 지나지 않는다는 오해를 불러일으킬 수 있는 소지가 있는바, 이러한 이해는 대법원 판결을 축소하여 이해할 수 있는 점 등을 근거로 볼 때, 이와 같은 대법원 판례의 큰 축인 양자가 함께 가는 혹은 연결되어 있는 법리를 아예 무시할 수는 없는 것으로 판단된다. 또한 양자 법리는 서로 완전 절연되었다는 견해 역시 법리 검토상 다소 위험의 소지도 있을 것으로 판단된다.[86]

3. 압류 이후 유치권 법리와 압류 이후 비용 지출한 유치권 법리 간 관계 법리의 재구성

(1) 양자 법리 간 관계에 관한 문제 제기

압류 이후 유치권이 성립한 경우 그 유치권으로 압류에 대하여 대항할 수 있는지의 논의(이하 '전자 법리'라 한다)와 비용을 지출한 경우 압류에 대한 유치권의 대항 여부(이하 '후자 법리'라 한다. 앞서 논의에서의 후자 법리와는 다름을 유의) 간 관계에 관하여도 검토가 요구된다. 양자 법리 간 관계를 어떠한 연관성의 관점에서 검토할 수 있는지의 견해가 있을 수 있기 때문이다. 이 양자 법리의 관계에 관하여는 연구가 많이 활성화되지 못하였으므로 연구에 의의가 있다. 또한 양자 법리에 대한 법리구성을 통해 아래 압류 이후 유치권 논제에서의 각론적 검토(IV와 V)를 함에 있어 그 기준으로 작용하는 대법원 판례법리의 법리 부재의 해소를 확보할 수도 있으므로 검토가 요구된다.

---

86 이와 유사한 견해로 소멸론도 개진되고 있다. 한편, 소멸론에 관한 검토에 관하여는 졸고, "건물에 관한 상사유치권의 우열상 제문제" 법학연구 제61집, 전북대학교 법학연구소, 2019, 337-378면 참조.

(2) 양자 법리 간 관계 검토

양자 법리의 관계에 관하여는 다음 3가지로 검토할 수 있을 것이다.

첫째, 압류 이후 성립한 유치권의 우열은 대항할 수 없는 것으로 판단하는 전자 법리를 원칙으로 하되, 유치권자가 비용을 지출한 경우에 있어 그 비용 지출로 인해 목적물 가치가 증가한 것이 객관적으로 명백한 경우[87]에는 그러한 비용을 근거로 매수인에 대하여 유치권자의 모든 피담보채권액에 대항할 수 있도록 하자는 것이 아니라 그 비용 부분에 한정하여 유치권자의 대항을 인정해줄 수 있다는 예외 법리로 판단할 수 있다. 즉, 전자 법리를 원칙으로 하되, 후자 법리를 원칙에 대한 예외 법리로 양자 법리 간 관계를 판단할 수 있을 것이다.

이 법리는 유치권 개정안의 입장[88]이기도 하여 유치권 입법 측면상 상존하는 문제를 상쇄시키고자 하는 의지와도 일맥상통하다. 유치권자가 목적물에 대하여 비용을 지출한 경우 감정평가 등의 명확한 절차를 통해 그 비용지출로 인해 목적물 가치가 증가한 것이 명확한 경우에 이른 것으로 판단할 수 있는 경우라면 그 증가한 가치분에 한정하여 매수인에 대한 유치권자의 대항을 인정해주는 법리인 것이다. 또한 이 경우 민법 개정위원회에 의할 경우 그 증가한 가치 부분에 한정하여 유치권자에게 최우선변제권을 부여하자는 논의도 개진된 바도 있고 이 법리가 개정안으로 최종 채택되지는 않았으나 상당 지지를 받기도 하였다.

둘째, 법적 안정성의 측면과 실질적 정의의 충돌 측면에서도 양자 법리의 관계를 검토할 수 있다. 법적 안정성의 측면은 주로 압류에 대해 유치권으로 대항 불가능하다는 전자 법리이고 실질적 정의의 측면은 유치권 주장자가 목적물에 대하여 비용을 들였고 그에 따른 목적물의 가치증가가 명백한 경우 그 비용부분에 한정하여 압류에 대한 유치권자의 대항을 인

---

87 비용을 들여 목적물의 가치가 증가하였다는 것을 객관적으로 입증하기 위해 법원에 의한 감정평가 등의 방법이 수반된다.

88 清水元, 前の本, 113-114頁; 민법 개정안의 입장도 비용 지출한 부분에 한정하여 유치권의 피담보채권을 인정해주는 법리를 규정화하여 채택하고 있다(김미혜, "부동산유치권 관련 개정안에 대한 몇 가지 제언 -2013년 민법 일부개정법률안을 중심으로-", 아주법학 제8권 제1호, 2014, 160면).

정해주자는 법리로 판단할 수 있다.

대법원 판결(2009다60336)은 압류에 대하여 유치권으로 대항할 수 없다는 근거로 법적 안정성 법리를 제시하고 있고[89] 이는 압류채권자의 신뢰보호를 위할 목적으로 압류 후에 성립한 유치권자의 대항을 인정해줄 수 없다는 법리를 원칙으로 판단할 수 있다. 그런데 극단적인 경우 또는 매우 합리적 경우로 판단되는 경우에 있어서는 - 법치주의가 잘 구현되는 사회임을 전제로- 이러한 법적 안정성을 먼저 우선시하기보다는 실질적 정의를 우선시하는 예외적인 경우도 검토될 수 있을 것이다. 즉, 비용지출 시 그 비용으로 인하여 목적물의 가치가 객관적으로 명확히 증가한 경우 그 비용 지출한 부분에 한정해서는 유치권자의 대항을 인정해주는 것이 실질적 정의의 측면에서 타당한 법리로 판단할 수 있을 것이다.

셋째, 이 법리는 진정소급입법의 경우 원칙적으로 인정하지 않는 것이 원칙이나 예외적인 상황 또는 실질적 정의 관념이 더 부각되어야 합리적이라고 판단되는 상황에 있어서는 진정소급입법을 인정해주는 헌법재판소 결정 법리[90]와도 일맥상통한다고 판단된다. 즉, 12·12, 5·18 사건의 경우 이전에 있었던 다른 헌정질서파괴범과 비교할 경우 공소시효가 완성되었는지 여부에 관한 논의가 아직도 진행중이고, 집권 과정에서의 불법 요소 또는 올바른 헌정사를 정립하기 위한 과거청산의 요청 등을 검토할 필요가 있다는 것이다. 비록 소급입법을 인정하는 5·18민주화운동등에관한특별법(이하 '특별법'이라 한다)이 개별사건법률이라고 할지라도 그러한 입법을 정당화시킬 수 있는 공익이 인정되는 것이 실질적 정의에 부합하는 경우에 해당하는 상황 하에서 위 특별법에 해당하는 법률조항은 헌법에 위반되지 않는다는 것이다.[91]

이와 같은 견지에서 양자 법리의 관계를 검토할 경우 원칙적으로 압류 이후 유치권은 압류에 대하여 대항할 수 없다. 그런데 실질적 정의에 부합하는 상황에 처한 경우에 있어서는 즉, 그 비용을 지출한 것이 객관적으로 명확해질 수 있는 것으로 판단할 수 있는 정도에 이른 때(법원의 감정평가

---

89 대법원 2014. 3. 20. 선고 2009다60336 전원합의체 판결.

90 헌재 1996. 2. 16. 선고 96헌가2 결정.

91 헌재 1996. 2. 16. 선고 96헌가2 결정.

등)에는 압류에 대하여 비용 지출을 근거로 한 유치권자의 대항을 인정해 줄 수 있는 관계로 판단할 수 있을 것이다.

넷째, 양자 법리의 연관성은 유치권의 '성립이 완료된 동일성의 측면'에서도 검토할 수 있을 것으로 판단된다. 전자 법리는 압류 이후에 유치권의 '성립이 완료'된 후 이 유치권으로 압류에 대하여 대항할 수 없다는 논리로 대별된다. 후자 법리는 압류에 대하여 목적물에 관한 비용을 들인 부분에 있어 그 부분의 가치가 증가하였음이 객관적으로 명백한 경우 이 '성립이 완료'된 유치권으로 압류에 대하여 대항할 수 있는지의 법리로 대별된다. 이처럼 유치권의 '성립이 완료된 동일성 측면'에서도 양자 법리의 관계를 검토해볼 수 있다.[92]

한편, 양자 법리 간 관계를 유치권의 '성립이 완료된 동일성의 측면'에서의 검토 논제와 관련하여 전자 법리는 직접적으로 유치권의 성립 여부에 논의되는 논제이나, 후자 법리는 유치권의 성립 여부보다는 더 나아가 이미 유치권이 성립요건을 다 갖춘 경우에 있어서의 논의이기 때문에, 양자 법리는 유치권의 '성립이 완료된 동일성 측면'에서 검토할 경우 연관성이 다소 미흡할 수도 있다는 비판이 있을 수 있다.

그러나 전자 법리는 유치권의 성립 여부에 관한 논의이긴 하나 더 구체적으로 살펴보면 성립 여부뿐만 아니라 우열 내지 대항력에 관한 논의까지도 포섭할 수 있는 법리로 판단된다. 이 경우 전자 법리 상황에서 살펴보면 압류에 대하여 유치권으로 대항할 수 없는 경우에 있어서 이 유치권은 먼저 대항력이 인정되지 않는 것으로 판단할 수 있다. 그런데 압류에 대하여 유치권의 대항력이 인정되지 않는 경우 하에서는 점유자가 불법점유 등의 사유가 명백하게 존재하지 않는 한, 그 성립까지도 부정할 수는 없는 것으로 판단된다.

이러한 점을 고려해볼 경우 전자 법리 상황에서는 압류에 대하여 유치권으로 대항할 수 없으므로 이 유치권의 대항력은 인정되지 않지만 그 성립은 가능한 경우도 검토할 수 있다. 그렇다면 유치권자가 비용을 들인 후자 법리 하에서의 상황 역시도 그 성립요건을 갖추어 성립은 이미 완료되

---

92   이 논의는 아직 검토가 부족하여 추후 구체적인 후속 논의를 이어갈 계획임을 밝힌다.

어 있는 상황으로 판단할 수 있다. 즉, 양자 법리는 동일하게 '유치권이 성립된 상황'을 근거로 원칙(전자 법리)과 예외(후자 법리)의 측면에서 유사하게 그 연관성을 검토할 수 있을 것이다.

다섯째, 전자 법리와 후자 법리는 압류의 처분금지성에의 유치권자의 저촉 여부의 관점에서 살펴볼 수 있을 것으로 판단된다. 압류의 처분금지성은 압류채권자와 부동산 소유자의 처분행위를 제한하는 것에 그치는 것이고 그 밖의 기타 제3자에 대하여 부동산의 처분행위를 금지하는 것은 아니다. 즉, 후자 법리에서 비용을 지출한 제3자는 그와 같은 처분금지성에 저촉되지 않는 것으로 판단할 수 있을 것이다. 따라서 후자 법리는 전자 법리에서의 처분금지성에 위배되지 않으므로 후자 법리에서 비용지출 시 그 목적물의 가치가 증가한 것이 객관적으로 명확한 경우 유치권으로 그 가치증가분에 한정하여 대항할 수 있다는 법리를 구현해낼 수 있는 것으로 사료된다. 그런데 양자 법리의 연관성을 압류의 처분행위성 저촉 여부로 설명할 경우 그 연결 강도가 낮을 수는 있으니 이 부분에 대해서는 지속적으로 더 연구 및 검토가 요구된다.

Ⅳ. 대항력 부정설에 따른 압류 이후 유치권의 우열

앞서 대항력 부정설 법리 하에서 주요 법리 간 관계 내지 연관성을 검토하였고 이는 또한 대항력 부정설 법리의 이론적인 여러 판례 법리 간 관계 등을 검토한 것이기도 하다. 이 논의는 ⅰ) 대항력 부정설 내의 여러 판례법리상 부재의 지점이 있을 수 있다는 비판에 대한 해소의 역할을 한다. 그리고 이를 통해 ⅱ) 대항력 부정설 법리를 관통하는 여러 법리 간 관계 내지 연관성 법리를 구성하였다는 의의도 있을 것이다. 이는 아래에서 논의할 여러 논제를 풀어낼 ⅲ) 대항력 부정설 법리의 타당성 및 기초 구축의 측면도 다소 있었던 것으로 판단된다. 위 논의가 주로 대항력 부정설 법리의 이론적 및 총론적 법리 검토였다면 이하에서는 이 대항력 부정설 법리를 중심으로 각론적인 논제들을 검토한다.

압류 관련 다수 유치권 판례들은 부동산 경매절차상의 매수인에 대해 유치권으로 대항할 수 없다고 하는 등 이러한 판례 법리는 유치권의 우열에 관한 것이다.[93] 민법 제320조 제1항에 의하면 유치권의 적극적 성립요건이 규정되어 있고 동조 제2항에서는 소극적 성립요건이 규정되어 있다. 그런데 질권과 저당권과 관련된 민법 제335조, 제337조, 제359조 규정과는 달리 유치권의 우열 또는 대항요건과 관련된 규정은 없기 때문에 위 여러 규정으로부터 유치권 우열상 판례 법리의 근거를 도출하는 것은 쉽지 않다.

한편, 판례에서 유치권 우열 법리의 근거로 제시한 규정은 민사집행법 제83조 제4항, 그리고 제92조 제1항이다. 이 중 제92조 제1항에서 "대항하지 못한다."라는 규정을 찾아볼 수 있기 때문에 그나마 이 규정들을 유치권의 우열 또는 대항력의 근거로 볼 수 있다.

그러나 이러한 규정들도 부동산의 압류 효력과 관련하여 일부의 사항만을 규정하고 있을 뿐 처분금지효와 같은 압류 효력과 관련된 유치권의 우열 논제와 직접적인 부분에 대해서는 규정하고 있지 않다.[94] 따라서 부동산 경매 압류단계에서는 유치권 우열에 관한 규정 불비로 인하여 주로 압류의 처분금지효 법리논의 및 이와 결부된 압류채권에 대한 유치권의 우열 논제에 관한 검토가 필요하다.

1. 대항력 부정설의 주요 법리로서 압류의 처분금지효

(1) 압류의 처분금지효 법리 및 범위

민사집행법 관련 규정에 따르면 채무자가 소유하고 있는 부동산에 대하여 법원의 경매개시결정이 있는 경우 당연하게 압류 효력이 발생하는 것은 아니다. 이 결정에는 경매개시와 그 부동산에 대하여 압류를 명해야 하고 (민사집행법 제83조 제1항) 법원이 경매개시결정을 내리면 법원사무관등은 즉시 등기부에 그 사유를 기입하도록 등기관에게 촉탁하게 된다(민사집행법 제94조 제1항). 그리고 채무자에게 그 결정을 송달해야 한다(민집 제83조 제4항).

---

93 荒木新五, "競売で買収人に対する留置権の主張の有無", 判例タイムズ No. 1150, 2004, 95頁.

94 강구욱, "부동산 압류의 처분금지효와 유치권의 효력", 법학논고, 경북대학교 법학연구원, 2018, 139면.

민사집행법 제94조 제1항의 촉탁에 따라 등기관은 등기부에 경매개시 결정 사유를 기입해야 하며(민집 제94조 제2항) 압류는 이 결정이 송달된 경우 또는 위에서의 등기가 완료된 경우 그 효력이 발생한다(민집 제83조 제4항).[95]

이처럼 압류 절차와 효력발생의 요건, 시기 관련 규정은 존재하나 압류 효력의 의미와 내용과 관련된 규정은 없다.[96] 이는 민사집행법의 여러 관련 규정들을 종합적으로 참작하여 정하는 것인데 이 쟁점에 대하여 나름의 확립된 해석론이 압류의 처분금지효 이론이다.[97]

부동산 경매절차에서 압류가 있는 경우 압류에 처분금지의 효력이 발생한다. 부동산 경매절차에서는 압류채권자, 압류목적물의 매수인, 그리고 유치권자라는 당사자 간 압류 효력이 문제될 수 있다. 채권 기타 재산

---

95 이 경우 관념적으로 채무자에게 경매개시 결정이 송달됨으로 인하여 압류의 효력이 발생하였으나 경매개시 등기는 완료되지 않은 사이에 채무자가 제3자 측에게 해당 부동산을 처분하는 사례가 발생할 수도 있다. 그런데 제3자가 그 처분행위를 통해 권리를 취득하게 될 때에 경매신청이나 압류가 있었다는 것을 인지했을 경우에는 압류에 대항할 수 없다(민집 제92조 제1항; 김능환/민일영, 「주석 민사집행법Ⅵ」, 한국사법행정학회, 2012, 328면). 그러나 실무에서는 법원사무관등이 경매개시 등기가 기입되어 있는 사실을 확인한 후에야 채무자 측에게 경매개시 결정을 송달하므로 이 상황이 실제로 발생하기는 힘들다(김능환/민일영, 「주석 민사집행법Ⅵ」, 한국사법행정학회, 2012, 331면).

96 한편, 압류의 처분금지효의 근거 규정 불비로 판단할 수는 없다는 비판도 있는바, 이 견해는 민사집행법 제91조 제5항, 그리고 유치권 관련 각종 규정을 처분금지효의 근거 규정으로 제시하곤 한다. 이 규정들을 통하여 해석상 위 법리를 찾아볼 수 있다는 것이다. 물론 이처럼 판단하는 것도 매우 합리적이기는 하나 법률 규정 해석이 아닌 법률 제·개정 실무절차의 관점에서는 다소 검토가 요구된다. 압류의 처분금지효 법리는 민사집행법 제91조 제5항과 유치권 관련 제규정의 해석상 상호작용을 통해 구현되는 측면이 있다. 즉, 압류의 처분금지효 법리가 그대로 규정화된 것이 아니라 위 규정들의 해석에 의해 찾아볼 수 있는 것이다. 한편, 이와 같이 관련 규정들의 해석을 통하여 처분금지효 법리가 구현되고 있는 현 상황에 이른 때에는, 이 법리를 구체적으로 입법을 하게 되면 입법실무상 입법 충돌이라는 난관에 봉착할 수 있다. 이미 관련 제 규정 해석을 통해 처분금지효 법리가 발현될 수 있는 상황에서 다시 이 법리를 규정화하는 것은 법제 실무상 입법 충돌로 판단될 수 있는 것이다. 따라서 무조건적으로 압류의 처분금지효 법리의 근거 규정이 존재하는 것으로 판단하는 것은 위험의 소지가 있다.

97 강구욱, "부동산 압류의 처분금지효와 유치권의 효력", 법학논고, 경북대학교 법학연구원, 2018, 140면.

권에 대한 압류는 처분금지효[98] 즉, 처분금지적 효력이 발생한다. 부동산이 압류[99]된 후 채무자의 부동산을 양도하는 행위 또는 용익권, 담보권 등을 설정해주는 행위가 금지되며 이에 저촉되는 채무자의 행위 및 처분은 효력이 발생하지 않는다.[100]

압류의 본질적 효력은 부동산과 관련된 처분권은 국가가 가지고 부동산의 소유자인 채무자의 처분을 금지시키는 것이다. 부동산이 압류된 이후에는 채무자가 부동산을 양도행위 또는 용익권, 담보권 설정행위를 할 수 없고 (양도와 부담금지) 이에 저촉되는 채무자의 처분행위는 효력이 없게 된다.[101]

한편, 압류 효력의 범위는 부동산을 소유하고 있는 자로 하여금 압류채권자에 대하여 부동산의 처분행위를 제한하는 것에 그치는 것이고 그 밖의 기타 제3자에 대해서의 부동산의 처분행위를 금지하는 것은 아니다. 채무자가 경매 목적물 그 자체를 타인에게 매각하거나 양도하는 법률적 처분행위는 신청 압류채권자와의 관계에서 그 효력이 부정되는 것이다. 그런데 여기서 부정의 의미는 신청 압류채권자와의 관계에서만 적용되는 상대적인 것이고 제3자와의 관계에서도 절대적이거나 대세적으로 무효라고 판단할 수는 없다는 것이다. 따라서 위 채무자가 행하는 제3자와의 부동산 처분행위도 이 당사자 사이에서는 유효한 것이고 향후 경매가 취하

---

98 한편, 처분금지효라는 단어 보다는 처분제한효라고 하는 것이 더 적절하다고 주장하는 견해도 있다(강해룡, "가압류의 처분금지적 효력에 대한 비판", 법률신문, https://www.lawtimes.co.kr/Legal-Info/Research-Forum-View?serial=1964(최종확인: 2021. 1. 1).

99 여기에서의 압류란 강제경매에 따른 경우뿐만 아니라 임의경매에 따른 경우도 포함한다(김건호, "부동산 경매절차에서의 유치권", 법학논고 제36집, 경북대학교 법학연구원, 2011, 390면 각주 4번). 민사집행법 제268조 규정에서는 부동산을 목적으로 하는 담보권실행을 위한 경매절차에서는 부동산의 강제경매와 관련된 규정을 준용하도록 하고 있다.

100 채무자 소유의 부동산에 대하여 강제경매개시결정의 기입등기가 경료되고 압류 효력이 발생한 후 채무자가 부동산에 관해 공사대금 채권자에 대하여 점유를 이전해줌으로써 그로 하여금 유치권을 취득하도록 한 경우, 그 점유의 이전행위는 목적물의 교환가치를 감소시킬 수 있는 우려가 있는 처분행위에 해당한다. 따라서 민사집행법 제92조 제1항, 그리고 제83조 제4항에 의해 압류의 처분금지효에 저촉되는 행위이기 때문에 점유자는 위 유치권을 주장하여 부동산에 대한 경매절차상의 매수인에 대하여 대항할 수 없다(대법원 2005. 8. 19. 선고 2005다22688 판결).

101 이시윤, 「신민사집행법(제8개정판)」, 박영사, 2020, 266면.

된 경우에는 신청 채권자와의 관계에서도 완전하게 유효한 것이 된다. 따라서 경매절차가 진행 중인 경우에도 매수인이 매각대금을 완납하여 부동산에 대한 소유권을 취득하기 전까지는 제3취득자는 부동산을 유효하게 처분할 수 있다.

(2) 채무자의 행위가 처분금지효에 저촉되는 처분행위인지의 여부에 따른 유치권의 우열

1) 처분행위의 의미와 범위

학계는 처분행위의 개념을 현존하고 있는 권리의 변동을 직접적으로 일으키는 법률행위라고 하고 이행의 문제를 남기지 않으며 직접적으로 권리변동을 발생시키는 행위라고 한다.[102]

그런데 민사집행법 규정에는 압류의 처분금지효에 저촉되는 처분행위의 의의, 범위에 관한 명시적 규정이 없다. 따라서 이에 관한 해석은 다음 3가지 규정에 의하여 검토해야 한다. ⅰ) 압류는 부동산에 관한 채무자의 관리, 이용행위에 대하여 영향을 미치지 않는다는 규정(민사집행법 제83조 제2항), ⅱ) 제3자가 권리를 취득할 경우 경매신청 또는 압류가 있었다는 것을 인지하였을 경우 제3자는 압류에 대하여 대항할 수 없다는 규정(민사집행법 제92조 제1항), ⅲ) 금전채권을 압류할 경우 법원은 제3채무자에 대하여 채무자에 대한 지급행위를 금지하고 채무자에게는 채권의 처분과

---

[102] 보통 법률행위에 의해 행해지거나 사실행위 예를 들어, 물건의 폐기 등의 행위에 의해 행해질 수도 있다고 한다(지원림, 「민법강의(제12판)」, 홍문사, 2014, 184면); 또한 물권 외의 권리를 변동시키고 이행 문제를 남기지 않는 준물권행위(채무면제, 채권 · 지식재산권양도 등), 형성권 행사 등도 이에 포함된다(이재석, "유치권의 행사를 제한하는 판례이론에 관한 제언", 사법논집 제16집, 법원도서관, 2016, 360면); 한편, 처분행위의 개념은 다방면에서 검토가 가능하나 본고에서는 처분행위 개념이 주요논제가 아니므로 일반적 의미만 설시한다. 처분행위 개념에 관한 구체적 논의는, 김제완, "가처분, 압류에 위반한 처분행위와 법정지상권", 법조 제64권 제2호, 법조협회, 2015, 275-309; 전원열, "사해행위취소 후 복귀한 재산에 대한 채무자의 처분", 법조 제66권 제6호, 법조협회, 2017, 368-395면; 양형우, "처분권한이 없는 임대인이 임대주택의 권리를 취득한 경우의 처분행위 효력", 재산법연구 제32권 제2호, 한국재산법학회, 2019, 159-186면; 이준현, "계약명의신탁에 있어서 신탁자가 수탁자 명의의 부동산을 제3자에게 처분한 행위와 채권자취소권", 동아법학 제66권, 동아대학교 법학연구소, 2015, 531-555면 참조.

영수를 금지시켜야 한다는 규정(민사집행법 제227조 제1항)이 그것이다. 그리고 처분금지효에서 처분은 채무자의 행위를 의미하는 것이 가장 자연스럽고 금전채권의 압류에 대한 민사집행법 제227조 제1항에서의 내용도 그러하기 때문이다.[103]

2. 압류의 처분금지효에 따른 유치권의 우열

(1) 채무자의 관리행위·이용행위의 처분금지효 저촉 여부와 유치권의 우열

압류는 부동산에 대한 관리, 이용행위에는 영향을 미치지 않는다는 점은 이미 검토하였다(민집 제83조 제2항). 압류는 부동산의 처분금지를 통하여 부동산을 현금화시킬 때까지 교환가치를 유지할 것을 목적으로 하므로 이에 저촉되지 않는 한도에서 부동산을 채무자가 관리·이용해도 무방한 것이다.[104] 부동산에 대한 압류 이후에는 채무자가 ⅰ) 부동산의 보관·관리를 목적으로 임치계약 또는 위임계약을 체결하는 행위를 하거나, ⅱ) 수리·수선을 할 목적으로 도급계약을 체결하는 행위, ⅲ) 부동산을 수치인·위임인 또는 도급인에게 인도하고 그들에게 계약의 이행을 하도록 할 목적으로 상당 비용을 투입하거나 보관 및 관리비용이 발생한 경우 압류의 처분금지효에 반하는 것으로 판단할 수는 없다. ⅲ)의 경우 그 수치인 등이 부동산과 관련된 유치권을 취득하여 경매절차상의 매수인에 대하여 대항할 수 있다. 그리고 제3자가 상당 비용을 지출하여 부동산에 대한 적법한 사무관리 행위를 통해 그에 따른 비용상환청구권(민법 제739조)을 취득한 경우 그 제3자는 유치권을 취득하여 경매절차상의 매수인에게 대항할 수 있다. 또한 점유를 취득한 경우에도 그 사무관리자도 부동산과 관련된 유치권을 취득하여 경매절차상의 매수인에 대하여 역시 대항할 수 있는 것으로 판단하는 것이 타당하다.[105] 비용을 지출한 부분에 한정하여 유

---

103 강구욱, "부동산 압류의 처분금지효와 유치권의 효력", 법학논고, 경북대학교 법학연구원, 2018, 141면.

104 이시윤, 「신민사집행법(제8개정판)」, 박영사, 2020, 265면.

105 강구욱, "부동산 압류의 처분금지효와 유치권의 효력", 법학논고, 경북대학교 법학연구

치권의 대항을 인정하는 이 법리는 압류채권에 대하여 유치권으로 대항할 수 없다는 대항력 부정설의 법리와 충돌하는 것이 아니다. 압류채권에 대하여 유치권으로 대항할 수는 없으나 다만, 압류채권이 있다 할지라도 유치권자가 들인 비용이 객관적으로 명확한 경우에는 그 비용에 한정하여 유치권자의 대항을 인정하는 법리인 것이다.[106] 따라서, 압류채권 시기와 유치권의 성립시기를 비교하여 앞서고 있는 압류채권에 대하여 유치권의 대항을 인정해주지 않는 대항력 부정설의 법리와 딱히 저촉되는 것이 아니라 양립 가능의 측면이 있으므로 위 비용지출 시의 법리는 타당하다.

(2) 채무자의 임대행위의 처분금지효 저촉 여부에 따른 유치권의 우열

압류의 처분금지효에 저촉이 되는 처분행위에는 부동산에 대한 경매개시결정이 내려진 이후 채무자가 부동산을 양도(소유권 이전)하는 행위 또는 제한물권(용익물권 및 담보물권)을 설정하는 행위를 의미하는 것이 일반적이다.[107]

그런데 압류 효력이 발생한 이후 채무자가 부동산을 타인에게 임대해준 행위가 있는 경우 민법 제621조에 따라 등기하거나 주택임대차보호법 제3조와 상가건물임대차보호법 제3조에 따라 대항요건을 갖추게 된 경우라 할지라도 경매신청인에 대하여 대항할 수 없다고 판단하여야 한다.[108] 이 법

원, 2018, 142면.

106 강구욱, "부동산 압류의 처분금지효와 유치권의 효력", 법학논고, 경북대학교 법학연구원, 2018, 142면.

107 대법원 2011. 11. 24. 선고 2009다19246 판결; 강대성, 「민사집행법(제5판)」, 도서출판 탑북스, 2011, 273면; 김일룡, 「민사집행법강의」, 도서출판 탑북스, 2011, 208면; 오시영, 「민사집행법」, 학현사, 2007, 386면; 이시윤, 「신민사집행법(제8개정판)」, 박영사, 2020, 266면; 전병서, 「민사집행법」, Justitia(유스티치아), 2020, 207면 등.

108 채무자의 임대행위와 이를 통한 유치권의 성립은 서로 관련성이 약하다는 비판이 있을 수 있다. 물론 임대차보증금반환청구권을 피담보채권으로 하는 민사유치권은 불허되는 경우가 많다. 그런데 최근 실무에서는 이 경우 민사유치권으로는 주장하기 쉽지 않으니 임대차보증금반환채권이 아닌 부당이득반환채권을 근거로 상사유치권을 주장한 사례(서울지방법원 2000. 9. 1. 2000나21078 판결 등)가 증가하고 있다. 이와 유사한 각종 사례에서 임대차 계약의 상행위성을 인정함으로써 상사유치권의 성립을 인정해주는 판례가 축적되고 있는 것이다. 실무에서는 주요 다수 사안에 있어서는 민사유치권과 상사유치권을 동일시하여 판단하고 있으므로 위 상사유치권 사례도 민사유치권에서의 논의와 결부되어 논의할 수 있는 것이다. 한편, 민사유치권과 상사유치권 간 세부적 차이에 관하여는 졸저,

리는 대항력 부정설의 견해와도 일맥상통하므로 타당한 것으로 판단된다.

(3) 채무자의 점유이전으로 인한 유치권 취득이 압류의 처분금지효에 저촉되는지의 여부

대법원 판결(2009다19246)[109]에서는 부동산에 가압류등기가 경료된 이후 채무자가 부동산에 대한 처분행위를 하였더라도 이 행위로 가압류채권자에 대하여 대항할 수 있다는 판시를 하였다.[110] 여기에서의 처분행위란 부동산을 양도하였거나 용익물권, 담보물권 등을 설정해주는 행위를 의미하고[111] 특별한 사정이 없는 한 점유이전 행위와 같은 사실행위는 이에 해당하는 것은 아니라고 하였는바, 타당한 법리라고 판단된다.[112] 다만, 부동산에 대하여 경매개시결정의 기입등기가 경료되어 압류 효력이 발생한 이후 채무자가 제3자에게 부동산의 점유를 이전해줌으로써 유치권을 취득하도록 한 경우라면 이 점유이전행위는 처분행위에 해당한다고 보았다.[113] 이 판례에서도 확인할 수 있듯이 채무자의 단순한 점유이전행위는 사실상 행위에 불과하기 때문에 처분행위에 해당하지 않는 것으로 판단하는 것이 타당하다. 그러나 이 판례 법리와는 정반대로 가압류가 아닌 압류 이후에

"건물에 관한 상사유치권의 우열상 제문제", 법학연구 제61집, 전북대학교 법학연구소, 2019, 352-358면 참조.

109 본 대법원판결은 주로 가압류채권에 관한 유치권의 우열과 관련된 판례이긴 하나 채무자의 점유이전을 통해 취득한 유치권이 압류의 처분금지효에 저촉이 되는지의 여부에 관한 법리를 제시함에 관련이 있어 본 논의에서 검토하였다.

110 대법원 2011. 11. 24. 선고 2009다19246 판결.

111 추가적으로 물권 외의 권리를 변동시키고 이행 문제를 남기지 않는 준물권행위 즉, 채권, 지식재산권 양도, 채무면제 등을 의미하며 형성권 행사, 타인으로 하여금 처분을 동의 또는 허락하는 행위를 하거나 처분권을 수여해주는 행위도 이에 포함이 된다(곽윤직/김재형, 「물권법(제8판, 전면개정)」, 박영사, 2014, 259면).

112 일본에서도 이 법리는 자명한 것으로 판단되고 있다(김원수, "압류(가압류)의 효력이 발생한 후에 유치권을 취득한 자가 매수인(경락인)에게 대항할 수 있는지 여부", (부산판례연구회)판례연구 제18집, 2007, 682면).

113 대법원 2011. 11. 24. 선고 2009다19246 판결; 한편, 유치권은 채무자의 적법한 사용·수익권의 행사에 의해 발생할 수도 있다. 이 경우 유치권의 성립을 처분행위 개념에 의하여 제한할 수 있는지의 논의도 있을 수 있으나 이 논의에 관한 구체적 검토를 본고에서 논의할 경우 양이 방대해지므로 후속 연구에서 진행할 것임을 밝힌다.

성립한 유치권의 경우 사실행위(준법률행위 중에 비표현행위)인 점유이전이라 할지라도 압류의 처분금지효에 저촉이 되는 처분행위에 해당한다.[114] 이 법리는 압류 효력이 발생한 이후에 점유이전행위에 의하여 유치권이 성립한 경우에는 원칙적으로 압류의 처분금지효에 저촉됨을 인정하여 유치권으로 대항할 수 없다는 것이므로 대항력 부정설 법리와 일맥상통하여 타당한 법리로 판단된다.[115]

그런데 대법원 판례(2005다22688)의 법리를 검토하면 압류 효력이 발생한 이후 점유가 이전된 경우뿐만 아니라[116] 점유이전이 압류 효력이 발생하기 이전에 행해진 경우에도[117] 유치권의 성립은 처분금지효에 저촉되어 유치권자는 압류채권자 등에 대해 대항 불가능하다고 보았다. 이러한 판례의 법리를 검토해보았을 때 원칙적으로는 이미 살펴본 바와 같이 대항력 부정설의 입장을 취하되 단순히 점유이전행위=처분행위로 판단해서는 안 되는 측면도 고려해야 한다. 압류 이후 유치권이 성립한 계기가 된 점유이전을 단순히 처분행위에 해당되는 것으로 판단할 경우 다른 경우에서의 점유이전도 역시 단순하게 처분행위에 해당하는 것으로 판단해야 할 것이다. 그런데 이 해석은 점유이전 자체가 존재하기만 하면 이를 처분행

---

114 대법원 2005. 8. 19. 선고 2005다22688 판결.

115 강민성, "민사집행과 유치권," 사법논집 제36집, 2003, 76면; 김기찬/이춘섭, "부동산경매에서 유치권의 한계에 관한 연구", 부동산학연구 제13집 제2호, 2007, 13-14면; 박상언, "저당권 설정 후 성립한 유치권의 효력:경매절차에서의 매수인에 대한 대항가능성을 중심으로", 민사판례연구 제32권, 2010, 362면; 이 법리를 원칙적인 입장으로 이해하고 다만, 예외적으로 채무자가 채권자에게 점유를 이전해주는 행위 없이 채권자가 점유를 취득하는 경우에는 압류의 처분금지효에 위배하는 채무자의 처분행위가 존재하지 않기 때문에 유치권의 성립, 그리고 그 대항력은 부정할 필요가 없는 것으로 판단하는 것이 타당하다. 그리고 채무자의 점유이전행위가 행해지지 않아서 처분행위가 존재하지 않는 경우 이러한 사정 등에 있어서 무조건적으로 유치권의 성립 또는 대항력을 인정하여야 하는 법리는 검토가 요구된다. 즉, 채무자의 점유이전행위가 처분행위에 해당하지 않는 경우라고 할지라도 채권자가 점유를 취득하는 과정에서 중과실 또는 고의에 의한 불법행위를 행한 경우 그 유치권의 우열 또는 대항력은 인정할 수 없는 것이 타당하다(河上正二, "ロー·クラス担保物権法講義 2 留置権", 法学セミナー No. 661, 2013, 94頁; 강구욱, "부동산 압류의 처분금지효와 유치권의 효력", 법학논고, 경북대학교 법학연구원, 2018, 149-150면).

116 대법원 2005. 8. 19. 선고 2005다22688 판결; 대법원 2006. 8. 25. 선고 2006다22050 판결.

117 대법원 2011. 10. 13. 선고 2011다55214 판결.

위에 해당하는 것으로 판단해야 하므로 합리적이지 않다.[118] 따라서 점유이전이 처분행위에 바로 해당하는지의 쟁점보다는 '점유이전으로 인하여 최종적으로 유치권이 성립하게 되는지의 여부'에 더 포커스를 맞춘 것으로 볼 수 있으며 이 법리는 일응 타당하다.[119]

그리고 이와 같은 대법원 판례(2005다22688)의 법리는 점유이전이라는 사실행위가 예외적인 면에서 압류 등의 정책적 목적, 그리고 기타 사정 등을 고려한 판단을 통하여 처분행위로 인정될 수도 있음을 시사한 것으로 판단해야 할 것이다. 이와 같은 측면을 고려해본다면 대법원 판결(2009다19246)을 단순하게 무조건 점유이전≠처분행위로 판단해서도 안 될 것이며 그 판단을 함에서는 압류의 목적 등을 종합적으로 고려하여 처분행위 여부를 판단하는 것이 합리적일 것이다.[120] 이처럼 점유이전이 처분행위에 해당하는지의 쟁점을 정확히 판단하기 위해서는 원칙적으로는 대항력 부정설 법리를 취하되 일방적인 법리를 적용하는 기계식 접근이 아니라 (가) 압류의 목적 등을 종합적으로 고려하여 처분행위 여부를 판단하는 것이 타당하다.[121] 따라서 본 대법원 판결(2009다19246)의 법리는 합리적이며 타당한 것으로 판단된다. 따라서 점유이전 자체를 곧바로 처분행위에 해당한다고 판단해서는 안 될 것이고 점유이전 자체가 목적물의 교환가치를 감소시킬 수도 있는 우려의 행위에 해당되는 경우라면 처분행위로 볼 수 있다고 판단하는 것이 합리적이다.

---

118 강구욱, "부동산 압류의 처분금지효와 유치권의 효력", 법학논고, 경북대학교 법학연구원, 2018, 144면.

119 동산에서는 점유 이전에 의하여 물권변동이 이뤄진다는 점을 고려해보면 점유이전이 유치권이 성립하는지 여부에 미치는 영향이 매우 크다. 그러나 부동산에서는 등기이전에 의해 물권변동이 이뤄진다는 점을 고려해볼 때, 동산보다 더 많은 여러 요소를 종합적으로 고려한 후에 유치권의 성립여부, 그리고 처분행위에 해당하는지 여부를 판단하여야 할 필요가 있다(서종희, "유치권자의 강제경매신청의 의미와 가압류등기경료 후 성립한 유치권의 대항력인정 여부", 외법논집 제36권 제4호, 2012, 337면).

120 서종희, "유치권자의 강제경매신청의 의미와 가압류등기경료 후 성립한 유치권의 대항력인정 여부", 외법논집 제36권 제4호, 2012, 337면.

121 대법원 2011. 11. 24. 선고 2009다19246 판결; 강대성, 「민사집행법(제5판)」, 도서출판 탑북스, 2011, 273면; 김일룡, 「민사집행법강의」, 도서출판 탑북스, 2011, 208면; 오시영, 「민사집행법」, 학현사, 2007, 386면; 이시윤, 「신민사집행법 (제7판)」, 박영사, 2016, 266면; 전병서, 「민사집행법」, Justitia(유스티치아), 2016, 207면 등

한편, 목적물의 교환가치를 감소시킬 수도 있는 우려의 행위라는 것은 불명료하고 추상적인 개념이기 때문에 어떠한 행위가 처분행위에 해당되는지의 여부를 판정할 경우에 있어서 단순히 기준으로 삼는 것은 합리적이지 않다.[122]

V. 압류 이후 유치권자에 대한 대항력 부정설 적용의 예외사항

압류 이후 유치권의 우열 논제에서 대항력 부정설을 중심으로 여러 쟁점들을 검토하였다. 그런데 이는 압류 이후 성립한 유치권은 압류에 대하여 대항할 수 없다는 큰 기조의 타당성을 중심으로 논의된 측면이 있다. 한편, 압류에 대한 유치권은 압류에 대항할 수 없는 것을 원칙으로 하되, 상황에 따라서는 실질적 정의의 관점에서 유치권자가 압류에 대하여 대항할 수 있는 것이 더 합리적인 상황(대항력 부정설의 예외사항)도 발생할 수 있다. 아래에서는 이와 같은 양면적 관점으로부터 파생된 대항력 부정설의 예외사항과 관련된 논제들을 검토하고자 한다.

1. 대항력 긍정설 적용 시 기준으로서 '압류 이후 비용을 지출한 유치권자'

목적물에 대하여 취득한 유치권은 대세적인 효력을 가지고 있는 물권의 일종으로 규정된 현 상황을 고려해볼 때 유치권의 피담보채권은 해당 목적물의 교환가치를 창출, 보존, 그리고 증대함에 있어 기여한 비용의 투입에 의한 채권에 한정하여 인정하는 것이 원칙적으로 타당한 법리라고 판단할 수 있을 것이다.[123] 또한, 압류 이후 해당 부동산에 대해 비용을 지출한 경우 부동산 경매절차의 매수인에 대하여 유치권을 주장하며 대항

---

122 강구욱, "부동산 압류의 처분금지효와 유치권의 효력", 법학논고, 경북대학교 법학연구원, 2018, 144면.

123 강구욱, "부동산 압류의 처분금지효와 유치권의 효력", 법학논고, 경북대학교 법학연구원, 2018, 144면.

할 수 있다는 법리는 대항력 긍정설을 적용할 경우 그 기준으로서의 '비용을 지출한 유치권자'임을 설시한 것으로 판단이 가능할 것이다.[124] 비용을 지출한 부분에 한정하여 유치권의 대항을 인정해주는 것은 선행하고 있는 압류 시기와 유치권의 성립 시기를 비교하여 앞서고 있는 압류채권에 대하여 유치권의 대항을 인정해주지 않는 대항력 부정설의 법리와도 딱히 충돌되지 않으므로 합리적이기도 하다.

비교법적인 검토를 함에 있어서도 목적물 즉, 물건의 가치증가는 유치권의 성립에 가장 중요한 기준이 되고 있다. 먼저 독일에서는 유치권이 채권으로 구성되어 있기 때문에[125] 제3자에 대하여 아무런 권리를 주장할 수 없어 대항력이 인정되지 않는 것으로 규율되고 있다.[126] 그러함에도 독일민법 제999조 제2항에 의해 비용을 지출하였던 점유자는 해당 목적물의 양수인에 대하여 비용상환을 청구할 수 있음을 알 수 있다.[127] 독일민법 제1000조에서는[128] 비용 지출에 의하여 해당 물건의 가치가 증가한 측면을 고려한 것

---

124 清水元, 前の本, 一粒社, 1995, 113-114頁; 민법개정안의 입장도 비용 지출한 부분에 한정하여 유치권의 피담보채권을 인정해주는 법리를 채택하고 있다(김미혜, "부동산유치권 관련 개정안에 대한 몇 가지 제언 -2013년 민법 일부개정법률안을 중심으로-", 아주법학 제8권 제1호, 2014, 160면).

125 BGB § 273 (Zurückbehaltungsrecht)
(1) Hat der Schuldner aus demselben rechtlichen Verhältnis, auf dem seine Verpflichtung beruht, einen fälligen Anspruch gegen den Gläubiger, so kann er, sofern nicht aus dem Schuldverhältnis sich ein anderes ergibt, die geschuldete Leistung verweigern, bis die ihm gebührende Leistung bewirkt wird.
(2) Wer zur Herausgabe eines Gegenstands verpflichtet ist, hat das gleiche Recht, wenn ihm ein fälliger Anspruch wegen Verwendungen auf den Gegenstand oder wegen eines ihm durch diesen verursachten Schadens zusteht, es sei denn, dass er den Gegenstand durch eine vorsätzlich begangene unerlaubte Handlung erlangt hat.

126 Münchener(Krüger), Münchener Kommentar zum Bürgerlichen Gesetzbuch, 5.aufl., Carl Heymanns Verlag, 2009, §273. Rn. 56f; Staudinger(Bitner), Kommentar Zum Bürgerlichen Gesetzbuch mit Einführungsgesetz und Nebengesetzen: Buch 2: Recht der Schuldverhältnisse, §273. Neubearbeitung, 2009, Rn. 60.

127 Münchener(Baldus), Münchener Kommentar zum Bürgerlichen Gesetzbuch, 5.aufl., Carl Heymanns Verlag, 2009, §999. Rn. 2.

128 BGB § 1000 (Zurückbehaltungsrecht des Besitzers)
Der Besitzer kann die Herausgabe der Sache verweigern, bis er wegen der ihm zu ersetzenden Verwendungen befriedigt wird. Das Zurückbehaltungsrecht steht ihm nicht zu, wenn er die

이라 할 수 있는 것이다.[129] 프랑스에서는 프랑스 민법 제2103조 제4호에 의한 유치권, 건물공사수급인의 보수 내지 공사대금청구권상의 우선변제권이 인정되고 있다. 이를 위해서 법인이 선임해놓은 감정인으로부터 해당 공사를 완공하기 이전에 검수를 받아야만 하고 검수 이후 가치증가분에 한정하여 우선변제권을 인정해주고 있다. 이것은 해당 부동산에 대해 가치증가분에 한정하여 우선변제권을 인정해주고 있다는 점에서 가치증가 부분에 대한 유치권자의 대항력을 인정함을 보여주는 것이다.[130]

스위스에서는 유치권은 스위스 민법 제837조 제1항 제3호에 의해 공사수급인은 법정저당권 설정청구권을 행사하는 것이 가능함을 알 수 있다. 이 권리는 소유자와 소유자의 파산관재인 그리고 양수인에 대해서도 행사할 수 있는 측면을 고려해볼 경우 비용을 들인 공사수급인을 좀 더 강하게 보호하는 것으로 판단할 수 있는 것이다.[131] 오스트리아에서는 오스트리아 민법 제471조에 의해 "물건을 반환해야 할 의무를 지고 있는 자는 해당 물건에 대하여 비용을 지출하였거나 해당 물건으로부터 발생한 손해로 인하여 채권이 변제기에 도달한 경우 채권의 담보를 위할 목적으로 유치하는 것이 가능하다. 이 경우 해당 물건을 반대급부와 상환하여 반환해야 할 것을 명하는 판결을 받게 될 수 있다고 규정하고 있다.[132]

일본에서는 유치권자가 비용을 지출한 경우로 인해 증가된 비용 부분에 한정하여 유치권을 인정하고 있다.[133] 이처럼 각 나라에서의 가치증가

Sache durch eine vorsätzlich begangene unerlaubte Handlung erlangt hat.

129 Münchener(Busche), Münchener Kommentar zum Bürgerlichen Gesetzbuch, 5.aufl., Carl Hey-
      manns Verlag, 2009, §647. Rn. 4.

130 Philippe Simler et Philippe Delebecque, 「–Droit civil–Les sûretés」 4" édition, la publicité
      foncière, 2004, nO 425.

131 Dieter Zobl , Das Bauhandwerkerpfandrecht de lege lata und de lege ferenda, 2. Halbband,
      ZSR, 1982, S. 77; BaslerKomm/Hofstetter, ZGB, Art. 837, 2007, N. 13ft.; BGE 95 11 31.

132 그런데 실무적으로 오스트리아에서는 이 규정을 다소 넓게 해석하고 있다. 즉, 해당 목적
      물에 대하여 필요비 또는 유익비 이외에 무효인 매매로 인하여 지출된 매매대금반환청구
      권, 그리고 하자담보로 인한 손해배상청구권 등이 있다(Rummel/Hofmann, ABGB(오스트
      리아 민법총전–Das Allgemeine Bürgerliche Gesetzbuch) Kommentar, 3. Aufl., 2000, §471
      Rdnr. 8 참조).

133 座談會, "近未来の抵当権とその實行手続—改正のあり方お探る", 経済法, 令究會刊・銀行

의 원칙을 고려한 측면을 살펴보면 유치권자가 비용을 지출한 경우로 인하여 증가한 비용 부분에 한정하여 유치권을 인정하는 경향을 볼 수 있으며 이와 같은 유치권자를 강하게 보호하는 측면이 있는 것으로 파악된다고 볼 것이다. 다만 점유가 불법행위에 의해 개시된 경우에 규정 내용의 의미를 확장 해석하여 점유개시 당시에는 유치권자가 점유할 권리가 있었지만 목적물에 대하여 비용을 지출한 당시에는 점유권원이 존재하지 않은 사실이 있거나 점유할 권한이 존재하지 않음을 인지하거나 이 사실을 과실로 몰랐던 경우에까지 위 조항을 적용하여 해당 유치권의 성립 부정을 확장시키는 것이 타당하다.[134]

2. 대항력 긍정설 적용의 방향성으로서 '실질적 정의의 실현'

위 논의와 국내와 일본에서의 학설 및 판례에 대한 검토를 통하여 살펴본 바와 같이 원칙적으로 부동산에 대해 압류 효력이 발생한 이후 유치권을 취득한 경우에는 유치권을 주장하는 자가 압류 효력이 발생한 이후의 점유 또는 채권을 취득하는 것이 압류의 처분금지효에 반하는 것이기 때문에 압류채권자 대항할 수 없다는 대항력 부정설의 입장이 타당하다고 판단하였다.[135] 그런데 압류 이후 성립한 유치권의 경우 여러 상황에 있어

法務21, 第600号, 2002, 37頁.

134 日本 大審院(최고재판소의 구 명칭) 昭和13(1938) 4. 16. 判決(判決全集 5輯 9号, 9頁); 日 最高裁判所 昭和49(1974) 9. 20. 判決(金融法務事情 734号, 27頁).
　　 이 판례의 사례와 관련하여 우리의 통설도 일본 최고재판소와 동일한 입장을 취하고 있기도 하다(곽윤직 「물권법(신정수정판)」, 박영사, 1999, 389면). 이러한 일본 판례의 논리와 관련하여 우리 판례의 논의에서 앞서 살펴본 유사판례가 있다. 즉, 점유권원이 소멸하였음에도, 귀책사유로 인하여 목적물을 지속적으로 점유하는 경우까지도, '점유가 불법행위에 기한 경우'에 해당되는 것으로 해석해야 한다는 논리는 통설의 입장과 동일하다. 그런데, 이 판례는 위와 같은 상황에서, 그러한 무권원의 점유에 대한 귀책사유의 내용에 관해 점유할 권한이 없었다는 사실을 알았거나, 이를 중과실로 몰랐던 경우로 한정하여, 유치권 행사행위를 인정하지 않은 입장인 것이다(대법원 1966. 6. 7. 선고 66다600,601 판결). 그리고 동일한 상황에서, 점유할 권한이 존재하지 않는다는 사실을 인지한 경우로 한정하여서, 유치권 행사가 불가능하다는 입장의 판례도 있다(대법원 1984. 7. 16. 자 84모38 결정).

135 김건호, "부동산 경매절차에서의 유치권", 법학논고 제36집, 경북대학교 법학연구원, 2011, 396면; 이상태, "유치권에 관한 연구-대항력제한을 중심으로-(대법원 2009. 1.

서 이 유치권으로 대항 가능한 것으로 판단하는 것이 '실질적 정의의 관점'에 있어서 더 부합하는 경우도 검토할 필요가 있다.

주로 비용 지출이 명확한 것으로 판단될 수 있는 경우(법원의 감정평가 등) 즉, 압류 효력이 발생한 이후 해당 목적물에 비용을 지출한 경우 이 지출로 인하여 해당 목적물의 가치가 증가한 것이 객관적으로 명확한 것에 이른 경우 이 유치권은 대항력 긍정설의 측면에 있어서 그 비용지출 부분에 한정하여 인정할 수 있을 것이다.[136]

이러한 측면은 '실질적 정의의 관점'에서 사례를 통해 검토할 경우에도 합리적이라 판단된다.[137] 유치권의 경우 해당 부동산에 지출한 비용이 공익적인지 아닌지의 문제가 중요한 것이 아니라 용익권 또는 다른 담보물권과는 다르게 압류 이후에 해당 유치권자가 지출하였던 비용이 목적물에 현존하고 있으므로 목적물의 가치를 증가시키게 되어 매수인 측의 이익으로 된다. 따라서 유치권을 인정해주어 매수인에 대하여 대항할 수 있도록 하여도 공평의 원칙에 반하는 것이 아니라고 할 것이다. 오히려 대항할 수 없도록 하는 것은 유치권자의 비용으로 매수인 측에게 이익을 주게 되어 불공평하게 될 소지가 있는 것이니 실질적 정의의 관점에서도 이러한 유치권자는 대항할 수 있는 것으로 판단하는 것이 타당한 것이다. 예를 들면 1억 원에 달하는 공장에 대하여 피압류채권이 2,000만 원인 가압류 이후에 임차하게 된 임차인이 사용 중에 2,000만 원에 달하는 기계실이 망가졌는데도 불구하고 임대인 측에서 이를 수리해 주지 않는 상황에서 임차인 입장에서는 제품 납기일에 맞추기 위할 목적으로 부득이하게 기계실을 자신의 비용을 들여서 수리하였는데 해당 공장에 강제 경매가 실시되어 매각시까지 해당 기계실의 가치가 현존하고 있다고 가정해볼 수 있다. 이러한 경우에 있어서의 임차인으로서는 임대인이 이를 수리해 주지 않았음을 이유로 하여 해당 계약을 해지 또는 수리해 주어야 함을 청구한다 할지라

---

15. 선고 2008다70763 판결)", 토지법학 제26-1호, 2010, 97면.

136 강구욱, "부동산 압류의 처분금지효와 유치권의 효력", 법학논고, 경북대학교 법학연구원, 2018, 144면; 김원수, "압류(가압류)의 효력이 발생한 후에 유치권을 취득한 자가 매수인 (경락인)에게 대항할 수 있는지 여부", (부산판례연구회)판례연구 제18집, 2007, 684면.

137 김원수, "압류(가압류)의 효력이 발생한 후에 유치권을 취득한 자가 매수인(경락인)에게 대항할 수 있는지 여부", (부산판례연구회)판례연구 제18집, 2007, 684면.

도 적절한 시기에 수리가 완료되지 않는 경우다면 임차인 입장에서는 아무 실익이 없게 되는 것이다. 따라서 이와 같은 경우에 임차인이 이를 수리한 사실이 존재하고 있고 또 그 수리를 완료하였던 가치가 현존하여 있는 경우라면 이를 임차인 측이 상환받는 것이 불공평하다고 판단할 수 없는 것이며 실질적 정의의 관점에서도 합리적이다.[138]

3. 구체적 상황으로서 비용지출 상황에서의 압류 이후 유치권자의 우열

(1) 부동산 증 · 개축 등 비용을 지출한 유치권자의 우열

유치권자가 비용을 지출하는 여러 경우 중 건물과 관련한 증 · 개축의 경우 그리고 리모델링 공사에 소요된 비용 또는 부속물의 부속에 소요된 비용(부속물 가액도 포함)과 관련된 채권을 담보할 목적으로 유치권이 성립한 경우 이 유치권의 우열을 인정할 것인지의 여부가 문제가 된다.

이것은 증 · 개축 등의 부분 또는 부속물과 관련하여 압류 · 매각의 효력이 미치게 되는지 여부를 기준으로 판정하는 것이 합리적이다.[139] 이러한 증 · 개축 등의 부분 또는 물건과 관련하여 압류 · 매각의 효력이 미치는 경우라 할지라도 매수인이 그 부분이나 해당 물건에 대하여 소유권을 취득한 경우가 있다. 이 경우 비용을 투입한 자에게 그 부분에 한정하여 유치권을 인정해주는 것은 타당하다.[140] 압류에 대하여 비용을 투입한 부

---

138 김원수, "압류(가압류)의 효력이 발생한 후에 유치권을 취득한 자가 매수인(경락인)에게 대항할 수 있는지 여부", (부산판례연구회)판례연구 제18집, 2007, 684면.

139 압류 효력이 미치게 되는 범위는 원칙적으로 저당권 효력이 미치게 되는 범위(민법 제358조)와 동일하다. 따라서 압류의 효력은 해당 부동산의 부속물과 종물에 미치게 된다(김원수, "압류(가압류)의 효력이 발생한 후에 유치권을 취득한 자가 매수인(경락인)에게 대항할 수 있는지 여부", (부산판례연구회)판례연구 제18집, 2007, 273면; 김홍엽, 「민사집행법(제2판)」, 박영사, 2014, 144면; 박두환, 민사집행법, 법률서원, 2003, 286면; 오시영, 「민사집행법」, 학현사, 2007, 386면; 이시윤, 「신민사집행법 (제7판)」, 박영사, 2016, 266면; 전병서, 「민사집행법」, Justitia(유스티치아), 2016, 207면 등).

140 강구욱, "부동산 압류의 처분금지효와 유치권의 효력", 법학논고, 경북대학교 법학연구원, 2018, 144면.

분에는 투입한 자에게 유치권을 인정해준다는 점은 대항력 부정설과 그 법리를 달리한다. 그러나 비용을 들인 부분에 한정한다는 점에 있어서 압류채권자가 기대하였던 교환가치를 떨어뜨릴 위험과는 연관성이 미흡하다는 점을 검토할 경우 일응 타당하다.

(2) 압류 이후 그 밖의 사유로 비용을 지출한 유치권자의 우열

ⅰ) 본래 제3자에 대하여 대항할 수 없는 본권에 의한 점유자(예를 들면 대항요건을 갖추지 못하는 주택 임차인 등)가 압류 이후 필요비 또는 유익비를 지출한 경우와 ⅱ) 압류에 대해 대항할 수 없는 처분행위에 의하여 점유를 취득한 자(임차인)가 필요비 또는 유익비를 지출한 경우에 대한 검토가 필요하다. 이 경우를 해석함에 있어서 민법 제320조 제2항을 근거로 유추 적용하여 이 점유는 불법행위에 의한 점유에 해당되는 것으로 파악하여 유치권의 성립을 인정하지 않는 것이 타당하다고 보는 견해와 유치권의 성립은 인정해준다 할지라도 부동산 경매절차상의 매수인에 대하여 그 유치권의 대항력을 인정하는 것은 부당하다고 보는 견해가 있다.[141]

그러나 이와 같은 견해는 다음과 같은 측면을 검토할 필요가 있다. 압류와 관련한 유치권 대항력의 논제의 초점은 압류채권자 또는 압류 부동산의 매수인에 대하여 문제되지만 위 불법행위에 의한 점유에서 문제의 초점은 채무자(소유자)와의 관계에서 문제가 된다.[142] 본 쟁점은 유치권의 소극적 성립요건에 해당하는 것이고 양자의 포섭범위는 완전히 다르다. 따라서 압류에 대한 대항력 없는 점유를 불법행위에 의한 점유로 보거나 권원 없는 점유로 파악하는 법리는 지나친 비약이 될 수 있다. 불법행위에 의한 점유가 아닌 한 유치권이 성립함에는 아무런 제한이 없는 것이다. 점

---

141 강민성, "민사집행과 유치권," 사법논집 제36집, 2003, 51쪽; 오시영, "유치권 관련 민법 개정안에 대한 검토", 강원대학교 비교법학연구소, 2013, 120쪽; 차문호, "유치권의 성립과 경매," 사법논집 제42집, 2006, 77면; 남준희, "저당권 설정 후 경매개시결정 기입등기 전에 취득한 유치권의 효력 : 대상판결 : 대법원 2009. 1. 15. 선고 2008다70763 판결", 「동북아법연구」 제3권 제2호, 전북대학교 동북아연구소, 2009, 561면; 차문호, "유치권의 성립과 경매," 사법논집 제42집, 2006, 413면 등.

142 강구욱, "부동산 압류의 처분금지효와 유치권의 효력", 법학논고, 경북대학교 법학연구원, 2018, 148면.

유권원이 압류에 대한 대항력이 없다는 이유로 점유 중 취득한 유치권도 대항력이 바로 아예 없는 것으로 해석하는 것도 법적인 근거가 없다. 유치권은 변제기에 놓여 있는 피담보채권의 존재, 그리고 목적물의 점유가 있다면 당연하게 성립하게 되는 법정담보물권인바, 유치권 성립을 목적으로 하는 법률행위에 의하여 성립한 것이 아닌 것이다.[143] 따라서 대항력 부정설의 입장은 점유권원이 없어 대항력이 없는 유치권이라 할지라도 압류의 시기와 유치권의 시기를 시간 순으로 비교하여 앞서 있던 압류에 대해 유치권의 대항을 인정해주지 않는다. 이는 대항력 없는 유치권도 그 성립은 가능하다고 판단해야 하되 압류에 대해서는 그 우열상 대항할 수 없도록 판단하면 합리적이라는 면에서 대항력 부정설의 법리와도 일맥상통하기 때문에 타당하다.

한편, 해당 부동산에 대하여 점유가 불법행위에 의해 개시된 경우에 있어 점유 개시 당시에 있어서는 점유권리가 있었지만 부동산에 대하여 비용을 지출한 당시에는 점유권원이 존재하지 않은 사실이 있거나 점유할 권한이 존재하지 않음을 인지하였거나 이러한 사실을 과실로 몰랐던 경우에는 일본 민법 제295조 제2항 규정[144]을 적용하여 해당 유치권의 성립 자체를 부정하는 것은 타당하다고 볼 수 있을 것이다.[145] 그런데 이와 같은 점유할 권한이 없는 상황과는 달리 압류 이후에 점유할 권한을 가지고 있는 상태에서 점유 부동산에 대하여 유익비를 지출하였던 사정이 있다 하더라도 추후에 이러한 점유권한이 소급적으로 소멸된 사정이 발생하였고 그 비용을 지출한 당시에 이러한 소멸 가능성을 인지하였거나 몰랐다 하더라도 그 소멸될 가능성을 의심하지 않은 측면에 있어서 과실이 존재하

---

143 강구욱, "부동산 압류의 처분금지효와 유치권의 효력", 법학논고, 경북대학교 법학연구원, 2018, 148면.

144 日本民法 第二百九十五条(留置権の内容)
他人の物の占有者は、その物に関して生じた債権を有するときは、その債権の弁済を受けるまで、その物を留置することができる。ただし、その債権が弁済期にないときは、この限りでない。
2 前項の規定は、占有が不法行為によって始まった場合には、適用しない。

145 日本 大審院(최고재판소의 구 명칭) 昭和13(1938) 4. 16. 判決(判決全集 5輯 9号, 9頁); 日最高裁判所 昭和49(1974) 9. 20. 判決(金融法務事情 734号, 27頁); 이와 동일한 상황에서, 점유할 권한이 존재하지 않는다는 사실을 인지한 경우로 한정하여서, 해당 유치권 행사는 불가능하다는 입장의 판례도 있다(대법원 1984. 7. 16. 자 84모38 결정).

는 경우에도 해당 목적물 점유자의 유치권으로 대항은 불가능한 것으로 판단해야 한다.[146]

VI. 결론

지금까지 검토한 내용을 정리한다.

논제에 관하여 어느 시기를 묻지 않고 성립한 유치권자보다 압류를 우선한다는 점에서 부동산 경매절차에서 여러 이해당사자들의 법적 안정성을 중시한 법리인 대법원 판례법리인 대항력 부정설이 더 타당하다.

그런데 이 대항력 부정설을 중심으로 쟁점들을 검토함에 앞서 대항력 부정설 내의 법리 간 관계 내지 연관성의 부재 지점이 있을 수 있으며 다음과 같이 검토하였다. 대항력 부정설 법리 하에서 ⅰ) 판례의 근거 법리로써 압류의 처분금지효 법리와 법적 안정성 법리는 아예 절연의 관점으로 파악하는 것은 다소 위험의 소지가 있고 일맥상통할 수 있는 법리로 판단하는 것이 타당하다. 그리고 ⅱ) 압류 이후 유치권의 우열 법리와 매수인에 대한 유치권의 우열 법리 간 관계는 역시 절연의 관점보다는 양자 법리가 함께 가는 내지 연결되는 법리로 판단하는 것이 역시 합리적이다. ⅲ) 압류 이후 유치권 법리와 압류 이후 비용 지출한 유치권 법리 간 관계는 원칙과 예외관계, 법적 안정성의 측면과 실질적 정의의 충돌 관계, 진정소급입법에서의 원칙과 예외의 관계, 양자 법리의 연관성을 유치권의 '성립이 완료된 동일성의 측면'에서의 관계, 압류의 처분금지성에의 유치권자의 저촉 여부의 관점에서의 관계법리로 검토할 수 있다. 즉, 대항력 부정설의 법리 간 부재의 문제 제기를 위와 같은 논의로 검토한 것이다.

대항력 부정설에 따른 압류에 관한 유치권의 우열 논제에서는 첫째, 압류 이후 채무자의 관리행위·이용행위는 압류의 처분금지효에 반하는 것이 아니다. 부동산에 대한 압류 이후에는 채무자가 ⅰ) 부동산의 보관·관리를 목적으로 임치계약 또는 위임계약을 체결하는 행위를 하거나, ⅱ)

---

146 日最高裁判所 昭和 51(1976) 6. 17. 判決(判決全集 30輯 6号, 616頁; 日最高裁判所 昭和 51(1976) 6. 17. 判決 判決全集 30輯 6号, 616頁.

수리·수선을 할 목적으로 도급계약을 체결하는 행위, iii) 부동산을 수치인·위임인 또는 도급인에게 인도하고 그들에게 계약의 이행을 하도록 할 목적으로 상당 비용을 투입하거나 보관 및 관리비용이 발생한 경우 압류의 처분금지효에 반하는 것으로 판단할 수는 없다. 특히 iii) 의 경우 그 수치인 등이 부동산과 관련된 유치권을 취득한 경우 경매절차상의 매수인에 대하여 대항할 수 있다.

둘째, 압류 효력이 발생한 이후 채무자가 부동산을 타인에게 임대해준 행위가 있는 경우 민법 제621조에 따라 등기하거나 주택임대차보호법 제3조와 상가건물임대차보호법 제3조에 따라 대항요건을 갖추게 된 경우라 할지라도 경매신청인에 대하여 대항할 수 없다고 판단하는 것이 합리적이며 대항력 부정설의 견해와도 일맥상통하므로 타당한 것으로 판단된다.

셋째, 부동산에 대하여 경매개시결정의 기입등기가 경료되어 압류 효력이 발생한 이후 채무자가 제3자에게 부동산의 점유를 이전해줌으로써 유치권을 취득하도록 한 경우라면 이 점유이전행위는 처분행위에 해당한다. 따라서 이 경우에서의 압류채권에 관한 유치권의 대항력은 인정되지 않는 것으로 판단하는 것이 합리적이며 대항력 부정설과도 양립 가능하다.

한편, 압류에 관하여 점유자의 점유이전행위가 있는 경우 무조건적으로 점유이전≠처분행위로 판단해서도 안 될 것이며 그렇다고 점유이전=처분행위로 판단함은 검토가 필요하다. 그 판단을 함에서는 압류의 목적 등 여러 제반사정을 종합적으로 고려하여 처분행위 여부를 판단하는 것이 합리적이다. 위 논의와 더불어 압류채권이 있는 경우 점유자가 비용을 지출하였을 때 유치권의 우열에 관하여도 후속 연구에서 검토되어야 할 것이다.

압류 이후 유치권자에 대한 대항력 부정설 적용의 예외영역이 있을 수 있다. 원칙적으로 압류에 대하여 유치권으로 대항할 수 없는 것으로 하되(대항력 부정설의 원론적 입장), 비용을 들인 자가 그 비용을 들인 가치가 해당 목적물에 잔존하고 있고 그 가치가 본래보다 증가하였음이 객관적으로 명확한 것에 다다른 것으로 판단될 수 있는 경우(법원에 의한 감정평가 등)라면 이러한 비용을 들인 유치권자는 압류에 대하여 대항할 수 있다는 법리가 합리적이다(원칙에 대한 예외로써의 실질적 정의의 측면).

상기 제 논의는 대법원이 유치권을 공평의 견지 측면에서 변제의 간접

적인 확보, 그리고 최우선변제의 사실상의 보장을 위한 제도로 파악하고
있으면서도 유치권자와 다른 이해당사자 간 우열 관계를 합리적으로 조정
할 목적, 그리고 민사집행제도의 신속 · 적정한 운용을 도모할 목적으로
그 행사를 합리적으로 제한하는 것으로 판단된다.[147]

---

147 이재석, "유치권의 행사를 제한하는 판례이론에 관한 제언", 사법논집 제16집, 법원도서
    관, 2016, 403면.

참고 문헌

Ⅰ. 국내 문헌

1. 단행본

강대성, 「민사집행법(제5판)」, 도서출판 탑북스, 2011.

김능환/민일영, 「주석 민사집행법Ⅵ」, 한국사법행정학회, 2012.

김상수, 「민사집행법(제4판)」, 법우사, 2015.

김상원 외 3인 편집대표, 「주석 민사집행법Ⅲ」, 한국사법행정학회, 2004.

김일룡, 「민사집행법강의」, 도서출판 탑북스, 2011.

김홍엽, 「민사집행법(제4판)」, 박영사, 2017.

곽윤직/김재형, 「물권법(제8판, 전면개정)」, 박영사, 2014.

법원행정처, 「법원실무제요」 민사집행「Ⅱ」 부동산집행, 2003.

사법연수원, 「민사집행법」, 사법연수원, 2015.

양삼승 집필 부분, 「주석 강제집행법(Ⅲ)」, 한국사법행정학회, 1993.

이시윤, 「신민사집행법(제8개정판)」, 박영사, 2020.

이재석, 「유치권의 아킬레스건」, 푸른솔, 2018.

오시영, 「민사집행법」, 학현사, 2007.

전병서, 「민사집행법」, Justitia(유스티치아), 2020.

지원림, 「민법강의(제12판)」, 홍문사, 2014.

2. 논문

강구욱, "부동산 압류의 처분금지효와 유치권의 효력", 법학논고 제62권, 경북대학교 법학연구원, 2018.

강민성, "민사집행과 유치권-이미 가압류 또는 압류가 이루어졌거나 저당권이 설정된 부동산에 관하여 취득한 점유 또는 견련성 있는 채권으로써 경매절차에서 그 부동산을 매수한 사람을 상대로 유치권을 내세워 대항하는 것이 허용되는지 여부에 관하여", 사법논집 제36집, 2003.

김기찬/이춘섭, "부동산경매에서 유치권의 한계에 관한 연구", 부동산학연구 제13집 제2호, 2007.

김건호, "부동산 경매절차에서의 유치권", 법학논고 제36집, 경북대학교 법학연구원, 2011.

김원수, "압류(가압류)의 효력이 발생한 후에 유치권을 취득한 자가 매수인(경락인)에게 대항할 수 있는지 여부", (부산판례연구회)판례연구 제18집, 2007.

김제완, "가처분,압류에 위반한 처분행위와 법정지상권", 법조 제64권 제2호, 법조협회, 2015.

남궁술, "프랑스 민법전의 유치권에 관한 연구 = 개정 담보법(2006)의 내용을 중심으로", 민사법학 제49권 제2호, 한국민사법학회, 2010.

박상언, "저당권 설정 후 성립한 유치권의 효력:경매절차에서의 매수인에 대한 대항가능성을 중심으로", 민사판례연구 제32권, 2010.

박신욱, "인터넷 경매에서 공서양속 위반을 판단함에 있어 주관적 요건의 추정에 관한 연구", 홍익법학 제14권 제3호, 홍익대학교 법학연구소, 2013.

서종희, "유치권자의 강제경매신청의 의미와 가압류등기경료 후 성립한 유치권의 대항력인정 여부", 외법논집 제36권 제4호, 2012.

양형우, "처분권한이 없는 임대인이 임대주택의 권리를 취득한 경우의 처분행위 효력", 재산법연구 제32권 제2호, 한국재산법학회, 2019.

이계정, "체납처분 압류와 유치권의 효력", 서울대학교 법학 제56권 제1호, 서울대학교 법학연구소, 2015.

이재석, "유치권의 행사를 제한하는 판례이론에 관한 제언", 사법논집 제16집, 법원도서관, 2016.

_____, "유치권 행사의 제한에 관한 판례이론", 사법논집 제55집, 법원도서관, 2012.

이준현, "계약명의신탁에 있어서 신탁자가 수탁자 명의의 부동산을 제3자에게 처분한 행위와 채권자취소권", 동아법학 제66권, 동아대학교 법학연구소, 2015.

이찬양, "부동산 물권공시제도의 관점에서 유치권등기제도 도입에 관한 민사법적 고찰", 일감법학 제46권, 건국대학교 법학연구소, 2020.

_____, "건물에 관한 상사유치권의 우열상 제문제" 법학연구 제61집, 전북대학교 법학연구소, 2019.

이학수, "유치권이 요구하는 점유의 정도", (부산판례연구회)판례연구 제8집, 1998.

이호행, "유치권이 설정된 부동산의 경매-유치적 효력을 중심으로-", 홍익법학 제19권 제1호, 홍익대학교 법학연구소, 2018.

장요성, 「유치권사건처리실무」, 법률정보센터, 2009.

전원열, "사해행위취소 후 복귀한 재산에 대한 채무자의 처분권", 법조 제66권 제6호, 법조협회, 2017.

정두진, "프랑스 민법에서의 유치권제도에 관한 소고", 국제법무 제4집 제2호, 제주대학교 법과정책연구소, 2012.

차문호, "유치권의 성립과 경매", 사법논집 제42집, 법원도서관, 2006.

하상혁, "가압류 후에 성립한 유치권으로 가압류채권자에게 대항할 수 있는지 가부", 「대법원중요판례해설 2011 하반기(민사·형사편)」, 사법발전재단, 2012.

Ⅱ. 외국 문헌

1. 프랑스 및 독일 문헌

M. Bourassin, V. Brémond et M.-N. Jobard-Bachellier, Droit des sûretés, 2e éd., Sirey, 2010.

M. Cabrillac, Ch. Mouly, S. Cabrillac et Ph. Pétel, Droit des sûretés, 8e éd.,Litec, 2008.

Claus Ahrens, Zivilrechtliche Zuruckbehaltungsrechte, 2002.

2. 일본 문헌

河上正二, "ロー.クラス 担保物権法講義 2 留置権", 法学セミナー No. 661, 2013.

池田清治, "必要費と有益費", 法学セミナー No. 705, 2013.

松岡久和, "留置権", 法学セミナー No. 704, 2013.

荒木新五, "競売で買収人に対する留置権の主張の有無", 判例タイムズ No. 1150, 2004.

座談會, "近未来の抵当権とその實行手続—改正のあり方お探る", 経済法, 令究會刊·銀行法務21, 第600号, 2002.

坂本武憲, "不動産費用債権の担保", ジュリスト No. 1223, 2002.

鈴木忠一/三ケ月章 編輯代表(中山一郎 執筆), 「注解 民事執行法(3)」, 第一法規, 1984.

石川明 外 2人 編(廣田民生 執筆), 「注解民事執行法(上卷)」, 1991.

福永有利, "不動産上の權利關係の解明と賣却條件", 「民事執行法の基本構造」, 西神田編輯室, 1981.

吉野衛/三宅弘人 編輯代表(大橋寛明 執筆), 「注釋 民事執行法(3)」, 文唱堂, 1983.

竹下守夫, 「不動産競賣におおける物上負擔の取扱い 不動産執行法の研究」, 有斐閣, 1977.

生熊長幸, "建築請負代金債權による敷地への留置權と抵當權(下)" 「金融法務事情」 第1447号, 1996.

三ケ月章, 「民事執行法」, 弘文堂, 1981.

園尾隆司, 「留置權による競賣および形式的競賣の賣却手續」, 金融法務事情 1221号6, 金融財政事情研究所, 1989.

坂本倫城, 「留置權による競賣申立て」, 大石忠生ほか編, 裁判實務大系7, 青林書院,

1986.

生田治郎, 「留置權の實行をめぐる諸問題」, 加藤一郎─ 林良平編集代表, 擔保法大系第
　　二卷, 金融財政, 1985.

竹田稔, 「民事執行の實務Ⅰ」, 酒井書店, 1980.

東京地裁民事執行實務硏究会 , 「不動産執行の理論と実務(改訂上)」, 財団法人 法曹会,
　　1999.

石川明 外 2人 編(佐藤歳二 執筆), 「注解民事執行法(上卷)」, 1991.

佐藤歳二, "不動産引渡命令", ジュリスト, 876号, 1987.

関　武志, 「留置權の硏究」, 信山社, 2001.

清水元, 「留置權」, 一粒社, 1995.

Ⅲ. 언론기사 및 기타자료

강구욱, "부동산 압류의 처분금지효와 유치권", 한국민사집행법학회 2018년 하계발표
　　회(2018. 6. 16.) 발표논문집.

강해룡, "가압류의 처분금지적 효력에 대한 비판", 법률신문,

https://www.lawtimes.co.kr/Legal─Info/Research─Forum─View?serial=1964(최종확인:
　　2021. 1. 1).

제2장

압류 · 저당권과 유치권 우열에 관한 입법적 대안

집행법적 시각에서의 유치권 개정안 재조명[*]

Ⅰ. 서론

부동산 분쟁은 민사, 형사, 행정 등 많은 분야에서 여러 형태로 발생하고 있다. 그 중 대표적인 것이 유치권[1] 분쟁이다.[2] 유치권 사건은 사건명

---

[*] 본 절은 민사소송 제24권 제2호에 게재된 논문을 수정 및 보완한 것이다.

[1] 이하에서 논의하는 유치권 대상은 동산 및 유가증권이 아니라 부동산에 초점을 맞추고자 한다. 동산 및 유가증권은 물권의 이전이 대부분 점유의 이전에 의해 이뤄지기 때문에 점유의 물권성을 기초로 유치권의 물권성을 인정할 수 있다. 따라서 부동산유치권의 물권화와 비교하여 동산은 상대적으로 문제되지 않기 때문에 유치권 대상에서 제외한다.

[2] 유치권 분쟁으로 표현하였는바, 이는 유치권의 긍정적 또는 부정적 측면 중 어느 한 방향으로 파악하는 것보다는 긍정적·부정적 측면을 포섭하는 개념으로 파악하는 것이 합리적이다. 가령, 소유권 분쟁의 경우에서의 분쟁이라는 표현은 소유권의 부정적인 측면만을 내포하지 않는 것처럼 유치권 분쟁이라는 표현도 유치권의 부정적인 측면만을 내포하는 것은 아님을 유의할 필요가 있다. 이처럼 유치권은 허위·가장유치권의 폐해 등 그 부정적인 측면에서의 사례도 많은 반면, 긍정적 측면의 사례도 역시 살펴볼 수 있는 것이다. 예를 들어, 실무에서 영세건축업자들은 먼저 자신의 비용을 들여 건물을 공사하는 경우가 많다. 그런데 이들이 건물을 완성한 후 자신이 들인 비용을 보전받지 못하는 경우가 매우 빈번하다. 이 경우 영세건축업자들에게 유치권이

에 유치권으로 기재되지 않은 경우에서도 쟁점화될 수 있다. 민사본안 사건 외에 가처분 사건, 경매 사건에서도 유치권이 문제되고 있기 때문에 유치권 분쟁은 지속적으로 증가하고 있는 것이다.[3] 이는 최근 10년간 유치권 관련 민사본안 사건 제1심 소송 현황에서 2014년의 원고승소(일부승소도 포함) 판결이 원고패소 판결과 비교하여 약 6배에 달할 정도로 많고 이 비율은 지속적으로 유지되고 있음을 통해서도 알 수 있다.[4] 또한 유치권부존재확인의 소[5]가 유치권존재확인의 소와 비교하여 더 많다는 점도 유치권이 법원에 의하여 인용되지 않는 사건에서도 많이 발생하고 있음을 알 수 있다.[6] 그리고 원고 승은 상대방의 유치권 주장이 허위임을 의미하므로 이는

　　라는 권리는 자신의 비용을 보전받을 수 있는 최후의 보루라는 긍정적인 면도 있다.

3　김재형, "부동산유치권의 개선방안:2011년 민법개정시안을 중심으로", 민사법학 제55호, 2011, 344면; 유치권으로 인한 분쟁은 많이 보도된다. 이미 경매관련 분쟁 중 20-30%나 달하는 비율이 허위유치권에 관련 사건이라고 한다(한국경제, "경매 허위유치권 폐해 심각" 한국경제신문 2005년 8월 8일자 기사; http://economy.hankooki.com/ArticleView/ArticleView.php?url=news/200508/e2005080816470770300.htm&ver=v002; 최종확인: 2020. 1. 20).

4　최근 10년간 유치권 관련 민사본안 사건 제1심 소송 현황

년도	처리건수									
	Total	원고승	원고일부승	원고패	각하판결	각하명령	소취하(간주)	조정	화해	기타
2008년	418	219	26	35	5	4	78	23	18	10
2009년	510	262	38	38	5	4	103	21	24	15
2010년	646	328	29	60	9	7	142	29	20	22
2011년	711	334	35	84	12	11	154	24	31	26
2012년	687	335	27	82	10	13	128	29	22	41
2013년	744	369	40	63	11	14	144	23	32	48
2014년	745	369	33	79	16	21	140	18	27	42
2015년	734	330	38	74	22	23	137	14	29	67
2016년	569	235	42	54	8	23	114	10	28	55
2017년	485	193	26	44	7	18	126	17	21	33
2018년 1월~6월	176	75	14	17	7	11	31	1	7	13

　　출처 : 대법원(법원행정처) 정보화담당관실

5　예를 들어 저당권자는 상대방이 주장하는 유치권이 허위유치권의 가능성이 높다고 판단할 경우 실무상 유치권부존재확인의 소 제기를 통해 허위유치권을 깨뜨리려는 시도를 많이 한다.

6　최근 5년간 유치권 부존재확인의 소 접수 건수는 1824건으로 바로 직전 5년(888건)과

허위유치권의 폐해도 보여주는 것이다.[7]

　이와 같은 유치권의 폐해를 극복하기 위하여 유치권 폐지논의와 존치논의가 대립해오고 있다. 그러던 중 2013년 7월 17일 법무부는 유치권 관련 법률인 민법과 민사집행법, 부동산등기법 등의 개정안을 국회에 제출하였으나 임기 만료되어 폐기되었다. 개정안의 핵심내용은 유치권을 폐지하고 저당권설정청구권을 신설하자는 것이다.[8] 이는 유치권의 오·남용 문제의 심각성을 반영한 것으로 이러한 폐해를 개선하고자 이미 스위스에서는 유치권 규정(ZGB §895)[9]에서 유치권이 적용되는 대상에 부동산이 아닌 동산과 유가증권에만 한정하기도 하였다.[10]

　유치권 존폐논의가 대두되면서 개정안에 대한 찬성[11]과 반대[12]에 관한

비교해볼 때 2배 이상 증가하였다. 유치권 부존재확인의 소란 원고가 상대방이 주장하는 유치권이 존재하지 않음을 주장하는 것이다. 이 중 상대방이 주장하고 있는 유치권이 허위라는 의미의 '원고승' 처리 건수는 938건이었다. 이는 유치권 2개 중에 1개는 허위유치권 판결을 받은 것이며 허위유치권의 폐해를 보여주는 것이다(한국경제, "경매 저가매각 유도…'허위 유치권' 소송 5년간 2배 급증", 2018년 10월 18일자; http://news.hankyung.com/article/2018100841421, 최종확인: 2020년 2월 7일).

7　김재형, "부동산유치권의 개선방안:2011년 민법개정시안을 중심으로", 민사법학 제55호, 2011, 344면.

8　민법 일부개정법률(안) 입법예고, 법무부공고 제2013−6호(2013. 1. 16.).

9　**Art. 895 B. (Retentionsrecht)**
1 Bewegliche Sachen und Wertpapiere, die sich mit Willen des Schuldners im Besitze des Gläubigers befinden, kann dieser bis zur Befriedigung für seine Forderung zurückbehalten, wenn die Forderung fällig ist und ihrer Natur nach mit dem Gegenstande der Retention in Zusammenhang steht.

10　이는 부동산에 유치권이 개입되는 경우 발생하는 여러 폐해를 봉쇄하고자 한 것이다. 다만, 스위스처럼 유치권의 대상에 부동산을 제외하는 것만으로 유치권 폐해를 전적으로 해소할 수 있는 방안이 아님은 유의할 필요가 있다.

11　김재형, "부동산유치권의 개선방안:2011년 민법개정시안을 중심으로", 민사법학 제55호, 2011, 339면; 윤진수, "유치권 및 저당권설정청구권에 관한 민법개정안.' 민사법학 제63−1호, 한국민사법학회, 2013, 193면; ; 남효순, "등기된 부동산유치권 폐지 − 찬성", 법률신문 제4113호; 윤철홍, "유치권의 개정방향", 법학논총 제31권, 숭실대학교 법학연구소, 2014, 165면 등.

12　김홍엽, "민사유치권 관련 민사집행법 개정안에 대한 비판적 고찰", 성균관법학 제25권 제4호, 성균관대학교 법학연구소, 2013, 147−168면; 강구욱, "부동산압류의 처분금지효와 압류의 효력", 법학논고 제62권, 경북대학교 법학연구원, 2018, 154면;

선행연구가 진행되어왔다.[13] 이미 선행연구는 다양한 영역에서 발생하고 있는 유치권의 '개별적인 분쟁을 중심'[14]으로 유치권 개정안에 대해 검토하는 형

오시영, "유치권 관련 민법개정안에 대한 검토", 강원법학 제38권, 강원대학교 비교법학연구소, 2013, 99면; 오시영, "법무부 민법개정시안 중 유치권에 대한 대안 제시 (I)", 법학논총, 제32집 제2호, 전남대학교 법학연구소, 2012년, 265-293면; 오시영, "법무부 민법개정시안 중 유치권에 대한 대안 제시 (II)", 법학논총, 제32집 제3호, 전남대학교 법학연구소, 2012년, 237-270면; 홍봉주, "부동산유치권에 관한 개정안 검토", 일감법학 제31호, 건국대학교 법학연구소, 2015. 18면; 김송, "유치권관련 개정안에 대한 재고", 법학연구 제24권 제1호, 경상대학교 법학연구소, 2016, 195면; 성민섭, "부동산유치권제도의 개선을 위한 민법 등 개정법률안에 대하여", 외법논집 제38권 제1호, 한국외국어대학교법학연구소, 2014, 189-208면; 김미혜, "부동산유치권 관련 개정안에 대한 몇 가지 제언", 아주법학 제8권 제1호, 아주대학교법학연구소, 2014, 157-181면; 양재모, "유치권적정화에 관한 법정책적 접근", 법과 정책 제14집 제2호, (사)한국법정책학회, 2014; 김상찬/강창보, "부동산 유치권제도의 개선방안-2012년 민법개정안의 검토를 중심으로-", 법과정책 제19집 제2호, 제주대학교 법과정책연구소, 2013; 엄성현/박상호, "현행 부동산유치권의 문제점과 민법 일부 개정법률안에 관한 검토", 공공정책연구 제32집 제1호, 동의대학교 지방자치연구소, 2015, 174면; 조윤아, "유치권 제도의 개선을 위한 입법방향", 일감법학 제35호, 건국대학교 법학연구소, 2016, 319면; 이범수, "부동산유치권의 문제점과 개정안에 대한 검토", 경성법학 제23권 제1호, 경성대학교 법학연구소, 2014, 11면; 이광수, "등기된 부동산유치권 폐지-반대", 법률신문 2013. 3. 25일자 등 참조; 김영두, "부동산유치권의 문제점에 관한 연구", 지안이선영박사화갑기념논문집(토지법의 이론과 실무), 법원사, 2006, 213면; 한편, 유치권은 제도적 보완도 필요하지 않고 현행법으로도 충분하다는 견해로는 이진기, "부동산유치권의 재고", 법률신문, 2013. 4일자; 졸저, "부동산유치권 개정안 중 저당권설정청구권 제도 도입에 관한 고찰-부동산 경매절차에서 선행저당권에 관한 유치권의 우열 논제를 중심으로-", 법학논총 제26권 제2호, 조선대학교 법학연구소, 2019, 327면.

13 본고의 연구범위가 주로 유치권의 개정안의 검토이므로 선행연구의 검토도 개정안을 중심으로 살펴보았다.

14 개별적 분쟁을 중심으로 한 개정안의 선행연구는 주로 실체법적 측면에서 검토한 경우가 많았기 때문에 민사집행법적 차원에서의 논의는 미흡한 실정이다. 민사집행절차는 매우 난해한 분야이고 그 원리적인 이해 및 실무적 이해를 정확하게 하지 않고는 이해가 쉽지 않다. 따라서 민법의 개정작업 논의에 부수하여 민사집행법을 끼워맞추는 듯한 개정안이 마련된 측면이 있다. 또한, 민법 개정안에서는 등기된 부동산에 대하여 원칙적으로 유치권을 인정하지 않고 미등기 부동산에 관한 유치권을 한정적으로만 인정하는 법리는 입법적으로 유치권의 폐해를 해결하고자 하는 면에서는 어느 정도 공감할 수 있다. 그러나 부동산에 대한 유치권을 저당권으로 변경하여 저당권이라는 담보제도에 흡수 통합되도록 하는 입법적 태도에 의하여 그 전환의 매개적 장치로 저당권설정청구권을 이용하고자 하는 시도는 민법상 여러 문제가 상존하

식을 취해왔다.[15] 이에 따라 구체적 문제 사안에 대한 검토에는 효과적이지만, 유치권의 전체적인 큰 틀에서 유치권 개정안을 판단하는 것에는 조금 미흡하다고 판단된다. 따라서 본 연구는 민법 또는 민사소송법, 민사집행법에서의 기존 문헌과의 차별성을 추구하기 위하여 여러 영역에서 발생하는 유치권의

고 있다. 그런데 무엇보다도 민사집행법상으로도 매우 많은 문제가 있는바, 개정안은 이를 검토하지 못했음을 인지할 필요가 있다(김홍엽, "민사유치권 관련 민사집행법 개정안에 대한 비판적 고찰", 성균관법학 제25권 제4호, 성균관대학교 법학연구소, 2013, 167면).

15 개별적인 분쟁을 중심으로 한 선행연구로는 점유(이상태, "불법행위로 인한 점유와 유치권의 배제", 토지법학 제26권 제2호, 토지법학회, 2010, 29–56면; 장건, "부동산 유치권에 있어서 점유의 적법성에 관한 연구", 민사집행연구 제9권, 한국민사집행법학회, 196–225면; 서종희, "부동산유치권의 대항력제한에서 불법점유를 원인으로 하는 유치권 성립제한으로의 재전환", 성균관법학 제24권 제4호, 2012, 153–188면 등), 견련성(김준호, "유치권의 성립요건으로서 물건과 채권간의 견련성", 민사법학 제54권, 한국민사법학회, 2011, 167–201면; 박용석, "유치권 성립요건으로서의 견련성에 관하여", 법학연구 제48권 제2호, 부산대학교 법학연구소, 2008, 219–242면 등), 제한(박진근, "건축계약상 수급인의 유치권 제한", 민사법학 제39권 제1호, 한국민사법학회, 2007, 317–343면; 홍봉주, "유치권의 대항력제한", 토지법학 제31권 제1호, 한국토지법학회, 2015, 67–105면; 이선희, "부동산 유치권의 대항력 제한", 민사법학 제72권, 한국민사법학회, 2015, 215–257면 등), 대항력(김세진, "부동산경매절차에서의 유치권의 대항력에 관한 판례 평석", 토지법학 제31권 제2호, 한국토지법학회, 2015, 61–96면; 김영희, "유치권이 있는 부동산의 경매와 유치권의 저당권에 대한 대항력", 민사법학 제63권 제1호, 한국민사법학회, 2013, 397–444면; 서종희, "유치권자의 강제경매신청의 의미와 가압류등기경료 후 성립한 유치권의 대항력인정 여부", 외법논집 제36권 제4호, 한국외국어대학교 법학연구소, 2012, 311–330면; 졸저, "건물에 관한 상사유치권의 우열상 제문제", 법학연구 제61집, 전북대학교 법학연구소, 2019, 305–346면; 오시영, "부동산 유치권의 성립과 대항력의 구별", 민사법학 제38권, 한국민사법학회, 2007, 211–250면 등), 판례법리(이재석, "유치권의 행사를 제한하는 판례이론에 관한 제언", 사법논집 제16집, 법원도서관, 2016, 337–403면; 이재석, "선행저당권이 설정되어 있는 경우 상사유치권의 행사를 제한하는 판례이론의 문제점과 해결방안", 민사집행연구 제15권, 한국민사집행법학회, 2019, 249–293면; 졸저, "건물에 관한 상사유치권의 우열상 제문제", 법학연구 제61집, 전북대학교 법학연구소, 2019, 305–346면 등), 허위유치권(이재도, "부동산경매절차에서 허위유치권에 관한 문제와 개선방안", 민사집행연구 제8권, 한국민사집행법학회, 2012, 212–261면; 이정민/이점인, "허위·가장 유치권 문제와 유치권 등기의 필요성에 대한 검토", 민사법이론과실무 제18권 제1호, 민사법의 이론과 실무학회, 2014, 185–214면; 장건/서진형, "허위·가장유치권의 문제점과 유치권등기의 필요성", 대한부동산학회지 제30권 제1호, 한국부동산학회, 2012, 207–228면) 분야 등이 있다.

문제점을 '체계적 · 통일적인 측면에서 파악'하고자 부동산 경매 3단계(압류 · 현금화 · 배당) 안에서 유치권의 개정안을 검토하고자 한다. 이 구성은 부동산 경매절차에서 유치권 개정안의 적용국면상 한계를 파악할 때 입체적으로 이해하고 논리적으로 납득함에 수월함을 가져다 줄 것이다. 개정안 검토도 유치권의 우열을 중심으로 검토하는바, 본 연구방법을 취한 연구는 매우 미흡한 실정이므로 그 연구 필요성이 있다고 보았다. 비교법적으로는 독일,[16] 프랑스,[17] 스위스,[18] 일본에서의 유치권을 검토할 수 있는바, 우열논의는 일본에서만 비교검토가 가능하다.[19] 그런데 본고의 구성인 부동산 경매 압류 · 현금화 · 배당단계에서의 개정안 검토 쟁점은 일본에서조차도 그 논의가 활성화되지 않았으므로[20] 거시적 차원에서의 비교법 검토는 논외로 한다. 다만, 위 나라들의 법제 및 제도로부터의 주요논제에서의 대안제시 및 시사점 도출이 가능한 영역에서

---

16 독일에서 민사유치권은 법적성격이 물권이 아니라 채권이기 때문에(Claus Ahrens, Zivilrechtliche Zuruckbehaltungsrechte, 2002, S. 19) 부동산 경매절차에서의 매수인이나 저당권자에 관한 유치권의 대항력 또는 우열 문제는 발생하지 않는다.

17 프랑스의 유치권(droit de rétention)은 채권적 급부거절권으로 이해하여야 하고(정두진, "프랑스 민법에서의 유치권제도에 관한 소고", 국제법무 제4집 제2호, 제주대학교 법과정책연구소, 2012, 87면) 굳이 담보물권으로 취급하기에는 어려움이 있다(M. Bourassin, Brémond et Jobard-Bachellier, Droit des sûretés, 2e éd., Sirey, 2010, n° 1384). 프랑스 유치권(droit de rétention)은 채무자의 물건을 소지하는 채권자가 자신의 채권이 실현될 때까지 그 물건의 반환에 거절할 수 있는 권능일 뿐이지 누구에게나 주장할 수 있는 물권성을 가진다고 볼 수는 없다(M. Bourassin, V. Brémond et M. -N. Jobard-Bachellier, Droit des sûretés, 2e éd., Sirey, 2010, n°1346 ; M. Cabrillac, Ch. Mouly, S. Cabrillac et Ph. Pétel, Droit des sûretés, 8e éd.,Litec, 2008, n° 589 ; etc). 따라서 유치권의 우열논제와 비교가 어렵다.

18 스위스에서의 민사유치권은 법적 성격이 물권으로 판단된다 할지라도 동산 또는 유가증권만을 대상으로 하고 있고 건물은 제외하고 있으므로 역시 유치권의 우열 문제가 발생하지 않는다(ZGB 895 Ⅰ).

19 일본은 우리와 유치권 법제가 매우 유사하여 우리 유치권의 우열논제와 비교가 가능하다.

20 유치권 개정안은 특정 외국 법제에 기대지 않고 한국법 및 한국적인 현실을 근거로 만들어낸 몇 안 되는 우리만의 성과물이기 때문이다(권영준, "유치권에 관한 민법 개정안 소개와 분석", 서울대학교 법학 제57권 제2호, 2016, 179면). 일본에서는 속칭 신뢰사회라는 명목하에 사기 · 강박 등을 통한 허위유치권 사건이 실무상 거의 발생하지 않기 때문에 우리와 매우 유사한 유치권 법제에 있을지라도 실무상 유치권이 우리만큼 크게 문제시되지 않는다. 따라서 일본에서는 유치권 개정안 논의도 당연히 활성화되어 있지 않다.

는 비교법적 논의를 검토하고자 한다.

이 문제의식을 토대로 본문에서는 유치권 개정안을 부동산 경매 압류 단계(Ⅱ), 현금화단계(Ⅲ), 배당단계(Ⅳ)로 분류하여 검토하며 개정안의 한계를 적시하고자 한다. 해당 부분(Ⅱ~Ⅳ)에서는 부동산 경매절차 각 단계에서 유치권의 우열을 중심으로 개정안의 한계를 구체적으로 검토한다. 한계를 검토하였으므로 이제는 유치권 존치를 위한 입법적 대안을 검토한다(Ⅴ). 마지막으로는 지금까지 논의한 내용을 정리하며 입법 실무상 주목해야 할 관점도 개진하고자 한다(Ⅵ).

Ⅱ. 부동산 경매 압류단계에서 개정안의 한계

1. 유치권 개정안에서의 부동산 경매 압류단계의 의의

부동산경매 압류(경매개시결정)단계는 제1단계의 집행처분으로 금전채권의 만족을 얻기 위할 목적으로 채무자가 소유하고 있는 특정 부동산을 국가의 지배하에 두고 채무자의 처분권을 사실상 또는 법률상으로 금지하는 국가집행기관의 강제적인 행위이며 공권적인 행위이다.[21]

부동산경매 압류단계에서 개정안을 검토할 경우 핵심은 선행(가)압류채권에 대한 유치권의 우열상 불합리성 논제이다. 유치권이 (가)압류채권보다 선행하고 있는 경우에는 실무상 그다지 문제가 발생하지 않기 때문이다.[22] 따라서 부동산 경매 압류단계에서는 선행(가)압류채권에 대한 유치권의 우열을 중심으로 개정안을 검토할 필요가 있다. 이는 선행(가)압류채권에 대한 유치권의 우열을 논하게 되면 현행 유치권의 우열상 지위보다 개정안이 적용될 경우

---

21 이시윤, 「신민사집행법(제8개정판)」, 박영사, 2020, 264면; 김상수, 「민사집행법(제4판)」, 법우사, 2015, 146면; 김홍엽, 「민사집행법(제4판)」, 박영사, 2017, 146면; 사법연수원, 「민사집행법」, 사법연수원, 2015, 121면; 전병서, 「민사집행법」, Justitia(유스티치아), 2020, 179면.

22 荒木新五, "競売で買収人に対する留置権の主張の有無", 判例タイムズ No. 1150, 2004, 95頁.

에서의 유치권의 우열상 지위가 지나치게 약화된다는 불합리성[23]이 있기 때문이다. 아래에서는 위 논제들에 대하여 검토한다.

2. 선행(가)압류채권에 대한 유치권의 우열상 불합리성

아래와 같이 개정안 제369조의2에 따르면 미등기 부동산에 대하여 유치권자의 저당권설정청구권은 등기가 완료된 날로부터 6개월의 기간 내에 소로 행사하지 않는 경우에는 소멸되도록 규정하고 있다.

현행	개정안
<신 설>	제369조의2(부동산 유치권자의 저당권설정청구권) ① 제320조 제2항에 의한 부동산 유치권자는 그 부동산이 등기된 때에는 부동산 소유자에 대해서 그 피담보채권을 담보하기 위하여 그 부동산을 목적으로 한 저당권의 설정을 청구할 수 있다. 유치권이 성립한 후 부동산의 소유권을 취득한 자에 대해서도 또한 같다. ② 제1항의 권리는 채권자가 그 부동산이 등기된 날로부터 6개월 내에 소로써 행사하지 아니하면 소멸한다. ③ 제1항에 따른 저당권은 그 채권의 변제기에 설정된 것으로 본다.

개정안이 적용되면 미등기 부동산의 보존등기가 완료된 날로부터 6개월의 기간 내에 본래 유치권자가 저당권설정청구의 소를 제기하는 경우 미등기 부동산에 대한 유치권이 저당권으로 전환되는 경우를 예상할 수 있다. 이 때 저당권으로 전환되기 이전의 본래 유치권의 변제기 시점이 선행압류의 등기시기보다 이른 시기에 도래하는 경우[24] 선행압류에 대한 유

---

23 선행(가)압류채권에 대한 유치권의 우열을 논하게 되면 현행 유치권의 우열상 지위보다 개정안이 적용될 경우에서의 유치권의 우열상 지위가 단순히 약화된다는 단편적인 측면만으로 불합리성을 도출한 것은 아니다. 선행(가)압류채권에 대한 현행 유치권의 우열상 지위와 개정안이 적용될 경우에서의 유치권의 우열상 지위를 합리적으로 비교해볼 경우 후자가 불합리적으로 지나치게 열후적 지위에 놓이게 되기 때문이다.

24 저당권으로 전환되기 이전의 본래 유치권의 변제기 시점이 선행압류의 등기시기보다 더 앞선 시기에 도래하게 되는 경우가 문제 되는바, 이 논제에 있어서 정당한 유치권의 경우는 변제기 소급이 문제가 되지 않을 것이나 부당한 유치권(허위·가장유치권 포함)의 경우는 문제가 될 것이다. 따라서 이하에서 언급하는 변제기 소급효 법리에

치권자는 압류의 처분금지효에 저촉되지 않고 우선변제를 받을 수 있다. 이는 선행압류에 대하여 본래 유치권자는 대항할 수 없어 피담보채권을 변제받지 못하는 현행 대법원 판례 법리[25]와 비교해볼 때, 개정안에 따를 경우 본래 유치권자는 피담보채권을 변제받을 수 있게 된다.[26] 따라서 개

따른 문제의 발생은 주로 부당한 유치권(허위·가장유치권 포함)에서의 상황을 의미함을 유의할 필요가 있다.

25 현재 확립된 대법원 판례는 선행압류에 대한 유치권으로 대항할 수 없고 부동산 경매절차상의 매수인에 대해서도 대항할 수 없다는 법리이다(대법원 2005. 8. 19. 선고 2005다22688 판결; 대법원 2006. 8. 25. 선고 2006다22050 판결; 대법원 2011. 10. 13. 선고 2011다55214 판결 등). 본 대법원 판례(2005다22688)가 판시되기 이전까지는 선행압류에 관하여 유치권으로 대항할 수 있다는 대항력긍정설의 법리가 다수였으며 예외가 거의 없었다. 그러나 선행압류채권에 대하여 유치권으로 대항할 수 없다는 본 대법원 판결(2005다22688)의 법리가 판시된 이후에는 줄곧 이러한 경향의 법리를 제시하고 있다(이재석, "선행압류채권에 관한 유치권의 우열 토론문", 한국민사집행법학회 2020년 하계정기학술대회, 한국민사집행법학회, 2020, 2면). 한편, 대법원 판결(2005다22688)과 대법원 판결(2009다60336)의 경우 결론은 동일하나 그 근거법리를 달리(기존의 "압류의 처분금지효" 법리에서 "경매(집행)절차에서의 법적 안정성" 법리)하기도 하였으나 선행압류에 대하여 유치권으로 대항할 수 없다는 결론은 동일하게 판시하였다. 또한, 선행압류에 대하여 유치권으로 대항할 수 없다는 법리는 우리와 일본에서는 자명한 것으로도 판단되고 있다. 따라서 현 상황에 있어서는 선행압류채권에 대하여 유치권으로 대항할 수 없다는 법리가 정착된 것으로 판단된다. 따라서 정착된 것으로 평가받는 대법원 판결 법리(2005다22688, 2009다60336 등)와 개정안 법리를 비교 분석한 것이다.

26 유치권의 피담보채권의 변제기 시점은 압류 이전에 이미 도래하였지만 압류 이후에 점유의 이전으로 인하여 유치권을 취득하게 된 경우에는 유치권자는 압류채권자 또는 매수인에 대하여 대항할 수 없다. 이와 같이 대항할 수 없는 유치권자가 저당권설정청구 소 제기 상황을 예로 들어 검토할 부분이 있다. 이 경우 저당권설정등기가 부동산 경매절차 도중에 경료되는 경우 이 저당권은 압류채권자 등에 대하여 대항할 수 없는 유치권을 근거로 한 것이므로 이 저당권으로는 압류채권자 등에 대하여 대항할 수 없고 압류 이전의 저당권자에 대해서도 당연하게 대항할 수 없다. 따라서 이 때에는 변제기를 기준으로 저당권의 효력을 인정해주지 않는 것으로 판단하는 것이 타당하다는 견해가 있다(김홍엽, "민사유치권 관련 민사집행법 개정안에 대한 비판적 고찰", 성균관법학 제25권 제4호, 성균관대학교 법학연구소, 2013, 158면). 이에 찬동하는바, 본문에서는 선행압류등기 시점보다 본래 유치권의 변제기 시점이 앞서 있었고 점유이전은 변제기 시점보다 더 앞서있는 경우를 의미하는 것이다. 따라서 양자는 서로 대립하는 것이 아닌 양립 가능한 법리이다. 한편, 위 사례에서 압류시기보다 점유를 늦게 한 경우 그러한 행위에 어느 정도 해태의 판단이 개입될 수 있는 경우라면 부동산 소유자는 유치권자의 저당권설정청구를 거절할 수 있는 항변사유로 판단할 수 있을 것이다(임정윤, "부동산 경매 압류·현금화·배당단계에서 유치권의 한계에 관

정안은 현행 유치권자를 더 강하게 보호하게 되는 한계가 있다.

반면, 압류등기 시기 이후에 본래 유치권의 변제기 시기가 도래하는 경우에는 다수설[27] 및 판례의 입장인 개별상대효설[28]의 입장에 따라 유치권자인 저당권자는 압류채권자에 대하여 대항할 수 없어 안분하여 배당받는다.[29] 이는 선행압류채권에 대한 유치권은 본래 대항할 수 없어 피담보채권을 변제받지 못하지만 개정안에 따를 경우 본래 유치권의 변제기 시점이 선행압류 시점보다 늦은 경우라 할지라도 선행압류채권자와 안분하여 배당받을 수 있는 것이다. 이처럼 개정안에 따르게 되면 유치권자에게 더 유리해지므로 개정안은 타당하지 못하다.[30] 이 이유로 현재의 유치권보다 예상치 못한 더 큰 폐해가 발생할 소지가 있는 것이다.

또한, 대법원은 가압류등기 이후 취득한 유치권으로 매수인에 대하여 대항할 수 있다는 법리[31]을 내세우고 있다. 그런데 개정안이 적용되면 가압류 등기 이후 유치권의 변제기가 도래하는 경우 가압류 효력의 주관적 범위와 관련된 학설 중 통설[32] 및 판례인 개별상대효설에 따라 유치권자

한 검토에 대한 토론문", 한국민사소송법학회 제1회 정기학술대회 토론문, 한국민사소송법학회, 2020, 2면).

27 이시윤, "민사집행에 있어서의 주요과제와 ISD", 민사집행법연구 제8권, 한국사법행정학회, 2012, 216면.

28 압류의 효력에 있어서 주관적 범위와 관련된 학설에는 절차상대효설, 그리고 개별상대효설이 있다. 절차상대효설은 부동산을 압류한 채권자의 압류는 압류채권자뿐만 아니라 부동산을 집행하는 절차에 참가하였던 모든 채권자에게 그 효력이 미치는 것으로 파악하고 압류 이후에 채무자가 처분행위를 하게 되면 그 처분행위의 효력은 압류채권자는 물론이고 집행절차에 참가하였던 모든 채권자에 대하여 대항할 수 없다는 것이다. 이와는 달리 개별상대효설의 견해는 부동산을 압류한 이후에 채무자가 행한 처분행위는 압류채권자에 관해서만 대항 불가능하고 처분 이후의 다른 압류채권자 또는 배당요구 채권자에 대해서는 완전하게 유효하다는 것이다(홍봉주, "유치권의 대항력제한", 토지법학 제31권 제1호, 한국토지법학회, 2015, 20면 각주 47번).

29 대법원 1994. 11. 29. 선고, 94마417 결정.

30 유치권자는 선행저당권에 대하여 대항할 수 있고 이 법리는 허위유치권과의 결합을 통해 사회적 문제를 야기하고 있다. 이러한 면을 고려해볼 때 안 그래도 강하게 보호받는 유치권자에게 더 유리한 개정안의 입장은 재고가 필요하다.

31 대법원 2011. 11. 24. 선고 2009다19246 판결.

32 이무상, "부동산 가압류의 처분제한적 효력", 법학논총 제31권 제2호, 단국대학교, 2007, 206면.

에 해당하는 저당권자는 가압류채권자 간 안분하여 배당받게 된다. 이것은 가압류채권자가 유치권 성립시기 보다 선행하는 경우라 할지라도 유치권으로 대항할 수 있으며 유치권자의 피담보채권 전액을 보전받을 확률이 높은 현행 유치권자의 지위와 비교해볼 때, 개정안에 따를 경우 유치권에서 전환된 저당권자가 가압류채권자와 안분하여 배당받게 된다는 면에서 유치권자의 지위가 부당하게 약화되는 문제로 귀결된다.

3. 선행(가)압류채권에 대한 유치권(저당권) 권리보호의 약화 가능성

개정안 제369조의2 규정에서 미등기 부동산을 대상으로 하는 유치권자의 저당권설정청구권은 등기가 완료된 날로부터 6개월의 기간 내에 소로 행사하지 않는 경우에는 소멸하도록 규정하고 있다. 그런데 이는 선행(가)압류채권에 대한 본래 유치권자 입장에서는 그 보호 면에서 미흡한 면이 있다. 미등기건물에 대하여 가압류결정 또는 경매개시결정이 내려진 경우 등기관은 직권으로 소유권보존등기를 행하는바(부동산등기법 제66조), 유치권자가 이 사실을 인지하지 못한 채로 6개월의 기간이 지나가는 경우 유치권자 본인의 의지와는 관련 없이 유치권이 상실될 수 있는 것이다. 또 유치권자가 부동산 상의 권리자로서 자신의 권리를 신고하지 않는 한 이해관계인에 해당되지 않아(민사집행법 제90조) 부동산 경매절차에 관해 아무 통지도 수신할 수 없는 난제가 발생할 수 있다.

Ⅲ. 부동산 경매 현금화단계에서 개정안의 한계

1. 유치권 개정안에서의 부동산 경매 현금화단계의 의의

부동산경매 현금화단계란 압류된 채무자의 부동산을 현금으로 바꾸는 단계이다.[33] 부동산을 현금화하는 국면은 부동산 경매절차에서 집행기관이 부동산을 양도(매각)하면서 대금을 취득하는 방법을 취하고 있으며 이

---

33 사법연수원, 「민사집행법」, 사법연수원, 2015, 122면.

단계가 현금화단계인 것이다.[34]

부동산경매 현금화단계에서의 핵심국면으로는 변제기 소급효에 따른 선행저당권에 대한 유치권(저당권)의 우열상 불합리성의 논제가 있다. 두 번째 핵심쟁점으로는 선행저당권에 대한 정당한 채권자의 우열상 약화 가능성의 논제, 그리고 선행저당권에 대하여 후행하는 3가지 저당권의 존재에 따른 우열상 혼란의 논제가 있다. 이 쟁점들은 선행저당권에 대한 현행 유치권의 우열상 지위보다 개정안이 적용될 경우 유치권의 우열상 지위의 불합리성을 검토할 수 있다는 측면에서 본 부동산경매 현금화단계에서 논의할 수 있을 것이다.[35] 아래에서는 이 구성에 따라 개정안을 검토하기 위해 먼저 민법 개정안 제369조2를 살펴볼 필요가 있다.

2. 변제기 소급효에 따른 선행저당권에 대한 유치권(저당권)의 우열상 불합리성[36]

(1) 민법 개정안 제369조의2 도입취지와 주요 내용

변제기 소급효에 의한 선행저당권에 관한 유치권(저당권)의 우열상 불합리성을 검토하기 위해 먼저 제369조의2를 검토할 필요가 있다. 개정안 제369조의2의 핵심은 기존의 부동산 유치권의 경우 여러 문제가 적시되고

---

34 김상수, 「민사집행법(제4판)」, 법우사, 2015, 150면; 전병서, 「민사집행법」, Justitia(유스티치아), 2020, 180면.

35 구체적인 문제의 쟁점 논의는 Ⅲ. 부동산 경매 현금화단계에서의 개정안 검토 참조.

36 이 쟁점 이외에도 본 개정안에 있어서 저당권설정청구권의 상대방의 범위 확장의 불합리성, 그리고 저당권설정청구권의 법적성격, 저당권설정청구권의 행사기간이 유치권의 부종성에 위배되는지의 여부, 등기된 부동산에 대한 비용지출채권자 등의 저당권설정청구의 상대방의 범위에 "부동산 소유자"로 규정하면서 전용물소권을 인정할 수 있는가의 문제에 관한 논의가 있다. 그러나 유치권 개정안 적용의 핵심인 부동산 경매 현금화단계에서의 유치권의 적용상 문제 범위와는 거리가 있으므로 본고에서는 제외하였다. 한편, 저당권설정청구권의 상대방의 범위 확장의 불합리성에 대한 논의는 전병서, 「민사집행법」, Justitia(유스티치아), 2020, 159면; 전병서, 「민사집행법」, Justitia(유스티치아), 2020, 362-354면; 김미혜, "부동산유치권 관련 개정안에 대한 몇 가지 제언", 아주법학 제8권 제1호, 아주대학교 법학연구소, 2014, 174면 등 참조. 그리고 저당권설정청구권의 법적성격에 대한 논의는 전병서, 「민사집행법」, Justitia(유스티치아), 2020, 159면; 윤진수, "유치권 및 저당권설정청구권에 관한 민법개정안.'

있으므로 전면 폐지하면서 미등기 부동산을 대상으로는 소유권보존등기가 경료되는 경우 유치권을 인정하는 것이다.

현행	개정안
<신 설>	제369조의2(부동산 유치권자의 저당권설정청구권) ① 제320조 제2항에 따른 부동산 유치권자는 그 부동산이 등기된 때에는 부동산 소유자에 대해서 그 피담보채권을 담보하기 위하여 그 부동산을 목적으로 한 저당권의 설정을 청구할 수 있다. 유치권이 성립한 후 부동산의 소유권을 취득한 자에 대해서도 또한 같다. ② 제1항의 권리는 채권자가 그 부동산이 등기된 날로부터 6개월 내에 소로써 행사하지 아니하면 소멸한다. ③ 제1항에 따른 저당권은 그 채권의 변제기에 설정된 것으로 본다.

그런데 상당수 부동산 유치권은 등기 이전에 공사대금청구권 등 부동산에 대해 지출하였던 비용과 관련되어 발생한다. 따라서 선행유치권이 존재하는 상황에서 이러한 유치권이 지속적으로 존속할 경우 제도 개선의 측면에서 실효성이 떨어질 수 있다. 이와는 정반대로 미등기 부동산이 등기가 완료되었을 경우 부동산에 대해 이미 존재하던 유치권이 바로 소멸하는 것으로 보면 유치권자의 입장에서는 그 지위가 지나치게 약화될 소지가 있다. 따라서 본 개정안에서는 유치권을 무한정이 아니라 한시적으로만 존속해야 한다는 것이고 존속시키는 기간 동안 유치권의 연장선에서 저당권설정청구권을 행사 가능하도록 하여 저당권을 설정할 수 있게 하자는 것이다. 이로써 저당권의 효력은 본래 유치권에서의 피담보채권 변제기 시점으로 소급할 수 있도록 하고 그 범위 내에서 기존 유치권자 측의 보호를 꾀한 것이다.[37]

민사법학 제63-1호, 한국민사법학회, 2013, 210면 등 참조. 저당권설정청구권의 행사기간이 유치권의 부종성에 위배되는지의 여부에 관한 논의는 홍봉주, "부동산유치권에 관한 개정안 검토", 일감법학 제31호, 건국대학교 법학연구소, 2015, 21면; 전병서, 「민사집행법」, Justitia(유스티치아), 2020, 161면 참조. 전용물소권이 인정될 수 있다는 논의는 정준영/이동진, "부동산유치권의 개선에 관한 연구," 2009년 법무부 연구용역 과제 보고서, 2009, 27면; 이동진, "물권적 유치권의 정당성과 그 한계", 민사법학 제49권 제1호, 한국민사법학회, 2010, 76면 이하 참조.

37 권영준, "유치권에 관한 민법 개정안 소개와 분석", 서울대학교 법학 제57권 제2호,

개정안 제369조의2 제1항 규정의 주요 내용은 미등기 부동산에 대해 유치권자는 해당 부동산이 등기가 완료되었을 경우 부동산의 소유자(유치권이 성립한 이후 소유권을 취득하게 된 자를 포함)에 대해 저당권설정을 청구할 수 있다. 그리고 미등기부동산에 대해 성립하게 된 유치권은 원칙적으로 해당 부동산이 등기가 완료된 때로부터 6개월이 지나면 소멸한다.[38] 이것은 유치권이 소멸하게 되는 것에 대한 보완으로 6개월의 기간 내에 유치권자가 소유자에 대해 저당권설정을 청구 가능하도록 한 것이다. 유치권은 저당권으로 전환되기 때문에 부동산이 경매될 경우 경매절차에서 저당권은 소멸하고 매수인의 경우 유치권 부담을 지지 않는다는 것이다.[39]

(2) 변제기 소급효에 따른 선행저당권에 관한 유치권(저당권)의 우열상 불합리성

그런데 개정안 제320조 제1항 규정에서는 아래와 같이 유치권과 관련하여 채권이 변제기에 도달한 경우이면 유치권의 성립을 인정하고 있다. 이러한 개정안 규정으로 인해 변제기 소급효가 인정되는바, 이는 부동산경매 현금화 단계에서 가장 문제시되는 선행저당권에 대한 유치권의 우열논제[40]가 선행저당권에 대한 저당권(유치권의 전환 시)의 우열논제로 변경되는 것이다. 이에 따라 이 경우에서의 불합리성이 예상된다.

2016, 158면.

38 법제사법위원회 전문위원 이상용, "민법 개정법률안, 민사집행법 개정법률안, 부동산 등기법 개정법률안 검토보고서', 국회 법제사법위원회, 2013, 3면.

39 윤진수, "유치권 및 저당권설정청구권에 관한 민법개정안", 민사법학 제63-1호, 한국 민사법학회, 2013, 210면.

40 강정규/이용득, "부동산경매에서 유치권 개선방안에 관한 연구", 부동산학보 제62권, 한국부동산학회, 2015, 64면.

현행	개정안
제320조(유치권의 내용)	제320조(유치권의 내용)
① 타인의 물건 또는 유가증권을 점유한 자는 그 물건이나 유가증권에 관하여 생긴 채권이 변제기에 있는 경우에는 변제를 받을 때까지 그 물건 또는 유가증권을 유치할 권리가 있다.	① 타인의 <u>동산</u> 또는 유가증권을 점유한 자는 그 <u>동산 또는 유가증권에 대한 비용 지출로 인한 채권이나 그 동산 또는 유가증권으로 인한 손해배상채권이 변제기에 이른 경우에는</u> 변제를 받을 때까지 그 <u>동산 또는 유가증</u>권을 유치할 권리가 있다.
② 전항의 규정은 그 점유가 불법행위로 인한 경우에 적용하지 아니한다.	② <u>제1항은</u> 그 점유가 불법행위로 인한 경우에는 적용하지 아니한다.

전환된 저당권의 효력은 본래의 유치권의 피담보채권 변제기 시점으로 소급한다. 이것은 채권의 변제기 시기에 저당권을 등기하려고 하였으나 해당 건물의 보존등기가 완료되지 않았으므로 저당권 설정이 불가능한 사정을 고려하면서 다른 담보권자들보다 우선변제권을 부여해주기 위한 것이다. 이러한 측면에서 개정안 제369조의2에서의 저당권설정등기는 등기한 시점부터 효력이 발생하게 되는 일반적 저당권설정등기와는 구별된다. 개정안에 따를 경우 위 제1항 규정에 의해 추후에 설정되는 저당권설정등기의 변제기 시기가 선행하고 있는 저당권설정등기의 등기된 시점보다 앞서게 되는 경우가 발생할 수 있다. 추후에 설정된 저당권설정등기가 선행하고 있는 저당권설정등기보다 우선하게 되는 경우가 발생할 수 있는 것이다. 이것은 부동산 등기 순위에서 등기 시점을 기준으로 우열을 나눈다는 일반적 원칙인 "시간에 있어 더 빠르면 권리에 있어 더 강하다(Prior tempere potier jure)"라는 대원칙에 대한 예외인 것이다. 여기서 저당권설정청구권은 유치권의 연장 또는 변형으로 파악하여야 하므로 이처럼 소급효적인 효력으로 판단할지라도 정당화할 수 있다는 것이다.[41]

그런데 이 개정안 입장은 부동산 유치권의 전면적 폐지논제와 동시에 가장 논쟁이 많은 부분이고[42] 담보권 질서에도 반하여 이질적 모습으

41 윤진수, "유치권 및 저당권설정청구권에 관한 민법개정안", 민사법학 제63-1호, 한국민사법학회, 2013, 211면; 윤철홍, "유치권의 개정방향", 법학논총 제31집, 2014, 163면.

42 권영준, "유치권에 관한 민법 개정안 소개와 분석", 서울대학교 법학 제57권 제2호,

로 보여질 수 있다.[43] 그리고 개정안에 의할 경우 위 취득 후에 그 미등기 부동산의 유치권자가 개정안 제369조의2 규정에 따라 저당권설정청구권을 행사할 경우 이 행사에 의하여 추후에 성립한 저당권의 우선변제의 순위가 등기부상에 기재된 내용만을 신뢰하였던 선행저당권자 등보다 우선하게 되는 상황이 발생할 수 있다. 이 경우 등기부의 기재내용을 신뢰하고 있던 선행저당권자 등은 예측 불가능한 손해를 입을 수 있다.[44] 결국은 등기 부동산의 유치권 폐지를 통해 해결하고자 한 저당권자 등의 이해관계인의 신뢰 문제와 부동산 거래 안전 침해의 문제는 충분히 해소되지 않는 것이다.[45]

현행 유치권 제도에서도 유치권자는 다른 경매신청인에 의해 진행되는 경매절차에서 유치물의 유치를 통해 사실상의 우선변제를 받거나 유치권자 스스로 유치권에 기한 경매절차를 신청하여 일반채권자의 지위에서 변제를 받는다. 그런데 개정안 제369조의2에 따르면 부동산 경매절차 진행 중 저당권설정청구의 소에 의해 저당권설정등기가 경료된 경우 피담보채권의 변제기 시점을 기준으로 저당권이 설정되었던 것처럼 취급된다. 즉, 부동산 경매 현금화단계에서 선행저당권에 관한 유치권의 우열 논제가 선행저당권에 관한 저당권의 우열 논제로 전환된다. 여기서 후행하고 있는 저당권의 변제기 시점은 본래 유치권의 변제기 시점으로 소급되는 점이 문제될 수 있다. 유치권자는 개정안이 적용되지 않는 현재도 선행저당권에 대하여 대항할 수 있다는 것이 대법원의 법리[46]이다. 그런데 개정안이 적용될 경우 선행저당권에 대하여 대항할 수 있는 현 실정에서 선행저당권에 대하여 유치권에서 전환된 저당권으로도 대항할 수 있게 된다. 이는 안 그래도 선행저당권의 교환가치를 잠식시킬 수 있다는 비판을 받고 있

2016, 162면.

43 홍봉주, "유치권의 대항력제한", 토지법학 제31권 제1호, 한국토지법학회, 2015, 19면.

44 성민섭, "부동산 유치권 제도의 개선을 위한 민법 등 개정법률안에 대하여 -등기 부동산에 대한 유치권 폐지(안) 등의 재고를 기재하며-", 외법논집 제38권 제1호, 한국외국어대학교 외국학종합연구센터 법학연구소, 201, 199면.

45 김송, "유치권관련 개정안에 대한 재고", 법학연구 제24권 제1호, 경상대학교 법학연구소, 2016, 190면.

46 대법원 2009. 1. 15. 선고 2008다70763 판결.

는 기존 유치권자가 법적으로 우선변제를 받을 수 있는 지위가 더 현저하게 강화될 수 있는 것이다.

한편, 이것은 현행 제도에서 상사유치권[47]이 아닌 민사유치권의 적용국면상 저당권이 이미 설정되어 있는 부동산에 대하여 유치권이 성립한 때에도 소유자나 매수인에 대하여 대항할 수 있다고 판단하고 있는 점[48](물론 여러 제약이 존재한다. 압류 이후 점유이전으로 인하여 유치권이 성립한 경우 압류채권자에 대하여 대항할 수 없다는 법리,[49] 그리고 신의칙에 따른 제약도 있는 것이다[50])에 한정하여 판단할 경우에는 현행 제도보다 개정안의 입장이 유치권자의 지위를 무조건적으로 강화해주는 것은 아님을 유의할 필요가 있다.

그리고 개정안에 따를 경우 선행저당권에 대해 유치권으로 대항할 수 있다는 법리에서 선행저당권에 대한 후행저당권(본래 유치권)의 대항할 수 있다는 법리로 전환된다. 더 나아가 후행저당권의 경우 본래의 유치권의 변제기 시점이 선행저당권의 등기시점보다 앞서게 되는 경우까지도 인정해주게 되는바, 이 경우 유치권자(전환 시 저당권자)와 선행저당권자 간 형평성 문제가 발생한다. 선행저당권자는 본래 등기시점을 근거로 대항할 수 있는 지위에 불과하나 전환 시 (본래 유치권자에서 전환한)후행저당권자는 그 효력이 발생하는 변제기의 시점을 본래 유치권에서의 변제기 시점으로 소급이

---

47 부동산 경매 현금화단계에서 선행저당권에 관한 상사유치권은 선행저당권에 대하여는 대항할 수 없으나 후행저당권에 대해서는 대항할 수 있는 대항관계설의 법리(이상태, "유치권에 관한 연구-대항력제한을 중심으로-대법원 2009. 1. 15. 선고 2008다70763 판결", 토지법학 제26-1호, 2010, 101-102면; 오시영, "부동산 유치권 강제집행에 대한 문제점과 입법론적 고찰", 토지법학 제23권 제2호, 2007, 231면; 일본에서는 生熊長幸, "建築請負代金債權による敷地への留置權と抵當權(下)"「金融法務事情」第1447号, 1996, 45頁)를 보여주고 있다(대법원 2013. 2. 28. 선고 2010다57350 판결).

48 대법원 판례의 입장은 민사유치권에 있어서 저당권이 설정되어 있는지의 여부는 유치권 성립 및 행사를 함에 있어 장애가 되지 않는다는 의미이다. 즉, 선행저당권에 대해서도 유치권을 근거로 대항할 수 있다는 판단을 하고 있다(대법원 2009. 1. 15. 선고 2008다70763 판결); 남준희, "저당권 설정 후 경매개시결정의 기입등기 이전에 취득하게 된 유치권의 효력-대상판결:대법원 2009. 1. 15. 선고 2008다70763 판결-", 동북아법연구 제3권 제2호, 2009, 541면.

49 대법원 2005. 8. 19. 선고 2005다22688 판결; 대법원 2011. 10. 13. 선고 2011다55214 판결.

50 대법원 2011. 12. 22. 선고 2011다84298 판결.

가능하여 이 경우 후행저당권자는 변제기 시점을 선택할 수 있다는 지위를 가지게 되는 것이다. 따라서 양자 간 형평성도 문제될 수 있는 것이다.

또한 후행저당권자는 변제기 시점을 선행저당권의 등기시점보다 앞서는 점을 악용할 수도 있다. 기존 유치권 제도에서의 가장 큰 폐해는 허위유치권인바, 저당권의 변제기가 소급이 가능한 측면을 악용하면서 그대로 허위저당권의 모습으로 전환될 우려가 크다. 그러므로 굳이 유치권을 폐지할 것이 아니라 기존의 유치권을 유지하되 몇몇 입법안만 추가하는 것으로도 유치권 문제를 합리적으로 해결해나갈 수 있다.[51]

3. 선행저당권에 의한 채권자의 열후적 지위 가능성[52]

선행저당권에 의한 채권자의 열후적 지위 가능성 논제를 검토하기 위해서도 개정안 제369조의3을 먼저 살펴볼 필요가 있다.

---

51 기존 유치권을 존치하면서 추가 몇몇 입법안을 통하여 합리적인 유치권의 운용방안에 대한 구체적 논의는 V. 유치권 존치를 위한 입법적 대안 부분 참조.

52 이 쟁점 외에도 개정안 제369조의3과 관련된 논제로는 개정안 제369조의3 제1항이 마련됨에 따라 그 내용이 동일한 민법 제666조 규정의 존치 여부, 그리고 저당권설정청구권을 행사할 경우 판례가 인정하지 않고 있는 전용물소권 인정에 의한 법적 불안정성 등의 쟁점이 있다. 그러나 본 연구범위에 해당하는 부동산 경매 현금화단계에서 유치권의 우열상 적용국면에서의 논의범위와는 거리가 있으므로 본고에서는 제외하였다. 한편, 민법 제666조의 존치 여부에 대해서는 윤진수, "유치권 및 저당권설정청구권에 관한 민법개정안", 민사법학 제63-1호, 한국민사법학회, 2013, 217면; 정종휴, 「주석민법 채권각칙(4)(제3판)」, 한국사법행정학회, 1999, 206면; 김홍엽, "민사유치권 관련 민사집행법 개정안에 대한 비판적 고찰", 성균관법학 제25권 제4호, 성균관대학교 법학연구소, 2013, 151면 각주 6번; 홍봉주, "유치권의 대항력제한", 토지법학 제31권 제1호, 한국토지법학회, 2015, 33면 참조. 전용물소권의 인정으로 인한 법적 불안정성에 관하여는 김미혜, "부동산유치권 관련 개정안에 대한 몇 가지 제언", 아주법학 제8권 제1호, 아주대학교법학연구소, 2014, 175면 참조.

(1) 민법 개정안 제369조의3 도입취지와 주요 내용

현행	개정안
<신 설>	제369조의3(유치권자 아닌 채권자의 저당권설정청구권) ① 등기된 부동산에 대한 비용지출로 인한 채권 또는 그 부동산으로 인한 손해배상채권을 가진 채권자는 그 채권을 담보하기 위하여 변제기가 도래하지 않은 경우에도 부동산 소유자에 대해서 그 부동산을 목적으로 한 저당권의 설정을 청구할 수 있다. 그러나 저당권설정청구권이 성립한 후 부동산소유권을 취득한 제3자에 대해서는 그러하지 아니하다. ② 부동산이 등기된 후 제320조 제2항 또는 제328조에 의하여 유치권을 상실하게 된 채권자도 제1항의 권리를 행사할 수 있다.

개정안 제369조의3 규정에서는 등기가 완료된 부동산에 관하여 제320조 제2항에서의 채권 즉, 비용지출에 따른 채권자나 부동산에 관한 손해배상채권을 가지고 있는 채권자도 저당권설정청구권을 행사 가능하다.[53] 이경우 앞서 살펴본 제369조의2 규정과는 달리 피담보채권의 변제기가 도래할 것을 요구하지 않고 목적물을 점유해야 할 필요도 없다.[54] 건축물과 관련된 공사 계약이 체결된 경우 저당권 등기 후에 공사대금액수가 증가한 상황이 나타날 수도 있는바, 이 경우 피담보채권의 변경등기가 되어야만 증가한 대금액수에 대하여 우선변제권을 주장할 수 있다.[55]

(2) 선행저당권에 의한 채권자의 열후적 지위 가능성

그런데 개정안에 따르게 될 경우 정당한 채권자가 소외될 수 있다. 개정안 제369조의3 규정은 등기 부동산에 관한 유치권 폐지의 보완으로 유

---

53 법제사법위원회 전문위원 이상용, "민법 개정법률안, 민사집행법 개정법률안, 부동산 등기법 개정법률안 검토보고서', 국회 법제사법위원회, 2013, 4면.

54 권영준, "유치권에 관한 민법 개정안 소개와 분석", 서울대학교 법학 제57권 제2호, 2016, 167면.

55 윤진수, "유치권 및 저당권설정청구권에 관한 민법개정안", 민사법학 제63−1호, 한국민사법학회, 2013, 215면.

치권자에 해당하지 않는 채권자의 저당권설정청구권을 신설함을 규정하고 있다.[56] 현행법상 유치권에 따른 보호 대상에도 분명히 포함되고 공평의 원칙상으로도 당연히 보호받아야 하는 정당한 채권자가 저당권설정청구권만으로는 충분하게 보호받기 힘들고 소외될 수 있는 문제는 충분히 발생할 수 있는 것이다. 특히, 부동산 경매 현금화단계에서 선행저당권에 대한 유치권의 우열 논제에서 개정안이 적용될 경우 다음의 문제가 예상된다.

오늘날 흔하게 접할 수 있는 건물의 증·개축 공사에 있어서 공사업자가 자신의 비용을 들이면서 공사를 진행하는 경우 불합리성이 있다. 현행법상 공사업자는 자신의 공사대금을 변제받을 때까지는 그 증축 부분만에 대하여는 점유를 통하여 유치권을 행사할 수 있다.

그러나 위 개정안에 따를 경우 이 공사업자는 매우 애매한 상황에 직면할 수 있다. 그 증축부분이 독립되어진 구분 건물로 판단되는 때에는 미등기 부동산으로 판단하여 공사업자가 유치권을 행사 가능하기 때문에 문제되지 않는다. 그런데 증축 이후 현존하는 건물 전체가 하나의 건물로 판단이 되는 경우라면 증축된 부분이 기존의 건물의 부합물이 되는 때 그 증축부분만에 대해 유치권을 취득할 수가 없다. 증축 이후의 현존 건물 전체에 대하여 저당권설정청구권만 행사할 수 있게 되기 때문이다.[57]

그런데 이와 같이 증축 후의 건물 전체가 하나의 건물로 판단될 경우 기존의 건물에 대해 설정된 선행저당권이 존재하는 경우 이 선행저당권의 효력은 특별 사정이 없는 한, 당연하게 그 증축부분에까지 미친다. 그 결과로 증축부분에 대해 비용을 들여 공사한 공사업자인 유치권자는 저당권설정청구권을 행사하면서 저당권을 취득하게 될 경우라 할지라도 그러한 저당권으로는 기존의 건물에 대한 선행저당권과 비교해볼 때 후순위에 머물 수 있다. 또한 공사업자는 비용과 노력을 들여서 공사하였던 증축부분에서의 증가된 가치부분조차도 선행저당권자보다 후순위의 지위에서 받게

---

56 개정안에 있어서는 저당권설정청구권의 피담보채권의 범위는 등기된 부동산에 대한 비용지출에 따른 채권이나 해당 부동산에 따른 손해배상채권 즉 다른 물건에 있어서의 유치권의 피담보채권과 동일하게 규정하였는바, 이는 등기부동산에 관한 유치권 폐지의 보완임을 분명히 한 것이다.

57 독립되어 소유권 객체로 되어야만 유치권의 목적물로 가능하기 때문이다.

될 수밖에 없는 불합리의 문제가 있다.[58]

여기서 더 문제되는 것은 증축부분이 독립된 구분건물로 인정되기 위해서는 구조상, 이용상의 독립성, 그리고 소유자의 구분행위가 필요[59]하다는 점이다. 증축부분이 구조상, 이용상의 독립성이 인정되지 않는 경우라면 모르겠으나 그 독립성이 인정되는 경우라 할지라도 소유자의 구분소유 의사에 의해 공사업자의 법적인 지위가 크게 좌지우지되는 심각한 문제가 발생할 수 있는 것이다. 이는 불공평하고 불합리한 것이다.[60] 개정안대로 시행되면 부동산 경매 현금화단계에서 이 공평의 원칙상으로도 당연하게 보호받아야 하는 정당한 채권자가 보호의 대상에서 불합리하게 제외되는 문제는 피하기 힘들 것이다.

(3) 선행저당권에 관한 3가지 저당권 유형화에 따른 우열상의 혼란

개정안 제369조의3 규정에 의하면 저당권설정청구권의 행사에 의해 설정되는 저당권의 유형은 제369조의2에서의 저당권, 제369조의3에서의 저당권, 그리고 민법 제666조에서의 저당권이다.

이러한 저당권의 성립요건이나 효력 및 그 해석과 관련하여 부동산 경매에 관심이 있거나 참여하는 국민에게 혼란을 가중시킬 우려가 있다. 법률전문가가 아닌 일반인은 저당권을 설정하는 시기에 등기번호에 의해 권리의 선후관계가 결정된다고 이해한다. 그런데 개정안 제369조의2 규정에 따를 경우 그렇게 되지 않고 저당권의 변제기 시기에 저당권의 우선순위가 결정되므로[61] 이들이 이를 이해하거나 경매절차에 적용하기에는 어려

---

58 이 문제를 해결하기 위하여 유치권설정청구권을 인정해야 한다는 견해(오시영, "법무부 민법개정시안 중 유치권에 대한 대안 제시 (Ⅱ)", 법학논총, 제32집 제3호, 전남대학교 법학연구소, 2012년, 252면)와 법정담보물권에 해당하는 유치권의 본질적 측면에서 맞지 않고 등기 부동산에 관하여 유치권을 인정하면 해결될 문제라는 견해(성민섭, "부동산유치권제도의 개선을 위한 민법 등 개정법률안에 대하여", 외법논집 제38권 제1호, 한국외국어대학교법학연구소, 2014, 200면)도 제시되고 있다.

59 대법원 1999. 7. 27. 선고 98다32540 판결.

60 성민섭, "부동산유치권제도의 개선을 위한 민법 등 개정법률안에 대하여", 외법논집 제38권 제1호, 한국외국어대학교법학연구소, 2014, 200면.

61 오시영, "유치권 관련 민법개정안에 대한 검토", 강원법학 제38권, 강원대학교 비교법

운 면이 있는 것이다. 그리고 부동산 경매 현금화단계에서 선행저당권에 대한 유치권의 우열 논제가 선행저당권에 대한 3가지 저당권의 우열의 논제로 혼재된다. 이러한 3가지 저당권이 선행저당권보다 더 선행 또는 후행하는 등 실무상 그 혼란이 가중될 우려가 높다.

선행저당권에 대해 개정안 제369조의2 규정에서의 저당권이 후행하는 경우 후행저당권은 개정안대로 피담보채권 변제기설[62]이 적용되면 선행저당권에 대해 후행저당권은 전환되기 이전의 본래의 유치권의 변제기 시기로 소급할 수 있게 된다. 결국 선행저당권에 대해 후행저당권으로 대항할 수 있게 된다. 그리고 선행저당권에 대해 개정안 제369조의3 규정에서의 저당권이 후행하는 경우 후행저당권은 소급효가 인정되지 않기 때문에 선행저당권에 대해 대항할 수 없다. 마지막으로 선행저당권에 대해 민법 제666조 규정에서의 후행저당권의 경우 민법 제666조에 따라 부동산공사상 수급인은 전조에서의 보수에 대한 채권을 담보할 목적으로 해당 부동산을 목적으로 하는 저당권설정을 청구할 수 있다. 이러한 후행저당권[63]은 선행저당권에 대해 역시 대항할 수 없다.

그렇다면 부동산 경매 현금화단계에서 선행저당권에 관한 유치권의 우열논제에서 선행저당권에 관한 3가지 저당권의 대항 여부에 대해 대항할 수 있게 되거나 대항할 수 없게 되는 등 각기 다른 모습으로 발현될 수 있으므로 우열상 혼란의 여지가 있다.

학연구소, 2013, 76면.

62 권영준, "유치권에 관한 민법 개정안 소개와 분석", 서울대학교 법학 제57권 제2호, 2016, 163면.

63 이 후행저당권은 민법 제666조를 근거로 한 후행저당권인바, 이 규정은 강행규정으로 판단하기에는 다소 무리가 있다는 측면(장건/서진형, "허위·가장유치권의 문제점과 유치권등기의 필요성", 대한부동산학회지 제30권 제1호, 대한부동산학회, 2012, 224면)이 있고 채권적 청구권으로 판단하고 있어(곽윤직 대표집필, 「민법주해 XV」, 박영사, 1997, 451면(김용담 집필); 오시영, "법무부 민법개정시안 중 유치권에 대한 대안제시 (Ⅱ)", 법학논총, 제32집 제3호, 전남대학교 법학연구소, 2012년, 245면) 그 대항력이 약하다.

Ⅳ. 부동산 경매 배당단계에서 개정안의 한계

1. 유치권 개정안에서의 부동산 경매 배당단계의 의의

현금화된 것을 채권자에게 교부하여 채권자가 만족을 얻은 경우 부동산 경매는 목적을 달성하고 채권자와 경합하는 자가 없는 경우 종료한다. 그러나 본 경매절차에서 채권자와 경합하는 자가 있는 경우에는 현금화한 금원을 채권자에게만 교부할 수는 없다. 따라서 본 경매절차에 참가한 모든 채권자들 간 권리관계를 조정하고 그 순위에 따라 만족을 주는 절차가 부동산 경매 배당단계이다.[64]

부동산 경매 배당단계에서의 개정안에서는 허위유치권자에 의한 저당권설정청구의 소 제기에 관한 유치권자의 우열 논제의 검토가 주요 논점이 될 수 있다.[65] 개정안에 따르면 단순하게 저당권설정청구의 소를 제기했다는 사실만으로도 배당요구를 할 수 있다. 그런데 이것은 실질적으로

---

64 오시영, "법무부 민법개정시안 중 유치권에 대한 대안 제시 (Ⅱ)", 법학논총, 제32집 제3호, 전남대학교 법학연구소, 2012년, 375면; 사법연수원, 「민사집행법」, 사법연수원, 2015, 122면; 전병서, 「민사집행법」, Justitia(유스티치아), 2020, 180면.

65 부동산 경매 배당단계에서 추가 쟁점으로는 배당요구권자 추가에 따른 문제, 저당권설정청구의 소 제기와 관련하여 ⅰ)저당권설정청구 기간(6개월)보다 앞서게 되는 배당요구 종기의 부당성, ⅱ)보존등기 이후 6개월 이내 경매절차 진행시 배당요구를 하지 않은 유치권자의 배당, ⅲ)저당권설정청구의 소송계속 중 유치권이 소멸하는 경우에 있어서의 배당, ⅳ)미등기부동산을 대상으로 하는 유치권자의 배당 확정의 문제 등을 검토할 수 있다. 그러나 이 논제들은 부동산 경매절차 압류 · 현금화 · 배당단계에서 유치권의 우열 범위와는 거리가 멀어 본 연구에서 제외하였다. 한편, 배당요구권자 추가에 따른 문제에 관하여는 오시영, "유치권 관련 민법개정안에 대한 검토", 강원법학 제38권, 강원대학교 비교법학연구소, 2013, 132면; 홍봉주, "유치권의 대항력제한", 토지법학 제31권 제1호, 한국토지법학회, 2015, 33면; 한상곤, "민사집행절차에서 본 유치권의 개정안에 대한 고찰", 경희법학 제50권 제1호, 경희법학연구소, 2015, 161면; 권영준, "유치권에 관한 민법 개정안 소개와 분석", 서울대학교 법학 제57권 제2호, 2016, 175면 참조. 그리고 저당권설정청구의 소 제기와 관련된 위 4가지 쟁점에 관하여는 김홍엽, "민사유치권 관련 민사집행법 개정안에 대한 비판적 고찰", 성균관법학 제25권 제4호, 성균관대학교 법학연구소, 2013, 154-155면, 164-166면,; 윤진수, "유치권 및 저당권설정청구권에 관한 민법개정안", 민사법학 제63-1호, 한국민사법학회, 2013, 225면; 오시영, "유치권 관련 민법개정안에 대한 검토", 강원법학 제38권, 강원대학교 비교법학연구소, 2013, 132면; 채영수, "배당이의와 부당이득반환청구", 대법원판례해설 제10호(1988년 하반기), 법원도서관, 1989, 95면 참조.

유치권을 가지고 있지 않은 자가 임의적으로 저당권설정청구 소를 제기한 이후 배당요구를 하게 되는 문제[66] 즉, 가장·허위유치권자가 저당권설정청구 소를 제기한 이후 배당신청을 하는 문제가 발생할 수 있으므로 배당단계에서도 논의가 가능하다.

2. 허위유치권자의 저당권설정청구의 소 제기에 따른 유치권자의 배당상 우열

단순히 저당권설정청구의 소를 제기하였다는 사실만으로 배당요구를 할 수 있도록 하는 것은 유치권을 가지고 있지 않은 자가 임의적으로 저당권설정청구의 소를 제기한 이후 배당요구를 할 수 있는 문제가 발생할 수 있다[67] 또한 가장·허위유치권자가 저당권설정청구의 소를 제기한 이후 배당을 신청하는 경우가 발생할 수도 있는 것이다.[68]

민사집행법 개정안 제88조 제1항 규정에 따라 유치권자는 저당권설정청구의 소를 제기한 이후 배당요구 종기까지 배당요구를 행하여 배당에 참가할 수 있다. 그러나 유치권의 성립여부가 부동산 경매절차에서 분명하게 증명되지 않은 한 자신이 유치권자라고 주장하는 자가 저당권설정청구 소를 제기하였던 사실만을 충족한 경우 배당요구채권자의 지위를 가질 수 있는 문제가 있다.[69] 이는 부동산경매 압류단계에서 선행압류채권에 대

---

66 김상수 교수가 이 지적을 하였다(윤진수, "유치권 및 저당권설정청구권에 관한 민법개정안.' 민사법학 제63-1호, 한국민사법학회, 2013, 225면).

67 김상수 교수가 이 지적을 하였다(윤진수, "유치권 및 저당권설정청구권에 관한 민법개정안.' 민사법학 제63-1호, 한국민사법학회, 2013, 225면).

68 김홍엽, "민사유치권 관련 민사집행법 개정안에 대한 비판적 고찰", 성균관법학 제25권 제4호, 성균관대학교 법학연구소, 2013, 160면.

69 유치권자가 부동산의 보존 및 개량을 위한 목적으로 필요비 또는 유익비를 지출하였던 경우 소유자에 대하여 상환청구권이 인정되나 부동산을 대상으로 경매절차가 진행되는 경우에는 이 필요비나 유익비를 공익비용으로 판단하여 경매대가에서 우선변제 받을 수 있다(민법 제367조에서의 제3취득자에는 소유권, 전세권, 지상권 이외에도 유치권도 포함되는 것으로 판단하고 있다). 그런데 저당권설정등기가 경료되지 않은 경우 저당권설정청구의 소 제기에 의한 배당요구를 한다고 일반채권자로 취급이 된다면 이와 같은 공익비용을 대상으로도 일반채권자와 동일하게 취급되는지도 문제가 될 것이다(김홍엽, "민사유치권 관련 민사집행법 개정안에 대한 비판적 고찰", 성

해 허위유치권자가 일단 저당권설정청구의 소를 제기하면 배당요구를 할 수 있는 것이다. 또한 부동산경매 현금화단계에서도 선행저당권에 대해 역시 허위유치권자가 저당권설정청구의 소 제기를 통하여 배당요구를 행할 수도 있다.

이처럼 허위유치권자가 저당권설정청구 소를 제기하는 방식으로 배당요구를 하는 경우 이를 어떻게 처리해야 하는지가 문제가 된다.[70] 이 경우 먼저 배당이의의 소 또는 유치권부존재확인의 소 등을 통하여 허위유치권자를 판별해내는 방법으로 배당에서 배제하거나 사안에 따라 소송사기죄 등의 형사책임을 묻는 방법으로 해결할 수 있다.[71] 허위유치권 해당 여부는 재판을 통해 밝혀지기 때문에 저당권설정청구의 소를 제기한 상황에서 이러한 자는 배당요구권자에 포함될 수밖에 없고 추후 배당이의의 소 등을 통하여 배당금액을 공탁한 이후 사실관계가 확정되는 대로 재배당절차를 밟아야 한다.[72] 즉, 부동산경매 압류단계와 현금화단계에서 허위유치권자에 의한 배당요구가 있는 경우라 할지라도 최종 정당한 배당이 완료되는 시기만 늦어질 뿐이며 목적물이 매각되면 유치권은 소멸하므로 이 최소한의 보장은 불가피[73]한 것으로 판단된다. 그러나 허위유치권자라 하여

균관법학 제25권 제4호, 성균관대학교 법학연구소, 2013, 160면 각주 25번).

70 윤진수, "유치권 및 저당권설정청구권에 관한 민법개정안", 민사법학 제63-1호, 한국 민사법학회, 2013, 225면.

71 유치권에 기한 경매절차를 신청한 유치권자는 일반채권자의 지위에서 피담보채권을 근거로 배당받는데 그 결과로 피담보채권에 해당하는 공사대금 채권을 실제금액과는 달리 허위로 크게 부풀려서 유치권에 기한 경매절차를 신청하는 경우 정당한 채권액수에 의해 경매절차를 신청하였던 경우보다 더 많은 배당금액을 받을 수 있는 가능성도 있다. 이것은 법원을 기망하는 것이고 배당이라고 하는 법원의 처분행위로 재산상의 이익을 취하려는 것으로 소송사기죄의 실행의 착수에 해당한다(대법원 2012. 11. 15. 선고, 2012도9603 판결).

72 오시영, "유치권 관련 민법개정안에 대한 검토", 강원법학 제38권, 강원대학교 비교법학연구소, 2013, 132면.

73 그런데 위 주장에 기본적으로 찬동하더라도 재판을 통해서만 허위유치권자의 해당 여부를 판별해낼 수 있다는 논리는 다음 부분에서의 검토가 요구된다. 즉, 유치권자가 배당요구를 행함에 있어서 배당요구의 자격을 소명할 수 있는 서면을 제출할 의무가 있긴 하나(민사집행규칙 제48조 제2항) 유치권자의 피담보채권의 경우는 채무자와 유치권자 간에 이뤄진 것이므로 그 서면의 실질적인 증거력이 확보된 것으로 볼 수 없다. 따라서 경매법원에서 실질적으로 이를 심사를 통해 그 피담보채권의 인정 여부를

도 저당권설정청구의 소 제기만 충족시킬 경우 배당요구권자에 포함된다는 점은 여러 법적 불안정성 요소를 내포하는 한계도 있다.

결론적으로 개정안대로 시행될 경우 유치권 주장자가 허위이든지 정당한 주장자이든지 자신의 저당권설정청구의 소를 제기할 경우 일단 배당요구를 할 수 있게 하되 다음의 방법으로 해결해야 할 것이다. ⅰ)부동산경매 압류단계에서의 선행압류채권에 대한 허위유치권을 근거로, ⅱ)부동산경매 현금화단계에서의 선행저당권에 대한 허위유치권을 근거로 허위유치권자 자신의 저당권설정청구의 소 제기를 통한 배당요구의 경우에는 배당이의의 소 또는 유치권부존재확인의 소 등을 통하여 허위유치권자임을 판별하여 배당에서 배제하는 방법을 이용한다. 따라서 유치권으로 대항할 수 없게 하거나 사안에 따라 소송사기죄 등의 형사책임도 제기하면 된다. 다만, 법원이 허위유치권자인지의 여부를 판단하기가 매우 어렵다는 면을 고려한다면 이 부분에 대한 추가적인 입법논의가 필요할 것으로 판단된다.

또한 집행관 또는 사법보좌관이 점유자가 주장하는 유치권이 허위유치권일 가능성이 높다고 판단할 경우 점유자에게 배당을 해주지 않는 방안[74]을 통해 해결을 모색할 수도 있다. 집행관 또는 사법보좌관이 배당을 하지 않는 경우 점유자가 정당한 점유자라면 자신의 유치권 성립이 정당하다는 것을 증명하기 위하여 배당이의의 소를 제기할 것이기 때문이다. 이는 자연스럽게 유치권 존재의 증명책임을 집행관이 아닌 점유자 측에게 전환시킴을 통해 해결하는 것이다.

결정하는 것은 경매실무상 매우 어렵다. 그러므로 미등기 부동산에 대하여 유치권을 취득하였음을 주장하면서 저당권설정청구의 소를 제기한 자가 있는 경우 이 소를 제기한 사실을 증명할 수 있는 서류를 제출하는 것만으로 배당요구채권자에 포함시키는 것이 배당요구제도에 합당한 것인지는 검토가 필요하다(김홍엽, "민사유치권 관련 민사집행법 개정안에 대한 비판적 고찰", 성균관법학 제25권 제4호, 성균관대학교 법학연구소, 2013, 161면).

74 집행관 또는 사법보좌관이 배당을 하지 않는 방법을 통한 방안의 구체적 논의는 Ⅴ. 1. 유치권 폐지논거인 집행불능에 대한 입법적 대안 참조.

V. 유치권 존치를 위한 입법적 대안

부동산 경매 압류·현금화·배당단계에서 유치권의 우열상 많은 문제가 적시되었다. 유치권은 폐지할 경우 기대되는 효과를 유치권을 폐지하지 않더라도 약간의 개정만을 통하여 동일하게 달성할 수 있고(효율성 측면),[75] 유치권을 폐지하는 것보다 존치하되 발생하는 문제를 해결하여 그 제도의 효과를 극대화하는 방안으로의 대안 제시가 사회적 혼란 예방에 더 탁월하기 때문에(법적안정성 측면)[76] 존치론이 현 단계에서는 더 합당하다고 판단된다. 따라서 이하에서는 유치권 존치를 위한 입법적 대안을 검토한다.[77]

---

[75] 오시영, "법무부 민법개정시안 중 유치권에 대한 대안 제시 (I)", 법학논총, 제32집 제2호, 전남대학교 법학연구소, 2012년, 280면; 졸저, "부동산유치권 개정안 중 저당권설정청구권 제도 도입에 관한 고찰-부동산 경매절차에서 선행저당권에 관한 유치권의 우열 논제를 중심으로-", 법학논총 제26권 제2호, 조선대학교 법학연구소, 2019, 327면 등.

[76] 성민섭, "부동산유치권제도의 개선을 위한 민법 등 개정법률안에 대하여", 외법논집 제38권 제1호, 한국외국어대학교법학연구소, 2014, 201면; 오시영, "법무부 민법개정시안 중 유치권에 대한 대안 제시 (II)", 법학논총, 제32집 제3호, 전남대학교 법학연구소, 2012, 247면; 오시영, "유치권 관련 민법개정안에 대한 검토", 강원법학 제38권, 강원대학교 비교법학연구소, 2013, 97-142면; 전장헌, "부동산경매절차에서 유치권에 관한 개선방안", 민사집행법연구, 제9호, 2013, 178면; 김홍엽, "민사유치권 관련 민사집행법 개정안에 대한 비판적 고찰", 성균관법학 제25권 제4호, 성균관대학교 법학연구소, 2013,, 147-168면; 김상찬/강창보, "부동산 유치권제도의 개선방안-2012년 민법개정안의 검토를 중심으로-", 법과정책 제19집 제2호, 제주대학교 법과정책연구소, 2013, 71-91면; 김미혜, "부동산유치권 관련 개정안에 대한 몇 가지 제언", 아주법학 제8권 제1호, 아주대학교법학연구소, 2014, 157-181면; 이광수, "등기된 부동산유치권 폐지-반대", 법률신문 2013. 3. 25일자; 반면에 제도적 보완도 필요하지 않고 현행법상 유치권 제도만으로도 충분하다는 의견으로는 이진기, "부동산 유치권의 재고", 법률신문, 2013. 4일자.

[77] 유치권 존치를 위한 입법적 대안을 검토할 경우 아래에서 제시하는 유치권 등기제도 도입안, 우선변제권 부여 및 소멸주의 입법안은 본고의 연구 범위 및 논리적 정합성을 고려하여 그 핵심만을 제시하였다. 유치권 등기제도 도입안, 우선변제권 부여 및 소멸주의 입법안을 너무 깊이 다루게 되면 본고에서의 연구범위를 넘어 그 양이 매우 방대해지기 때문이다. 한편, 이들 입법안 별로 여러 유형의 입법대안을 참고할 수 있도록 관련 논문들을 제시해놓았다.

1. 유치권 폐지논거인 집행불능에 대한 입법적 대안

유치권 폐지의 입장은 무엇보다 유치권자의 점유로 인한[78] 집행실무상의 어려움을 제시하고 있다. 집행관이 부동산을 집행할 경우 유치권을 행사할 목적으로 점유하고 있는 자에 대하여 집행불능의 문제가 있기 때문에 유치권 폐지논의까지 제시되고 있다는 것이다. 사례로는 점유자가 수시로 부당하게 변경되는 경우를 들 수 있다. 특정 점유자에 대하여 집행관이 집행할 때 점유자가 변경되면 점유자 변경 발생으로 인하여 집행관은 법원으로부터 승계집행문을 다시 부여받아야 한다.[79] 그런데 집행관이 다시 승계집행문을 부여받아 집행을 하러 가면 또 다시 점유자 변경이 발생하는 경우가 빈번하다. 이 경우 집행관은 역시 또 승계집행문을 부여받아야 집행할 수 있게 되는 반복성의 문제가 있는 것이며 채권자 입장에서도 매우 불안정한 측면으로 작용할 수 있다. 이 경우가 실무상 매우 빈번하며 특정 허위 이익을 추구하는 집단 등이 자주 이용하는 방법이다.

이 문제를 보완하기 위하여 채권자가 점유이전금지가처분을 받아 놓으면 그 이후 점유를 이전받은 자는 가처분채권자에 대하여 대항할 수 없고 당사자가 항정되기 때문에 위 손해를 예방할 수 있다. 그런데 여기서 핵심 쟁점은 점유자 자체가 불명인 경우 현행 민사집행법에 따를 경우 이처럼 채무자가 특정되지 않은 점유이전금지가처분을 발령받을 수 없다. 따라서 유치권 점유자에 대하여 실무상 집행을 할 수 없는 문제가 여전히 상존하게 되고[80] 이는 유치권 폐지의 핵심 주요근거로 제시되고 있는 것이다.

그러나 이 집행실무상 문제는 크게 2가지 대안으로 해결할 수 있을 것

---

78 松岡久和, "留置権", 法学セミナ— No. 704, 2013, 53頁.

79 우리 민사소송법에서는 당사자승계주의를 취하고 있기 때문에 변론종결 이전의 승계인에게는 판결의 효력이 미치지 않는다. 따라서 인도청구의 본안소송 중에 목적물의 점유가 이전되면 그대로 본안소송에서 패소할 수밖에 없다. 이 경우 채권자는 새롭게 그 점유하고 있는 제3자에 대하여 새로운 소를 제기하거나 민사소송법 제82조 등에 의해 위와 같은 제3자에게 소송을 인수시켜 해당 소송을 유지하도록 하여야 한다(전병서, "집행관 제도의 문제점과 해결방안 토론문", 대한변호사협회 심포지엄 토론문, 2018, 59면).

80 전병서, "집행관 제도의 문제점과 해결방안 토론문", 대한변호사협회 심포지엄 토론문, 2018, 59면.

이다. 현행법제도 하에서의 해결방안과 장기적인 방안—일본의 제도 도입 및 입법론적 해결방안—을 제시한다. 먼저 현행법제도에서의 해결방안으로는 점유자 변경이 계속 발생하는 경우 집행관 또는 사법보좌관이 점유자가 주장하는 유치권이 허위유치권일 가능성이 높다고 판단하는 경우 점유자에게 배당을 해주지 않는 방안을 통해 해결을 모색할 수 있다. 집행관 또는 사법보좌관이 배당을 하지 않는 경우 점유자가 정당한 점유자라면 자신의 유치권 성립이 정당하다는 것을 증명하기 위하여 배당이의의 소를 제기할 것이다. 이는 자연스럽게 유치권을 주장하는 점유자에게 증명책임이 존재하게 되는 것이다. 집행법원 및 집행관은 현행법상 점유자가 주장하는 유치권이 허위인지 여부를 직접 판단하는 것은 쉽지 않기 때문에[81] 유치권 존재의 증명책임을 집행관이 아닌 점유자 측에게 전환함을 통하여 해결할 수 있다. 이는 정당한 유치권 주장자가 스스로 증명을 하게 되어 자신의 유치권이 허위유치권이 아니라는 합리적 근거를 최대한 이끌어 낼 수 있는 방안이 된다.

이러한 실무적 방법 이외에도 점유의 부당한 점유변경이 발생하는 경우 채무자로부터 승계를 받는 자를 단순한 점유보조자로 판단하자는 견해도 검토할 수 있다. 이 경우 별도의 추가적인 승계집행문을 부여받지 않아도 집행을 할 수 있다는 것이다. 그러나 이 법리는 실질적인 판례가 나와 있지 않기 때문에 법률상 근거가 미약한 법리를 집행관이 위험을 감수하면서까지 섣불리 이용하기는 쉽지 않다. 한편, 실무상 점유자의 부당한 변경이 있는 경우 집행관이 승계집행문을 부여받지 않고 그냥 집행한 사례도 있다. 이에 대해 집행이의의 소가 제기되지 않은 사례가 있긴 하나 모든 집행관들이 불법집행이 될 수도 있는 위험을 감수하면서까지 이 방법을 행하지는 않을 것이다. 또한 일본의 집행관 제도처럼 집행관이 채무자에 대하여 질문권 등을 부여한다 할지라도 위 문제의 해결은 쉽지 않을 것이다.

장기적 해결방안은 첫째, 현행 민사집행법 제258조의2(인도의 최고)를 신설

---

81 특히 집행관은 현황조사보고서에 있는 그대로 기록만 하면 충분하고 유치권 등의 권리관계 성립여부 등에 대해서 스스로 법률적인 판단을 할 수 없기 때문이다(법원공무원교육원, 「민사집행실무(Ⅰ)」, 한양당, 208면).

하는 것이다.[82] 본 입법안의 핵심은 인도의 최고가 있는 경우 채무자가 부동산에 대한 점유를 이전할 수 없도록 하는 것이다. 다만, 채무자가 채권자에게 부동산 등을 인도하는 경우에는 그러하지 않게 규정하면 된다.[83] 둘째, 인도의 최고 규정의 실효를 거두게 할 목적으로 일본 민사보전법 제25조의2,[84] 제54조의2,[85] 제62조[86] 규정인 '채무자를 특정하지 않는 점유이전금지가처분

---

82 손홍수, "집행관 제도의 문제점과 해결방안", 인권과 정의 475호, 2018, 36면.

83 민사집행법 제258조의2(인도의 최고) 신설규정의 구체적 논의에 대하여는 손홍수, "집행관 제도의 문제점과 해결방안", 인권과 정의 475호, 2018, 36면 참조.

84 **日本 民事保全法 第二十五条の二(債務者を特定しないで発する占有移転禁止の仮処分命令)**
占有移転禁止の仮処分命令(係争物の引渡し又は明渡しの請求権を保全するための仮処分命令のうち、次に掲げる事項を内容とするものをいう。以下この条、第五十四条の二及び第六十二条において同じ。)であって、係争物が不動産であるものについては、その執行前に債務者を特定することを困難とする特別の事情があるときは、裁判所は、債務者を特定しないで、これを発することができる。
一 債務者に対し、係争物の占有の移転を禁止し、及び係争物の占有を解いて執行官に引き渡すべきことを命ずること。
二 執行官に、係争物の保管をさせ、かつ、債務者が係争物の占有の移転を禁止されている旨及び執行官が係争物を保管している旨を公示させること。
2 前項の規定による占有移転禁止の仮処分命令の執行がされたときは、当該執行によって係争物である不動産の占有を解かれた者が、債務者となる。
3 第一項の規定による占有移転禁止の仮処分命令は、第四十三条第二項の期間内にその執行がされなかったときは、債務者に対して送達することを要しない。この場合において、第四条第二項において準用する民事訴訟法第七十九条第一項の規定による担保の取消しの決定で第十四条第一項の規定により立てさせた担保に係るものは、裁判所が相当と認める方法で申立人に告知することによって、その効力を生ずる。

85 **日本 民事保全法 第五十四条の二(債務者を特定しないで発された占有移転禁止の仮処分命令の執行)**
第二十五条の二第一項の規定による占有移転禁止の仮処分命令の執行は、係争物である不動産の占有を解く際にその占有者を特定することができない場合は、することができない。

86 **日本 民事保全法 第六十二条(占有移転禁止の仮処分命令の効力)**
占有移転禁止の仮処分命令の執行がされたときは、債権者は、本案の債務名義に基づき、次に掲げる者に対し、係争物の引渡し又は明渡しの強制執行をすることができる。
一 当該占有移転禁止の仮処分命令の執行がされたことを知って当該係争物を占有した者
二 当該占有移転禁止の仮処分命令の執行後にその執行がされたことを知らないで当該係争物について債務者の占有を承継した者

제도'를 도입하면 합리적 해결을 모색할 수 있다.[87] 점유자가 불명인 경우 현 집행실무에서 이 제도를 도입하면 점유자 불명 및 부당한 변경이 발생하더라도 채무자를 특정하지 않고 집행할 수 있기 때문이다. 따라서 이 해결방안을 제시하면 유치권 폐지를 주장하는 입장의 가장 큰 핵심 문제제기인 실무적 측면에서 유치권자의 점유로 인한 집행상의 어려움의 국면을 해소할 수 있다.

한편, 점유자 불명의 경우 집행 실무에서는 집행관이 행여나 점유자로부터 명함을 받을 경우 그 즉시 집행을 하는 방법을 사용하기도 한다.

따라서 유치권 폐지의 핵심 입장은 위 논의를 통하여 해결을 모색할 수 있다. 이에 부동산유치권은 존치하는 것이 더 합리적이라고 판단되므로 이에 따른 구체적인 추가 입법방안을 모색하고자 한다.

2. 유치권 등기제도 도입방안 및 논제 해결 모색

(1) 등기제도 도입을 위한 입법적 대안

유치권을 폐지할 경우 기대하는 효과를 유치권을 폐지하지 않더라도 약간의 개정만을 통하여 동일하게 달성할 수 있고,[88] 유치권을 폐지하는 것보다 존치하되 발생할 수 있는 문제를 해결하여 제도의 효과를 극대화할 수 있는 방안으로의 입법안 제시가 사회적 혼란 예방 및 법적안정성 면에서 더 탁월하다.[89] 따라서 유치권 존치를 전제로 입법적 대안을 제시하

2　占有移転禁止の仮処分命令の執行後に当該係争物を占有した者は、その執行がされたことを知って占有したものと推定する。

87　이와 더불어 채무자를 특정하지 아니한 부동산 인도명령제도, 집행문 제도도 함께 도입되어야 할 것이다(전병서, "집행관 제도의 문제점과 해결방안 토론문", 대한변호사협회 심포지엄 토론문, 2018, 59면).

88　오시영, "법무부 민법개정시안 중 유치권에 대한 대안 제시 (I)", 법학논총, 제32집 제2호, 전남대학교 법학연구소, 2012, 280면; 졸저, "부동산유치권 개정안 중 저당권설정청구권 제도 도입에 관한 고찰—부동산 경매절차에서 선행저당권에 관한 유치권의 우열 논제를 중심으로—", 법학논총 제26권 제2호, 조선대학교 법학연구소, 2019, 327면 등.

89　성민섭, "부동산유치권제도의 개선을 위한 민법 등 개정법률안에 대하여", 외법논집 제38권 제1호, 한국외국어대학교법학연구소, 2014, 201면; 오시영, "법무부 민법개정시안 중 유치권에 대한 대안 제시 (II)", 법학논총, 제32집 제3호, 전남대학교 법학연

는 것이 타당한바, 그 시작은 유치권 등기제도이다.[90]

유치권을 등기할 경우 점유라는 불완전한 공시로부터 벗어날 수 있으므로 법적안정성을 도모할 수 있다.[91] 소유자는 목적물을 본래의 용도에 맞게 사용, 수익할 수 있고 점유자는 점유를 원치 않을 경우에도 어쩔 수 없이 점유[92]해야만 하는 부담의 측면에서 벗어날 수 있다[93]. 또한 점유자는 선관주의 관리의무에서도 벗어날 수 있고 채무자의 유치권소멸청구의 발생도 예방할 수 있으며 점유에 따른 유지비용 지출로 인한 유치권상의 피담보채권의 증가를 방지할 수 있다. 유치권등기 이후 유치물을 소유자에게 반환하여 목적물 훼손을 방지할 수도 있는 것이다.[94] 따라서, 부동산유치권은 존치하는 것이 합당하고 공시방법을 개선하면 부동산유치권을 전면적으로 폐지하여 저당권으로 전환하는 개정안을 시행하지 않더라도 유

구소, 2012, 247면; 전장헌, "부동산경매절차에서 유치권에 관한 개선방안", 민사집행법연구, 제9호, 2013, 178면; 졸저, "부동산유치권 개정안 중 저당권설정청구권 제도 도입에 관한 고찰-부동산 경매절차에서 선행저당권에 관한 유치권의 우열 논제를 중심으로-", 법학논총 제26권 제2호, 조선대학교 법학연구소, 2019, 327면.

90 김만웅, "유치권의 공시기능 강화방안에 관한 연구", 토지법학 제26권 제1호, 한국토지법학회, 2010, 133면; 오시영, "부동산 유치권 강제집행에 대한 문제점과 입법론적 고찰", 토지법학 제23집 제2호, 한국토지법학회, 2007, 225면; 조윤아, "유치권 제도의 개선을 위한 입법방향", 일감법학 제35호, 건국대학교 법학연구소, 2016, 330면; 한상곤, "민사집행절차에서 본 유치권의 개정안에 대한 고찰", 경희법학 제50권 제1호, 경희법학연구소, 2015, 172면.

91 성민섭, "부동산유치권제도의 개선을 위한 민법 등 개정법률안에 대하여", 외법논집 제38권 제1호, 한국외국어대학교법학연구소, 2014, 201면.

92 점유를 본체로 하고 있는 유치권은 부동산 경매기간 동안 그리고 그 이후 부동산 명도과정의 종결 기간까지 유치권을 존속시키기 위하여 점유를 지속하여야 하는 것은 사회적 손실이 크고 비효율적이기 때문이다(김명엽, "민사집행법상 유치권의 공시에 관한 연구", 법과 정책 제17권 제1호, 제주대학교 법과정책연구소, 2011, 109면).

93 성민섭, "부동산유치권제도의 개선을 위한 민법 등 개정법률안에 대하여", 외법논집 제38권 제1호, 한국외국어대학교법학연구소, 2014, 170면; 오시영, "부동산 유치권 강제집행에 대한 문제점과 입법론적 고찰", 토지법학 제23집 제2호, 한국토지법학회, 2007, 220-222면.

94 그 구체적 방법으로는 유치권으로 등기를 가능하게 할 수도 있고 피담보채권에 따른 저당권설정방식으로도 할 수도 있다고 한다(오시영, "부동산 유치권 강제집행에 대한 문제점과 입법론적 고찰", 토지법학 제23집 제2호, 한국토지법학회, 2007, 221면).

치권과 관련된 문제들은 해결을 모색할 수 있는 것이다.[95]

그런데 본 등기제도 도입안은 그 요건 중 점유와 등기를 동시에 요구한다는 비판이 있을 수 있다. 점유와 등기는 본질상 동시에 양립할 수 없으므로 유치권 등기제도 도입안에서 두 요건을 중첩시키는 것은 타당하지 않다는 것이다.

그러나 유치권 등기가 완료되면 그 효과로 점유 요건이 사라지고 등기로 전환되는 것이므로 유치권 등기제도에서는 점유와 등기 두 요건을 동시에 지속적으로 요구하는 것이 아니며 그렇다고 유치권 요건에 점유를 완전히 삭제함을 의미하는 것도 아님을 유의할 필요가 있다. 또한 유치권 등기제도는 공시방법으로써의 점유를 유치권의 성립요건으로 하여 법정담보물권의 성격에도 반하지 않게 하면서도 동시에 등기를 완료할 경우 유치권자와 다른 이해당사자 간 우열 관계를 규율할 수 있다. 즉, 유치권의 성립요건을 점유 및 변제기 도래(등기와 대응되도록 편의를 위해 '점유'라고 한다)[96]로 하고 존속(대항)요건을 등기로 법리를 구성하면 비판에 대한 해결을 모색할 수 있는 것이다.

현행 민법 제320조 제1항 규정에 따를 경우 점유 요건을 충족하고 피담보채권의 변제기가 도래하면 유치권은 성립한다. 여기서 '점유'는 유치권이 성립 가능한 성립요건인 것이다. 이 요건을 충족하게 되면 유치권은 성립 자체는 가능하다.[97] 그런데 유치권이 성립은 하였으나 다른 이해당사자

---

95 전장헌, "부동산경매절차에서유치권에 관한 개선방안", 민사집행법연구, 제9호, 2013, 178면; 오시영, "부동산 유치권 강제집행에 대한 문제점과 입법론적 고찰", 토지법학 제23집 제2호, 한국토지법학회, 2007, 216면; 물론 유치권의 공시방법만 개선하면 유치권 관련 문제들이 모두 해결됨을 의미하는 것은 아니며 아래에서 검토해볼 개선안들과 결부지어 해결책을 도모한다면 그 합리적 대안을 도출할 수 있을 것이다.

96 유치권의 요건 중 견련관계 등도 있으나 본 연구범위에서는 위 두 요건이 핵심적용되므로 두 요건을 중심으로 제시하였고 나머지 요건은 당연히 충족됨을 전제로 하였다.

97 현행 유치권의 성립시기는 현행 민법 제320조 또는 제320조 제1항에서 유치권과 관련하여 "채권이 변제기에 있는 때"에 유치권 성립을 인정한다. 유치권의 성립시기는 ⅰ)유치목적물에 대하여 점유를 먼저 하고 있는 동안 변제기가 후에 도래하여 유치권이 성립한 경우, 그리고 ⅱ)이미 변제기가 도래해버린 피담보채권을 갖고 있는 상태에 있어서 추후에 유치목적물을 점유하게 되어 유치권이 성립한 경우 등 2가지가 있다. 즉, 유치권의 성립시기는 변제기 시점에 성립하는 경우와 변제기가 도래한 후 목적물을 유치한 시기에 성립하는 경우가 있는 것이다(강민성, "민사집행과 유치권,"

에 관한 대항력(우열)을 인정해줄 수 있을 것인지의 여부는 등기의 존속(대항)요건을 통해 해결하면 된다. 이는 민법 제320조 제2항 규정에서 유치권에 등기능력을 부여하되[98] 부동산등기법 제3조 개정[99]을 통하여 유치권도 등기할 수 있도록 하며[100] 그 등기는 존속(대항)요건으로 한다는 규정으로

　　사법논집 제36집, 2003, 51면; 오시영, "유치권 관련 민법개정안에 대한 검토", 강원법학 제38권, 강원대학교 비교법학연구소, 2013, 120면; 차문호, "유치권의 성립과 경매," 사법논집 제42집, 2006, 343면).

98　이와 관련하여 유치권자에게 유치권설정청구권을 부여해줄 수 있는 유치권설정청구권제도를 도입할 필요가 있고 그 법적성질을 형성권으로 하면(오시영, "법무부 민법개정시안 중 유치권에 대한 대안 제시 (Ⅱ)", 「법학논총」, 제32집 제3호, 전남대학교 법학연구소, 2012, 253면) 유치권설정청구권을 행사하는 그 즉시 유치권 등기를 완료할 수 있을 것이다. 이는 유치권이 성립한 후 유치권 등기가 완료될 때까지 유치권자의 불필요한 점유에 따른 폐해를 방지할 수도 있다. 또한 소유자는 자신이 소유하고 있는 부동산을 사용, 수익할 수 있으며 불합리한 소급효도 인정되지 않으므로 합리적이다. 물론 이러한 해석과 아울러 유치권의 성립요건을 충족하게 된 시기에 즉시 등기해야만 한다는 의무 입법규정도 도모되는 것이 합리적일 것이다. 이를 위하여 전자유치권등기 신청제도(가제)의 도입도 검토할 수 있을 것이다. 시행 초기에 있는 부동산 전자계약에서의 법리와 같이 유치권이 성립한 시기에 즉시 (서면상이 아니라) 스마트폰을 통해 온라인으로 유치권 등기를 할 수 있도록 하면 보다 합리적인 도입안이 구축될 것으로 사료된다. 다만, 이 개선안의 경우 그 구현방안을 실현화함에 있어 후속 연구 역시 보완되어야 할 것이다. 그런데 이 법리를 근거로 추후연구를 진행함에 있어 스마트폰을 통한 전자소송 법리를 근거로 보안상 측면과 함께 논의되어야 할 필요가 있다. 보안상 측면에 관하여는 졸저, "전자소송 하에서의 전자송달", 원광법학 제31권 제4호, 원광대학교 법학연구소, 2015, 97~98면 참조.

99　부동산등기법 제3조(등기할 수 있는 권리 등)에서 등기는 부동산의 표시와 다음 각 호의 어느 하나에 해당하는 권리의 보존, 이전, 설정, 변경, 처분의 제한 또는 소멸에 대하여 한다고 규정하고 있다. 여기의 각 호에서는 소유권, 지역권, 지상권, 전세권, 권리질권, 저당권, 채권담보권, 임차권을 규정하고 있는데 이 등기할 수 있는 권리에 유치권을 추가(제9호 신설)하는 방안이 합리적이다(이정민/이점인, "체납처분압류 이후 경매절차 개시 전에 취득한 유치권의 효력에 대한 검토 -대법원 2014. 3. 20. 선고, 2009다60336 전원합의체 판결을 중심으로-", 동아법학 제64권, 동아대학교 법학연구소, 2014, 205면). 한편, 이와 더불어 민사집행법 제91조(인수주의와 잉여주의의 선택 등) 개정과 제91조 제5항 삭제 즉, 소멸주의 도입이 요구되는바, 이는 아래에서 검토한다.

100　유치권을 등기하는 방안으로 등기명령제도 도입안(오시영, "미등기건물에 대한 강제집행상의 문제점 및 입법론적 고찰", 민사소송 제11권 제2호, 한국민사소송법학회, 2007, 119면; 김명엽, "민사집행법상 유치권의 공시에 관한 연구", 법과 정책 제17권 제1호, 제주대학교 법과정책연구소, 2011, 110면; 이무선, "공시기능강화를 위한 부동산유치권의 문제점과 그 입법대안", 홍익법학 제19권 제1호, 홍익대학교 법학연구소, 2018, 186면; 이정

개정하면 되는 것이다. 유치권의 성립은 점유 등의 요건을 충족할 경우에 발생하게 되는 것이고 유치권의 우열(대항력)은 등기가 완료될 경우에 발생하는 것이다.

한편, 이 제도를 신설할 경우[101]에 보존등기가 경료된 건물은 유치권 등

민/이점인, "체납처분압류 이후 경매절차 개시 전에 취득한 유치권의 효력에 대한 검토 - 대법원 2014. 3. 20. 선고, 2009다60336 전원합의체 판결을 중심으로-", 동아법학 제64권, 동아대학교 법학연구소, 2014, 206면)과 등기청구권에 의한 등기 도입안(노종천, "부동산유치권 등기제도 도입 연구", 토지법학 제31권 제1호, 한국토지법학회, 2015, 133면), 유치권설정청구권 제도 도입안(오시영, "법무부 민법개정시안 중 유치권에 대한 대안 제시 (I)", 법학논총, 제32집 제2호, 전남대학교 법학연구소, 2012, 253-259면) 등이 제시되고 있다.

한편, 유치권에 기한 등기의 경우 먼저 등기관의 형식적 심사권 한계 등의 이유로 등기관에게 많은 부담을 지울 수 있다는 비판이 있을 수 있다. 이에 대해서는 동의하는 바이며 이 논제에 대해서 유치권등기명령제도 도입을 검토할 필요가 있다. 일단 유치권의 성립에 대하여 다툼이 없는 경우에는 채무자(소유자)와 유치권 주장자 간 합의에 의하여 유치권 등기가 행해질 수 있을 것이다. 그러나 채무자(소유자)와 유치권자 간 협의를 할 수 없는 경우가 다수 예상될 수 있는바, 이와 같이 유치권의 성립에 대하여 다툼이 있는 때에는 유치권자가 정당한 경우로 판명될 경우 강제적인 방법을 통하여 유치권을 등기 가능하도록 하는 방안도 제시할 필요가 있다. 즉, 유치권등기명령제도를 도입하는 것도 일응 검토해볼 필요가 있다고 판단된다. 부동산 유치권을 취득하려는 자는 위 유치권 등기제도가 도입된 제도 하에서 그 요건을 충족한 경우 유치권 주장자가 유치권을 등기하려면 목적부동산의 관할법원에 대하여 "부동산유치권 등기명령에 따른 부동산유치권등기(가제)"를 신청하도록 하는 방안이다. 이후 관할법원은 심리를 열고 이 신청이 이유 있는 것으로 판단될 경우 등기소에 촉탁하면서 부동산유치권등기를 하도록 하는 방법을 검토해볼 수 있다. 본 방안은 i)법원 심리를 통하여 등기한다는 점, ii)허위 유치권 신청을 하여 등기를 할 경우에는 소송사기죄 등이 성립하여 형사처벌도 따를 수 있는 점, iii)실체관계에 합치하는 유치권 등기를 기대하는 것도 가능한 점 등의 장점이 있으므로 보다 합리적이라는 평가도 있으므로 검토할 실익이 있다고 판단된다.

101 유치권 등기제도 도입 주장의 구체적 논의에 관하여는 김명엽, "민사집행법상 유치권의 공시에 관한 연구", 법과 정책 제17권 제1호, 제주대학교 법과정책연구소, 2011, 108면; 노종천, "부동산유치권 등기제도 도입 연구", 토지법학 제31권 제1호, 한국토지법학회, 2015, 107-140면; 그리고 유치권등기명령제도를 도입하자는 의견도 있다(이정민/이점인, "체납처분압류 이후 경매절차 개시 전에 취득한 유치권의 효력에 대한 검토 -대법원 2014. 3. 20. 선고, 2009다60336 전원합의체 판결을 중심으로-", 동아법학 제64권, 동아대학교 법학연구소, 2014, 185-214면); 졸저, "부동산 경매절차와 민사유치권", 고려대학교 박사학위 논문, 2019년 6월, 201-217면에서는 유치권 등기제도 도입방안이 설시되어 있다; 윤성호, "부동산 유치권 등기제도의 도입에 관한 연구", 인문사회21 제8권 제6호, 아시아문화학술원, 2017, 1179-1191면 등 참조; 한편, 유치권 등기제도 도입을 위한 절차적

기를 완료함에는 문제가 없지만 미완성 건물에 관하여는 소유권보존등기를 경료할 수 없기 때문에 실무상 문제가 된다. 이와 관련해서는 일본의 미완성 부동산에 대한 표시등기부(임시가등기부)제도 등을 참고해볼 수 있다.[102]

(2) 등기제도 적용을 통한 논제 해결 모색

등기제도 도입 입법안은 부동산 경매 압류단계에서 선행압류채권에 관한 유치권의 우열상 불합리성의 문제의 해결 모색에도 효과적이다. 등기제도 도입안은 개정안이 적용될 경우 소급효가 가능한 '유치권에서 전환된 저당권'의 변제기 시점보다는 ― 개정안을 적용하지 않고― 현행 유치권[103]의 2가지 성립시기[104]를 포섭할 수 있는 '유치권이 성립한 (등기)시기'를 기준으로 하여 선행압류채권과 유치권 간 변제적 순위를 정할 수 있도록 해준다.[105] 따라서 현행 유치권 제도 하에서 등기제도 입법안을 적용할 경우

실무 논의에 관하여는 김만웅, "유치권의 공시기능 강화방안에 관한 연구", 토지법학 제26권 제1호, 한국토지법학회, 2010, 133-134면; 노종천, "부동산유치권 등기제도 도입 연구", 토지법학 제31권 제1호, 한국토지법학회, 2015, 132-134면; 이무선, "공시기능강화를 위한 부동산유치권의 문제점과 그 입법대안", 홍익법학 제19권 제1호, 홍익대학교 법학연구소, 2018, 187-188면; 이정민/이점인, "체납처분압류 이후 경매절차 개시 전에 취득한 유치권의 효력에 대한 검토 ―대법원 2014. 3. 20. 선고, 2009다60336 전원합의체 판결을 중심으로―", 동아법학 제64권, 동아대학교 법학연구소, 2014, 206-208면 등 참조.

102 안철상, "건축 중인 건물에 대한 금전채권의 발행", 부산판례연구 제7집, 부산판례연구회, 1995, 582면; 박득배, "부동산유치권제도의 개선에 관한 제언", 법과 정책연구 제17권 제2호, 한국법정책학회, 2017, 185면; 노종천, "부동산유치권 등기제도 도입 연구", 토지법학 제31권 제1호, 한국토지법학회, 2015, 202면; 조윤아, "유치권 제도의 개선을 위한 입법방향", 일감법학 제35호, 건국대학교 법학연구소, 2016, 333면; 서기석, "민사집행의 제문제 ― 실효성 있는 민사집행제도마련을 위한 토론회 결과보고서", 법원행정처, 1996, 51-52면; 현 법제에서는 미완성건물을 등기할 수 없으니 등기의 필요성 및 그 방안 등 등기제도 전반에 관한 추후 연구가 필요할 것이다.

103 현행 유치권이므로 유치권은 저당권으로 전환되지 않기 때문에 전환된 저당권의 변제기 소급효도 발생하지 않는다.

104 각주 97번 참조.

105 오시영, "유치권 관련 민법개정안에 대한 검토", 강원법학 제38권, 강원대학교 비교법학연구소, 2013, 120면; 홍봉주, "부동산유치권에 관한 개정안 검토", 일감법학 제31호, 건국대학교 법학연구소, 2015, 20면; 한편, 이와 관련하여 복수 유치권자가 있을 경우 그 우열 관계에 관한 연구의 경우 상당한 의미가 있을 것이다. 등기제도의 속성상 등기의 선후

선행압류채권에 대하여 본래 유치권의 성립에 따른 등기시점을 기준으로 선행압류채권 등기시점과 우열을 가리면 되는 것이다.

선행압류채권에 대하여 '유치권 성립에 따른 등기시기'가 앞서 있는 경우 당연히 기존처럼 유치권으로 대항할 수 있고, 선행압류채권에 대하여 '유치권 성립에 따른 등기시기'가 뒤에 있는 경우에는 대법원 판결(2005다22688)법리에 따라 유치권으로 대항할 수 없는 것이다. 또한 선행가압류채권에 대한 유치권도 저당권으로 전환되지 않기 때문에 '유치권 성립에 따른 등기시기'가 선행가압류채권보다 앞서 있는 경우에는 당연히 유치권으로 대항할 수 있고 '유치권 성립에 따른 등기시기'가 선행가압류채권보다 뒤에 있는 경우에도 대법원 판결(2009다19246)법리에 따라 유치권으로 대항할 수 있게 판단하면 된다.

또한 등기제도 도입안은 부동산 경매 현금화단계에서도 변제기 소급효에 따른 선행저당권에 관한 유치권(저당권)의 우열상 불합리성의 논제 해결 모색에도 일응 합리적이다. 개정안이 적용될 경우 후행저당권의 변제기 시기가 선행저당권의 시기보다 앞서는 경우가 핵심논제이다. 이 경우 등기제도 도입안을 적용하면 −개정안을 적용하지 않고− 선행저당권의 등기시기와 후행유치권(저당권으로 전환되지 않음)의 등기시기만을 시간 순으로 비교하여 우선변제적 순위를 합리적으로 정할 수 있다.

선행저당권에 대하여 '유치권 성립에 따른 등기시기'가 앞서 있는 경우에는 당연히 유치권으로 대항할 수 있고 '유치권 성립에 따른 등기시기'가 선행저당권보다 뒤에 있는 경우에도 대법원 판결(2008다70763)법리에 따라 유치권으로 대항할 수 있도록 판단하면 된다. 이는 기존 부동산 경매 압류·현금화단계에서 유치권자를 둘러싼 각종 이해당사자들과의 우열 관계에서 법적안정성을 추구할 수도 있으므로 등기제도 도입안은 합리적이다.

에 따라 여러 이해관계인들과의 우열이 결정되는 것이 자연스럽다. 그런데 유치권 등기의 경우 법원 명령이나 법원에 대한 소송을 통해 이뤄지게 될 가능성이 크므로 유치권자와 무관한 변수(가령, 심리의 신속성 등)에 따라 그 우열이 결정될 수도 있는 점도 검토할 필요가 있다. 무엇보다 유치권의 우열이 변제의 우선권으로도 이어질 수 있는 측면도 검토할 경우 심히 중요한 논제이기 때문이다. 이 논제에 관한 깊은 연구는 본고에서 수행할 경우 그 양이 너무 방대해지므로 후속 연구를 통해 논의를 제시할 계획임을 밝힌다.

3. 우선변제권 부여 및 소멸주의 명문화를 위한 입법적 대안 및 논제 해결 모색

유치권등기제도 도입과 결부하여 부동산 경매절차에 있어서 유치권자가 피담보채권을 변제받을 수 있게 할 목적으로 유치권에 우선변제권을 부여하는 입법이 필요하다.[106] 유치권자에게 우선변제권을 부여해야만 채권자를 보호할 수도 있고 유치권을 경매절차에서 소멸시킬 수도 있으며 민사집행법 제91조 제5항 규정을 삭제하는 소멸주의도 관철시킬 수 있다.[107]

이는 비교법적으로 검토해볼 경우에도 타당한 법리이다. 독일에서는 유치권이 채권으로 구성되어 있기 때문에[108] 제3자에 대한 대항력이 인정되지 않음에도[109] 독일민법 제999조 제2항에 따라 비용을 지출한 점유자는 그 증가한 가치상당액이 있는 경우 비용상환을 청구할 수 있다.[110] 독일민

---

106 우선변제권 부여 주장의 구체적 논의는 노한장/유정석, "부동산 경매에 있어서 유치권의 우선변제권 인정 및 대항력 제한", 부동산학보 제52권, 한국부동산학회, 2013, 329면; 조윤아, "유치권 제도의 개선을 위한 입법방향", 일감법학 제35호, 건국대학교 법학연구소, 2016, 203면; 조윤아, "유치권 제도의 개선을 위한 입법방향", 일감법학 제35호, 건국대학교 법학연구소, 2016, 331면; 우선변제권 부여는 유치권 등기제도가 전제되어야 한다.

107 오시영, "부동산 유치권 강제집행에 대한 문제점과 입법론적 고찰", 토지법학 제23집 제2호, 한국토지법학회, 2007, 281면.

108 **BGB § 273 (Zurückbehaltungsrecht)**
(1) Hat der Schuldner aus demselben rechtlichen Verhältnis, auf dem seine Verpflichtung beruht, einen fälligen Anspruch gegen den Gläubiger, so kann er, sofern nicht aus dem Schuldverhältnis sich ein anderes ergibt, die geschuldete Leistung verweigern, bis die ihm gebührende Leistung bewirkt wird.
(2) Wer zur Herausgabe eines Gegenstands verpflichtet ist, hat das gleiche Recht, wenn ihm ein fälliger Anspruch wegen Verwendungen auf den Gegenstand oder wegen eines ihm durch diesen verursachten Schadens zusteht, es sei denn, dass er den Gegenstand durch eine vorsätzlich begangene unerlaubte Handlung erlangt hat.

109 Münchener(Krüger), Münchener Kommentar zum Bürgerlichen Gesetzbuch, 5. aufl., Carl Heymanns Verlag, 2009, §273. Rn. 56f; Staudinger(Bitner), Kommentar Zum Bürgerlichen Gesetzbuch mit Einführungsgesetz und Nebengesetzen: Buch 2: Recht der Schuldverhältnisse, §273. Neubearbeitung, 2009, Rn. 60.

110 Münchener(Baldus), Münchener Kommentar zum Bürgerlichen Gesetzbuch, 5. aufl., Carl Heymanns Verlag, 2009, §999. Rn. 2.

법 제1000조는[111] 비용지출에 따른 부동산의 가치증가적인 측면을 고려한 것이기도 하다.[112] 프랑스에서는 프랑스 민법 제2103조 제4호 규정에 따라 유치권, 그리고 건물공사수급인의 보수 또는 공사대금청구권의 우선변제권을 인정해주고 있다. 이 경우 법인이 선임해놓은 감정인으로부터 공사를 완공하기 전에 검수를 받아야 하고 검수 이후의 가치증가분에 한정하여 유치권의 우선변제권을 인정해주고 있다.[113] 그리고 스위스에서는 스위스 민법 제837조 제1항 제3호에 따라 공사수급인에 해당하는 유치권자의 경우 법정저당권 설정청구권을 행사 가능함을 알 수 있다. 이 권리는 소유자나 소유자의 파산관재인 및 양수인에 대해서도 행사할 수 있다는 측면을 고려해볼 때 공사수급인인 유치권자가 비용을 들인 부분이 객관적으로 증가한 경우 이 비용을 강하게 보호하는 것으로 파악할 수 있는 것이다.[114] 오스트리아에서는 오스트리아 민법 제471조 규정에 따라 "물건을 반환해야 하는 의무를 지는 자는 물건에 대하여 비용을 지출한 경우[115] 그 비용지출에 의해 가치가 증가하였다면, 채권의 담보를 위할 목적으로 유치할 수 있다.[116] 일본에서도 유치권자가 비용을 지출한 경우 이로 인하여 객관적으로 증가된 비용 부분에 한정하여[117] 유치권을 인정하고 있다.[118]

---

111 **BGB § 1000 (Zurückbehaltungsrecht des Besitzers)**
Der Besitzer kann die Herausgabe der Sache verweigern, bis er wegen der ihm zu ersetzenden Verwendungen befriedigt wird. Das Zurückbehaltungsrecht steht ihm nicht zu, wenn er die Sache durch eine vorsätzlich begangene unerlaubte Handlung erlangt hat.

112 Münchener(Busche), Münchener Kommentar zum Bürgerlichen Gesetzbuch, 5. aufl., Carl Heymanns Verlag, 2009, §647. Rn. 4).

113 Philippe Simler et Philippe Delebecque, 「-Droit civil-Les sûretés」 4" édition, la publicité foncière, 2004, nO 425.

114 Dieter Zobl , Das Bauhandwerkerpfandrecht de lege lata und de lege ferenda, 2. Halbband, ZSR, 1982, S. 77; BaslerKomm/Hofstetter, ZGB, Art. 837, 2007, N. 13ft.; BGE 95 11 31.

115 이와 더불어 "물건으로부터 발생한 손해로 인하여 채권이 변제기에 도달한 경우"도 있다.

116 Rummel/Hofmann, ABGB(오스트리아 민법총전-Das Allgemeine Bürgerliche Gesetzbuch) Kommentar, 3. Aufl., 2000, §471 Rdnr. 8 참조.

117 坂本武憲, "不動産費用債権の担保", ジュリスト No. 1223, 2002, 49頁.

118 池田淸治, "必要費と有益費", 法学セミナ― No. 705, 2013, 91頁; 座談會, "近未来の抵当権とその實行手續—改正のあり方お探る", 經濟法, 令究會刊・銀行法務21, 第600号, 2002, 37頁.

한편, 유치권자에게 우선변제권을 부여해주는 방식으로는 우선변제권 이원화 방식이 합리적이다.[119] 유치권의 피담보채권 발생으로 인해 해당 목적물에 대해 증가한 객관적 가치상당액의 경우 유치권자에게 항상 법률상 제1순위로 우선변제권을 보장해주자는 것이다.

다만, 추가 검토 건으로 목적물에 대하여 증가한 객관적 가치상당액은 유치권자가 비용을 지출한 경우에 있어서 그러한 가치증가가 감정평가 등의 가치평가를 통하여 명백히 현존하고 있는 경우로 한정해야 합리적이다. 유치권자가 비용을 들인 경우라고 할지라도 그 비용지출 부분이 부동산 경제시장으로부터 영향을 받게 되어 하락하는 경우가 있기 때문이다.

그리고 유치목적물의 객관적 가치로부터 앞서 살펴본 증가한 객관적 가치상당액을 공제한 후에 나머지 부분에 관하여는 유치권이 성립한 시점에 담보권이 설정된 것으로 판단하여 그 순위에 따라 법률상 우선변제권을 보장할 수 있도록 개정되어야 할 것이다.

이는 주택임대차보호법 제8조(보증금 중 일정액의 보호) 제1항에서 임차인은 보증금 중 일정액을 다른 담보물권자보다 우선하여 변제받을 권리가 있다고 규정하고 있는바, 소액임차보증금을 항상 1순위로 보장하는 것과 유사한 구조라 할 수 있다.[120]

그리고 유치권 제도 자체의 폐지를 요구하는 주된 이유인 인수주의 원칙을[121] 폐지하는 소멸주의 원칙을 채택하여야 한다.[122] 유치권자에게 우

---

119 오시영, "법무부 민법개정시안 중 유치권에 대한 대안 제시 (I)", 법학논총, 제32집 제2호, 전남대학교 법학연구소, 2012, 281면.

120 오시영, "법무부 민법개정시안 중 유치권에 대한 대안 제시 (I)", 법학논총, 제32집 제2호, 전남대학교 법학연구소, 2012, 281면.

121 조윤아, "유치권 제도의 개선을 위한 입법방향", 일감법학 제35호, 건국대학교 법학연구소, 2016, 329면.

122 三ケ月章,「民事執行法」, 弘文堂, 1981, 467頁; 園尾隆司,「留置權による競賣および形式的競賣の賣却手續」, 金融法務事情 1221号6, 金融財政事情硏究所, 1989, 10頁; 坂本倫城,「留置權による競賣申立て」, 大石忠生ほか編, 裁判實務大系7, 靑林書院, 1986, 513頁; 生田治郎,「留置權の實行をめぐる諸問題」, 加藤一郎‧林良平編集代表, 擔保法大系第二卷, 金融財政, 1985, 842頁; 竹田稔,「民事執行の實務 I」, 酒井書店, 1980, 228頁; 추신영, "가장유치권의 진입제한을 위한 입법적 고찰", 민사법학 제44호, 2009, 376면; 장건, "유치권에 기한 경매에서 소멸주의 적용여부", 민사집행법연구 제12권, 한국민사집행법학회, 2016, 188면; 졸저, "부동산유치권 개정안 중 저당권설정청구권 제도 도입에 관한 고찰-

선변제권을 인정해주면 소멸주의 원칙을 적용할 수 있고 소멸주의는 학계와 실무 모두 공감대가 형성되어 있다. 대법원에서도 매수인에게 인수되는 유치권의 범위를 유치권의 우열 법리를 통하여 축소시켜 온 측면을 검토할 경우에도 기존 인수주의 원칙은 부동산 경매절차와 관련된 모든 이해관계인들에게 큰 부담으로 작용되어 왔다.[123]

민사집행법 제91조 제5항(인수주의)은 유치권 폐해의 대표적 조문으로 비판을 받아왔고[124] 이 규정으로 인해 채무자와 유치권자 간 통모를 통하여 부동산에 대하여 많은 건축비용을 지출하였다는 허위유치권자도 생겨났다. 이는 아래 개정안과 같이 민사집행법 제91조 제5항 규정을 삭제, 그리고 동조 제2항에서 소멸되는 권리에 유치권을 추가하면(소멸주의 채택) 위 문제를 해결할 수 있다.[125]

현행	개정안
제91조(인수주의와 잉여주의의 선택 등)	제91조(인수주의와 잉여주의의 선택 등)
① (생 략)	① (현행과 같음)
② 매각부동산 위의 모든 저당권은 매각으로 소멸한다.	② 매각부동산 위의 모든 <u>저당권과 유치권</u>은 매각으로 소멸한다.
③·④ (생 략)	③·④ (현행과 같음)
<u>⑤ 매수인은 유치권자(留置權者)에게 그 유치권(留置權)으로 담보하는 채권을 변제할 책임이 있다.</u>	<삭 제>

이로써 유치권자의 목적물에 대한 경제적 가치를 종래의 배당금으로부터 이익을 누릴 수 있고 매수인은 유치권의 피담보채권을 추가적으로 변

부동산 경매절차에서 선행저당권에 관한 유치권의 우열 논제를 중심으로-", 법학논총 제26권 제2호, 조선대학교 법학연구소, 2019, 329면.

123 조윤아, "유치권 제도의 개선을 위한 입법방향", 일감법학 제35호, 건국대학교 법학연구소, 2016, 329면.

124 김영두, "부동산유치권의 문제점에 관한 연구", 지안이선영박사화갑기념논문집(토지법의 이론과 실무), 법원사, 2006, 231면.

125 김미혜, "부동산유치권 관련 개정안에 대한 몇 가지 제언", 아주법학 제8권 제1호, 아주대학교 법학연구소, 2014, 176면.

제해야만 하는 사실상의 인수책임으로부터 벗어나게 된다. 또한 유치권의 존재로 인한 매각지연 또는 매각대금 하락을 효과적으로 방지할 수 있고[126] 부동산 경매절차에서 매수인의 큰 부담을 덜어주므로 경매가 원활하지 못했던 난제를 수정해주는 것이다.[127] 따라서 본 입법안은 부동산 경매절차에서 첨예하게 대립하는 유치권과 다른 이해당사자 간 우열논제를 입법 차원에서도 해결을 모색한 것으로[128] 합리적인 개정안으로 판단된다.[129]

Ⅵ. 결론

개정안의 핵심은 유치권을 폐지하고 저당권으로 전환하자는 것이다. 그러나 개정안은 부동산 경매 압류단계에서 선행(가)압류채권에 대한 유치권의 우열상 불합리성 및 권리보호의 약화 가능성 문제가 있고 현금화 단계에서는 변제기 소급효에 의한 선행저당권에 대한 유치권(저당권)의 우열상 불합리성 및 채권자의 열후적 지위 가능성의 문제가 있다. 또한 배당단계에서는 허위유치권자의 저당권설정청구의 소 제기에 따른 유치권자의 배당상 우열문제 등이 있다.

따라서 유치권의 전면적 폐지하면서 굳이 저당권설정청구권 제도를 도

---

126 오시영, "유치권 관련 민법개정안에 대한 검토", 강원법학 제38권, 강원대학교 비교법학연구소, 2013, 133면.

127 윤진수, "유치권 및 저당권설정청구권에 관한 민법개정안", 민사법학 제63-1호, 한국민사법학회, 2013, 226면; 김재형, '부동산 유치권의 개선방안", 민사법학 제55호, 한국민사법학회, 2011, 377면.

128 소멸주의가 도입되면 유치권의 우열 법리는 이제 필요하지 않게 될 것으로 판단하는 견해도 있다(김영희, "유치권이 있는 부동산의 경매와 유치권의 저당권에 대한 대항력", 민사법학 제63권 제1호, 한국민사법학회, 2013, 32면; 이정민/이점인, "체납처분압류 이후 경매절차 개시 전에 취득한 유치권의 효력에 대한 검토 -대법원 2014. 3. 20. 선고, 2009다60336 전원합의체 판결을 중심으로-", 동아법학 제64권, 동아대학교 법학연구소, 2014, 271면; 장창민, "부동산유치권에 관한 일고-2013년 입법예고된 유치권개정안과 관련하여-", 동북아법연구, 제8권 제1호, 2014, 203면).

129 김미혜, "부동산유치권 관련 개정안에 대한 몇 가지 제언", 아주법학 제8권 제1호, 아주대학교 법학연구소, 2014, 176면; 김송, "유치권관련 개정안에 대한 재고", 법학연구 제24권 제1호, 경상대학교 법학연구소, 2016, 192면.

입하고자 하는 본 개정안의 입장이 실익이 있는지 의문이다.[130] 따라서 저당권을 설정할 수 있도록 하는 것이 아니라 유치권을 기존과 같이 존치하되 등기를 할 수 있도록 하는 방안이 타당하다. 무엇보다도 개정안에서 유치권 폐지 · 저당권 전환방안을 통해 얻고자 하는 장점들은 기존 유치권을 존치하되 보완하는 선[131]에서 충분히 얻을 수 있기 때문에 굳이 유치권을 폐지해야 할 필요는 없다.[132]

한편, 유치권을 폐지주장의 가장 큰 원인으로 허위 · 가장유치권의 폐해를 제시하고 있으나 엄밀히 말하면 허위 · 가장유치권의 경우 진정한 유치권의 범위에 해당하는 것이 아니고 따라서 유치권의 문제로 판단할 필요가 없다. 그러므로 허위 · 가장유치권으로 인해 폐해가 발생한 경우에는

---

130 개정안에 따를 경우 유치권으로부터 전환된 저당권은 일반적 저당권과 다른 몇몇 특별 효력을 인정해주는 방향으로 입법하겠다는 것이다. 그러나 유치권을 공시제도에 혼란을 주고 있는 악한 주범으로 판단하여 폐지할 것이라는 결론을 미리 내린 이후 유치권 폐지로 인해 약화되는 채권자 지위를 보완하고자 할 목적으로 아예 존재하지도 않던 특별저당권을 만들어낸 측면이 있다. 이 개정안을 적용할 경우 전환된 저당권을 해석함에 있어 새롭고 많은 혼란이 야기될 수 있다(홍봉주, "유치권의 대항력제한", 토지법학 제31권 제1호, 한국토지법학회, 2015, 15면). 이처럼 개정안은 본고에서처럼 집행법상 유치권의 우열 측면뿐만 아니라 실체법 측면에서도 많은 비판이 제기되고 있기 때문이다.

131 Ⅴ. 2. 유치권 등기제도 도입방안 및 논제 해결 모색 참조.

132 오시영, "유치권 관련 민법개정안에 대한 검토", 강원법학 제38권, 강원대학교 비교법학연구소, 2013, 97-142면; 김홍엽, "민사유치권 관련 민사집행법 개정안에 대한 비판적 고찰", 성균관법학 제25권 제4호, 성균관대학교 법학연구소, 2013, 147-168면; 성민섭, "부동산유치권제도의 개선을 위한 민법 등 개정법률안에 대하여", 외법논집 제38권 제1호, 한국외국어대학교법학연구소, 2014, 189-208면; 김상찬/강창보, "부동산유치권 제도의 개선방안", 법과정책 제19집 제2호, 제주대학교법과정책연구소, 2013, 71-91면; 김미혜, "부동산유치권 관련 개정안에 대한 몇 가지 제언", 아주법학 제8권 제1호, 아주대학교법학연구소, 2014, 157-181면; 이광수, "등기된 부동산유치권 폐지-반대", 법률신문 2013. 3. 25일자; 반면에 제도적 보완도 필요하지 않고 현행법상 유치권 제도만으로도 충분하다는 견해로는 이진기, "부동산유치권의 재고", 법률신문, 2013. 4일자; 유치권을 인정하면서 발생하는 문제를 잘 상쇄시킬 수 있도록 운용상의 문제에서 해결하면 되는 것이다. 이 경우 피담보채권의 범위, 그리고 효력의 발생 시기에서 일반적인 저당권과 비교해볼 때 다른 유치권의 차이점이 드러날 수 있는 것이고 유치권에 의한 해석도 자연스럽게 진행될 수 있다(졸저, "부동산유치권 개정안 중 저당권설정청구권 제도 도입에 관한 고찰-부동산경매절차에서 선행저당권에 관한 유치권의 우열 논제를 중심으로-", 법학논총 제26권 제2호, 조선대학교 법학연구소, 2019, 330면).

적합한 민·형사상 제재를 통해 해결하면 된다.[133]

또한, 50여 년 동안 유지된 권리인 유치권을 한 번에 폐지하는 개정안은 입법실무의 절차적인 측면에서 문제가 있다. 한 권리를 급격히 폐지하는 것도 모자라 새로운 권리로 전환하는 내용의 입법안은 앞서 검토한 여러 문제들을 안고 있으므로 입법자의 찬성을 얻기에는 매우 큰 부담으로 작용한다. 이 입법안은 찬성과 반대진영이 팽배하게 대립할 소지가 있고 대립은 선거에서 유권자의 대립으로도 나타난다. 국회의원의 관심사이자 모든 정치·입법 활동 여부의 기준은 재선의 성공이므로 법안에 찬성을 표명할 경우 지역구의 성향에 따라 자칫 낙선할 수 있는 것이다. 따라서 입법자는 본 법안에 대해 흔쾌히 찬성하기 어렵다. 현재 개정안은 본회의 절차까지 가지 못하였으며 법사위에서 임기만료 폐기되었다.

향후 입법안이 기존 입장과 유사하게 유치권 폐지의 내용을 담아 국회에 제출될 가능성이 높은바,[134] 이 경우 국회에서 과거와 동일하게 법사위 단계에서 검토·심사가 진행될 수는 있을 것이다. 그러나 개정안은 본회의 단계로의 진행조차도 난관이 많을 것이며[135] 법사위에서 심사 도중 과

---

133 강구욱, "부동산압류의 처분금지효와 압류의 효력", 법학논고 제62권, 경북대학교 법학연구원, 2018, 154면.

134 과거 법무부는 1999년 2월 5일 약 5년 4개월 동안 재산법 전 분야에 관한 개정안을 마련하였으며 2004년 10월경 제17대 국회에 제출하였으나 임기만료 폐기되었다. 이후 법무부는 또 다시 2013년 7월 13일 유치권 개정안을 국회에 제출하였으나 임기만료 폐기된 바 있다. 두 개정안 모두 조금씩의 입법안은 다르나 큰 기조는 기존 유치권을 폐지하고 저당권으로 전환하자는 것이었다. 그런데 굳이 유치권 개정안을 통해 문제를 해결하고자 한다면 유치권 폐지·저당권 전환의 시각을 벗어날 필요가 있다. 이 체제의 개정안은 임기만료 폐기될 확률이 입법 실무상 지속적으로 매우 높기 때문이다.

135 국회 법사위에서 유치권 개정안에 관한 각종 문제점이 제기될 것이고 무엇보다 찬성과 반대 입장이 팽배한 본 개정안과 같은 입법안들은 여당과 야당 모두에게 외면당하는 경우가 매우 빈번하다. 이 개정안에 찬성할 경우 낙선할 수 있으므로 임기만료 폐기되도록 두는 것이다(아니면 본 유치권 논제와 관련하여 특정 사회적 논란이 발생하고 언론에 집중 조명되어 그 대안으로써 본 개정안대로 입법이 이뤄져야 한다는 '사회적 합의'가 되는 시기까지 일명 본 개정안을 '숙성'시키는 것이 입법실무의 관행이기도 하다. 그런데 본 개정안은 숙성시킬 수조차 있는지 의문이다). 이 측면 때문에 찬반논란이 심한 개정안의 경우 해당 상임위 여야 간사 간 회의에서 법안을 아예 심사에 올리지도 않는 경우가 상당하다. 간사 간 회의는 해당 상임위 소속 국회의원에게도 공개되지 않는 경우가 많기 때문에 본 개정안은 제대로 된 심사 및 검토가 진행되지 않을 가능성이 농후하다. 또한 예민한 입법안

거와 동일하게 임기만료 폐기될 것이다.

따라서 입법 실무의 측면도 고려할 경우 유치권을 급격히 폐지하면서 저당권으로 전환하여 대혼란을 초래할 수 있는 방안보다 일단 오랫동안 시행해온 유치권을 존치시키면서 유치권에 의해 발생될 수 있는 문제들은 유치권 제도의 운용상의 문제로 판단하여 보완해나가는 방식이 법적 안정성의 측면에서도 합리적이다.

의 경우 사회적 지탄을 받는 입법안에 찬성했다는 이유만으로 언론에 부정적으로 보도되거나 시민단체로부터 항의 및 각종 소 제기를 당하는 경우가 많다(입법 실무상 국회의원은 입법안 업무를 보통 보좌진에게 일임하는 관행이 있기 때문이다). 이 사례가 일정 누적되면 당은 외관으로는 해당 의원을 객관·공정한 시스템 공천을 거쳐 컷오프 한다고 하나, 눈에 보이지 않는 정성평가 등의 근거로 불합리하게 공천을 하지 않거나 공천을 할지라도 본 선거에서 낙선하곤 한다.

참고 문헌

Ⅰ. 국내 문헌

1. 단행본

김상수, 「민사집행법(제4판)」, 법우사, 2015.

김용한(대표집필), 「주석민법(제3판)」, 한국사법행정학회, 2011.

김홍엽, 「민사집행법(제4판)」, 박영사, 2017.

곽윤직 대표집필(김용담 집필), 「민법주해ⅩⅤ」, 박영사, 1997.

법무부 민법개정자료발간팀, 「민법개정총서 03 −2004년 법무부 민법개정안 총칙 · 물권편」, 민속원, 2013.

법원공무원교육원, 「민사집행실무(Ⅰ)」, 한양당.

사법연수원, 「민사집행법」, 사법연수원, 2015.

이시윤, 「신민사집행법(제8개정판)」, 박영사, 2020.

이재석, 「유치권의 아킬레스건」, 푸른솔, 2018.

전병서, 「민사집행법」, Justitia(유스티치아), 2020.

정종휴, 「주석민법 채권각칙(4)(제3판)」", 한국사법행정학회, 1999.

2. 논문

강구욱, "부동산압류의 처분금지효와 압류의 효력", 법학논고 제62권, 경북대학교 법학연구원, 2018.

강민성, "민사집행과 유치권," 사법논집 제36집, 2003, 51면; 차문호, "유치권의 성립과 경매," 사법논집 제42집, 2006.

강정규/이용득, "부동산경매에서 유치권 개선방안에 관한 연구", 부동산학보 제62권, 한국부동산학회, 2015.

김만웅, "유치권의 공시기능 강화방안에 관한 연구", 토지법학 제26권 제1호, 한국토지법학회, 2010.

김명엽, "민사집행법상 유치권의 공시에 관한 연구", 법과 정책 제17권 제1호, 제주대학교 법과정책연구소, 2011.

김미혜, "부동산유치권 관련 개정안에 대한 몇 가지 제언", 아주법학 제8권 제1호, 아주대학교법학연구소, 2014.

김상찬/강창보, "부동산유치권 제도의 개선방안", 법과정책 제19집 제2호, 제주대학교 법과정책연구소, 2013.

김세진, "부동산경매절차에서의 유치권의 대항력에 관한 판례 평석", 토지법학 제31권 제2호, 한국토지법학회, 2015.

김송, "유치권관련 개정안에 대한 재고", 법학연구 제24권 제1호, 경상대학교 법학연구소, 2016.

김영두, "부동산유치권의 문제점에 관한 연구", 지안이선영박사화갑기념논문집(토지법의 이론과 실무), 법원사, 2006.

김영희, "유치권이 있는 부동산의 경매와 유치권의 저당권에 대한 대항력", 민사법학 제63권 제1호, 한국민사법학회, 2013.

김재형, "부동산 유치권의 개선방안", 민사법학 제55호, 한국민사법학회, 2011.

_____, "2013년 민법 판례 동향", 민사재판의 제문제 제23권, 2015.

김준호, "유치권의 성립요건으로서 물건과 채권간의 견련성", 민사법학 제54권, 한국민사법학회, 2011.

김홍엽, "민사유치권 관련 민사집행법 개정안에 대한 비판적 고찰", 성균관법학 제25권 제4호, 성균관대학교 법학연구소, 2013

권영준, "유치권에 관한 민법 개정안 소개와 분석", 서울대학교 법학 제57권 제2호, 2016.

남준희, "저당권 설정 후 경매개시결정의 기입등기 이전에 취득하게 된 유치권의 효력-대상판결:대법원 2009.1.15. 선고 2008다70763 판결-", 동북아법연구 제3권 제2호, 2009.

남효순, "등기된 부동산유치권 폐지 - 찬성", 법률신문 제4113호; 윤철홍, "유치권의 개정방향", 법학논총 제31권, 숭실대학교 법학연구소, 2014.

노종천, "부동산유치권 등기제도 도입 연구", 토지법학 제31권 제1호, 한국토지법학회, 2015.

노한장/유정석, "부동산 경매에 있어서 유치권의 우선변제권 인정 및 대항력 제한", 부동산학보 제52권, 한국부동산학회, 2013.

박득배, "부동산유치권제도의 개선에 관한 제언", 법과 정책연구 제17권 제2호, 한국법정책학회, 2017.

박진근, "건축계약상 수급인의 유치권 제한", 민사법학 제39권 제1호, 한국민사법학회, 2007, 317-343면; 홍봉주, "유치권의 대항력제한", 토지법학 제31권 제1호, 한국토지법학회, 2015.

박용석, "유치권 성립요건으로서의 견련성에 관하여", 법학연구 제48권 제2호, 부산대학교 법학연구소, 2008.

서기석, "민사집행의 제문제 - 실효성 있는 민사집행제도마련을 위한 토론회 결과보고서", 법원행정처, 1996.

서종희, "부동산유치권의 대항력제한에서 불법점유를 원인으로 하는 유치권 성립제한
　　으로의 재전환", 성균관법학 제24권 제4호, 2012.

_____, "유치권자의 강제경매신청의 의미와 가압류등기경료 후 성립한 유치권의 대
　　항력인정 여부", 외법논집 제36권 제4호, 한국외국어대학교 법학연구소, 2012.

성민섭, "부동산 유치권 제도의 개선을 위한 민법 등 개정법률안에 대하여 – 등기 부
　　동산에 대한 유치권 폐지(안) 등의 재고를 기재하며–", 외법논집 제38권 제1호,
　　한국외국어대학교 외국학종합연구센터 법학연구소, 2014.

손흥수, "집행관 제도의 문제점과 해결방안", 인권과 정의 475호, 2018.

안철상, "건축 중인 건물에 대한 금전채권의 발행", 부산판례연구 제7집, 부산판례연
　　구회, 1995.

양재모, "유치권적정화에 관한 법정책적 접근", 법과 정책 제14집 제2호, (사)한국법정
　　책학회, 2014.

엄성현/박상호, "현행 부동산유치권의 문제점과 민법 일부개정법률안에 관한 검토",
　　공공정책연구 제32집 제1호, 동의대학교 지방자치연구소, 2015.

오시영, "법무부 민법개정시안 중 유치권에 대한 대안 제시 (I)", 법학논총, 제32집 제2
　　호, 전남대학교 법학연구소, 2012.

_____, "법무부 민법개정시안 중 유치권에 대한 대안 제시 (II)", 법학논총, 제32집 제
　　3호, 전남대학교 법학연구소, 2012.

_____, "유치권 관련 민법개정안에 대한 검토", 강원법학 제38권 제1호, 강원대학교
　　비교법학연구소, 2013.

_____, "유치권에 대한 매각조건으로서의 인수주의와 소멸주의", 재산법연구 제33권
　　제3호, 2016.

_____, "미등기건물에 대한 강제집행상의 문제점 및 입법론적 고찰", 민사소송 제11
　　권 제2호, 한국민사소송법학회, 2007.

_____, "건축이 중단된 건물의 부동산 강제집행방법에 대한 연구", 민사소송 제14권
　　제1호, 한국민사소송법학회, 2010.

_____, "부동산 유치권의 성립과 대항력의 구별", 민사법학 제38호, 2007.

_____, "부동산 유치권 강제집행에 대한 문제점과 입법론적 고찰", 토지법학 제23권
　　제2호, 2007.

_____, "법무부 민법개정시안 중 유치권에 대한 대안 제시(III)", 법학논집 제32권 제3
　　호, 전남대학교 법학연구소, 2013.

윤성호, "부동산 유치권 등기제도의 도입에 관한 연구", 인문사회21 제8권 제6호, 아시
　　아문화학술원, 2017.

윤진수, "유치권 및 저당권설정청구권에 관한 민법개정안", 민사법학 제63–1호, 한국
　　민사법학회, 2013.

윤철홍, "유치권의 개정방향", 법학논총 제31집, 2014.

이동진, "물권적 유치권의 정당성과 그 한계", 민사법학 제49권 제1호, 한국민사법학회, 2010.

이무상, "부동산 가압류의 처분제한적 효력", 법학논총 제31권 제2호, 단국대학교, 2007.

이무선, "공시기능강화를 위한 부동산유치권의 문제점과 그 입법대안", 홍익법학 제19권 제1호, 홍익대학교 법학연구소, 2018.

이범수, "부동산유치권의 문제점과 개정안에 대한 검토", 경성법학 제23권 제1호, 경성대학교 법학연구소, 2014.

이상덕/서완석, "부동산의 선순위 근저당권과 상사유치권의 우열 관계", 가천법학 제7권 제2호, 2014.

이상태, "유치권에 관한 연구-대항력제한을 중심으로-(대법원 2009. 1. 15. 선고 2008다70763 판결)", 토지법학 제26-1호, 2010.

_____, "부동산유치권에 관한 개정안 검토", 일감법학 제31호, 건국대학교 법학연구소, 2015.

_____, "불법행위로 인한 점유와 유치권의 배제", 토지법학 제26권 제2호, 토지법학회, 2010.

이상현, "부동산 경매과정에서의 유치권의 진정성립(허위유치권)에 관한 제문제", 민사법연구 제18집, 2010.

이선희, "부동산 유치권의 대항력 제한", 민사법학 제72권, 한국민사법학회, 2015.

이시윤, "민사집행에 있어서의 주요과제와 ISD", 민사집행법연구 제8권, 한국사법행정학회, 2012.

이정민/이점인, "체납처분압류 이후 경매절차 개시 전에 취득한 유치권의 효력에 대한 검토 - 대법원 2014. 3. 20. 선고, 2009다60336 전원합의체 판결을 중심으로-", 동아법학 제64권, 동아대학교 법학연구소, 2014.

이재도, "부동산경매절차에서 허위유치권에 관한 문제와 개선방안", 민사집행연구 제8권, 한국민사집행법학회, 2012.

이재석, "유치권의 행사를 제한하는 판례이론에 관한 제언", 사법논집 제16집, 법원도서관, 2016.

_____, "선행저당권이 설정되어 있는 경우 상사유치권의 행사를 제한하는 판례이론의 문제점과 해결방안", 민사집행연구 제15권, 한국민사집행법학회, 2019.

이정민/이점인, "허위·가장 유치권 문제와 유치권 등기의 필요성에 대한 검토", 민사법이론과실무 제18권 제1호, 민사법의 이론과 실무학회, 2014.

이종구, "미국 주법상의 건축공사 우선특권과 부동산 유치권의 비교법적 연구", 비교사법 제19권 제2호, 비교사법학회, 2012.

이찬양, "부동산 경매절차와 민사유치권", 고려대학교 박사학위 논문, 2019년 6월.

_____, "부동산유치권 개정안 중 저당권설정청구권 제도 도입에 관한 고찰-부동산 경매절차에서 선행저당권에 관한 유치권의 우열 논제를 중심으로-", 법학논총 제26권 제2호, 조선대학교 법학연구소, 2019.

_____, "건물에 관한 상사유치권의 우열상 제문제", 법학연구 제61집, 전북대학교 법학연구소, 2019.

_____, "전자소송 하에서의 전자송달", 원광법학 제31집 제4호, 원광대학교 법학연구소, 2015.

이춘원, "저당권설정청구권에 관한 비교법적 고찰 - 스위스법을 중심으로-", 비교사법 제14권 제4호(통권 제39호), 한국비교사법학회, 2007.

이춘원, "미국의 Mechanics' and Materialmes's Lien의 소개", 성균관법학 제19권 제3호, 2007.

장건, "유치권에 기한 경매에서 소멸주의 적용여부", 민사집행법연구 제12권, 한국민사집행법학회, 2016.

____/서진형, "허위·가장유치권의 문제점과 유치권등기의 필요성", 대한부동산학회지 제30권 제1호, 대한부동산학회, 2012.

장석천/이은규, "민법 유치권 개정 법률안 중 저당권설정청구권에 관한 소고", 재산법학회 제32권 제3호, 한국재산법학회, 2015.

장창민, "부동산유치권에 관한 일고-2013년 입법예고된 유치권개정안과 관련하여-", 동북아법연구, 제8권 제1호, 2014.

정두진, "프랑스 민법에서의 유치권제도에 관한 소고", 국제법무 제4집 제2호, 제주대학교 법과정책연구소, 2012.

정준영/이동진, "부동산유치권의 개선에 관한 연구," 2009년 법무부 연구용역 과제 보고서, 2009.

전장헌, "부동산경매절차에서유치권에 관한 개선방안", 민사집행법연구, 제9호, 2013.

조윤아, "유치권 제도의 개선을 위한 입법방향", 일감법학 제35호, 건국대학교 법학연구소, 2016.

차문호, "유치권의 성립과 경매," 사법논집 제42집, 2006.

채영수, "배당이의와 부당이득반환청구", 대법원판례해설 제10호(1988년 하반기), 법원도서관, 1989.

추신영, "가장유치권의 진입제한을 위한 입법적 고찰", 민사법학 제44호, 2009.

한상곤, "민사집행절차에서 본 유치권의 개정안에 대한 고찰", 경희법학 제50권 제1호, 경희법학연구소, 2015.

홍봉주, "부동산유치권에 관한 개정안 검토", 일감법학 제31호, 건국대학교 법학연구소, 2015.

Ⅱ. 국외 문헌

1. 영미 문헌

Charles J. Jacobus, Texas real estate law, 9th ed., Thompson/ South-Western, 2005.

George J. Siedel/Janis K. Cheezem, Real estate law, 4th ed., West Educational Pub, 1999.

Kathartbe C. Johnson, Mortgage, Liens, and Security; Provide for Notice of Lien Rights to Owners of Real Property, Constructors, and Providers of Labor, Services, or Materials, 10 Ga. St. Rev. 211, 1993.

2. 프랑스 및 독일문헌

M. Bourassin, V. Brémond et M.-N. Jobard-Bachellier, Droit des sûretés, 2e éd., Sirey, 2010.

M. Cabrillac, Ch. Mouly, S. Cabrillac et Ph. Pétel, Droit des sûretés, 8e éd.,Litec, 2008.

Claus Ahrens, Zivilrechtliche Zuruckbehaltungsrechte, 2002.

3. 일본 문헌

池田淸治, "必要費と有益費", 法学セミナー No. 705, 2013.

松岡久和, "留置権", 法学セミナー No. 704, 2013.

荒木新五, "競売で買収人に対する留置権の主張の有無", 判例タイムズ No. 1150, 2004.

座談會, "近未来の抵当権とその實行手続—改正のあり方お探る", 経済法, 令究會刊・銀行法務21, 第600号, 2002.

坂本武憲, "不動産費用債権の担保", ジュリスト No. 1223, 2002.

生熊長幸, "建築請負代金債權による敷地への留置權と抵當權(下)"「金融法務事情」第1447号, 1996.

三ケ月章, 「民事執行法」, 弘文堂, 1981.

園尾隆司, 「留置權による競賣および形式的競賣の賣却手續」, 金融法務事情 1221号6, 金融財政事情研究所, 1989.

坂本倫城, 「留置權による競賣申立て」, 大石忠生ほか編, 裁判實務大系7, 青林書院, 1986.

生田治郎, 「留置權の實行をめぐる諸問題」, 加藤一郎一 林良平編集代表, 擔保法大系第二卷, 金融財政, 1985.

竹田稔,「民事執行の實務Ⅰ」, 酒井書店, 1980.

Ⅲ. 언론기사 및 기타자료

나산하, "토지에 대한 유치권의 특수한 문제 - 점유와 견련관계를 중심으로-", 건국대학교 법학연구소 국제학술대회(2018. 12. 4) 발표논문집, 건국대학교 법학연구소 부동산법센터, 2018.

법제사법위원회 전문위원 이상용, "민법 개정법률안, 민사집행법 개정법률안, 부동산 등기법 개정법률안 검토보고서', 국회 법제사법위원회, 2013.

이광수, "등기된 부동산유치권 폐지-반대", 법률신문 2013. 3. 25일자.

이진기, "부동산유치권의 재고", 법률신문, 2013. 4일자.

이재석, "선행압류채권에 관한 유치권의 우열 토론문", 한국민사집행법학회 2020년 하계정기학술대회, 한국민사집행법학회, 2020.

임정윤, "부동산 경매 압류 · 현금화 · 배당단계에서 유치권의 한계에 관한 검토에 대한 토론문", 한국민사소송법학회 제1회 정기학술대회 토론문, 한국민사소송법학회, 2020.

전병서, "집행관 제도의 문제점과 해결방안 토론문", 대한변호사협회 심포지엄 토론문, 2018.

한국경제, "경매 허위유치권 폐해 심각" 한국경제신문 2005년 8월 8일자 기사. http://economy.hankooki.com/ArticleView/ArticleView.php?url=news/200508/e2005080816470770300.htm&ver=v002; (최종확인: 2020. 1. 20).

_____, "경매 저가매각 유도…'허위 유치권' 소송 5년간 2배 급증", 2018년 10월 18일자; http://news.hankyung.com/article/2018100841421, (최종확인: 2020년 2월 7일).

저당권설정청구권 제도의 도입 가능성*

Ⅰ. 서론

현행 유치권은 부동산 및 동산에 인정되는 법정담보물권이다. 동산을 대상으로 하는 유치권은 실무에서 크게 유치권 관련 분쟁이 발생하지 않으나 채권액수가 크고 이해관계인이 많은 부동산유치권 사건은 수많은 이해관계인이 충돌하면서 많은 문제를 야기하고 있다. 그리고 부동산 관련 분쟁 중에서도 유치권[1]과 관련한 분쟁이 가장 큰 고질적인 문제로 지적되고 있다. 특히, 유치권은 정당한 유치권이라 하더라도 등기에 공시되지 않는 점으로 인해 이해당사자들의 우열을 가리기 어렵게 한다는 비판을 받는다. 이 문제를 해결하고자 유치권에 대한 개선안을 비롯하여 폐지 논의에 이르기까지 많은 논의가 진행되고 있다.[2]

---

* 본 절은 법학논총 제26권 제2호에 게재된 논문을 수정 및 보완한 것이다.

1 이하에서 논의하는 유치권의 대상은 동산 및 유가증권이 아니라 부동산에 초점을 맞추고자 한다. 동산 및 유가증권의 경우는 물권의 이전이 대부분 점유의 이전에 의해 이루어진다는 점을 고려하면 점유의 물권성을 기초로 하여 유치권의 물권성을 인정할 수 있다. 따라서 부동산유치권의 물권화와 비교하여 상대적으로 문제되지 않으므로 대상에서 제외한다.

2 유치권은 민사집행 체계에서 가장 문제가 되며 이외에도 ⅰ) 미등기부동산에 대하여

이러한 문제가 지속적으로 제기되는 현 실정에서 부동산 유치권 제도의 간과할 수 없는 폐해 그리고 그 개선 필요성에 대한 공감대는 1990년대 말부터 법학계와 실무계 전반에 폭넓게 형성되었다.[3] 법무부 민법개정위원회에서는 2012년에 민법 및 상법에 규정되어 있는 유치권 제도를 개정하여 미등기 부동산에 대해서만 부동산 유치권을 원칙적으로 인정해주는 한편, 저당권 설정청구권 제도를 도입하여 그에 대한 보완책을 마련하고자 하였다. 이 개정안에 관하여 찬반논란[4]도 있었으나 개정안은 법제처 심사를 통하여 2013년 7월 17일 정부안으로 국회에 상정되었고(의안번호

강제집행이 불가능한 민사집행법상의 제도적 불비 문제, ⅱ) 유체동산의 헐값 매각과 경매브로커 개입으로 인한 실질적인 채권 회수를 하지 못함에 따라 채무자 입장에서의 물질적, 생활상의 손해가 발생하는 문제, ⅲ) 집행예고제를 실시하지 않아 갑작스러운 강제집행으로 인한 채무자의 저항, ⅳ) 승계집행문을 부여하는 과정에서 교활한 채무자의 잦은 승계에 의한 집행의 곤란 등이 산재해 있다(오시영, "유치권에 대한 매각조건으로서의 인수주의와 소멸주의", 재산법연구 제33권 제3호, 2016, 228면).

3 특히, 2000년대 이후 부동산 유치권을 주장하는 사건이 매우 급증하고 있다(김재형, "2013년 민법 판례 동향", 민사재판의 제문제 제23권, 2015, 4면); 이와 같은 문제를 해결하고자 하는 구체적인 개선방안으로는 ⅰ) 현행법의 엄격한 해석·적용을 통하여 해결하자는 견해, ⅱ) 유치권의 목적물의 대상에서 부동산을 제외하여야 한다는 견해, ⅲ) 부동산 유치권을 유지는 하되 등기제도를 신설하거나 저당권설정청구권 도입 등 제도적으로 보완하자는 견해 등이 다양하게 제기되어 오고 있다.

4 2013. 3. 25. 법률신문 [쟁점토론] 란에서는 "등기된 부동산 유치권 폐지"에 관하여 남효순 교수의 찬성의견 그리고 이광수 변호사의 반대의견이 함께 실렸으며 이진기 교수는 2013. 4. 2. 법률신문에 "부동산 유치권 재고"라는 기고문을 실어 민법개정안에 대하여 반대의 견해를 피력하기도 하였다. 한편 이 개정안에 대한 해설을 통하여 찬성견해를 밝힌 논문으로는 김재형, "부동산 유치권의 개선방안", 민사법학 제55호, 한국민사법학회, 2011, 339면; 윤진수, "유치권 및 저당권설정청구권에 관한 민법개정안.' 민사법학 제63-1호, 한국민사법학회, 2013, 193면이 있으며 반대의 견해를 밝힌 논문으로는 김미혜, "부동산유치권 관련 개정안에 대한 몇 가지 제언", 아주법학 제8권 제1호, 아주대학교법학연구소, 2014, 169면; 오시영, "법무부 민법개정시안 중 유치권에 대한 대안 제시 (Ⅰ)", 법학논총, 제32집 제2호, 전남대학교 법학연구소, 2012년, 265-293면; 오시영, "법무부 민법개정시안 중 유치권에 대한 대안 제시 (Ⅱ)", 법학논총, 제32집 제3호, 전남대학교 법학연구소, 2012년, 237~270면; 오시영, "유치권 관련 민법개정안에 대한 검토", 강원법학 제38권 제1호, 강원대학교 비교법학연구소, 2013, 97-142면; 오시영, "유치권 관련 민법개정안에 대한 검토", 강원법학 제38권, 강원대학교 비교법학연구소, 2013, 221면; 엄성현/박상호, "현행 부동산유치권의 문제점과 민법 일부개정법률안에 관한 검토", 공공정책연구 제32집 제1호, 동의대학교 지방자치연구소, 2015, 175면 등이 있다.

1906017~1906019) 소관 상임위인 법제사법위원회(이하 '법사위'라고 한다)에 회부되었으나 임기 만료되어 폐기되었다.

개정안의 핵심은 기존의 부동산 유치권을 전면적으로 폐지하고 유치권을 저당권으로 전환하자는 것이다. 이는 이론적으로는 일응 타당한 법리일 수 있으나 실무적으로 특히 저당권설정청구권 제도 도입으로 인한 문제가 첨예하게 대립될 소지가 많으므로 검토가 필요하다.[5] 그런데 저당권설정청구권 제도 도입을 담은 개정안은 개정안의 흐름을 살펴보건대 다시기존 유치권을 폐지하고 저당권설정청구권 제도 도입을 핵심으로 하는 개정안이 제출될 가능성이 높다.[6]

이 이유로 개정안의 핵심인 저당권설정청구권 제도 도입 개정안을 중심으로 검토를 진행한다. 검토를 함에 있어서는 선행연구에서 상대적으로 조명을 덜 받았던 구성을 취한다. 즉, 부동산 경매절차에서 가장 문제로 지적되고 있는 현금화단계에서의 선행저당권에 관한 유치권의 우열 논제[7]를 중심으로 살펴본다. 본 구성을 취한 연구는 거의 없으므로 연구에 의의가 있다고 보았다.

이 문제의식을 토대로 본문에서는 현행 부동산 유치권의 개정의 필요성에 관한 기존의 논의를 개괄적으로 살펴보고(Ⅱ) 개정안 중 저당권설정

---

5 권영준, "유치권에 관한 민법 개정안 소개와 분석", 「서울대학교 법학」 제57권 제2호, 2016, 158면.

6 과거 1999년 2월에도 법무부는 민법개정특별분과위원회를 구성하였고 5년 4개월 동안의 작업을 통하여 2004년 6월 민법개정안을 완료하여 국회에 제출하였으나 제17대 국회 임기만료로 인하여 폐기되었다. 이 민법개정안의 입안과정에서도 부동산 유치권을 법정저당권으로 전환(저당권설정청구권 제도 도입)시키고자 하는 개정시안이 마련된 적이 있었다. 그러나 동 위원회의 토론과정에서 장기적인 검토사항으로 분류가 되어 제외되었다(이와 관련하여 구체적인 내용은 법무부 민법개정자료발간팀, 「민법개정총서 03 -2004년 법무부 민법개정안 총칙·물권편」, 민속원, 2013, 407-409면 참조). 그러다가 2009년에 또 다시 구성된 민법개정위원회 제5분과위원회에서 기존과 유사하게 유치권을 폐지하고 저당권설정청구권 제도 도입을 담은 개정안이 국회에 제출되었으나 최종 임기 만료 폐기된 상태이다. 이처럼 민법개정위원회에서는 저당권설정청구권 제도 도입을 중심으로 하는 개정안을 제출하고자 하는 의지를 살펴볼 수 있다.

7 강정규/이용득, "부동산경매에서 유치권 개선방안에 관한 연구", 부동산학보 제62권, 한국부동산학회, 2015, 64면.

청구권 제도 도입 개정안에 관하여 검토한다. 해당 부분에서는 저당권설정청구권의 개정안의 조문의 핵심내용과 그 한계점에 대해 구체적으로 검토한다(Ⅲ). 마지막으로는 개정안의 한계점을 중심으로 하여 현행법상 저당권설정청구권 제도 도입의 실익, 즉 기존 제도의 보완만으로는 저당권설정청구권의 도입의 효과를 달성할 수 없는지에 대해 검토하며(Ⅳ) 결론을 내고자 한다(Ⅴ).

Ⅱ. 현행법상 부동산유치권의 개정의 필요성

1. 부동산유치권의 현행법상 해석의 한계와 개정의 필요성 대두

현행 부동산 유치권은 앞서 살펴본 바와 같이 많은 문제점을 안고 있으므로 이 문제를 해결하기 위해 현행법의 해석론으로서 여러 법리들이 적용되고 있다. 유치권의 피담보채권의 범위를 엄격하게 제한하는 방법을 통하거나 일정한 경우 제3자에 대한 유치권의 주장은 허용할 수 없다는 등의 법리를 적용하고 있는 것이다.[8]

부동산 경매절차의 유치권을 제한하려는 판례의 입장도 압류의 처분금지효 법리(대항력 부정설),[9] 선행저당권에 대하여 추후에 성립한 유치권으로 대항할 수 있다는 법리(대항력긍정설),[10] 선행저당권에 대한 상사유치권의 우열에 있어서는 대항관계설의[11] 등의 법리를 보여주고 있다.

---

8 정준영/이동진, "부동산유치권의 개선에 관한 연구," 2009년 법무부 연구용역 과제 보고서, 2009, 22면 이하 참조.

9 대법원 2005. 8. 19. 선고 2005다22688 판결; 압류의 효력이 발생한 후에 성립한 유치권은 선행압류채권에 대하여 대항할 수 없다는 대항력부정설의 법리로 유치권에 합리적인 제한을 하고자 노력하고 있다. 이 법리의 근거는 압류의 효력이 이미 발생한 후에 성립한 유치권은 압류의 처분금지효에 저촉이 되므로 선행압류채권에 대해서는 대항할 수 없다는 점을 제시하고 있다.

10 대법원 2009. 1. 15. 선고 2008다70763 판결; 선행하고 있는 저당권이 존재하고 있는 상황에서 추후에 성립한 유치권은 선행저당권자의 교환가치를 침해할 수 있는 우려가 있는 경우 그 유치권을 근거로 선행저당권에 대해서는 대항할 수 없다는 법리를 보여주고 있다.

11 대법원 2013. 2. 28. 선고 2010다57350 판결; 선행저당권에 대해서는 상사유치권으로

그러나 대법원 판례를 통해 여러 방면으로 그 법리를 제시하면서 부동산 유치권의 폐해를 합리적으로 제한하려 노력하고 있으나 법리 제시만으로는 추후 새롭게 발생되는 유치권 환경에서는 또 다른 법리를 지속적으로 제시해야만 하는 한계가 있으므로 궁극적 개선을 위해서는 입법적인 개선책이 필요하다.

2. 부동산유치권 존폐에 관한 검토

현행법제상 유치권이 가진 한계상황을 극복하고자 논의되는 입법론은 크게 두 방향으로 대별된다. 하나는 유치권의 존치를 전제로 하여 기존의 법제도를 보완·보충하는 것이며, 다른 하나는 유치권의 폐지를 전제로 새로운 제도 도입의 가능성을 검토하는 것이다. 이 중 민법개정안의 입장은 후자 즉, 부동산 유치권을 아예 전면적으로 폐지하는 것이다.

물론 부동산 유치권의 폐지 주장은 오래 전부터 제기되었다. 하지만 부동산유치권을 전면적으로 폐지하자는 개정안의 입장은 부동산 유치권이 건축 관련 법률관계에서 실무상 얼마나 큰 비중을 차지하고 있는지에 관하여 건설업계의 현실을 반영하지 못한 것이고 채권자 보호에도 미흡한 측면이 있다.[12] 채권자 권리보호의 측면보다 공시방법에서의 일관성 추구의 측면을 더 중요시하여 부동산 유치권을 폐지하려는 입장은 유치권제도의 도입취지 및 그 본질까지도 부인할 수 있다는 점에서도 합리적이지 못

대항할 수 없으나 후행저당권에 대해서는 상사유치권으로 대항할 수 있다는 법리를 보여주고 있다.

12 건축업계의 통상적 실무는 대지소유자가 자신의 대지만 제공하는 경우가 많고 건축업자 자신이 건축비용을 부담하면서 완공한 후에 건물을 임대 또는 매도하면서 임차인이나 매수인에게 임차보증금 또는 매매대금을 받음으로써 공사비용을 회수하는 경우가 빈번하다. 이 공사대금 회수과정에서 많은 유치권이 발생하는 것이다. 무엇보다 건축 중에 중단된 미등기 부동산과 관련되어 많은 유치권이 발생하고 있는 현실을 간과한 채 부동산 유치권제도를 전면적으로 폐지하는 입장은 수급인인 공사업자의 지위를 무시하는 결과를 초래할 수 있다(김미혜, "부동산유치권 관련 개정안에 대한 몇 가지 제언", 아주법학 제8권 제1호, 아주대학교 법학연구소, 2014, 195면; 오시영, "법무부 민법개정시안 중 유치권에 대한 대안 제시 (Ⅱ)", 법학논총, 제32집 제3호, 전남대학교 법학연구소, 2012, 258면).

하다.[13] 유치권 폐지로 인하여 이 경우까지 유치권을 인정하지 않으면 하도급업자를 충분히 보호하지 못하게 된다.[14]

따라서 본 개정안은 이 점을 간과한 면이 있으므로 그 보완이 요구된다. 또한 유치권에 대하여 실체법적인 문제에 치중한 입법안 논의를 진행한 나머지 절차법적인 차원에서의 검토도 미흡하다. 민사집행절차는 매우 난해한 분야이고 그 원리적인 이해 및 실무적 이해를 정확하게 하지 않고는 이해가 쉽지 않다. 따라서 민법의 개정작업 논의에 부수하여 민사집행법을 끼워 맞추는 듯한 개정작업을 하여서는 안 된다. 특히 부동산 경매 현금화단계에서 민사집행법적인 차원에서의 검토는 충분하게 이뤄지지 않

13　유치권이라는 제도는 본래 점유자의 채권을 다른 채권자들과 비교하여 특별하게 우선하여 보호해주려는 목적에서 도입된 법정담보물권이다. 따라서 그 도입취지에 부합하는지 여부를 고려함도 없이 공시의 원칙만 앞세워 판단할 수는 없다. 그리고 개정안에 따르게 될 경우 부동산 유치권 폐지 대신 도입되는 저당권은 그 성립, 우열상의 효력 문제를 둘러싸고 새롭고 복잡하며 치명적인 분쟁이 예상된다. 개정안처럼 ⅰ)현행 부동산 유치권 제도, ⅱ)부동산 유치권으로부터 전환된 특수한 저당권 제도, ⅲ) 등기 완료된 부동산에 있어서 유치권자가 아닌 비용을 지출한 자 등의 채권자가 설정하였던 일반 저당권제도로 세분화하여 규율하는 것 보다는 현행 제도를 유지하되 그 제도적 보완을 통하여 완전성을 높여가는 것이 더 타당하다(김미혜, "부동산유치권 관련 개정안에 대한 몇 가지 제언", 아주법학 제8권 제1호, 아주대학교 법학연구소, 2014, 195면; 오시영, "법무부 민법개정시안 중 유치권에 대한 대안 제시(Ⅱ)", 법학논총, 제32집 제3호, 전남대학교 법학연구소, 2012, 258면). 또한, 더 구체적인 사례인 하도급자와 관련하여 일반적으로 유치권 주장자는 대기업 등과 같은 많은 경제력을 바탕으로 우수한 정보력까지 갖춘 경우도 있다. 그러나 실질적으로 하도급자와 같은 서민 측의 입장에서는 유치권이라는 제도가 없어 공사대금을 받지 못하게 되는 경우에는 바로 폐업에 몰릴 수 있으므로 지푸라기 잡는 심정으로 최후의 보루의 수단으로 유치권 제도가 이용되는 경우가 많다(김미혜, "부동산유치권 관련 개정안에 대한 몇 가지 제언", 아주법학 제8권 제1호, 아주대학교 법학연구소, 2014, 195면).

14　하도급자뿐만 아니라 대지에 대한 형질변경(국토의 계획및이용에관한법률시행령 제51조에서 정하고 있는 토지의 형질변경은 절토 · 성토 · 정지 · 포장 등의 방법을 통하여 토지 형상을 변경하는 행위를 의미한다. 예를 들면 아파트 신축을 목적으로 그 토지를 형질 변경하는 경우를 의미한다) 즉, 대지화 작업은 건축 실무상 건물을 건축하는 시공사가 아닌 전문 토목공사업체가 주로 맡는다. 그런데 이 토목공사업체는 실무상 거의 대부분이 대기업이 아닌 영세업체인 경우가 많다(나산하, "토지에 대한 유치권의 특수한 문제 -점유와 견련관계를 중심으로-", 건국대학교 법학연구소 국제학술대회(2018. 12. 4) 발표논문집, 건국대학교 법학연구소 부동산법센터, 2018, 46면). 영세 토목공사업체로서는 실무상 유치권이라는 제도가 없어 자신의 피담보채권을 변제받지 못하게 되면 바로 폐업하게 되는 경우가 빈번하다.

았다.[15] 대표적으로는 선행저당권에 관한 저당권(유치권 전환 시)의 우열상 불합리성의 문제를 들 수 있을 것이다.

아래에서는 저당권설정청구권 도입 개정안을 집중적으로 검토한다.

Ⅲ. 저당권설정청구권 제도 도입에 대한 민법 개정안 검토

1. 민법 개정안 제369조의2에 관한 검토

(1) 제369조2 도입취지와 주요 내용

현행	개정안
<신 설>	제369조의2(부동산 유치권자의 저당권설정청구권) ① 제320조 제2항에 의한 부동산 유치권자는 그 부동산이 등기된 때에는 부동산 소유자에 대해서 그 피담보채권을 담보하기 위하여 그 부동산을 목적으로 한 저당권의 설정을 청구할 수 있다. 유치권이 성립한 후 부동산의 소유권을 취득한 자에 대해서도 또한 같다. ② 제1항의 권리는 채권자가 그 부동산이 등기된 날로부터 6개월 내에 소로써 행사하지 아니하면 소멸한다. ③ 제1항에 따른 저당권은 그 채권의 변제기에 설정된 것으로 본다.

출처 : 법제사법위원회 전문위원 이상용, "민법 개정법률안, 민사집행법 개정법률안, 부동산등기법 개정법률안 검토보고서', 국회 법제사법위원회, 2013, 3면.

저당권설정청구권 제도 도입 개정안 규정은 제369조의2와 제369조의3가 해당된다. 먼저 제369조의2를 검토한다. 제369조의2 개정안의 핵심은 기존의 부동산 유치권은 여러 문제가 지적되고 있으므로 전면적으로 폐지

---

15 민법 개정안대로 등기된 부동산에 대하여 원칙적으로 유치권을 인정해주지 않고 미등기 부동산에 대한 유치권을 한정적으로만 인정하는 법리는 입법적으로 유치권의 폐해를 해결하고자 하는 면에서는 어느 정도 공감할 수 있다. 그러나 부동산에 대한 유치권을 저당권으로 변경하여 저당권이라는 담보제도에 흡수 통합되도록 하는 입법적 태도에 의하여 그 전환의 매개적 장치로 저당권설정청구권을 이용하고자 하는 시도는 민법상으로 여러 문제가 상존하고 있다. 특히 민사집행법상으로도 더욱 많은 문제가 있음을 인지할 필요가 있다(김홍엽, "민사유치권 관련 민사집행법 개정안에 대한 비판적 고찰", 성균관법학 제25권 제4호, 성균관대학교 법학연구소, 2013, 167면).

하면서 미등기 부동산에 대해서는 소유권보존등기가 경료되는 경우에 유치권을 인정해주는 것이다. 그런데 상당수에 해당하는 부동산 유치권은 등기 전에 공사대금청구권 등과 같은 부동산에 지출하였던 비용과 관련하여 발생한다. 따라서 선행유치권이 존재하고 있는 상황에서 이 유치권이 지속적으로 존속하면 제도 개선의 측면에서 그 실효성이 떨어질 수 있다. 이와는 반대로 미등기 부동산이 등기가 완료된 경우 부동산에 대하여 이미 존재하고 있던 유치권이 바로 소멸하게 되는 것으로 보면 유치권자의 입장에서 그 지위가 지나치게 약해질 소지가 있다. 그러므로 본 개정안에서는 유치권을 무한정이 아닌 한시적으로 존속시키자는 것이고 그 존속시키는 기간 동안 유치권의 연장선상에서 저당권설정청구권을 행사할 수 있게 하여 저당권을 설정할 수 있도록 하자는 것이다. 이에 따른 저당권의 효력은 본래 유치권의 피담보채권의 변제기 시점으로 소급하도록 하고 이는 그 범위 내에서 기존 유치권자의 보호를 꾀한 것이다.[16]

개정안 제369조의2 제1항의 주요 내용은 미등기 부동산에 대하여 유치권자는 부동산이 등기가 완료된 경우 부동산을 소유하고 있는 자(유치권이 성립한 후에 소유권을 취득한 자를 포함)에 대하여 저당권설정을 청구할 수 있다. 그리고 미등기부동산에 대하여 성립한 유치권은 원칙적으로 부동산이 등기가 완료된 때로부터 6개월의 기간이 지나면 소멸한다.[17] 이것은 유치권이 소멸하게 되는 것에 대한 보완책으로 그 6개월의 기간 이내에 유치권자가 소유자에 대하여 저당권설정을 청구할 수 있도록 한 것이다. 유치권은 저당권으로 전환되므로 부동산이 경매되면 경매절차에서 그 저당권은 소멸하게 되고 매수인은 유치권 부담을 지지 않게 된다.[18]

---

16 권영준, "유치권에 관한 민법 개정안 소개와 분석", 「서울대학교 법학」 제57권 제2호, 2016, 158면.

17 법제사법위원회 전문위원 이상용, "민법 개정법률안, 민사집행법 개정법률안, 부동산 등기법 개정법률안 검토보고서", 국회 법제사법위원회, 2013, 3면.

18 윤진수, "유치권 및 저당권설정청구권에 관한 민법개정안", 민사법학 제63-1호, 한국민사법학회, 2013, 210면.

(2) 변제기 소급효에 따른 선행저당권에 관한 유치권(저당권) 우열상 불합리성[19]

앞서 살펴본 개정안 제369조의2 제1항에서는 미등기부동산에 대하여 성립한 유치권은 원칙적으로 부동산이 등기가 완료된 때로부터 6개월의 기간이 지나면 소멸하는 것으로 규정하였다.[20] 그리고 유치권의 소멸에 대한 보완책으로 그 6개월의 기간 이내에 유치권자가 소유자에 대하여 저당권의 설정을 청구할 수 있도록 한 것이다. 즉, 이 유치권은 저당권으로 전환되는 것이다.[21]

그런데 민법 개정안 제320조 제1항에서는 아래와 같이 유치권과 관련해 채권이 변제기에 도달한 경우 유치권의 성립을 인정하고 있다. 이 개정

---

19 이 쟁점 외에도 본 개정안에서 저당권설정청구권 제도 도입 개정안과 관련하여 저당권설정청구권의 상대방 범위 확장의 불합리성, 저당권설정청구권의 법적성격, 저당권설정청구권의 행사기간이 유치권의 부종성에 위배되는지의 여부, 등기된 부동산 비용지출채권자 등의 저당권설정청구의 상대방을 "부동산 소유자"로 규정하여 전용물소권을 인정할 수도 있는 문제에 관한 논의가 있다. 그러나 부동산유치권 개정안 적용의 핵심이라 할 수 있는 부동산 경매 현금화단계에서의 유치권의 적용국면상 문제 범위와는 거리가 멀기 때문에 본 연구에서는 제외하였다. 한편, 저당권설정청구권의 상대방 범위 확장의 불합리성에 관한 논의에 관하여는 권영준, "유치권에 관한 민법 개정안 소개와 분석", 서울대학교 법학 제57권 제2호, 2016, 159면; 김재형, "부동산 유치권의 개선방안", 민사법학 제55호, 한국민사법학회, 2011, 339면; 김재형, "부동산 유치권의 개선방안", 민사법학 제55호, 한국민사법학회, 2011, 339면; 윤진수, "유치권 및 저당권설정청구권에 관한 민법개정안", 민사법학 제63-1호, 한국민사법학회, 2013, 210면; 오시영, "유치권 관련 민법개정안에 대한 검토", 강원법학 제38권 제1호, 강원대학교 비교법학연구소, 2013, 115면 등 참조. 저당권설정청구권의 행사기간이 유치권의 부종성에 위배되는지의 여부에 관한 논의는 홍봉주, "부동산유치권에 관한 개정안 검토", 일감법학 제31호, 건국대학교 법학연구소, 2015, 21면; 오시영, "법무부 민법개정시안 중 유치권에 대한 대안 제시 (II)", 법학논총, 제32집 제3호, 전남대학교 법학연구소, 2012, 255-256면; 권영준, "유치권에 관한 민법 개정안 소개와 분석", 서울대학교 법학 제57권 제2호, 2016, 161면 참조. 전용물소권이 인정될 수 있다는 논의는 정준영/이동진, "부동산유치권의 개선에 관한 연구", 2009년 법무부 연구용역 과제 보고서, 2009, 27면; 이동진, "물권적 유치권의 정당성과 그 한계", 민사법학 제49권 제1호, 한국민사법학회, 2010, 76면 이하 참조.

20 정준영/이동진, "부동산유치권의 개선에 관한 연구," 2009년 법무부 연구용역 과제 보고서, 2009, 3면.

21 윤진수, "유치권 및 저당권설정청구권에 관한 민법개정안", 민사법학 제63-1호, 한국민사법학회, 2013, 210면.

안 규정으로 인하여 변제기 소급효가 인정되는데 이는 부동산 경매 현금화단계에서 가장 문제가 되는 선행저당권에 관한 유치권의 우열논제[22]가 선행저당권에 관한 저당권(유치권의 전환시)의 우열논제로 변경된다. 이에 따라 이 경우에서의 불합리성의 문제가 예상된다.

현행	개정안
제320조(유치권의 내용) ① 타인의 물건 또는 유가증권을 점유한 자는 그 물건이나 유가증권에 관하여 생긴 채권이 변제기에 있는 경우에는 변제를 받을 때까지 그 물건 또는 유가증권을 유치할 권리가 있다. ② 전항의 규정은 그 점유가 불법행위로 인한 경우에 적용하지 아니한다.	제320조(유치권의 내용) ① 타인의 동산 또는 유가증권을 점유한 자는 그 동산 또는 유가증권에 대한 비용 지출로 인한 채권이나 그 동산 또는 유가증권으로 인한 손해배상채권이 변제기에 이른 경우에는 변제를 받을 때까지 그 동산 또는 유가증권을 유치할 권리가 있다. ② 제1항은 그 점유가 불법행위로 인한 경우에는 적용하지 아니한다.

출처 : 법제사법위원회 전문위원 이상용, "민법 개정법률안, 민사집행법 개정법률안, 부동산등기법 개정법률안 검토보고서', 국회 법제사법위원회, 2013, 12면.

전환된 저당권의 효력은 본래 유치권상 피담보채권의 변제기 시점으로 소급한다. 이것은 채권의 변제기 시점에 저당권을 등기하고자 하였으나 건물의 보존등기가 완료되지 않아 저당권을 설정할 수 없는 사정을 고려하여 다른 담보권자들보다 우선변제권을 부여하기 위함이다. 이러한 면에서 개정안 제369조의2에서의 저당권설정등기는 그 등기한 시점부터 효력이 발생하는 일반적인 저당권설정등기와는 구별된다. 이 개정안에 따르면 위 제1항에 의하여 나중에 설정되는 저당권설정등기의 변제기 시점이 선행하는 저당권설정등기의 등기된 시점보다 앞서는 경우가 발생할 수 있다. 즉, 나중에 설정된 저당권설정등기가 우선하는 경우가 발생할 수 있는 문제가 있다. 이것은 부동산 등기 순위에 있어 그 등기의 시점을 기준으로 하여 우열을 나눈다는 일반 원칙인 "시간에 있어 더 빠르면 권리에 있어 더 강하다(Prior tempere potier jure)"라는 대원칙에 대한 예외인 것이다. 여

---

22 강정규/이용득, "부동산경매에서 유치권 개선방안에 관한 연구", 부동산학보 제62권, 한국부동산학회, 2015, 64면.

기서 저당권설정청구권은 유치권의 연장이나 변형으로 파악하여야 하므로 이처럼 소급효적 효력으로 판단하더라도 정당화가 가능하다는 것이다.[23]

그런데 이 개정안 태도는 부동산 유치권의 전면적 폐지와 함께 가장 특징적이면서 논쟁이 많은 부분이고[24] 담보권질서에 반하여 이질적인 모습으로 보여질 수 있다.[25] 또한 개정안에 따를 경우 위 취득 이후 그러한 미등기 부동산의 유치권자가 개정안 제369조의2에 따라 저당권설정청구권을 행사하는 경우 추후에 성립한 저당권의 우선변제순위가 등기부상의 기재내용만을 신뢰하였던 저당권자 등보다 우선하는 상황이 발생할 수 있다. 이 경우 등기부상의 기재내용을 신뢰하여 선행하고 있었던 저당권자 등은 예상치 못한 손해를 입을 수 있다.[26]

결국 등기 부동산의 유치권 폐지를 통하여 해결하고자 했었던 저당권자 등의 이해관계인의 신뢰문제, 그리고 부동산 거래안전에 대한 침해의 문제는 충분히 해소되지 않는다.[27]

현행 유치권 제도에서도 유치권자는 다른 경매신청인에 의해 진행되는 경매절차에서 유치물의 유치를 통해 사실상의 우선변제를 받거나 유치권자 스스로 유치권에 기한 경매절차를 신청하여 일반채권자의 지위에서 변제를 받는다. 그런데 개정안 제369조의2에 따르면 부동산 경매절차 진행 중 저당권설정청구의 소에 의해 저당권설정등기가 경료된 경우 피담보채권의 변제기 시점을 기준으로 저당권이 설정되었던 것처럼 취급된다. 즉, 부동산 경매 현금화단계에서 선행저당권에 관한 유치권의 우열 논제가 선

---

23 윤진수, "유치권 및 저당권설정청구권에 관한 민법개정안", 민사법학 제63-1호, 한국민사법학회, 2013, 211면; 윤철홍, "유치권의 개정방향", 법학논총 제31집, 2014, 163면.

24 권영준, "유치권에 관한 민법 개정안 소개와 분석", 서울대학교 법학 제57권 제2호, 2016, 162면.

25 홍봉주, "부동산유치권에 관한 개정안 검토", 일감법학 제31호, 건국대학교 법학연구소, 2015, 19면.

26 성민섭, "부동산 유치권 제도의 개선을 위한 민법 등 개정법률안에 대하여 −등기 부동산에 대한 유치권 폐지(안) 등의 재고를 기재하며−", 외법논집 제38권 제1호, 한국외국어대학교 외국학종합연구센터 법학연구소, 2014, 199면.

27 김송, "유치권관련 개정안에 대한 재고", 법학연구 제24권 제1호, 경상대학교 법학연구소, 2016, 190면.

행저당권에 관한 저당권의 우열 논제로 전환된다. 여기서 후행하고 있는 저당권의 변제기 시점은 본래 유치권의 변제기 시점으로 소급되는 점이 문제될 수 있다. 이 경우 개정안대로 적용되면 유치권자는 법적으로 우선 변제를 받을 수 있는 지위가 현저히 강화된다.

그러나 이것은 현행 제도에서 상사유치권[28]이 아닌 민사유치권의 적용 국면상 저당권이 이미 설정되어 있는 부동산에 대하여 유치권이 성립한 때에도 소유자나 매수인에 대하여 대항할 수 있다고 판단하고 있는 점[29](물론 여러 제약이 존재한다. 즉, 압류 이후 점유이전으로 인하여 유치권이 성립한 경우 압류채권자에 대하여 대항할 수 없다는 법리,[30] 그리고 신의칙에 따른 제약도 있다[31])에 한정하여 판단할 경우에는 현행 제도보다 개정안의 입장이 유치권자의 지위를 무조건적으로 강화해주는 것은 아님을 유의할 필요가 있다.

그런데 개정안에 따르면 선행저당권에 대하여 유치권으로 대항할 수 있는 법리에서 선행저당권에 관한 후행 저당권(본래 유치권)의 대항할 수 있는 법리로 전환된다. 여기서 더 나아가 후행저당권은 본래 유치권의 변제기 시기가 선행저당권의 등기시기보다 앞서는 경우까지도 인정해주게 되는데 이는 유치권자와 선행저당권자 간 형평성 문제가 발생한다.[32] 즉, 선

---

28 부동산 경매 현금화단계에서 선행저당권에 관한 상사유치권은 선행저당권에 대하여는 대항할 수 없으나 후행저당권에 대해서는 대항할 수 있는 대항관계설의 법리(이상태, "유치권에 관한 연구-대항력제한을 중심으로-대법원 2009. 1. 15. 선고 2008다70763 판결", 토지법학 제26-1호, 2010, 101-102면; 오시영, "부동산 유치권 강제집행에 대한 문제점과 입법론적 고찰", 토지법학 제23권 제2호, 2007, 231면; 일본에서는 生熊長幸, "建築請負代金債權による敷地への留置權と抵當權(下)"「金融法務事情第1447」, 1996, 45頁)를 보여주고 있다(대법원 2009. 1. 15. 선고 2008다70763 판결).

29 대법원 판례의 입장은 민사유치권에 있어서 저당권이 설정되어 있는지의 여부는 유치권 성립 및 행사를 함에 있어 장애가 되지 않는다는 의미이다. 즉, 선행저당권에 대해서도 유치권을 근거로 대항할 수 있다는 판단을 하고 있다(대법원 2009. 1. 15. 선고 2008다70763 판결); 남준희, "저당권 설정 후 경매개시결정의 기입등기 이전에 취득하게 된 유치권의 효력-대상판결:대법원 2009. 1. 15. 선고 2008다70763 판결-", 동북아법연구 제3권 제2호, 2009, 541면.

30 대법원 2011. 10. 13. 선고 2011다55214 판결.

31 대법원 2011. 12. 22. 선고 2011다84298 판결.

32 김홍엽, "민사유치권 관련 민사집행법 개정안에 대한 비판적 고찰", 성균관법학 제25권 제4호, 성균관대학교 법학연구소, 2013, 161면.

행저당권자는 본래의 등기시점을 근거로 대항을 할 수 있는 것에 불과한 지위에 있는 반면에 후행저당권자는 그 효력의 발생되는 변제기 시점을 본래의 유치권에서의 변제기 시점으로 소급할 수 있어 이 경우 본래 유치권은 그 변제기 시점을 선택할 수 있다는 지위를 가지고 있다. 따라서 양자 간 형평성도 문제될 수 있다.

이는 후행저당권자 입장에서는 그 변제기 시점을 선행저당권의 등기시점보다 앞서고 있다는 점을 악용할 수도 있다. 즉, 기존 유치권에서의 가장 큰 폐해는 허위유치권이라 할 수 있는데 저당권의 변제기가 소급이 가능한 점을 악용하여 그대로 허위저당권의 모습으로 전환될 우려가 매우 크다.

따라서 굳이 유치권을 폐지할 필요 없이 기존 유치권을 유지하되 몇 가지 입법안만 추가하는 것만으로도 유치권 문제를 합리적으로 해결할 수 있다.[33]

(3) 변제기 소급에 따른 우열상 문제해결을 위한 저당권 효력발생시기의 재정립

변제기 소급효의 불합리성을 개선하고자 개정안 제369조의2에 의하여 설정되는 저당권의 효력발생 시기를 검토한다. 저당권의 효력발생시기에 관한 논의는 피담보채권 변제기설, 유치권설정시설, 저당권설정시설 등이 대립되고 있다.[34] 어느 입장을 취하게 되는지에 따라 부동산 경매 현금화단계에서 선행저당권에 관한 유치권(저당권)의 변제기 시점의 소급효에 따른 불합리성 논제의 개선여부가 달려 있기 때문에 이에 대한 검토가 요구된다.

---

33 기존 유치권을 존치하되 추가 몇몇 입법안을 통해 합리적인 유치권의 운용방안에 관한 구체적 논의는 Ⅳ. 2. 부동산유치권 존치를 전제로 한 현행법상 제도 개선방안 부분 참조.

34 개정안 발표 이후에는 유치권 성립시설이 주장되어 오고 있다(오시영, "법무부 민법 개정시안 중 유치권에 대한 대안 제시(Ⅲ)", 법학논집 제32권 제3호, 전남대학교 법학연구소, 2013, 73면; 김상찬/강창보, "부동산유치권 제도의 개선방안", 법과정책 제19집 제2호, 제주대학교법과정책연구소, 2013, 84면; 장석천/이은규, "민법 유치권 개정 법률안 중 저당권설정청구권에 관한 소고", 재산법학회 제32권 제3호, 한국재산법학회, 2015, 162면; 홍봉주, "부동산유치권에 관한 개정안 검토", 일감법학 제31호, 건국대학교 법학연구소, 2015, 21면).

1) 피담보채권 변제기설 검토

개정안은 민법개정위원회의 입장으로 피담보채권 변제기설을 취하였다. 피담보채권 변제기설은 개정안에 따른 저당권의 효력발생시기를 본래 유치권의 변제기 시점으로 보아 그 소급효가 가능하다는 견해이다. 이것은 저당권을 등기할 때에 효력이 발생하는 일반적인 물권변동 원칙에 대한 예외를 인정하면서 미등기 부동산에 대한 유치권자를 강하게 보호하되 기준의 명확화도 동시에 추구하는 것으로도 판단할 수 있다는 것이다.[35] 본 견해는 추후에 등기가 완료된 저당권임에도 불구하고 앞서 등기가 완료되었던 권리자에 대하여 우선권을 부여해주는 입법례로 스위스의 법정저당권 제도, 그리고 미국의 공사수급인과 재료공급자의 우선특권(Mechanics' and Materialmen's Lien) 제도를 그 근거로 제시한다.[36]

스위스의 법정저당권 제도[37]는 스위스민법에서 공사수급인으로 하여금

---

35 권영준, "유치권에 관한 민법 개정안 소개와 분석", 서울대학교 법학 제57권 제2호, 2016, 163면; 이 변제기설의 입장을 정당화 시켜주는 근거로 이 경우에서의 저당권설정청구권은 유치권의 연장 내지 변형으로 파악해야만 한다는 데서 찾을 수 있다고 한다. 즉, 유치권은 본래 어느 누구에 대해서도 주장할 수 있는 물권의 지위이고 유치권자는 사실상으로 다른 권리자보다 우선하여 변제를 받는 측면을 주목하는 것이다. 이렇게 되면 유치권이 저당권이라는 권리로 전환되어도 유치권자의 이 지위는 보장되어야 한다는 것이다. 이와 관련하여 미등기 부동산에 대하여 유치권을 가지고 있는 자가 부동산의 보존등기가 경료되면서 저당권설정등기를 행하는 경우 그 저당권설정등기는 사실상으로 이미 성립 완료되어있던 유치권을 터 잡아 행해지는 등기로 볼 수 있다. 따라서 기득권 보호의 차원에서도 저당권설정등기의 효력 역시 위 유치권의 효력을 기준으로 하는 것은 미등기 건물에 대하여 유치권을 인정해주고 있는 이상 부득이한 조치로 볼 수 있다는 것이다. 이 경우 위 저당권자는 앞서 성립하였다가 소멸한 유치권자와 동일의 법적인 지위를 부여해주어야만 할 것이므로 위 유치권의 효력이 발생한 시점 이후에 부동산의 소유권을 취득한 제3취득자 및 기타 이해관계인들에 대해서도 선의, 악의를 불문하고 대항할 수 있도록 하는 것이 합리적이라고 판단하고 있다(이종구, "미국 주법상의 건축공사 우선특권과 부동산 유치권의 비교법적 연구", 비교사법 제19권 제2호, 비교사법학회, 2012, 618면).

36 윤진수, "유치권 및 저당권설정청구권에 관한 민법개정안", 민사법학 제63-1호, 한국민사법학회, 2013, 212면.

37 이와 관련한 문헌으로는 정준영/이동진, "부동산유치권의 개선에 관한 연구", 2009년 법무부 연구용역 과제 보고서, 2009, 85면 이하; 이춘원, "저당권설정청구권에 관한 비교법적 고찰 —스위스법을 중심으로—", 비교사법 제14권 제4호(통권 제39호), 한국비교사법학회, 2007, 351면 이하 참조.

비용을 들인 경우 법정저당권의 설정을 청구할 수 있는 권리를 인정해주는 제도[38]이다.[39]

그런데 스위스 민법 제841조 제1항[40]에서는 공사수급인의 법정담보권을 보장해주는 것과 동시에 다른 채권자들 간 이해관계를 조정할 목적으로 공사수급인의 우선권(Vorrecht)을 규정하고 있다. 법정담보권자의 급부

---

38 스위스에서의 법정저당권 설정청구권은 채권과 물권의 중간 단계에 해당하는 물적 채무(Realobligation)로 파악한다. 부동산의 소유자가 파산하거나 부동산이 압류 또는 가압류가 된 경우에도 그 권리행사를 할 수 있다. 또 그 상대방은 그 때 그 때마다 대지를 소유하고 있는 자이므로 담보 목적물의 양도라는 사실이 발생한다 할지라도 이 담보설정청구권은 침해되지 않는다. 그리고 법정저당권 순위는 등기나 그 보전을 위한 가등기 순위에 따른다.

39 Art. 837.
1 Der Anspruch auf Errichtung eines gesetzlichen Grundpfandrechtes besteht: 3. für die Forderungen der Handwerker oder Unternehmer, die auf einem Grundstück zu Bauten oder anderen Werken, zu Abbrucharbeiten, zum Gerüstbau, zur Baugrubensicherung oder dergleichen Material und Arbeit oder Arbeit allein geliefert haben, an diesem Grundstück, sei es, dass sie den Grundeigentümer, einen Handwerker oder Unternehmer, einen Mieter, einen Pächter oder eine andere am Grundstück berechtigte Person zum Schuldner haben.
3 Auf gesetzliche Grundpfandrechte nach diesem Artikel kann der Berechtigte nicht zum Voraus verzichten.
Art. 839.
1 Das Pfandrecht der Handwerker und Unternehmer kann von dem Zeitpunkte an, da sie sich zur Arbeitsleistung verpflichtet haben, in das Grundbuch eingetragen werden.
2 Die Eintragung hat bis spätestens vier Monate nach der Vollendung der Arbeit zu erfolgen.
3 Sie darf nur erfolgen, wenn die Pfandsumme vom Eigentümer anerkannt oder gerichtlich festgestellt ist, und kann nicht verlangt werden, wenn der Eigentümer für die angemeldete Forderung hinreichende Sicherheit leistet.
Art. 840
Gelangen mehrere gesetzliche Pfandrechte der Handwerker und Unternehmer zur Eintragung, so haben sie, auch wenn sie von verschiedenem Datum sind, untereinander den gleichen Anspruch auf Befriedigung aus dem Pfande.

40 Art. 841
1 Kommen die Forderungen der Handwerker und Unternehmer bei der Pfandverwertung zu Verlust, so ist der Ausfall aus dem den Wert des Bodens übersteigenden Verwertungsanteil der vorgehenden Pfandgläubiger zu ersetzen, sofern das Grundstück durch ihre Pfandrechte in einer für sie erkennbaren Weise zum Nachteil der Handwerker und Unternehmer belastet worden ist.

로 인하여 증가된 가치 전부나 일부가 다른 선순위에 있는 담보권자에게 돌아가게 되어 부동산 경매절차에서 법정담보권자의 채권이 만족되지 않는 경우가 있을 수 있다. 이 경우 그 선순위에 있는 담보권자가 자신의 선순위 담보권에 의해 법정담보권자에게 불이익이 초래된다는 사실을 자신의 담보권을 설정할 당시에 인지하거나 인지할 수 있었던 경우라면 그 법정저당권자의 선택에 의하여 선순위담보권자 중 일부나 전부에 대하여 그 이익의 반환을 청구할 수 있다는 것이다. 이 방법을 통해 스위스에서는 등기부를 신뢰하였던 선순위 담보권자들과 법정담보권자들 간 이해관계를 조정하고 있다.[41] 이 규정으로 인하여 공사수급인의 우선권이 인정되므로 선순위 담보권자보다 우선하여 변제받을 수 있다.

그리고 두 번째 근거로 미국에서의 공사수급인과 재료를 공급한 자의 우선특권을 들고 있는데 이 권리는 각 주의 법에 의해 인정된다. 이 우선특권은 부동산의 개량을 위할 목적으로 노무나 재료를 제공한 후에 대금을 지급받지 못한 자에게 부여되는 것으로 목적물에 대하여 다른 일반채권자보다 우선하여 변제받을 수 있는 권리이다.[42] 선행하고 있는 일반채권자보다도 때에 따라서는 노무나 재료를 제공한 자의 우선특권이 우선될 수 있음을 보여주는 것이다.[43]

---

41 윤진수, "유치권 및 저당권설정청구권에 관한 민법개정안", 민사법학 제63-1호, 한국민사법학회, 2013, 213면.

42 Charles J. Jacobus, Texas real estate law, 9th ed., Thompson/South-Western, 2005, at 371; George J. Siedel/Janis K. Cheezem, Real estate law, 4th ed., West Educational Pub, 1999, at 342; Mechanics' Lien은 미국이 독립한 후에 Washingtom, D. C.를 건설하는 과정에 있어서 건축에 참여하게 된 자의 채권을 확보해주는 방안을 통하여 건축을 촉진할 목적 하에 Thomas Johnson에 의하여 만들어졌다(Kathartbe C. Johnson, Mortgage, Liens, and Security; Provide for Notice of Lien Rights to Owners of Real Property, Constructors, and Providers of Labor, Services, or Materials, 10 Ga. St. Rev. 211, 1993); 이와 관련한 국내 문헌으로는 정준영/이동진, "부동산유치권의 개선에 관한 연구", 2009년 법무부 연구용역 과제 보고서, 2009, 97면 이하; 이종구, "미국 주법상의 건축공사 우선특권과 부동산 유치권의 비교법적 연구", 비교사법 제19권 제2호, 비교사법학회, 2012, 583면 이하; 이춘원, "미국의 Mechanics' and Materialmes's Lien의 소개", 성균관법학 제19권 제3호, 2007, 753면 이하 참조.

43 미국의 우선특권은 크게 Pennsylvania 주 법계와 New York 주 법계로 나누어지는데 대체적인 내용은 다음과 같다. 우선특권의 상대방은 부동산을 소유하고 있는 자이다. 소유자는 반드시 도급인이어야 하는 것은 아니지만 공사에 동의하지 않는 소유자는

그러나 이 근거로 주장되는 피담보채권 변제기설은 다음의 문제가 있다. 일반적인 저당권은 등기가 완료된 시기를 기준으로 저당권의 효력이 발생되나 피담보채권 변제기설에서의 저당권의 효력발생시기는 변제기이므로 유치권으로부터 전환된 저당권은 소급적인 효력이 발생하는 점[44]이 문제된다. 물권은 등기한 시점으로부터 그 효력이 발생하고 물권 간 우선순위는 등기 순위에 따르는 원칙에 대한 예외이기 때문이다. 이 예외로 인하여 부동산 경매 현금화단계에서 선행저당권에 관한 유치권(저당권)의 변제기 시점의 소급효에 따른 불합리성이 예상되므로 피담보채권 변제기설은 타당하지 않다. 선행저당권이 이미 존재하고 있음에도 추후에 어느 시기를 묻지 않고 성립한 유치권을 저당권으로 전환하여 그 본래 유치권의 변제기 시기로 소급이 가능하게 되어 선행저당권에 대하여 대항할 수 있게 되는 불합리성이 예상되는 것이다. 또한 이 불합리성은 유치권 분쟁에 있어서 가장 큰 문제로 여겨지는 허위유치권 문제가 허위저당권으로 이름만 변경되어 극심한 문제를 야기할 가능성이 농후하다.[45]

우선특권의 부담을 지지 않는다. 우선특권은 우선특권자가 소유자에 대하여 일정 기간 이내에 통지하여야만 하며 통지 내용으로는 노무나 재료를 건축에 투입할 것이고 우선특권을 행사할 수도 있다는 의사가 있다는 점 등에 한정되고 피담보채권액 내지 그 개산액까지는 기재할 필요는 없다. 또한 일을 완료한 후에도 일정 기간 이내에 등기를 해야 하고 정해진 기간 이내에 등기를 완료하지 않는 경우 우선특권이 소멸한다. 등기가 완료된 우선특권의 효력은 다수의 주에서는 일단 등기가 완료된 이상 그 등기의 시기에 관계없이 공사의 개시나 명백한 공사 개시(visible commencement) 시점에 소급하게 되어 우선권이 발생한다고 하고 있다. 한편 메릴랜드 주 등의 일부 주에서는 수급인의 우선특권의 효력이 공사개시의 시점으로 소급하게 된다면 적법절차(due process)에 어긋나는 것이므로 등기가 완료된 시점 내지 법원의 명령이 내려졌던 시점을 기준으로 하고 있음을 알 수 있다(윤진수, "유치권 및 저당권설정청구권에 관한 민법개정안.' 민사법학 제63-1호, 한국민사법학회, 2013, 213면).

44 이상태, "유치권에 관한 연구-대항력제한을 중심으로-대법원 2009. 1. 15. 선고 2008다70763 판결", 토지법학 제26-1호, 2010, 14면.

45 그리고 실무상으로 피담보채권자와 채무자 간 합의가 원만하게 되어 저당권설정이 완료가 될지는 그리 높지 않을 것이다. 피담보채권자는 저당권설정청구의 소를 제기하는 경우가 많게 될 터인데 이 소송은 확정판결로 결론이 나기까지는 그 기간이 오래 지속될 가능성이 높다. 이 기간 동안 등기부에 이해관계를 가지고 있는 제3자는 그 이후에 등장하게 될 저당권으로 인하여 후순위로 밀려날 수 있는 위험에 처하게 된다. 또한 변제기를 기준으로 하면 등기 시점과 비교하여 명확성이 떨어지며 변제기가 언제인지를 둘러싼 분쟁이 늘어나고 이에 따른 분쟁 해결 비용도 증가할 수 있다. 도

2) 유치권 성립시설 검토

유치권 성립시설의 견해는 다음과 같은 점을 검토한다. 유치권 성립 시기가 i)변제기인 경우와 ii)변제기가 도래한 후에 목적물을 이전받게 되어 유치하는 시기에 성립하게 되는 경우[46]를 고려하여야 한다. 그런데 유치권성립시설의 견해에 따르면 변제기보다는 유치권 성립 시기를 기준으로 하여 등기유치권(저당권)의 우선변제적인 순위를 정하게 하는 것이 위 2가지 경우 모두를 포섭 가능할 수 있으므로 더 합리적이다.[47] 또한 유치권 성립시설은 저당권설정등기청구권을 유치권의 대용물로 파악하고 있다는 점에서 오히려 피담보채권 변제기설의 견해보다 그 이념에 더 충실할 수 있다는 장점을 가지고 있다.[48]

그런데 이 견해에 대하여도 비판이 있다. 유치권은 점유의 개시와 변제기 도래 이 모두를 갖추게 된 시점에 성립하게 되는데 변제기가 도래한 후

급인과 수급인 간 통모를 통하여 변제기를 충분히 앞당길 수 있는 문제도 있다. 미등기 부동산에 대하여 여러 회에 걸쳐 반복적인 비용이 투입되는 경우도 실무상 벌어지곤 하는데 이 경우 어느 변제기를 기준으로 저당권의 효력을 인정해주어야 할지도 분명하지 않다. 이 이유로 부동산에 대하여 새로운 권리를 설정하고자 하는 제3자 입장에서는 자신의 법적 지위를 인지하기 위하여 자신과 무관하게 발생하는 비용지출채권의 변제기를 파악해야만 하는 노력을 기울여야 한다. 이처럼 저당권에 소급효를 인정해주되면 거래의 안전성을 해치게 되므로 부동산 유치권을 전면적으로 폐지하고자 하는 개정안의 취지에 아쉬운 측면이 있다(권영준, "유치권에 관한 민법 개정안 소개와 분석", 「서울대학교 법학」 제57권 제2호, 2016, 163면). 또한 위처럼 저당권설정청구권의 소급적인 효력의 인정은 굳이 유치권을 저당권으로 전환하지 않고 기존의 유치권을 폐지하지 않으며 유치권 등기제도를 신설하고 우선변제권을 인정해주면 이 개정안과 동일한 효과를 볼 수 있는 점을 주목할 필요도 있다. 이로써 유치권을 폐지하는 것에만 집중한 나머지 특별한 제도가 만들어진 것이라는 비판이 가능하다(홍봉주, "부동산유치권에 관한 개정안 검토", 일감법학 제31호, 건국대학교 법학연구소, 2015, 18면).

46 강민성, "민사집행과 유치권", 사법논집 제36집, 2003, 51면; 차문호, "유치권의 성립과 경매," 사법논집 제42집, 2006, 343면.

47 오시영, "유치권 관련 민법개정안에 대한 검토", 강원법학 제38권 제1호, 강원대학교 비교법학연구소, 2013, 120면; 홍봉주, "부동산유치권에 관한 개정안 검토", 일감법학 제31호, 건국대학교 법학연구소, 2015, 20면.

48 권영준, "유치권에 관한 민법 개정안 소개와 분석", 서울대학교 법학 제57권 제2호, 2016, 164면.

점유 개시가 행해져 점유의 개시 시점을 기준으로 그 효력을 정해야만 하는 경우 점유의 개시 시점을 정확하게 파악하기 어렵다는 것이다.[49] 그리고 개정안에 따를 경우 점유 개시 시점으로 효력이 소급하는 경우 그렇지 않아도 소급효 인정으로 인해 불안정해질 수 있는 법률관계를 더 복잡하게 만든다는 것이다.[50]

그런데 이 문제는 어차피 유치권 본래의 특성에서 어쩔 수 없이 발생하는 문제이다. 그리고 유치권자에게 사실상의 우선변제권이 부여되어 있는 현행 법제에서는 점유의 개시 시점은 그다지 중요한 의미를 가지지 않는다는 점에서 그리 큰 문제가 되지 않을 것이다.[51] 그리고 점유 개시 시점에서의 소급효로 인하여 본래에도 복잡한 법률관계를 더 불안정하게 만들 수 있다는 주장에 대해서는 개정안대로 적용될 경우 저당권설정청구권의 법적 성격에 관하여 결정된 바가 없으므로 대법원 판결의 입장[52]인 대항관계설의 법리[53]를 부동산 경매 현금화단계에서의 선행저당권에 관한 유치권(저당권)의 우열 논제에 적용하여 그 유치권(저당권)을 합리적으로 제한할 수 있도록 해석하면 해결할 수 있다. 즉, 점유 시점을 기준으로 유치권을 주장하는 경우 현금화단계에서 선행저당권자에 대하여 추후에 어느 시기를 불문하고 성립한 유치권을 근거로 대항할 수 있는 불합리성의 문제는 선행저당권에 대하여 후행유치권(저당권)으로는 대항할 수 없고 이 유치권(저당권)은 후행저당권에 대해서는 대항할 수 있는 법리를 적용하면 해결할 수 있다.

이 법리는 유치권의 주장 중 그 성립은 인정하여 권리를 보호하는 입장

---

49 이러한 주장에 대해서는 편의주의적인 판단이라는 견해도 있다(홍봉주, "부동산유치권에 관한 개정안 검토", 일감법학 제31호, 건국대학교 법학연구소, 2015, 21면).

50 권영준, "유치권에 관한 민법 개정안 소개와 분석", 서울대학교 법학 제57권 제2호, 2016, 164면.

51 권영준, "유치권에 관한 민법 개정안 소개와 분석", 서울대학교 법학 제57권 제2호, 2016, 164면.

52 대법원 2013. 2. 28. 선고 2010다57350 판결.

53 이상태, "유치권에 관한 연구-대항력제한을 중심으로-대법원 2009. 1. 15. 선고 2008다70763 판결", 토지법학 제26-1호, 2010, 101-102면; 오시영, "부동산 유치권 강제집행에 대한 문제점과 입법론적 고찰", 토지법학 제23권 제2호, 2007, 231면; 일본에서는 生熊長幸, 前揭論文(註28), 45頁.

을 취하면서 한편으로는 유치권에게 절대적인 대항력을 인정하지는 않고 점유개시 이전이나 유치권이 성립하기 이전에 이미 설정되어 있던 근저당권자 등의 채권자의 이익을 보호할 수 있는 조화로운 해결책이 될 것이다.[54]

3) 저당권설정시설 검토

저당권설정시설의 입장은 저당권을 설정한 시기를 기준으로 하여야 한다는 견해로 일반적인 등기 법리에 합당하는 논리이다.[55] 그러나 저당권을 설정할 그 당시에 저당권의 효력이 발생하는 것으로 파악하는 경우 기존 유치권자의 선행저당권자에 대하여 대항할 수 있는 측면을 고려할 때 유치권자의 보호에는 미흡하다.[56]

부동산 경매 현금화단계에서 선행저당권에 대한 유치권의 우열 논제는 대법원 판례에 따르면 대항할 수 있다는 법리[57]를 보여주고 있다.

그러나 개정안을 저당권설정시설로 파악하는 견해에 따르면 선행저당권에 대하여 유치권이 저당권으로 전환되는 경우 기존대로 선행저당권에 대하여 대항할 수 있었던 유치권의 지위에서 선행저당권에 대하여 후행저당권(유치권에서 전환)은 저당권설정시기를 기준으로 우열을 정하여야 하므로 대항할 수 없게 된다. 이는 현 대법원 법리가 적용되는 현 실정보다 개정안을 저당권설정시설로 파악하게 되는 경우 기존 유치권자(저당권자)의 지위가 급격히 약화되므로 타당하지 않다.[58]

---

54 이상덕/서완석, "부동산의 선순위 근저당권과 상사유치권의 우열 관계", 가천법학 제7권 제2호, 2014, 72면.

55 저당권설정시설을 구체적으로 주장하는 문헌은 없다. 그러나 유치권에서 전환된 저당권의 효력발생시기를 검토할 경우에 피담보채권 변제기설, 유치권설정시설, 저당권설정시설의 3가지 대립은 필수적으로 논의하여야 각 학설의 법리적 차이점을 찾을 수 있다. 그리고 몇몇 문헌에서도 위 3가지 학설을 기준으로 논의를 진행하고 있다. 따라서 명확한 주장자는 없으나 피담보채권 변제기설과 유치권설정시설의 견해 간 차이를 명료하게 해준다는 점에서 저당권설정시설의 법리는 제시할 필요가 있다.

56 권영준, "유치권에 관한 민법 개정안 소개와 분석", 서울대학교 법학 제57권 제2호, 2016, 163면.

57 대법원 2009. 1. 15. 선고 2008다70763 판결.

58 물론 유치권자의 입장에 더 유리하게 판단하는 것이 아니라 선행저당권자와 유치권자 간, 그리고 선행저당권자와 후행 저당권자 간 그 우열에 있어 합리성을 기준으로 검

결론적으로 위 검토를 통해 유치권 성립시설의 입장이 전환된 저당권이 기존의 유치권의 대용물이라는 취지를 고려해볼 때 가장 잘 부합하는 논리임에 그 합리성을 살펴볼 수 있을 것이다.

2. 민법 개정안 제369조의3에 관한 검토

(1) 제369조의3 도입취지와 주요 내용

현행	개정안
<신 설>	제369조의3(유치권자 아닌 채권자의 저당권설정청구권) ① 등기된 부동산에 대한 비용지출로 인한 채권 또는 그 부동산으로 인한 손해배상채권을 가진 채권자는 그 채권을 담보하기 위하여 변제기가 도래하지 않은 경우에도 부동산 소유자에 대해서 그 부동산을 목적으로 한 저당권의 설정을 청구할 수 있다. 그러나 저당권설정청구권이 성립한 후 부동산소유권을 취득한 제3자에 대해서는 그러하지 아니하다. ② 부동산이 등기된 후 제320조 제2항 또는 제328조에 의하여 유치권을 상실하게 된 채권자도 제1항의 권리를 행사할 수 있다.

출처 : 법제사법위원회 전문위원 이상용, "민법 개정법률안, 민사집행법 개정법률안, 부동산등기법 개정법률안 검토보고서', 국회 법제사법위원회, 2013, 4면.

개정안 제369조의3에서는 등기가 완료된 부동산에 대하여 제320조 제2항에서의 채권 즉, 비용지출에 따른 채권자나 부동산에 의한 손해배상채권을 가지게 된 채권자도 저당권설정청구권을 행사할 수 있음을 알 수 있다.[59] 이 경우 앞서 살펴본 제369조의2와는 다르게 피담보채권의 변제기가 도래하여야 함을 필요로 하지 않고 목적물을 점유하고 있어야 할 필요도 없다.[60] 건축물 관련 공사 계약이 체결된 경우 저당권 등기 이후에 공사대

토해볼 때 기존의 유치권자와 전환 후의 저당권자 간 그 지위에 있어 형평상 문제가 있다고 판단하였기 때문이다.

59 법제사법위원회 전문위원 이상용, "민법 개정법률안, 민사집행법 개정법률안, 부동산등기법 개정법률안 검토보고서", 국회 법제사법위원회, 2013, 4면.

60 권영준, "유치권에 관한 민법 개정안 소개와 분석", 서울대학교 법학 제57권 제2호, 2016, 167면.

금액이 증가한 상황이 발생할 수도 있는데 이 경우 피담보채권의 변경등기가 있어야만 증가한 대금액에 대하여 우선변제권을 주장할 수 있다.[61]

(2) 선행저당권에 의한 채권자의 열후적 지위 가능성[62]

이 개정안에 따르면 정당한 채권자가 소외될 수 있다. 개정안 제369조의3은 등기 부동산에 대한 유치권 폐지의 보완책으로써 유치권자 아닌 채권자의 저당권설정청구권을 신설하는 것을 규정하고 있다.[63] 현행법상 유치권에 의한 보호의 대상에도 분명하게 포함되고 공평의 원칙상으로도 당연하게 보호받아야 할 정당 채권자가 위 저당권설정청구권만으로는 충분히 보호받기 힘들고 소외되는 일은 얼마든지 발생할 수 있는 것이다.

무엇보다 부동산 경매 현금화단계에서 선행저당권에 관한 유치권의 우열 논제에서 이 개정안이 적용될 경우 다음과 같은 문제가 예상된다. 오늘날 흔히 접할 수 있는 기존 건물의 증·개축 공사에서 공사업자가 자신의 비용을 들여 공사를 진행하는 경우에 불합리성이 있다. 현행법에 따르면

---

61 윤진수, "유치권 및 저당권설정청구권에 관한 민법개정안", 민사법학 제63-1호, 한국민사법학회, 2013, 215면.

62 이 쟁점 외에도 개정안 제369조의3과 관련된 논제로는 개정안 제369조의3 제1항이 마련됨에 따라 내용이 동일한 민법 제666조의 존치 여부, 저당권설정청구권 행사시 판례가 인정하지 않는 전용물소권 인정에 따른 법적 불안정성 등의 쟁점이 있다. 그러나 본 연구범위인 부동산 경매 현금화단계에서의 유치권의 우열상 적용국면상 논의의 범위와는 거리가 멀기 때문에 본 연구에서는 제외하였다. 한편, 민법 제666조의 존치 여부에 관하여는 윤진수, "유치권 및 저당권설정청구권에 관한 민법개정안", 민사법학 제63-1호, 한국민사법학회, 2013, 217면; 정종휴, 「주석민법 채권각칙(4)(제3판)」, 한국사법행정학회, 1999, 206면; 김홍엽, "민사유치권 관련 민사집행법 개정안에 대한 비판적 고찰", 성균관법학 제25권 제4호, 성균관대학교 법학연구소, 2013, 151면 각주 6번; 홍봉주, "부동산유치권에 관한 개정안 검토", 일감법학 제31호, 건국대학교 법학연구소, 2015, 33면 참조. 전용물소권의 인정으로 인한 법적 불안정성에 관하여는 김미혜, "부동산유치권 관련 개정안에 대한 몇 가지 제언", 아주법학 제8권 제1호, 아주대학교법학연구소, 2014, 175면; 오시영, "유치권 관련 민법개정안에 대한 검토", 강원법학 제38권 제1호, 강원대학교 비교법학연구소, 2013, 124면 참조.

63 개정안에서는 저당권설정청구권의 피담보채권의 범위에 등기된 부동산에 대한 비용지출로 인한 채권 또는 그 부동산으로 인한 손해배상채권 즉, 다른 물건에서의 유치권의 피담보채권과 동일하게 규정하였는데 이는 등기 부동산에 대한 유치권 폐지의 보완책임을 분명히 한 것이다.

공사업자는 자신의 공사대금을 변제받을 때까지는 증축부분만을 대상으로 점유를 통해 유치권을 행사할 수 있다.

그러나 위 개정안에 따르면 이 공사업자 입장에서는 매우 애매한 상황이 발생할 수 있다. 그 증축부분이 독립된 구분 건물로 판단되는 경우에는 미등기 부동산으로 판단하여 공사업자가 유치권을 행사할 수 있으므로 문제가 되지 않는다. 그런데 증축 이후의 현존하는 건물 전체가 하나의 건물로 판단되는 경우라면 증축된 부분이 기존 건물의 부합물이 되는 때에 그 증축 부분만에 대하여 유치권을 취득할 수 없다. 증축 이후의 현존 건물 전체에 대해 저당권설정청구권만 행사가 가능하게 되기 때문이다.[64]

그런데 이처럼 증축 이후의 건물 전체가 한 개의 건물로 판단되는 경우 기존 건물에 대하여 설정된 선행저당권이 있는 경우 이 선행저당권의 효력은 특별 사정이 존재하지 않는 한 당연하게 증축부분에까지 미친다. 그 결과 증축부분에 대하여 비용을 들여 공사하였던 공사업자인 유치권자는 저당권설정청구권을 행사하면서 저당권을 취득하게 된다 할지라도 그 저당권으로는 기존 건물에 대한 선행저당권과 비교하여 후순위에 머물게 된다. 또한 공사업자는 자신의 비용과 노력을 들여서 공사한 증축부분에서의 증액된 가치부분조차도 선행저당권자보다 후순위에서 받게 될 수밖에 없는 불합리한 문제가 있다.[65]

여기서 더 문제되는 것은 증축부분이 독립된 구분건물로 인정되기 위해서는 구조상, 이용상의 독립성, 그리고 소유자의 구분행위가 필요하다는 점이다.[66] 증축부분이 구조상, 이용상의 독립성이 인정되지 않는 경우라면 모르겠으나 그 독립성이 인정되는 경우라 할지라도 소유자의 구분소

---

64 독립되어 소유권의 객체로 될 수 있어야만 유치권의 목적물로 가능하기 때문이다.

65 이 문제를 해결하기 위해 유치권설정청구권을 인정해주자는 견해(오시영, "유치권 관련 민법개정안에 대한 검토", 강원법학 제38권 제1호, 강원대학교 비교법학연구소, 2013, 252면)와 법정담보물권이라는 유치권의 본질적인 측면에서 맞지 않으며 등기 부동산에 대하여 유치권을 인정해주면 해결될 문제라는 견해(성민섭, "부동산 유치권 제도의 개선을 위한 민법 등 개정법률안에 대하여 −등기 부동산에 대한 유치권 폐지 (안) 등의 재고를 기재하며−", 외법논집 제38권 제1호, 한국외국어대학교 외국학종합 연구센터 법학연구소, 2014, 200면)도 제시되고 있다.

66 대법원 1999. 7. 27. 선고 98다32540 판결.

유의사에 따라 공사업자의 법적 지위가 크게 좌지우지되는 심각한 문제가 발생할 수 있는 것이다. 이는 불공평하고 불합리한 것이다.[67] 개정안대로 시행되면 부동산 경매 현금화단계에서 이 공평의 원칙상으로도 당연하게 보호받아야 할 정당한 채권자가 보호대상에서 불합리하게 제외되는 문제는 피하기 힘들 것이다.

(3) 선행저당권에 관한 3가지 저당권 유형화에 따른 우열상의 혼란

개정안 제369조의3에 따르면 저당권설정청구권의 행사에 따라 설정되는 저당권의 유형은 개정안 제369조의2에서의 저당권, 제369조의3에서의 저당권, 민법 제666조에서의 저당권이다.

그런데 이러한 저당권의 성립요건 또는 효력 및 그 해석을 둘러싸고 부동산 경매에 관심이 있거나 참여하게 되는 국민에게 혼란을 가중시킬 우려가 있다. 법률가가 아닌 일반인은 저당권을 설정하는 그 시기에 등기번호에 의하여 권리의 선후관계가 결정되는 것으로 이해한다. 개정안 제369조의2에 따르면 그렇게 되지 않고 저당권의 변제기 시점에 저당권의 우선순위가 결정되기 때문에[68] 이들이 이를 이해하거나 경매절차에 적용하기가 어려운 면이 있는 것이다.

그리고 부동산 경매 현금화단계에서 선행저당권에 관한 유치권의 우열 논의가 선행저당권에 관한 3가지 저당권의 우열의 논제로 혼재된다. 이 3가지 저당권이 선행저당권보다 더 선행하거나 후행하는 등 실무상 그 혼란이 가중될 소지가 높다.

선행저당권에 대하여 개정안 제369조의2에서의 저당권이 후행하고 있는 경우 본 후행저당권은 개정안의 입장대로 피담보채권 변제기설[69]이 적

---

67 성민섭, "부동산 유치권 제도의 개선을 위한 민법 등 개정법률안에 대하여 −등기 부동산에 대한 유치권 폐지(안) 등의 재고를 기재하며−", 외법논집 제38권 제1호, 한국외국어대학교 외국학종합연구센터 법학연구소, 2014, 200면.

68 오시영, "법무부 민법개정시안 중 유치권에 대한 대안 제시(Ⅲ)", 법학논집 제32권 제3호, 전남대학교 법학연구소, 2013, 76면.

69 권영준, "유치권에 관한 민법 개정안 소개와 분석", 서울대학교 법학 제57권 제2호, 2016, 163면.

용되면 선행저당권에 대하여 후행저당권은 전환되기 전의 유치권의 변제기 시점으로 소급이 가능하게 된다. 결국 선행저당권에 대하여 후행저당권으로 대항할 수 있게 된다. 그리고 선행저당권에 대하여 개정안 제369조의3에서의 저당권이 후행하고 있는 경우 이 후행저당권은 소급효가 인정되지 않으므로 선행저당권에 대하여 대항할 수 없다. 마지막으로 선행저당권에 대하여 민법 제666조에서의 후행저당권의 경우 제666조를 근거로 하는 부동산공사의 수급인은 전조의 보수에 관한 채권을 담보할 목적으로 그 부동산을 목적으로 하는 저당권의 설정을 청구할 수 있다. 이 후행저당권은 선행저당권에 대하여 역시 대항할 수 없다.

그렇다면 부동산 경매 현금화단계에서 선행저당권에 대한 유치권의 우열논제에서 선행저당권에 대한 3가지 저당권의 대항 여부에 대하여 대항할 수 있거나 대항할 수 없게 되는 등 각기 다른 모습으로 나타날 수 있으므로 그 우열상 혼란의 여지가 있다.

Ⅳ. 현행법상 저당권설정청구권 제도 도입 실익에 대한 검토

1. 현행법상 저당권설정청구권 제도 도입의 가능성

앞서 저당권설정청구권 제도 도입 개정안을 검토해보았는바, 그러면 이 저당권설정청구권 제도 도입의 가능성을 검토하여야 한다. 저당권설정청구권 제도 도입 개정안은 저당권으로 전환되기 이전의 본래의 유치권의 채권이 변제기에 도달한 시기에 해당 저당권의 효력이 발생하여 변제기 소급효가 인정된다.

그런데 이는 부동산 경매 현금화단계에서 핵심문제인 선행저당권에 관한 유치권의 우열논제가 선행저당권에 관한 저당권(유치권의 전환시)의 우열논제로 변경된다. 이 경우 치명적인 불합리성의 문제가 예상된다. 또한 현행 유치권의 가장 극심한 폐해로 허위유치권이 지적되는데 저당권설정청구권 도입 개정안에 따르면 부동산 경매 현금화단계에서 선행저당권에 관한 허위저당권으로 그 모습이 변경만 될 뿐 허위유치권의 문제는 동일하게 답습이 예상되므로 합리적이지 않다.

그리고 개정안 제369조의3에서는 부동산 경매 현금화단계에서 선행저당권에 관한 유치권의 우열 논제에서 이 개정안이 적용될 경우 기존 건물의 증·개축 공사에서 무엇보다 공사업자가 자신의 비용을 들여 공사를 진행하는 경우 증축 건물 전체가 한 개의 건물로 취급되는 경우에 문제가 있다. 이 때 선행저당권이 있는 경우 공사업자가 자신의 비용과 노력을 들여 공사한 증축부분에서의 증액된 가치부분까지도 선행저당권자보다 후순위로 밀리게 되는 불합리한 문제가 있다.

따라서 이 문제들로 인하여 저당권설정청구권 제도 도입은 신중한 검토가 필요하다. 무엇보다 부동산 유치권을 폐지하는 입장과 이를 받아들인 저당권설정청구권 도입 개정안의 내용이 과연 얼마나 타당한지는 앞서 살펴본 바와 같이 검토해야 할 사항이 많음을 유의하여야 한다. 개정안처럼 제도의 변경이 행해진다 할지라도 저당권자 등 다른 이해관계인들의 신뢰침해의 문제가 있고 예상치 못한 손해 발생의 위험도 있다. 그리고 오히려 공평의 원칙에 의해 당연하게 보호받아야 할 정당한 채권자까지도 소외될 것이 명백하다.

그러므로 굳이 이 방향으로 개정안을 시행해야 하는지 의문이 든다.[70] 또한 민법 제정 이후 50여 년 동안 이어져 온 제도를 절충의 기간을 부여함도 없이 한순간에 급진적으로 폐지하는 것은 일대 엄청난 혼란을 가져올 소지가 크다.[71]

---

70 엄성현/박상호, "현행 부동산유치권의 문제점과 민법 일부개정법률안에 관한 검토", 공공정책연구 제32집 제1호, 동의대학교 지방자치연구소, 2015, 175면.

71 김영두, "부동산유치권의 문제점에 관한 연구", 지안이선영박사화갑기념논문집(토지법의 이론과 실무), 법원사, 2006, 213면; 앞에서도 살펴본 바와 같이 개정안이 시행될 시 여러 문제들이 발생될 것이 예상됨을 이미 살펴보았다. 추가적으로 유치권이 법률상 인정되고 있는 담보물권이긴 하지만 채권을 담보하기 위할 목적에서 공평의 원칙을 실현하고자 제정된 것이라는 입법취지(유치권의 입법취지에 관한 자세한 내용은 김용한(대표집필), 「주석민법(제3판)」, 한국사법행정학회, 2011, 413면 참조)를 몰각시킬 우려도 있다. 그리고 최근에는 특히 부동산의 고급화 경향으로 인하여 노후된 건물을 리모델링하는 도급계약을 체결하는 경우가 매우 빈번한데 공사를 진행하는 수급인으로부터 하도급을 받는 하도급업자의 공사비 채권이 변제되지 않는 사례가 매우 많은 실정이다. 구조물의 고급화 현상에 의하여 고급레스토랑, 사우나시설, 대형 고급체육시설 등 내부공사비채권이 실무상 거액인 경우도 많은데 이 경우 유치

그러므로 부동산유치권은 존치하는 것이 타당하다. 다만, 존치를 함에 있어서 존치만으로는 유치권의 불완전성이 상존하므로 다음과 같은 몇몇 입법안들이 함께 적용되어야 한다.

2. 부동산유치권 존치를 전제로 한 현행법상 제도 개선방안

현행 부동산 유치권제도의 폐해의 근본적인 원인으로 실무상 유치권과 관련되어 발생하고 있는 분쟁의 대다수가 부동산과 관련되어 있는 측면을 감안해볼 때 등기 부동산에 대한 유치권의 전면적 폐지는 유치권 제도의 본래 목적했었던 도입 취지와는 맞지 않는 것이다. 또한 입법 실무적으로도 비현실적이다.[72] 오히려 개정안과 같은 개선보다도 가장 시급하게 개정되어야 할 부분은 부동산경매절차에 있어서 인수주의에서 소멸주의로의 전환이다.[73] 그리고 소멸주의 적용은 이것만으로는 완전하지 않고 우선변제권 인정과 병행해야 합리적이다.[74] 이 밖에 부동산 유치권등기제도 신설 등의 입법안이 함께 추진될 때 부동산 경매절차에서의 우열상 불합리성의 문제를 해결할 수 있다.

그러므로 부동산유치권은 존치하되 이를 전제로 한 구체적인 입법방향은 다음과 같다.

권을 인정하지 않으면 채권자인 공사업자의 피해도 막을 방법이 없다(오시영, "유치권 관련 민법개정안에 대한 검토", 강원법학 제38권 제1호, 강원대학교 비교법학연구소, 2013, 136면). 부동산이 등기가 되어 있는 상태일지라도 달리 채권자를 보호해줄 만한 장치가 마련되지 않기 때문에 채권을 담보하기는 심히 어려운 측면이 많다(광주고등법원 2009. 4. 29. 선고, 2008나5102 판결).

72 성민섭, "부동산 유치권 제도의 개선을 위한 민법 등 개정법률안에 대하여 –등기 부동산에 대한 유치권 폐지(안) 등의 재고를 기재하며–", 외법논집 제38권 제1호, 한국외국어대학교 외국학종합연구센터 법학연구소, 2014, 201면.

73 다행히 민사집행법 개정안 제91조 제2항에서는 매각부동산 위의 모든 <u>저당권과 유치권</u>은 매각으로 소멸된다고 규정하였고 현행 민사집행법 제91조 제5항을 아예 삭제하는 내용도 담고 있어 소멸주의로의 전환의 내용을 담고 있다.

74 부동산 경매절차에서 유치권이 있는 부동산이 경락인에게 넘어갈 경우 유치권이 인수되지 않고 소멸하면(소멸주의 적용) 소멸되는 유치권자는 자신의 권리 구제에 취약하다. 따라서 다른 이해당사자들과의 형평성을 보장하기 위해서 유치권자에게 법률상 우선변제권을 부여하여 피담보채권을 변제받을 수 있도록 하자는 것이다.

첫째, 유치권을 전면적으로 폐지할 것이 아니라 유치권의 법정담보물권의 법적성질을 그대로 유지시키는 것이 타당하다.[75]

둘째, 유치권등기제도를 신설하면 유치권의 불완전한 공시에서 벗어날 수 있고 법적 안정성 도모도 가능하다.[76] 그런데 본 등기제도 도입안은 유치권 요건 중 점유와 등기가 충돌한다는 비판이 있을 수 있다. 점유와 등기는 본질상 양립할 수 없는데 유치권 등기제도 도입안에 이 두 요건을 중첩시키는 것은 타당하지 않다는 것이다. 그러나 이는 유치권의 성립요건을 점유로 하고 존속(대항)요건을 등기로 법리를 구성하면 합리적으로 해결할 수 있다. 민법 제320조 제1항에 따르면 점유라는 요건을 충족하고 피담보채권의 변제기가 도래하면 유치권이 성립한다. 여기서의 점유는 유치권이 성립할 수 있도록 하는 성립요건인 것이다. 이 요건을 충족하면 유치권은 성립 그 자체는 가능하다. 그런데 유치권이 성립은 하였지만 다른 이해당사자에 대한 대항력(우열)을 인정할 것인지 여부는 등기의 존속(대항)요건을 통하여 해결하면 된다. 이는 민법 제320조 제2항에 유치권에 등기능력을 부여하고 그 등기는 존속(대항)요건으로 하는 규정을 신설하면 된다. 유치권의 성립은 점유 등 요건을 충족한 때 발생하는 것이고 유치권의 대항력(우열)은 등기가 완료된 때에 발생하게 되는 것이다.[77]

---

75 오시영, "유치권 관련 민법개정안에 대한 검토", 강원법학 제38권 제1호, 강원대학교 비교법학연구소, 2013, 281면.

76 성민섭, "부동산 유치권 제도의 개선을 위한 민법 등 개정법률안에 대하여 −등기 부동산에 대한 유치권 폐지(안) 등의 재고를 기재하며−", 외법논집 제38권 제1호, 한국외국어대학교 외국학종합연구센터 법학연구소, 2014, 201면.

77 유치권 등기제도 도입안에 관한 구체적 논의에 관하여는 졸저, "부동산 경매절차와 민사유치권", 고려대학교 박사학위 논문, 2019년 6월, 201-217면 참조; 한편, 이 제도를 신설할 경우 보존등기가 경료되는 건물의 경우 유치권 등기를 완료함에는 문제가 없으나 미완성 건물에 대해서는 소유권보존등기를 경료할 수 없으므로 실무상 문제가 된다. 이 문제를 해결하기 위해 일본의 미완성 부동산에 대한 표시등기부(임시가등기부)제도를 신설할 필요가 있다(조윤아, "유치권 제도의 개선을 위한 입법방향", 일감법학 제35호, 건국대학교 법학연구소, 2016, 333면; 오시영, "부동산 유치권 강제집행에 대한 문제점과 입법론적 고찰", 토지법학 제23권 제2호, 2007, 228면; 성민섭, "부동산 유치권 제도의 개선을 위한 민법 등 개정법률안에 대하여 −등기 부동산에 대한 유치권 폐지(안) 등의 재고를 기재하며−", 외법논집 제38권 제1호, 한국외국어대학교 외국학종합연구센터 법학연구소, 2014, 202면).

셋째, 부동산 경매절차에서 유치권자가 피담보채권을 변제받을 수 있도록 유치권에 우선변제권을 부여해주는 입법이 필요하다.[78] 유치권자에게 우선변제권을 인정해주어야만 채권자를 보호할 수도 있으면서 유치권이라는 권리를 경매절차에서 소멸시킬 수 있고 민사집행법 제91조 제5항을 삭제하는 소멸주의 원칙도 관철시킬 수 있다.[79]

넷째, 유치권 제도 자체의 폐지를 요구하는 주된 이유인 인수주의 원칙을[80] 폐지하는 소멸주의 원칙을 채택하여야 한다. 소멸주의 채택은 유치권자와 부동산을 둘러싼 여러 이해관계인 등의 이익을 균형 있고 합리적으로 조화시켜줄 수 있는 개정안이 될 것이다.[81]

이러한 입법안을 통하여 유치물에 대한 경매절차가 진행되는 경우 선순위채권자, 후순위채권자, 유치권자, 경락인(매수인) 등의 이해관계를 합리적으로 조정할 수 있다.[82]

---

78 조윤아, "유치권 제도의 개선을 위한 입법방향", 일감법학 제35호, 건국대학교 법학연구소, 2016, 330면.

79 한편, 유치권자에게 우선변제권을 부여하는 방식으로는 우선변제권 이원화 방식이 타당하다. 유치권의 피담보채권의 발생으로 인하여 목적물에 대하여 증가한 객관적인 가치상당액은 유치권자 측에게 항상 법률상의 제1순위에 해당하는 우선변제권을 보장해준다. 그리고 유치목적물의 객관적인 가치로부터 앞서 본 증가된 객관적인 가치상당액을 공제한 후 나머지 부분에 대해서는 유치권이 성립한 시기에 담보권이 설정된 것으로 판단하여 그 순위에 맞게 법률상의 우선변제권을 보장할 수 있도록 민법개정이 이뤄져야 할 것이다(오시영, "부동산 유치권 강제집행에 대한 문제점과 입법론적 고찰", 토지법학 제23권 제2호, 2007, 281면).

80 오시영, "유치권 관련 민법개정안에 대한 검토", 강원법학 제38권 제1호, 강원대학교 비교법학연구소, 2013, 329면.

81 김미혜, "부동산유치권 관련 개정안에 대한 몇 가지 제언", 아주법학 제8권 제1호, 아주대학교법학연구소, 2014, 176면.

82 오시영, "유치권 관련 민법개정안에 대한 검토", 강원법학 제38권 제1호, 강원대학교 비교법학연구소, 2013, 280면.

V. 결론

현행 유치권은 정당한 유치권이라 할지라도 등기에 공시되지 않아 이 해당사자들의 우열을 가리기 어렵게 한다는 비판을 받는다. 이 문제를 해결하고자 유치권에 대해서는 개선안을 비롯하여 폐지 논의에 이르기까지 많은 논의가 진행되고 있다.

법무부 민법개정위원회에서는 유치권 제도를 개정하여 미등기 부동산에 대해서만 유치권을 원칙적으로 인정해주는 한편, 저당권설정청구권 제도를 도입하여 그에 대한 보완책을 마련하고자 하였다. 본 개정안은 법제처 심사를 통해 국회 법제사법위원회에 회부되었으나 임기 만료되어 폐기되었다.

개정안의 핵심은 기존의 부동산 유치권을 전면적으로 폐지하고 저당권으로 전환하자는 것이다. 이것은 이론적으로는 일응 타당한 법리일 수 있으나 실무적으로는 특히 저당권설정청구권 제도 도입으로 인한 문제가 첨예하게 대립될 소지가 많으므로 검토가 필요하다. 그런데 이 저당권설정청구권 제도 도입을 담은 개정안은 과거 개정안의 흐름을 살펴보건대 다시 기존 유치권을 폐지하고 저당권설정청구권 제도 도입을 핵심으로 하는 개정안이 제출될 가능성이 높다.

이 이유로 개정안의 핵심인 저당권설정청구권 제도 도입 개정안을 중심으로 입법안을 검토할 필요가 있다. 검토할 경우에는 부동산 경매절차 중 가장 심각한 문제가 야기되는 부동산 경매 현금화단계 중 선행저당권에 관한 유치권의 우열 논제를 중심으로 검토하였다.

첫 번째 쟁점으로 유치권을 저당권으로 전환할 경우 저당권의 효력발생시기에 있어 변제기 소급효 인정에 따른 문제를 적시하였다. 이를 통해 선행저당권에 관한 유치권의 우열상 불합리성도 발생함을 검토하였다. 이 문제를 개선하고자 저당권 효력발생시기의 재정립에 관한 검토를 통해 유치권성립시설이 타당함도 도출하였다.

다음 쟁점으로 본 개정안이 도입될 경우 선행저당권에 관한 채권자의 열후적 지위 가능성을 검토하였다. 또한, 선행저당권이 존재하는 경우 개정안 제369조의2에서의 저당권, 제369조의3에서의 저당권, 민법 제666조에서의 저당권 등 3가지 저당권의 존재로 인한 우열상의 혼란이 야기될 수 있음도 검토하였다.

개정안이 도입되면 저당권자 등 다른 이해관계인들 입장에서의 신뢰 침해 및 예상치 못한 손해 발생의 위험이 예상된다. 그리고 오히려 공평의 원칙에 의해 당연하게 보호받아야 할 정당한 채권자가 소외되기도 한다. 따라서 입법방향을 굳이 개정안대로 적용해야 하는지 그 실익이 미흡하다. 따라서 부동산 유치권제도를 급격하게 폐지한 후 저당권설정청구권 제도를 도입하는 것 보다는 유치권을 존치시키되 발생되는 문제를 해결하여 그 제도의 효과를 극대화하는 방안으로의 모색이 타당한 입법방향일 것이다.

부동산유치권의 존치를 전제로 한 구체적인 입법방향으로는 첫째, 유치권을 전면적으로 폐지할 것이 아니라 유치권의 법정담보물권의 법적성질을 그대로 유지시키는 것이 타당하다. 둘째, 유치권등기제도를 신설하면 유치권의 불완전한 공시에서 벗어날 수 있고 법적 안정성 도모가 가능하다. 셋째, 부동산 경매절차에서 유치권자가 피담보채권을 변제받을 수 있게 유치권에 우선변제권을 부여해주는 입법이 필요하다. 넷째, 유치권제도 자체의 폐지를 요구하는 주된 이유인 인수주의를 폐지하는 소멸주의 원칙을 채택하여야 한다.

이 입법방향은 부동산 경매절차에서 유치권자와 부동산을 둘러싼 여러 이해관계인 등의 이익을 균형 있고 합리적으로 조화시켜줄 수 있는 개정안이 될 것이다. 즉, 유치물에 대한 경매절차가 진행되는 경우 선순위채권자, 후순위채권자, 유치권자, 경락인(매수인) 등의 이해관계를 합리적으로 조정할 수 있다.

참고 문헌

Ⅰ. 국내 문헌

1. 단행본

김용한(대표집필), 「주석민법(제3판)」, 한국사법행정학회, 2011.

법무부 민법개정자료발간팀, 「민법개정총서 03 −2004년 법무부 민법개정안 총칙·물권편」, 민속원, 2013.

정종휴, 「주석민법 채권각칙(4)(제3판)」, 한국사법행정학회, 1999.

2. 논문

강구욱, "부동산압류의 처분금지효와 압류의 효력", 법학논고 제62권, 경북대학교 법학연구원, 2018.

강민성, "민사집행과 유치권," 사법논집 제36집, 2003, 51면

강정규/이용득, "부동산경매에서 유치권 개선방안에 관한 연구", 부동산학보 제62권, 한국부동산학회, 2015.

김미혜, "부동산유치권 관련 개정안에 대한 몇 가지 제언", 아주법학 제8권 제1호, 아주대학교법학연구소, 2014.

김상찬/강창보, "부동산유치권 제도의 개선방안", 법과정책 제19집 제2호, 제주대학교 법과정책연구소, 2013.

김송, "유치권관련 개정안에 대한 재고", 법학연구 제24권 제1호, 경상대학교 법학연구소, 2016.

김영두, "부동산유치권의 문제점에 관한 연구", 지안이선영박사화갑기념논문집(토지법의 이론과 실무), 법원사, 2006.

김재형, "부동산 유치권의 개선방안", 민사법학 제55호, 한국민사법학회, 2011.

_____, "2013년 민법 판례 동향", 민사재판의 제문제 제23권, 2015.

김홍엽, "민사유치권 관련 민사집행법 개정안에 대한 비판적 고찰", 성균관법학 제25권 제4호, 성균관대학교 법학연구소, 2013

권영준, "유치권에 관한 민법 개정안 소개와 분석", 서울대학교 법학 제57권 제2호, 2016.

남준희, "저당권 설정 후 경매개시결정의 기입등기 이전에 취득하게 된 유치권의 효력-대상판결:대법원 2009. 1. 15. 선고 2008다70763 판결-", 동북아법연구 제3권 제2호, 2009.

성민섭, "부동산 유치권 제도의 개선을 위한 민법 등 개정법률안에 대하여 - 등기 부동산에 대한 유치권 폐지(안) 등의 재고를 기재하며-", 외법논집 제38권 제1호, 한국외국어대학교 외국학종합연구센터 법학연구소, 2014.

엄성현/박상호, "현행 부동산유치권의 문제점과 민법 일부개정법률안에 관한 검토", 공공정책연구 제32집 제1호, 동의대학교 지방자치연구소, 2015.

오시영, "법무부 민법개정시안 중 유치권에 대한 대안 제시 (I)", 법학논총, 제32집 제2호, 전남대학교 법학연구소, 2012.

_____, "법무부 민법개정시안 중 유치권에 대한 대안 제시 (II)", 법학논총, 제32집 제3호, 전남대학교 법학연구소, 2012.

_____, "유치권 관련 민법개정안에 대한 검토", 강원법학 제38권 제1호, 강원대학교 비교법학연구소, 2013.

_____, "유치권에 대한 매각조건으로서의 인수주의와 소멸주의", 재산법연구 제33권 제3호, 2016.

_____, "미등기건물에 대한 강제집행상의 문제점 및 입법론적 고찰", 민사소송 제11권 제2호, 한국민사소송법학회, 2007.

_____, "건축이 중단된 건물의 부동산 강제집행방법에 대한 연구", 민사소송 제14권 제1호, 한국민사소송법학회, 2010.

_____, "부동산 유치권의 성립과 대항력의 구별", 민사법학 제38호, 2007.

_____, "부동산 유치권 강제집행에 대한 문제점과 입법론적 고찰", 토지법학 제23권 제2호, 2007.

_____, "법무부 민법개정시안 중 유치권에 대한 대안 제시(III)", 법학논집 제32권 제3호, 전남대학교 법학연구소, 2013.

윤진수, "유치권 및 저당권설정청구권에 관한 민법개정안", 민사법학 제63-1호, 한국민사법학회, 2013.

윤철홍, "유치권의 개정방향", 법학논총 제31집, 2014.

이동진, "물권적 유치권의 정당성과 그 한계", 민사법학 제49권 제1호, 한국민사법학회, 2010.

이상덕/서완석, "부동산의 선순위 근저당권과 상사유치권의 우열 관계", 가천법학 제7권 제2호, 2014.

이상태, "유치권에 관한 연구-대항력제한을 중심으로-(대법원 2009. 1. 15. 선고 2008다70763 판결)", 토지법학 제26-1호, 2010.

_____, "부동산유치권에 관한 개정안 검토", 일감법학 제31호, 건국대학교 법학연구소, 2015.

이상현, "부동산 경매과정에서의 유치권의 진정성립(허위유치권)에 관한 제문제", 민사법연구 제18집, 2010.

이종구, "미국 주법상의 건축공사 우선특권과 부동산 유치권의 비교법적 연구", 비교사법 제19권 제2호, 비교사법학회, 2012.

이찬양, "부동산 경매절차와 민사유치권", 고려대학교 박사학위 논문, 2019년 6월.

이춘원, "저당권설정청구권에 관한 비교법적 고찰 - 스위스법을 중심으로-", 비교사법 제14권 제4호(통권 제39호), 한국비교사법학회, 2007.

이춘원, "미국의 Mechanics' and Materialmes's Lien의 소개", 성균관법학 제19권 제3호, 2007.

장석천/이은규, "민법 유치권 개정 법률안 중 저당권설정청구권에 관한 소고", 재산법학회 제32권 제3호, 한국재산법학회, 2015.

정준영/이동진, "부동산유치권의 개선에 관한 연구," 2009년 법무부 연구용역 과제 보고서, 2009.

전장헌, "부동산경매절차에서유치권에 관한 개선방안", 민사집행법연구, 제9호, 2013.

조윤아, "유치권 제도의 개선을 위한 입법방향", 일감법학 제35호, 건국대학교 법학연구소, 2016.

차문호, "유치권의 성립과 경매," 사법논집 제42집, 2006.

추신영, "가장유치권의 진입제한을 위한 입법적 고찰", 민사법학 제44호, 2009.

홍봉주, "부동산유치권에 관한 개정안 검토", 일감법학 제31호, 건국대학교 법학연구소, 2015.

II. 국외 문헌

1. 영미 문헌

Charles J. Jacobus, Texas real estate law, 9th ed., Thompson/South-Western, 2005.

George J. Siedel/Janis K. Cheezem, Real estate law, 4th ed., West Educational Pub, 1999.

Kathartbe C. Johnson, Mortgage, Liens, and Security; Provide for Notice of Lien Rights to Owners of Real Property, Constructors, and Providers of Labor, Services, or Materials, 10 Ga. St. Rev. 211, 1993.

2. 일본 문헌

生熊長幸, "建築請負代金債權による敷地への留置權と抵當權(下)"「金融法務事情」第1447号, 1996.

III. 언론기사 및 기타자료

나산하, "토지에 대한 유치권의 특수한 문제 –점유와 견련관계를 중심으로–", 건국대
학교 법학연구소 국제학술대회(2018. 12. 4) 발표논문집, 건국대학교 법학연구소
부동산법센터, 2018.

법제사법위원회 전문위원 이상용, "민법 개정법률안, 민사집행법 개정법률안, 부동산
등기법 개정법률안 검토보고서', 국회 법제사법위원회, 2013.

이광수, "등기된 부동산유치권 폐지–반대", 법률신문 2013. 3. 25일자.

이진기, "부동산유치권의 재고", 법률신문, 2013. 4일자.

한국경제, "경매 허위유치권 폐해 심각" 한국경제신문 2005년 8월 8일자 기사;
http://economy.hankooki.com/ArticleView/ArticleView.php?url=news/200508/
e2005080816470770300.htm&ver=v002; (최종확인: 2018. 8. 20).

_____, "경매 저가매각 유도…'허위 유치권' 소송 5년간 2배 급증", 2018년 10월 18
일자; http://news.hankyung.com/article/2018100841421, (최종확인: 2019년 7월
13일).

유치권 등기제도의 장·단점과 그 도입 가능성[*]

Ⅰ. 서론

유치권[1]은 다른 사람의 물건 또는 유가증권을 점유하는 자가 이와 관련하여 발생한 채권이 변제기에 도달한 경우 변제를 받을 때까지 채무자의 변제요청을 간접적으로 강제하는 담보물권이다(민법 제320조). 그런데 부동산 물권변동의 공시는 등기이므로[2] 등기부에 당연히 유치권도 공시되어야 하나 유치권의 경우 등기를 하지 않아도 현행법상 점유와 변제기 도래[3]만으로

---

[*] 본 절은 일감법학 제46권에 게재한 논문을 수정 및 보완한 것이다.

[1] 이하에서 검토하는 유치권의 대상은 동산, 유가증권이 아닌 부동산에 초점을 맞춘다. 동산 및 유가증권은 물권 이전이 대부분 점유의 이전에 의하여 이뤄지기 때문에 점유의 물권성을 근거로 유치권의 물권성을 인정할 수 있다. 따라서 부동산유치권의 물권화와 비교하여 동산의 경우 상대적으로 문제되지 않으므로 유치권 대상에서 제외한다.

[2] 부동산에 대하여 법률행위로 인한 물권의 득실변경이 있는 경우 등기를 해야만 효력이 있다(민법 제186조).

[3] 유치권의 성립시기는 민법 제320조 또는 제320조 제1항에서 "채권이 변제기에 있는 때"에 유치권 성립을 인정한다. 유치권의 성립시기는 ⅰ)유치목적물에 대해 점유를 먼저 하는 동안 변제기가 후에 도래하여 유치권이 성립하게 된 경우, 그리고 ⅱ)이미 변제기가 도래한 피담보채권을 갖고 있는 상태에서 추후 유치목적물을 점유하여 유치권이 성립한 경우 등 2가지가 있다. 유치권의 성립시기는 변제기 시점에 성립하는

도 성립할 수 있다. 부동산에 대해 유치권을 인정하고 있으면서도 유치권에는 부동산의 원칙적 공시방법인 등기를 요건으로 하지 않는 것이다.[4] 또한 부동산유치권은 다른 권리들과는 다르게 신고해야 할 의무가 없고 등기부에도 공시되지도 않는다.[5] 이러한 특징들로 인하여 실체법상뿐만 아니라 부동산 경매절차에서도 많은 문제들이 발생하고 있다.[6] 이 중 허위유치권은 그 폐해가 극심하여 사회적 문제로까지 되었다.[7] 실무적으로도 유치권 성립여부를 알 수 없는 많은 이해관계인이 얽혀 여러 법률분쟁이 발생하고 있는 것이다.[8]

경우 그리고 변제기가 도래한 후 해당 목적물을 유치한 시기에 성립하는 경우가 있는 것이다(강민성, "민사집행과 유치권," 사법논집 제36집, 2003, 51면; 오시영, "유치권 관련 민법개정안에 대한 검토", 강원대학교 비교법학연구소, 2013, 120면; 차문호, "유치권의 성립과 경매," 사법논집 제42집, 2006, 343면).

4 등기를 통해 외부에 공시되는 대부분의 권리들과는 달리 유치권은 등기 없이 성립할 수 있는바, 이 점이 본고의 부동산 물권 공시제도에서의 난제의 핵심이다.

5 유치권의 경우 점유라는 불완전한 공시를 통해 성립하는 물권임을 악용하여 채무자 등이 부동산의 점유를 이전하는 방법을 통해 부동산 경매절차를 방해하기도 한다(서종희, "부동산 유치권의 대항력 제한에서 불법점유를 원인으로 하는 유치권 성립제한으로의 재전환", 성균관법학 제24집 제4호, 성균관대학교 법학연구소, 2012, 154면).

6 부동산 경매절차에서 저당권 설정 이후 유치권을 취득한 자는 경매절차상의 매수인에 대하여 유치권으로 대항할 수 있다. 여기서 민사집행법 제91조 제5항에서 변제할 책임이 있다는 규정의 의미에 관하여도 견해가 대립되고 있기도 하다(서종희, "유치권자와 경매절차에서의 유치목적물 매수인의 법적 관계", 일감부동산법학 제18호, 건국대학교 법학연구소, 2019, 5면). 또한 가압류 이후 성립한 유치권을 근거로 대항력을 인정할 것인지의 여부의 논제도 있다(서종희, " 가압류등기경료 후 성립한 유치권의 대항력인정 여부", 외법논집 제36집 제4호, 한국외국어대학교 법학연구소, 2012, 316면).

7 이정민/이점인, "허위 · 가장 유치권 문제와 유치권 등기의 필요성에 대한 검토", 민사법이론과실무 제18권 제1호, 민사법의 이론과 실무학회, 2014, 186면; 김재형, "부동산유치권의 개선방안:2011년 민법개정시안을 중심으로", 민사법학 제55호, 2011, 344면; 유치권에 따른 분쟁은 많이 보도된다. 경매관련 분쟁 중에 20~30%에 달하는 비율이 허위유치권 관련 사건이다(한국경제, "경매 허위유치권 폐해 심각" 한국경제신문, 2005년 8월 8일, 〈http://economy.hankooki.com/ArticleView/ArticleView.php?url=news/200508/e2005080816470770300.htm&ver=v002〉, 최종확인: 2020. 3. 20).

8 유치권 분쟁으로 표현하긴 하였으나 유치권이 무조건적으로 부정적인 의미만 있는 것은 아니다. 실무에서 영세건축업자들은 자신의 비용을 먼저 들여 건물을 공사하는 경우가 많다. 그런데 이들이 건물을 완료한 후 들인 비용을 보전받지 못하는 경우가 매우 빈번하다. 이 경우 영세건축업자들에 있어서 유치권이라는 권리는 자신의 비용을

이러한 유치권의 폐해를 극복하고자 현행 유치권 제도를 폐지하고 저당권으로 전환하자는 유치권 개정안의 입장[9]과 이에 반대하는 입장[10]이 대립하고 있다. 양자는 유치권제도가 가지고 있는 문제점을 인지하고 있

보전받을 수 있도록 해주는 최후의 보루라는 긍정적인 면도 함께 고려되어야 한다.

9 　김재형, "부동산유치권의 개선방안: 2011년 민법개정시안을 중심으로", 민사법학 제55호, 2011, 339면; 윤진수, "유치권 및 저당권설정청구권에 관한 민법개정안", 민사법학 제63-1호, 한국민사법학회, 2013, 193면; ; 남효순, "등기된 부동산유치권 폐지 - 찬성", 법률신문, 2013년 3월 25일, 〈https://m.lawtimes.co.kr/Content/Opinion?serial=73558〉, 최종확인: 2020. 3.31.; 윤철홍, "유치권의 개정방향", 법학논총 제31권, 숭실대학교 법학연구소, 2014, 165면 등.

10 　김홍엽, "민사유치권 관련 민사집행법 개정안에 대한 비판적 고찰", 성균관법학 제25권 제4호, 성균관대학교 법학연구소, 2013, 147-168면; 강구욱, "부동산압류의 처분금지효와 압류의 효력", 법학논고 제62권, 경북대학교 법학연구원, 2018, 154면; 오시영, "유치권 관련 민법개정안에 대한 검토", 강원법학 제38권, 강원대학교 비교법학연구소, 2013, 99면; 오시영, "법무부 민법개정시안 중 유치권에 대한 대안 제시 (I)", 법학논총, 제32집 제2호, 전남대학교 법학연구소, 2012년, 265-293면; 오시영, "법무부 민법개정시안 중 유치권에 대한 대안 제시 (II)", 법학논총, 제32집 제3호, 전남대학교 법학연구소, 2012년, 237-270면; 홍봉주, "부동산유치권에 관한 개정안 검토", 일감법학 제31호, 건국대학교 법학연구소, 2015. 18면; 김송, "유치권관련 개정안에 대한 재고", 법학연구 제24권 제1호, 경상대학교 법학연구소, 2016, 195면; 성민섭, "부동산유치권제도의 개선을 위한 민법 등 개정법률안에 대하여", 외법논집 제38권 제1호, 한국외국어대학교법학연구소, 2014, 189-208면; 김미혜, "부동산유치권 관련 개정안에 대한 몇 가지 제언", 아주법학 제8권 제1호, 아주대학교법학연구소, 2014, 157-181면; 양재모, "유치권적정화에 관한 법정책적 접근", 법과 정책 제14집 제2호, (사)한국법정책학회, 2014, 211면; 김상찬/강창보, "부동산 유치권제도의 개선방안-2012년 민법개정안의 검토를 중심으로-", 법과정책 제19집 제2호, 제주대학교 법과정책연구소, 2013, 71-91면; 엄성현/박상호, "현행 부동산유치권의 문제점과 민법 일부개정법률안에 관한 검토", 공공정책연구 제32집 제1호, 동의대학교 지방자치연구소, 2015, 174면; 조윤아, "유치권 제도의 개선을 위한 입법방향", 일감법학 제35호, 건국대학교 법학연구소, 2016, 319면; 이범수, "부동산유치권의 문제점과 개정안에 대한 검토", 경성법학 제23권 제1호, 경성대학교 법학연구소, 2014, 11면; 이광수, "등기된 부동산유치권 폐지-반대", 법률신문, 2013. 3. 25, 〈https://m.lawtimes.co.kr/Content/Opinion?serial=73558〉, 최종확인: 2020. 3. 31 등 참조; 김영두, "부동산유치권의 문제점에 관한 연구", 지안이선영박사화갑기념논문집(토지법의 이론과 실무), 법원사, 2006, 213면; 한편, 유치권은 제도적 보완도 필요하지 않고 현행법으로도 충분하다는 견해로는 이진기, "부동산유치권의 재고", 법률신문, 2013. 4일자; 졸저, "부동산유치권 개정안 중 저당권설정청구권 제도 도입에 관한 고찰-부동산 경매절차에서 선행저당권에 관한 유치권의 우열 논제를 중심으로-", 법학논총 제26권 제2호, 조선대학교 법학연구소, 2019, 327면.

는 면에서는 동일하나 문제 해결의 방법으로 부동산유치권 제도의 존폐여부에서 충돌한다. 유치권을 폐지하자는 개정안의 입장[11]과 폐지반대의 연구물이 다량으로 양산되면서 양자는 합의를 도출하지 못하고 있는 실정이다.[12] 그런데 무엇보다 유치권을 폐지하고 저당권으로 전환하자는 개정안은 입법자인 국회의원 중 여당뿐만 아니라 야당 모두의 외면을 받기 쉽다.[13] 입법자의 유치권 폐지 의지가 합의에 이르기까지는 상당한 시간이

---

11 개정안의 입장은 실체법적 측면뿐만 아니라 민사집행법적 차원에서의 검토 역시 미흡한 실정이다. 민사집행절차는 매우 난해한 분야이며 그 원리적·실무적 이해를 정확하게 하지 않으면 이해가 쉽지 않다. 따라서 민법의 개정작업 논의과정에 부수하여 민사집행법을 끼워 맞추는 듯한 개정안이 마련된 측면이 있다. 그리고 민법 개정안에서는 등기된 부동산에 대해 원칙적으로 유치권을 인정해주지 않고 미등기 부동산에 대한 유치권을 한정적으로만 인정해주는 법리는 입법적으로 유치권의 폐해를 해결하고자 하는 측면에서는 어느 정도 공감이 된다. 그러나 부동산유치권을 저당권으로 변경하여 저당권이라는 담보제도에 흡수·통합되도록 하는 입법적 태도에 의해 그 전환의 매개적 장치로 저당권설정청구권 제도를 이용하려는 시도는 민법상 많은 문제가 상존하고 있다. 무엇보다도 민사집행법상으로도 매우 많은 문제가 제기될 수 있는바, 개정안은 이를 검토하지 못하였음을 인지할 필요가 있다(김홍엽, "민사유치권 관련 민사집행법 개정안에 대한 비판적 고찰", 성균관법학 제25권 제4호, 성균관대학교 법학연구소, 2013, 167면).

12 노종천, "부동산유치권 등기제도 도입 연구", 토지법학 제31권 제1호, 한국토지법학회, 2015, 110면.

13 50여 년 동안 행사되어온 권리인 유치권 제도를 단 번에 폐지하는 개정안은 입법실무의 절차적 측면에서 문제가 있다. 어느 한 권리를 완전하게 폐지하는 것도 모자라 새로운 권리로 전환하는 내용의 입법안은 많은 문제들을 안고 있기 때문에 입법자의 찬성을 이끌어내기에는 매우 큰 부담이 된다. 이 입법안은 그 찬성 그리고 반대의 진영이 팽배하게 대립할 소지가 있으며 대립은 선거에서 유권자의 대립으로도 나타난다. 국회의원의 가장 큰 관심사이며 모든 정치, 입법 활동여부의 기준은 '재선의 성공'이기 때문에 법안에 찬성할 경우 해당 지역구의 성향에 따라 선거에서 자칫 낙선할 수도 있는 것이다. 따라서 입법자는 본 법안에 대하여 흔쾌히 찬성하기 어렵다. 현재 개정안은 본회의까지 진행하지 못하고 법사위에서 임기만료 폐기되었다. 입법안이 앞으로 기존안의 입장과 유사하게 유치권 폐지의 내용을 담아 국회에 제출될 가능성이 높다. 이 경우 국회에서는 이전과 동일하게 법사위에서 검토, 심사가 진행될 수는 있을 것이다. 그러나 이 입법안은 본회의 단계로의 진행조차도 쉽지 않을 것이고 법사위 단계에서 심사 도중에 이전과 동일하게(조윤아, "유치권 제도의 개선을 위한 입법방향", 일감법학 제35호, 건국대학교 법학연구소, 2016, 309면 각주 6번) 임기만료 폐기될 것이다. 따라서 입법 실무의 측면도 고려해본다면 유치권을 급진적으로 폐지하면서 저당권으로 전환하여 대혼란을 초래할 수 있는 방안보다는 일단 오랫동안 시행되어 온 유치권 제도를 존치시키되 유치권으로부터 발생될 수 있는 문제들은 그 유치

필요한 상황인 것이다.[14]

그런데 부동산유치권은 공시가 되지 않아 관련 분쟁은 지속적으로 발생하고 있으므로 신속한 해결이 요청되고 있다.[15] 이에 위 존폐론의 굴레에서 벗어나 하루라도 빨리 현행 유치권 제도의 합리적 개선, 예상문제 발생의 상쇄, 입법실무의 측면까지 제시할 수 있는 개선방안이 요구되는 시점이 되었다. 그 시작은 유치권 공시제도의 개선이며 주요 골자는 유치권 등기제도 도입이다.

선행연구는 유치권 등기제도 도입방안을 제시함에 있어 입법론의 측면에서 검토하였다는 점에서 그 의의가 있다. 그러나 유치권 등기제도 도입

권 제도의 운용상의 문제로 판단하여 보완하는 방식이 법적 안정성의 측면에서도 합리적이다(졸저, "부동산유치권 개정안 중 저당권설정청구권 제도 도입에 관한 고찰−부동산 경매절차에서 선행저당권에 관한 유치권의 우열 논제를 중심으로−", 법학논총 제26권 제2호, 조선대학교 법학연구소, 2019, 331면).

14 유치권을 폐지하는 경우에 기대하는 효과는 효율성 측면에서 유치권을 폐지하지 않더라도 일부분의 개정만을 통해 동일하게 달성이 가능하고(오시영, "법무부 민법개정시안 중 유치권에 대한 대안 제시 (I)", 법학논총, 제32집 제2호, 전남대학교 법학연구소, 2012, 280면; 졸저, "부동산유치권 개정안 중 저당권설정청구권 제도 도입에 관한 고찰−부동산 경매절차에서 선행저당권에 관한 유치권의 우열 논제를 중심으로−", 법학논총 제26권 제2호, 조선대학교 법학연구소, 2019, 327면 등) 유치권을 폐지하는 것보다 존치를 하되 발생할 수 있는 문제를 해결하여 그 제도의 효과를 극대화할 수 있는 방안으로의 대안을 제시하는 것이 법적안정성 측면에서 사회적 혼란예방에 더 탁월하다(성민섭, "부동산유치권제도의 개선을 위한 민법 등 개정법률안에 대하여", 외법논집 제38권 제1호, 한국외국어대학교법학연구소, 2014, 201면; 오시영, "법무부 민법개정시안 중 유치권에 대한 대안 제시 (II)", 법학논총, 제32집 제3호, 전남대학교 법학연구소, 2012, 247면; 오시영, "유치권 관련 민법개정안에 대한 검토", 강원대학교 비교법학연구소, 2013, 97−142면; 전장헌, "부동산경매절차에서 유치권에 관한 개선방안", 민사집행법연구, 제9호, 2013, 178면; 김홍엽, "민사유치권 관련 민사집행법 개정안에 대한 비판적 고찰", 성균관법학 제25권 제4호, 성균관대학교 법학연구소, 2013, 147−168면; 김상찬/강창보, "부동산 유치권제도의 개선방안−2012년 민법개정안의 검토를 중심으로−", 법과정책 제19집 제2호, 제주대학교 법과정책연구소, 2013, 71−91면; 김미혜, "부동산유치권 관련 개정안에 대한 몇 가지 제언", 아주법학 제8권 제1호, 아주대학교 법학연구소, 2014, 157−181면; 이광수, "등기된 부동산유치권 폐지−반대", 법률신문, 2013년 3월 25일, 〈https://m.lawtimes.co.kr/Content/Opinion?serial=73558〉, 최종확인: 2020. 3. 31).

15 노종천, "부동산유치권 등기제도 도입 연구", 토지법학 제31권 제1호, 한국토지법학회, 2015, 110면.

시 실무·절차상 발생·제기될 수 있는 논제들에 대한 검토는 미흡하다는 한계를 지닌다. 따라서 본고는 이러한 선행연구의 의의와 한계를 전제로 하여 유치권 등기제도 도입안을 입법론으로 제시하면서도 본 제도를 도입할 경우 발생할 수 있는 입법·실무·절차적 문제들을 검토하여 그 정착을 위한 대안을 검토하고자 한다. 또한 유치권 등기제도 도입방안 중 ⅰ) 점유의 효력 한정방법을 통한 입법안을 제시한 점, ⅱ) 부동산 경매절차에서도 논의를 개진한 점, ⅲ) 유치권 개정안과의 비교를 근거로 논의한 점에 있어서 이러한 논의는 현재 활성화되어 있지 못하므로 그 연구 의의가 있다고 판단하였다.

이 문제의식을 토대로 본문에서는 유치권의 점유와 등기제도와의 관계를 살피고(Ⅱ) 점유의 효력 한정을 통한 유치권 등기제도의 도입방안을 제시한다(Ⅲ). 이후 본 제도 도입 시 실무상 문제와 규율방안 순으로 검토한다(Ⅳ).

Ⅱ. 유치권의 점유와 등기제도의 관계

1. 유치권의 의의와 성립요건

유치권은 채권과 관련하여 물건의 점유를 통하여 성립하는 법정담보물권이다. 유치권이란 타인 물건을 점유하고 있는 자가 물건에 대하여 발생한 채권을 가지는 있는 경우 그 채권의 변제를 받을 때까지 물건을 유치할 수 있는 권리를 의미한다(민법 제320조). 유치권을 인정해주는 이유는 타인 물건을 점유하는 자가 물건과 관련된 채권을 가지고 있는 경우 채권의 변제를 받을 때까지는 그 물건의 반환에 대해 거절할 수 있는 것이 공평하다고 판단되기 때문이다.[16] 한편, 유치권은 타인 물건의 점유, 변제기 도

---

16 곽윤직 편집대표(호문혁 집필 부분), 「민법주해[Ⅵ] 물권(3)」, 박영사, 1992, 275면; 김용담 편집대표(김갑유 집필 부분), 「주석 민법 물권(3)」, 한국사법행정학회, 2011, 413면; 곽윤직/김재형, 「물권법」, 박영사, 2014, 375면; 김형배, 「민법강의」, 신조사, 2018, 733면; 이영준, 「물권법」, 박영사, 2009, 760면; 송덕수, 「신민법강의」, 박영사, 2015, 758면; 지원림, 「민법강의」, 홍문사, 2015, 743면; 양창수, "유치권의 성립요건으로서의 채권과 물건 간의 견련관계", 민법연구 제1권, 박영사, 1991, 227면.

래, 견련관계 도래 등의 요건이 충족되어야 성립한다. 그런데 이 요건 중 점유는 외부에 공시되지 않기 때문에 유치권은 실체법적 측면에서 문제의 원인으로 작용할 뿐만 아니라 부동산 경매절차에서도 함정 내지 공적으로 불리기도 한다.[17]

2. 유치권의 공시방법으로서의 점유에 따른 한계

유치권은 부동산에서의 원칙적 공시방법인 등기를 요구하지 않아[18] 그 공시방법인 점유에 따른 한계가 있다.

첫째, 유치권의 우열과 관련한 어려움이다.[19] 우리 민법에서 부동산은 그 물권변동 발생 시 등기로 공시되고 있으나 등기를 요하지 않는 유치권이 나타날 경우 목적물의 양수인 또는 담보를 제공하였던 자에게는 예측하지 못한 손해가 발생할 수 있다.[20] 유치권의 이론적 근거가 공평의 원칙인바,

---

17 이시윤, 「신민사집행법」, 박영사, 2014, 268면.

18 소성규/이용호, "유치권에 관한 민법 및 관련법의 개정방안", 한양법학 제29권 제2집, 한양대학교 법학연구소, 2018, 183면; 이현석, "유치권과 점유 – 민사유치권과 상사 유치권을 중심으로", 법과 정책연구 제17권 제4호, 한국법정책학회, 2017, 162면.

19 이무선, "공시기능강화를 위한 부동산유치권의 문제점과 그 입법대안", 홍익법학 제 19권 제1호, 홍익대학교 법학연구소, 2018, 170면; 졸저, "부동산유치권 개정안 중 저당권설정청구권 제도 도입에 관한 고찰–부동산 경매절차에서 선행저당권에 관한 유치권의 우열 논제를 중심으로–", 법학논총 제26권 제2호, 조선대학교 법학연구소, 2019, 304면.

20 이처럼 유치권 관련 분쟁은 우리뿐만 아니라 다른 나라에서도 문제가 되었다. 이에 스위스에서는 부동산 유치권 폐해를 해결할 목적으로 법 규정을 통하여 유치권의 대 상을 동산, 유가증권에 한정하여 부동산을 제외하였다.

Art. 895 B. (Retentionsrecht)

1 Bewegliche Sachen und Wertpapiere, die sich mit Willen des Schuldners im Besitze des Gläubigers befinden, kann dieser bis zur Befriedigung für seine Forderung zurückbehalten, wenn die Forderung fällig ist und ihrer Natur nach mit dem Gegenstande der Retention in Zusammenhang steht.

독일에서도 유치권을 채권의 성격으로 규정하여 부동산 유치권 관련 분쟁의 발생가 능성을 미연에 방지한 바 있다(Claus Ahrens, Zivilrechtliche Zuruckbehaltungsrechte, 2002, S. 19).

유치권으로 인하여 이와 같은 결과가 나오는 것이 타당한지 비판이 있다.[21]

둘째, 부동산 유치권에서의 공시방법이 점유[22]이므로 부동산 유치권의 성립 그리고 존속을 하고자 점유를 선점하기 위해 무리수를 두는 경우가 많다. 또한 점유만으로 유치권이 공시되므로 이해당사자들은 유치권이 존재하는지 알기 어려워 향후의 법익을 예측하기도 어렵게 된다.[23]

셋째, 유치권은 실체법 분야뿐만 아니라 부동산 경매절차에서도 권리관계가 명확하지 못하여 많은 문제를 야기한다. 선의의 제3자를 해칠 우려가 있고 물권의 효력에서도 물건의 유치권 효력에 의해 유치권이 언제나 제1순위 우선권을 가진다는 점에서 순위의 원칙에 따른 물권질서를 혼란케 할 염려가 있는 것이다.[24] 또한 부동산 경매절차에서 유치권이 갑작스럽게 등장할 경우 목적물의 매수가격이 하락하는 부작용도 있다.[25]

---

21 엄성현/박상호, "현행 부동산유치권의 문제점과 민법 일부개정법률안에 관한 검토", 공공정책연구 제32집 제1호, 동의대학교 지방자치연구소, 2015, 151면.

22 점유는 물건이 사회통념상 어느 당사자의 객관적 · 사실상 지배관계에 있고 사실상 지배의 의미는 윤리적 · 현실적 지배와 더불어 시간적 · 공간적 관계, 그리고 타인의 지배 배제가능성 등을 고려하면서 사회통념에 의해 목적적인 판단을 요한다(대법원 2010. 1. 28. 선고 2009다73011 판결).

23 이무선, "공시기능강화를 위한 부동산유치권의 문제점과 그 입법대안", 홍익법학 제19권 제1호, 홍익대학교 법학연구소, 2018, 170면.

24 신국미, "유치권의 성립요건으로서의 물건과 채권간의 견련관계", 재산법연구 제21권 제1호, 한국재산법학회, 2004, 148면.

25 노종천, "부동산유치권 등기제도 도입 연구", 토지법학 제31권 제1호, 한국토지법학회, 2015, 127면; 유치권은 민사유치권뿐만 아니라 상사유치권에서도 문제가 있다. 민사유치권에 있어서 임대차보증금반환채권을 피담보채권으로 하는 민사유치권(대법원 2009. 6. 25. 2009다30212 판결), 건축공사수급인의 건축물 대지에 대한 민사유치권 등에 대해 견련성 조건이 미비되었다는 이유로 민사유치권을 부정하는 판례가 축적되곤 하였다. 한편, 건축공사대금 채권과 건축부지 간에는 일반적으로 견련성을 인정해주지 않는 것이 다수의 견해이다. 따라서 유치권의 요건 중 견련성이 인정되지 않으므로 이 경우 민사유치권을 주장할 수 없다(박진근, "건축계약상 수급인의 유치권 제한", 민사법학 제39권 제1호, 한국민사법학회, 2007, 322면). 이러한 경우를 극복하고자 이제는 민사유치권을 주장하는 것이 아니라 민사유치권보다 견련성 요건이 약한 상사유치권을 주장하면서 유치권을 성립시키고자 주장하는 사례(대구지방법원 2010. 7. 30. 2009가단53335 판결 등)가 실무상 점점 증가하는 실정이다(김연우, "상사유치권에 부동산이 포함되는지 여부 및 선행 저당권자와의 관계 대상판결 : 대법원 2013. 2. 28. 선고 2010다57350 판결", 재판과 판례 제22집, 대구판례연구회, 2013, 350면). 따라서 상사유치권의 우열과 관련된 분쟁이 다수 발생하고 있으며 이제는 이

3. 유치권 공시의 필요성과 그 구체화로서 유치권 등기제도

(1) 유치권 공시방법 한계의 극복

현행 부동산 유치권 제도는 담보물권의 일종에 해당하면서도 다른 부동산 물권과 같이 등기를 통하여 공시되지 않고 점유를 통하여 공시되도록 함으로써 부동산에 대하여 이해관계인들의 법률관계를 불안하게 하여 거래안전과 법적 안정성을 해치는 문제가 있다.[26]

모든 부동산에는 등기부가 완비되어 있고 전산화되어 있기 때문에 사법상 법률관계가 매우 안정적이다. 그러나 유치권의 공시방법인 점유 및 인도는 개념이 너무 추상적·관념적이어서 점유방법이 특정되지 못하므로 법률 관계자가 아닌 일반인이 유치권에 대해 이해하거나 권리분석을 함에는 한계가 있다. 유치권의 공시방법인 점유를 근거로는 유치권의 존재여부를 객관적으로 파악하기 어렵게 된 것이다.[27]

그런데 이와 같은 문제점 및 한계들은 부동산 유치권을 등기하게 되면 불완전한 공시에서 벗어날 수 있기 때문에[28] 법적 안정성을 담보할 수 있다. 등기가 완료된 후에는 유치권자의 점유가 유치권의 성립요건에서 제외되므로[29] 소유자는 목적물을 본래의 용도에 맞게 사용, 수익할 수 있다. 유치권자도 원치 않는 점유의 경우를 충족시켜줄 수 있는 장점도 있다.[30]

를 합리적으로 제한할 기준에 대한 논의가 있다(졸저, "건물에 관한 상사유치권의 우열상 제문제", 법학연구 제61권, 전북대학교 법학연구소, 2019, 338면).

26 오시영, "부동산유치권 강제집행에 대한 문제점과 입법론적 고찰", 토지법학 제23권 제2호, 2007, 216면.

27 이정민/이점인, "허위·가장 유치권 문제와 유치권 등기의 필요성에 대한 검토", 민사법이론과실무 제18권 제1호, 민사법의 이론과 실무학회, 2014, 201면.

28 성민섭, "부동산유치권제도의 개선을 위한 민법 등 개정법률안에 대하여", 외법논집 제38권 제1호, 한국외국어대학교법학연구소, 2014, 201면.

29 유치권을 등기하는 경우 점유가 그 유치권 요건에서 제외된다는 의미는 등기제도 하에서의 유치권의 요건 중 점유를 아예 삭제함을 의미하는 것이 아니다. 즉, 본 등기제도 도입안에서는 점유를 통한 유치권을 인정하고 있으면서도 그와 같은 유치권이 등기가 완료되는 경우에는 점유를 하지 않아도 되는 도입안을 제시하고 있는 것이다(자세한 논의는 아래 도입안 논의 참조).

30 김미혜, "부동산유치권 관련 개정안에 대한 몇 가지 제언", 아주법학 제8권 제1호, 아주대학교 법학연구소, 2014, 170면; 이 외에도 유치권이 등기가 가능한 권리로 개

(2) 허위유치권에 따른 사회적 부작용 저지

유치권의 공시방법인 점유로 인하여 일반인 또는 법률가라 할지라도 유치권이 있는 부동산인지의 여부를 외부에서 객관적으로 파악하기가 어렵다. 부동산 경매에 참여하는 일반인들은 부동산에 대한 등기부를 열람하고 타담보물권의 설정여부 등을 알 수 있으며 타 담보물권과의 우선순위 역시 확인할 수 있다. 그러나 유치권의 공시방법인 점유는 등기부에 공시되지 않기 때문에 이 점을 악용하여 허위유치권을 양산하게 되는 주원인으로 작용하고 있다.[31] 그리고 등기보다 유치권 점유가 법률적으로 불완전성이 있다는 점, 등기보다 각종 여러 세금, 수수료 등 큰 비용부담도 수반하지 않는 점 등도 역시 허위유치권이 증가하는 원인이기도 하다.[32]

부동산 경매절차에서도 유치권이 적법하게 성립되었는지의 여부를 명확히 파악하기 어렵다. 이해관계인이나 경매 목적물을 매수하고자 하는 자들은 유치권 존재여부, 피담보채권의 가액의 구체성을 정확하게 파악하지도 못한 상태에서 경매가 진행되기도 한다. 또한 경매절차에서 유치권은 그 신고가 의무사항도 아니기 때문에 신고를 하지 않는 경우라 할지라

정될 시의 장점으로는 ⅰ) 유치권자가 해당 유치물을 선량한 관리자의 주의의무를 통하여 보관하여야 하는 의무에서 벗어나게 되어 그 의무해태에 의한 채무자가 해당 유치권을 소멸하는 청구의 상황의 예방이 가능해지고 ⅱ) 유치권자가 해당 유치물 점유에 의한 유지비용의 지출로 인해 유치권의 피담보채권 증가를 방지 가능하고 ⅲ) 유치권 등기 이후에 해당 유치물을 소유자나 채무자에게 반환해주어 이 유치물의 원래의 용도대로 사용, 수익할 수 있게끔 하여 유치 목적물의 훼손도 방지가 가능하게 되어 국가 경제적인 이익을 도모할 수도 있는 측면 등도 제시하고 있다(오시영, "부동산유치권 강제집행에 대한 문제점과 입법론적 고찰", 토지법학 제23권 제2호, 2007, 220-222면).

31 최근 5년간 유치권 부존재확인의 소 접수 건수는 1824건으로 바로 직전 5년(888건)과 비교해볼 때 2배 이상 증가하였다. 유치권 부존재확인의 소란 원고가 상대방이 주장하는 유치권이 존재하지 않음을 주장하는 것이다. 이 중 상대방이 주장하고 있는 유치권이 허위라는 의미의 '원고승' 처리 건수는 938건이었다. 이는 유치권 2개 중에 1개는 허위유치권 판결을 받은 것이며 허위유치권의 폐해를 보여주는 것이다(한국경제, "경매 저가매각 유도…"허위 유치권" 소송 5년간 2배 급증", 2018년 10월 18일, 〈http://news.hankyung.com/article/2018100841421〉, 최종확인: 2020. 4. 11).

32 이정민/이점인, "허위·가장 유치권 문제와 유치권 등기의 필요성에 대한 검토", 민사법이론과실무 제18권 제1호, 민사법의 이론과 실무학회, 2014, 201면.

도 경매절차에서 이해관계인의 지위로서의 유치권을 행사함에 아무 지장이 없다. 신고하지 않은 유치권자가 있는 경우 매수인은 이러한 유치권자에 대하여 변제할 책임이 있기 때문에 매각절차에서 매수인이 전혀 예측하지 못한 손해가 발생하곤 하는 것이다.[33]

(3) 유치권 등기제도 도입을 통한 한계의 극복 모색

그런데 유치권 등기제도를 도입하면 유치권의 점유시기와 피담보채권액을 등기하도록 함으로써 누구에게나 공시될 수 있어 유치권의 명확화를 꾀할 수 있는 것이다.[34] 또한 유치권을 등기할 경우에 점유라는 불완전한 공시 논제로부터도 벗어날 수 있어 법적안정성 역시 도모할 수 있다.[35] 소유자의 경우에도 목적물을 본래 용도에 맞게 사용·수익할 수 있고 점유자도 점유를 원치 않을 경우가 발생할지라도 어쩔 수 없이 점유[36]해야만 하는 부담에서 벗어날 수도 있다[37]. 또한 점유자는 선관주의에 따른 관리의무에서도 벗어날 수 있고, 채무자의 유치권소멸청구 발생도 예방할 수 있으며 점유에 의한 유지비용 지출에 따른 유치권의 피담보채권증가도 방지할 수 있다. 유치권 등기 이후에 유치물을 소유자 측에게 반환하여 목적물 훼손을 방지할 수도 있는 것이다.[38] 이와 같은 장점도 있으므로 유치권

---

33 이정민/이점인, "허위·가장 유치권 문제와 유치권 등기의 필요성에 대한 검토", 민사법이론과실무 제18권 제1호, 민사법의 이론과 실무학회, 2014, 201면.

34 김만웅, "유치권의 공시기능 강화방안에 관한 연구", 토지법학 제26-1호, 2010, 133면.

35 성민섭, "부동산유치권제도의 개선을 위한 민법 등 개정법률안에 대하여", 외법논집 제38권 제1호, 한국외국어대학교법학연구소, 2014, 201면.

36 점유를 본체로 하고 있는 유치권은 부동산 경매기간 동안 그리고 그 이후 부동산 명도과정의 종결 기간까지 유치권을 존속시키기 위하여 점유를 지속하여야 하는 것은 사회적 손실이 크고 비효율적이기 때문이다(김명엽, "민사집행법상 유치권의 공시에 관한 연구", 법과 정책 제17권 제1호, 제주대학교 법과정책연구소, 2011, 109면).

37 김미혜, "부동산유치권 관련 개정안에 대한 몇 가지 제언", 아주법학 제8권 제1호, 아주대학교 법학연구소, 2014, 170면; 오시영, "부동산유치권 강제집행에 대한 문제점과 입법론적 고찰", 토지법학 제23권 제2호, 2007, 220-222면.

38 구체적 방법으로는 유치권으로 등기할 수도 있고 피담보채권에 따른 저당권설정방식으로도 할 수도 있다고 한다(오시영, "부동산유치권 강제집행에 대한 문제점과 입법론적 고찰", 토지법학 제23권 제2호, 2007, 221면).

공시의 구체화로서 유치권 등기제도는 그 역할을 담당할 수 있을 것이다.

Ⅲ. 점유의 효력 한정을 통한 유치권 등기제도 도입

이미 유치권 등기제도의 필요성을 검토한 바 있으므로 이제는 유치권 등기제도 도입방안에 관하여 검토한다. 그 방안의 큰 기조는 유치권 개정안의 입장과 같이 유치권을 저당권으로 변경하여 등기를 하도록 할 것이 아니라[39] 점유의 효력 한정의 방법을 통한 유치권 등기방안을 검토하고자 한다.[40]

1. 현행법상 유치권의 성립이자 존속(대항)요건으로서의 점유

현행법상 유치권 제도에서는 공시기능이 약한 점유만을 근거로 성립 가능한 부동산 유치권에 절대적인 물권성을 인정해주고 있어 이러한 유치권으로 모든 이해당사자에 대하여 대항할 수 있게 된다. 즉, 표면적으로는 유치권의 점유개시시기[41]가 언제이냐에 따라서 그 우선권에 대하여 All

---

39 부동산유치권은 존치하는 것이 합리적이고 존치하되 약간의 공시방법을 개선할 경우 부동산 유치권을 폐지하여 저당권으로 전환하는 개정안을 시행하지 않더라도 유치권과 관련된 문제들은 해결할 수 있기 때문이다(전장헌, "부동산경매절차에서 유치권에 관한 개선방안", 민사집행법연구, 제9호, 2013, 178면; 오시영, "부동산유치권 강제집행에 대한 문제점과 입법론적 고찰", 토지법학 제23권 제2호, 2007, 216면; 물론 유치권의 공시방법만 개선하면 유치권 관련 문제들이 모두 해결됨을 의미하는 것은 아니며 아래에서 검토해볼 개선안들과 결부지어 해결책을 도모한다면 그 합리적 대안이 도출될 수 있을 것이다).

40 조윤아, "유치권 제도의 개선을 위한 입법방향", 일감법학 제35호, 건국대학교 법학연구소, 2016, 330면; 한상곤, "민사집행절차에서 본 유치권의 개정안에 대한 고찰", 경희법학 제50권 제1호, 경희법학연구소, 2015, 172면.

41 물론 유치권이 성립하기 위해서는 점유 이외에도 피담보채권의 변제기 도래, 견련관계 등의 요건이 필요하며 이러한 요건은 점유의 시기에 충족된 것으로 본다. 즉, 등기와의 대응을 위해 점유만을 제시함을 유의할 필요가 있다(더 구체적인 유치권의 성립시기에 관하여는 각주 3번 참조).

or Nothing[42]이 될 수밖에 없는 한계가 있는 것이다.[43] 이러한 유치권의 특성으로 인하여 점유가 유치권의 성립요건이자 다른 이해당사자 간 우열을 다툴 수 있는 존속(대항)요건으로서의 모습도 나타나고 있는 것이다.

그런데 이와 같은 여러 이해당사자에 대하여 유치권의 그 우열상 과한 보호가 과연 유치권의 이념인 공평의 원칙만을 근거로 정당성을 인정받을 수 있는지 비판이 따르고 있다.[44] 따라서 이와 같은 한계의 측면을 점유의 효력 한정을 통한 유치권 등기제도 도입을 통하여 그 해결의 모색을 검토할 필요가 있다.

2. 유치권 등기제도 도입
– 유치권의 성립요건으로 점유의 효력 한정 및 존속(대항)요건 으로서 등기

본 유치권 등기제도 도입안은 유치권의 성립요건과 존속요건(우열요건 또는 대항요건)의 체계 하에서 규율하는 방안이다. 이 도입안은 유치권의 요

---

42 현행 유치권은 법률상 우선변제권이 부여되어 있지 않음에도 불구하고 부동산에 자신의 피담보채권을 변제받을 수 있을 때까지의 기간 동안 유치할 수 있다. 이 경우 매수인은 유치권자와의 법정다툼을 피하고자 그 유치권자의 피담보채권을 변제한 후 해당 부동산을 매수하는 경우가 매우 빈번하다. 이와 같은 경우에 유치권자는 자신의 피담보채권 전액(All)을 변제받을 수 있는 가능성이 많다. 반면에 유치권이 성립해있는 부동산에 선행저당권이 있는 경우 저당권자는 유치권이 허위유치권일 가능성이 높은 것으로 판단되는 경우 유치권부존재확인의 소 등을 제기하여 유치권을 깨뜨리는 시도를 하기도 한다. 이 때, 유치권이 허위유치권으로 판명되는 경우 유치권 주장자는 자신의 피담보채권액 전부를 변제받지 못하게 된다(Nothing). 따라서 안분배당 또는 이와 더불어 흡수배당의 모습까지 보여주는 저당권자의 경우 그 순위의 태양에 따라 자신의 피담보채권액 전액을 변제받을 수도 있고 일부분을 변제받을 수도 있다. 그러나 유치권자는 위와 같은 모습으로 인하여 자신의 피담보채권을 변제받음에 있어서는 All or Nothing의 한계가 있는 것이다.

43 임정윤, "부동산 경매 압류·현금화·배당단계에서 유치권의 한계에 관한 검토에 대한 토론문", 한국민사소송법학회 제1회 정기학술대회 토론문, 한국민사소송법학회, 2020, 2면.

44 오시영, "부동산유치권 강제집행에 대한 문제점과 입법론적 고찰", 토지법학 제23권 제2호, 2007, 224면.

건 중 점유와 등기가 충돌할 수 있다는 비판[45]을 상쇄할 수도 있으므로 합리적이다.[46] 즉, 유치권의 요건에서 성립요건으로 점유를, 존속요건(우열요건 또는 대항요건)으로는 등기로 하면 위 비판으로부터 합리적으로 벗어날 수 있는 것이다. 이 방안을 논의하려면 먼저 유치권 등기의 효력을 어떻게 파악하여야 하는지가 문제된다.

유치권 등기제도를 도입할 경우 그 등기 효력을 유치권의 성립요건으로 판단하는 방안, 그리고 제3자에 대한 대항요건으로 판단하는 방안이 있다. 유치권을 등기 가능한 권리로 판단하여 유치권자에게 등기권리자 지위를 부여하게 될 경우 그 등기를 대항요건으로 할지 아니면 성립요건으로 할지가 문제되는 것이다. 먼저 유치권의 등기 효력을 성립요건으로 파악할 경우 민법상 법리와 충돌한다. 민법에서는 법률행위에 따른 부동산물권은 등기하여야만 성립할 수 있다는 형식주의를 취하고 있고(민법 제186조) 동시에 법률규정에 따른 부동산물권의 취득은 등기 없이도 성립할 수 있다고 규정하고 있다(민법 제187조). 이 법리에 의하면 유치권은 민법 제320조에 의한 법정물권으로 제187조에 의해 등기가 없이도 성립할 수 있으므로 유치권 등기 효력을 성립요건으로 구성할 경우 제187조와 충돌하게 된다. 따라서 유치권 등기 효력을 성립요건으로 파악하고자 하면 법리 조화적 검토가 요구된다.[47]

유치권의 등기 효력을 대항요건으로 파악할 경우에 있어서도 법리상 문제가 있다. 유치권은 물권이기 때문에 당연히 제3자에 대하여 주장이 가능한 절대권이고 대세권의 성질이 있다. 그러나 유치권을 등기를 통해 제3자에 대하여 대항할 수 있도록 하면 이 기본적 성질과 충돌할 수 있다. 또한 유치권을 등기하지 않는 경우에는 당사자 사이에서만 효력이 발생하는 채권적 권리로 되어 법리적 타당성을 잃는다.[48]

---

45 점유와 등기는 본질상 양립할 수 없는바, 유치권 등기제도 도입안에 이 두 가지 요건을 중첩시키는 것은 타당하지 않다는 것이다.

46 졸저, "부동산 경매 압류·현금화·배당단계에서 유치권의 한계에 관한 검토", 한국민사소송법학회 제1회 정기학술대회 발표문, 한국민사소송법학회, 2020, 24면.

47 노종천, "부동산유치권 등기제도 도입 연구", 토지법학 제31권 제1호, 한국토지법학회, 2015, 129면.

48 노종천, "부동산유치권 등기제도 도입 연구", 토지법학 제31권 제1호, 한국토지법학

이처럼 부동산유치권 등기제도를 도입할 경우 등기의 효력을 성립요건으로 구성하든지 대항요건으로 구성하든지 현행의 민법질서와 양립 가능하게 타당한 구성을 구현해내는 것은 쉽지 않다. 따라서 이러한 문제의 해결이 유치권 등기제도 도입안의 선제적 과제로 볼 수 있는 것이다.

　　그런데 이 논제를 유치권의 성립요건을 점유로, 그리고 존속요건(대항요건)을 등기로 법리를 구성할 경우 합리적으로 그 해결을 모색할 수 있다. 민법 제320조 제1항 규정에 따르면 점유라는 요건을 충족하고 이후 피담보채권의 변제기가 도래하면 유치권이 성립한다. 여기에서의 점유는 유치권이 성립할 수 있도록 해주는 성립요건인 것이다. 이 요건을 충족할 경우 유치권은 성립 그 자체는 가능하다. 여기서 점유의 효력을 유치권의 존속(대항)요건이 아니라 성립요건에만 한정하는 것이다. 이로써 유치권이 성립은 하였으나 다른 이해당사자에 대한 우열(대항력)을 인정해줄 것인지 여부는 등기의 존속요건을 통해 해결하면 된다. 이는 민법 제320조 제2항 규정에 유치권에 등기능력을 부여하며 그 등기는 존속요건(대항요건)으로 한다는 규정을 신설하면 된다. 유치권의 성립은 점유 등의 요건을 충족한 때 발생하게 되는 것이고 유치권의 우열(대항력)은 등기가 완료된 때에 발생하게 되는 것이다.[49] 유치권 등기가 완료될 경우 그 효과로 점유 요건이 사라지는 것이고 등기로 전환되는 것이기 때문에 본 유치권 등기제도에서는 점유, 등기 두 요건을 동시에 계속적으로 요구하는 것이 아니다. 그렇다고 유치권 요건에서 점유를 완전히 삭제하는 것을 의미하는 것도 아닌 것임을 유의할 필요가 있다. 또한 유치권 등기제도는 공시방법으로서의 점유를 유치권의 성립요건으로 하므로 법정담보물권의 성격에도 위배되지 않게 하면서도 동시에 등기가 완료될 경우 유치권자와 다른 이해당사자 간의 우열 관계를 규율할 수 있는 것이다.

　　회, 2015, 129면.

49　본 주장은 유치권의 등기를 성립요건으로 법리를 구성하는 주장(노종천, "부동산유치권 등기제도 도입 연구", 토지법학 제31권 제1호, 한국토지법학회, 2015, 129면)과는 다르다.

3. 유치권 등기제도 도입을 위한 입법방안 및 그 기대효과

유치권 등기제도 도입안은 유치권을 등기할 수 있도록 하여 부동산양수인 측이 피해를 입지 않도록 하는 수단 중 하나로 등기부 등의 공적 장부에 유치권을 공시하자는 것이다. 모든 부동산 물권에 있어서는 등기부의 순위번호 또는 접수일자를 근거로 그 우선순위가 결정된다(부동산등기법 제5조). 이처럼 유치권도 등기를 할 수 있게 될 경우 순위번호나 접수일자를 기준으로 물권 간 그 우선순위를 결정할 수 있는 것이다.[50]

유치권 등기제도를 개진하는 방안으로 앞서 검토한 전제조건의 충족과 함께 부동산등기법 제3조에서 아래와 같이 등기할 수 있는 권리 중 하나로 유치권을 추가하는 것이다.[51] 또한 제3조 본문을 "등기는 부동산의 표시(表示)와 다음 각 호의 어느 하나에 해당하는 권리의 보존, 이전, 설정 혹은 성립, 변경, 처분의 제한 또는 소멸에 대하여 한다."로 개정하면 된다.[52]

---

50 김영두, "부동산유치권의 문제점에 관한 연구", 지안이선영박사화갑기념논문집(토지법의 이론과 실무), 법원사, 2006, 213면.

51 현행 부동산등기법 제3조에서는 부동산유치권은 등기 가능한 권리로 규정되어 있지 않기 때문이다.

52 성민섭, "부동산유치권제도의 개선을 위한 민법 등 개정법률안에 대하여", 외법논집 제38권 제1호, 한국외국어대학교법학연구소, 2014, 201면.

〈표 IV-1〉 부동산등기법 개정안

현행	개정안
제3조(등기할 수 있는 권리 등) 등기는 부동산의 표시(表示)와 다음 각 호의 어느 하나에 해당하는 권리의 보존, 이전, 설정, 변경, 처분의 제한 또는 소멸에 대하여 한다. 1. 소유권(所有權) 2. 지상권(地上權) 3. 지역권(地役權) 4. 전세권(傳貰權) 5. 저당권(抵當權) 6. 권리질권(權利質權) 7. 채권담보권(債權擔保權) 8. 임차권(賃借權) <신 설>	제3조(등기할 수 있는 권리 등) 등기는 부동산의 표시(表示)와 다음 각 호의 어느 하나에 해당하는 권리의 보존, 이전, 설정 혹은 성립, 변경, 처분의 제한 또는 소멸에 대하여 한다. 1-8. (현행과 같음) 9. 유치권(留置權)

그리고 유치권이 등기된 경우라면 유치권자는 굳이 점유를 계속해야할 필요는 없는 것으로 판단하는 것이 타당하다. 등기를 통하여 유치권이 제3자에게도 인식될 수 있도록 공시되기 때문에 더 이상 점유를 통한 공시를 행할 필요가 없는 것이다.[53] 유치권자도 유치하는 목적물을 유치권설정자인 소유자에게 반환함으로써 보관의무에 의한 손해배상의무도 면하게 될 수 있다는 측면에서도 합리적이다.[54]

등기를 통하여 유치권 등기에 우선변제권까지 부여할 수 있게 될 경우 유치권자는 굳이 점유를 행하지 않아도 자신의 피담보채권을 변제받을 수 있게 되는 것이다. 이는 유치권의 본질적인 기능인 점유를 근거로 하는 인도거절권 측면을 고려하지 못했다는 문제제기로부터도 벗어날 수 있을 것이다.[55]

---

53 오시영, "법무부 민법개정시안 중 유치권에 대한 대안 제시 (II)", 법학논총, 제32집 제3호, 전남대학교 법학연구소, 2012, 253면.

54 성민섭, "부동산유치권제도의 개선을 위한 민법 등 개정법률안에 대하여", 외법논집 제38권 제1호, 한국외국어대학교법학연구소, 2014, 202면; 오시영, 오시영, "법무부 민법개정시안 중 유치권에 대한 대안 제시 (II)", 법학논총, 제32집 제3호, 전남대학교 법학연구소, 2012, 261면.

55 성민섭, "부동산유치권제도의 개선을 위한 민법 등 개정법률안에 대하여", 외법논집 제38권 제1호, 한국외국어대학교법학연구소, 2014, 203면.

유치권이 등기되어 제3자에 대하여 공시되기 때문에 이 유치권 등기시기를 기준으로 다른 담보물권 등의 등기시기를 시간 순으로 비교하여 우열을 가리면 되는 것이다. 또한 유치권자에게 유치권설정청구권을 부여해 주는 유치권설정청구권제도를 도입하고 그 법적성질을 형성권으로 규정하면[56] 유치권설정청구권을 행사하는 즉시 유치권 등기가 완료될 수 있을 것이다.[57] 이는 유치권이 성립한 이후 유치권 등기가 완료될 때까지 기간 동안 유치권자의 불필요한 점유로 인한 폐해를 막을 수도 있다. 또한 소유자는 자신이 소유하는 부동산을 사용, 수익할 수 있고 불합리한 소급효도 인

---

56 오시영, "법무부 민법개정시안 중 유치권에 대한 대안 제시 (II)", 법학논총, 제32집 제3호, 전남대학교 법학연구소, 2012, 253면; 유치권설정청구권은 주로 유치권 주장자가 행사할 것인바, 채무자 및 소유자는 이러한 유치권설정청구권에 대해 응하지 않을 가능성이 높다. 이 경우 채무자 및 소유자와 유치권 주장자 간 다툼이 있는 경우로 판단할 수 있다(양자 간 다툼이 있는 경우에 관한 구체적 검토는 IV. 3. (2) 참조). 이 경우 유치권 주장자가 허위가 아닌 정당한 권리자일 경우 유치권설정청구권을 형성권으로 규정하여 유치권 주장자의 유치권설정청구권 행사 시 바로 유치권설정청구권의 효력이 발생하도록 하는 것이다(관련 실무문제는 추후 연구되어야 할 것이다). 이처럼 정당한 유치권 주장자의 유치권설정청구권을 형성권으로 규정해야 채무자 및 소유자와의 다툼이 있는 경우라 하여도 바로 효력이 발생하므로 유치권설정청구권 지체에 따른 문제 발생을 저지할 수 있다. 즉, 저당권자, 압류채권자 등과 유치권 간 우열에 있어서 정당한 유치권 주장자는 유치권설정청구권 행사를 통해 즉시 효력이 발생하여 정당한 유치권 주장자는 유치권 성립시기에 따른 피담보채권을 보전할 수 있게 되는 것이다. 한편, 유치권이 성립한 즉시 유치권 등기가 행해질 수 있도록 전자유치권등기 신청제도(가제)의 도입도 이 측면에 있어 검토할 수 있을 것이다. 시행 초기에 있는 부동산 전자계약과 같이 유치권이 성립하게 되는 시기에 즉시 서면상이 아니라 스마트폰을 통하여 인터넷으로 유치권 등기를 행할 수 있도록 하면 보다 합리적인 도입안이 구축될 것으로 판단된다. 다만, 이 개선안은 그 구현방안을 실현화함에 있어 후속 연구가 보완되어야 할 것이다. 이 법리는 스마트폰을 통한 전자소송 법리를 토대로 보안상 측면과 함께 연구되어야 할 필요가 있다(졸저, "전자소송 하에서의 전자송달", 원광법학 제31권 제4호, 원광대학교 법학연구소, 2015, 97~98면).

57 현행 유치권은 등기를 행하지 않아도 인정되는 법정담보물권이고 목적물의 인도거절을 통하여 채무자나 소유자에 대하여 사실상의 최우선변제권을 보장받을 수 있는 측면과 동일하게 유치권자 측에게 해당 유치권을 등기 가능하도록 하여 그 우월적 지위를 계속적으로 인정해줄 필요가 있기 때문이다. 따라서 현재 유치권설정등기는 이미 성립 완료한 유치권자의 법적 지위를 등기를 통하여 외부에 공시를 함으로써 새롭게 법률관계를 맺게 되는 여러 이해관계인들에게 대하여 이러한 사실을 전달하는 것으로 충분하다(오시영, "법무부 민법개정시안 중 유치권에 대한 대안 제시 (II)", 법학논총, 제32집 제3호, 전남대학교 법학연구소, 2012, 253면).

정되지 않기 때문에 합리적이다. 물론 이러한 해석과 더불어 유치권의 성립요건을 충족한 시기에 즉시 등기하여야만 하는 의무 입법규정도 도모되는 것이 보다 합리적일 것이다.

4. 유치권 등기제도 도입안에서의 점유 단계의 모습

본 구성 법리에 따른 유치권의 점유 단계는 다음과 같다. 일반적 거래관계에서 발생하는 점유는 1단계 점유로 볼 수 있다. 가령, 물건의 수선을 위해 수선을 위한 도급계약을 체결한 후 물건의 인도가 되면서 발생하는 점유를 들 수 있다. 2단계 점유는 1단계 점유를 통해 발생한 채권을 담보할 목적으로 하는 점유를 의미한다. 여기 2단계에서는 유치권을 성립시키고 존속(대항)시키는 점유의 모습을 볼 수 있다. 이 경우 유치권에 명확한 존속요건(대항력)을 주는 등기를 하지 않은 상태이기 때문에 점유과정에서 각 이해당사자 간 점유 쟁탈전이 발생할 것이 예상된다.[58]

그러나 유치권이 등기가 완료되면 2단계에서의 점유는 유치권의 요건에서 삭제되므로 점유 쟁탈전은 더 이상 발생하지 않아 이 문제는 해소될 수 있다. 즉, 유치권은 1단계 점유에서 피담보채권이 발생하고 변제기가 도래하면 유치권이 성립하는 것이다. 이후 유치권자는 유치권 등기를 하여 목적 부동산을 반환하고 존속요건(대항요건)인 등기가 완료되었기 때문에 제3자에 대한 물권성을 가질 수 있도록 하면 되는 것이다.

5. 유치권 등기제도 적용을 통한 유치권 우열상 난제 해결 모색
– 부동산 경매 압류 · 현금화 단계를 중심으로

유치권 등기제도 도입 입법안은 부동산 경매 압류 · 현금화 단계에서 유치권 개정안이 적용될 경우[59] 유치권의 우열상 난제의 해결에도 그 시발

---

58 노종천, "부동산유치권 등기제도 도입 연구", 토지법학 제31권 제1호, 한국토지법학회, 2015, 131면.

59 유치권 개정안이 적용되지 않는 현행 유치권 제도 하에서도 본 유치권 등기제도 도입은 그 도입실익이 있다. 다만, 개정안을 적용함으로써 발생할 수 있는 유치권의 우열

점으로서의 역할을 담당할 수 있다. 부동산 경매 압류단계에서 난제의 영역인 '선행압류채권에 관한 유치권의 우열상 불합리성'[60]의 해결 모색에 있어 일응 효과적이다. 유치권 등기제도 도입안은 유치권 개정안이 적용될 경우[61] 소급효가 인정되는 '유치권에서 전환된 저당권'의 변제기 시점보다는 –개정안을 적용하지 않고– 현행 유치권[62]의 2가지 성립시기[63]를 포섭할 수 있는 '유치권의 성립한 (등기)시기'[64]를 기준으로 하여 선행압류채권과 유치권 간 그 변제 순위를 판단할 수 있도록 해준다. 따라서 현행 유치

상 한계점을 본 유치권 등기제도 적용을 통하여 그 합리적 해결을 모색할 수 있는 측면을 강조하고자 하였다. 즉, 개정안에서의 유치권의 우열상 한계상황과 유치권 등기제도 적용을 통한 합리적 상황을 비교하고자 한 것이다. 한편 유치권 개정안에 관한 구체적 논의는 김재형, "부동산유치권의 개선방안: 2011년 민법개정시안을 중심으로", 민사법학 제55호, 2011, 339–384면; 오시영, "법무부 민법개정시안 중 유치권에 대한 대안 제시 (I)", 법학논총, 제32집 제2호, 전남대학교 법학연구소, 2012년, 265–293면; 곽윤직/김재형, 「물권법」, 박영사, 2014, 193–234면; 권영준, "유치권에 관한 민법 개정안 소개와 분석", 서울대학교 법학 제57권 제2호, 2016, 139–184면; 내용은 법무부 민법개정자료발간팀, 「민법개정총서 03 –2004년 법무부 민법개정안 총칙·물권편」, 민속원, 2013, 407–409면 등 참조.

60 부동산 경매 압류단계에서 선행(가)압류채권에 관한 유치권의 우열논제가 아니라 (가)압류보다 먼저 취득하게 된 유치권의 우열논제는 유치권이 (가)압류보다 먼저 성립하였기 때문에 압류에 따른 처분금지효에 영향을 받지 않게 된다(물론 가압류의 경우는 조금 다를 수 있다). 따라서 이러한 유치권은 (가)압류에 대해 대항할 수 있고 매수인에 대하여도 역시 대항할 수 있으므로 매수인은 이 유치권을 인수하게 된다. 이와 같은 선행유치권에 관한 (가)압류채권의 우열 사안은 큰 문제제기가 없고 학설 또는 판례도 따로 없기 때문에 논의의 실익이 떨어진다(김기찬/이춘섭, "부동산경매에서 유치권의 한계에 관한 연구", 부동산학연구 제13집 제2호, 2007, 98면). 따라서 본고에서 주요 논의대상으로 삼지는 않았다.

61 유치권 개정안은 기존 유치권을 폐지하고 저당권으로 전환하자는 것이다. 이 전환된 저당권의 변제기 시점은 전환되기 이전의 본래 유치권의 변제기 시점으로 소급효가 가능한 영역이 있다(개정안 제369조2). 한편 전환된 저당권의 변제기의 소급효를 인정하지 않는 지점이 있기도 하다(개정안 제369조의3).

62 현행 유치권에서의 논의이므로 이 유치권은 저당권으로 전환되지 않아 전환된 저당권의 변제기 소급효도 역시 발생하지 않는다.

63 각주 2번 참조.

64 오시영, "유치권 관련 민법개정안에 대한 검토", 강원대학교 비교법학연구소, 2013, 120면; 홍봉주, "부동산유치권에 관한 개정안 검토", 일감법학 제31호, 건국대학교 법학연구소, 2015, 20면.

권 제도에서 등기제도 입법안을 적용하게 되면 선행압류채권에 대해 본래 유치권의 성립에 의한 등기시점을 기준으로 하여 선행압류채권의 등기시점과 그 우열을 판단하면 되는 것이다.

선행압류채권에 대해 '유치권 성립에 따른 등기시기'가 앞서 있는 경우에는 당연히 기존과 같이 유치권으로 대항이 가능하고, 선행압류채권에 대해 '유치권 성립에 의한 등기시기'가 후에 있는 경우에는 대법원 판결법리[65]에 의하여 유치권으로 대항 불가능하게 되는 것이다. 또한 선행가압류채권에 관한 유치권의 우열도 본 유치권이 저당권으로 전환되지 않으므로 '유치권 성립에 따른 등기시기'가 선행가압류채권보다 앞서 있는 경우 당연히 해당 유치권으로 대항할 수 있게 되고 '유치권 성립에 따른 등기시기'가 선행가압류채권보다 후에 있는 경우에 있어서도 대법원 판결법리[66]에 의하여 유치권으로 대항 가능하게 판단하면 된다.

또한 등기제도 도입안은 부동산 경매 현금화 단계에 있어 변제기 소급효에 의한 선행저당권에 관한 유치권(저당권)[67]의 우열상 불합리성의 논제[68]의 해결 모색에도 역시 합리적이다. 개정안이 적용될 경우에 후행저당권의 변제기 시기가 선행하는 저당권의 시기보다 앞서는 경우가 핵심논제이다. 이 경우 등기제도 도입안을 적용하게 되면 ―개정안을 적용하지 않고― 선행저당권의 등기시기, 그리고 후행유치권(저당권으로 전환되지 않음)의 등기시기만을 시간 순 비교를 통해 우선변제적 순위를 합리적으로 판단할 수 있다. 선행저당권에 대해 '유치권 성립에 따른 등기시기'가 더 앞서 있는 경우 당연히 유치권으로 대항할 수 있는 것이고 '유치권 성립에 따른

---

65 대법원 2005. 8. 19. 선고 2005다22688 판결.

66 대법원 2011. 11. 24. 선고 2009다19246 판결.

67 개정안이 적용될 경우 유치권은 저당권으로 전환되는바, 부동산 경매 현금화 단계에서 선행저당권에 대하여 전환된 저당권의 변제기 시점을 전환되기 이전의 본래 유치권의 변제기 시점으로 소급할 수 있는 점이 문제가 된다(졸저, "부동산유치권 개정안 중 저당권설정청구권 제도 도입에 관한 고찰―부동산 경매절차에서 선행저당권에 관한 유치권의 우열 논제를 중심으로―", 법학논총 제26권 제2호, 조선대학교 법학연구소, 2019, 312면).

68 부동산 경매단계에서 가장 문제되고 있는 영역은 현금화 단계에서 선행저당권에 관한 유치권의 우열 논제이다(강정규/이용득, "부동산경매에서 유치권 개선방안에 관한 연구", 부동산학보 제62권, 한국부동산학회, 2015, 64면).

등기시기'가 선행저당권보다 후에 있는 경우에 있어서도 대법원 법리[69]에 의하여 유치권으로 대항할 수 있는 것으로 판단하면 된다. 이는 기존 부동산 경매 압류.현금화단계에서 유치권자를 둘러싼 여러 이해당사자들과의 우열 관계에 있어서 법적안정성도 추구할 수 있으므로 등기제도 도입안은 합리적이다.

이러한 법리는 대법원 법리(2010다57350)[70], 대항관계설[71]의 법리와도 양립 가능한바,[72] 본 법리는 많은 긍정적 지지[73]를 받고 있다는 측면을 고려해볼 때도 합리적이다. 따라서 본 유치권 등기제도 도입안을 적용하는 것은 실체법상뿐만 아니라 부동산 경매절차에 있어서도 합리적인 방안으로 모색할 수 있다.

---

69 대법원 2009.1.15. 선고 2008다70763 판결.

70 대법원 2013. 2. 28. 선고 2010다57350 판결.

71 이상태, "유치권에 관한 연구-대항력제한을 중심으로-(대법원 2009. 1. 15. 선고 2008다70763 판결)", 토지법학 제26-1호, 2010, 101-102면; 오시영, "부동산유치권 강제집행에 대한 문제점과 입법론적 고찰", 토지법학 제23권 제2호, 2007, 231면; 일본에서는 生熊長幸, "建築請負代金債權による敷地への留置權と抵當權(下)"「金融法務事情」第1447号, 1996, 45頁.

72 대법원 2013. 2. 28. 선고 2010다57350 판결의 법리 및 대항관계설 법리가 민사유치권이 아닌 상사유치권의 우열과 관련된 법리로 판단하는 견해가 있을 수 있다. 그런데 상사유치권을 규정하는 상법 제58조에서는 상사유치권의 효력과 관련하여 "유치할 수 있다."라고만 규정하고 있을 뿐 그 요건 및 효력과 관련된 별도 규정을 찾아볼 수 없는 측면을 검토할 필요가 있다. 따라서 상사유치권의 효력(우열)은 민사유치권 규정인 민법 제320조 이하 몇몇 규정의 법리를 준용하게 된다는 견해가 다수 견해로 판단되고 있다(곽윤직 집필대표, 곽윤직 편집대표(호문혁 집필 부분), 「민법주해[VI] 물권(3)」, 박영사, 1992, 275쪽 282면; 김용택 편집대표(김갑유 집필부분), 「주석민법 물권(3)(제4판)」, 한국사법행정학회, 2011, 421면; 곽윤직/김재형, 「물권법」, 박영사, 2014, 377면; 이영준, 「물권법」, 박영사, 2009, 762면; 한상곤, "민사집행절차에서 본 유치권의 개정안에 대한 고찰", 경희법학 제50권 제1호, 경희법학연구소, 2015, 154면). 물론 민사유치권과 상사유치권은 그 유래를 달리하고 있으나 이는 연혁상의 문제일 뿐 현행법 체계 내에서는 상사유치권의 경우 민사유치권을 기반으로 하는 특별규정에 불과한 측면을 주목할 필요가 있는 것이다(서인겸, "부동산경매절차상 유치권의 효력에 관한 몇 가지 쟁점", 「원광법학」, 제32권 제2호, 원광대학교 법학연구소, 2016, 276면). 그러므로 유치권이라 함은 민사유치권과 상사유치권 모두에 적용될 수 있다는 점을 유의할 필요가 있다.

73 이호행, "유치권이 설정된 부동산의 경매-유치적 효력을 중심으로-", 홍익법학 제19권 제1호, 홍익대학교 법학연구소, 2018, 246면.

6. 유치권 등기제도 도입 반대론 검토

(1) 유치권 등기제도 도입 시 현행 대법원 판례법리 적용안과의 구별실익

유치권 등기제도 도입을 통한 해결 모색에 대하여 현행 유치권의 우열과 관련한 대법원 판례법리를 적용하는 것과 동일한 것에 지나지 않는지에 관한 비판이 있을 수 있다.

그러나 이 문제 제기의 지점은 오히려 유치권 등기제도의 장점을 부각시켜 주는 것으로 판단된다. 유치권 개정안을 적용할 경우 가장 큰 논쟁영역은 유치권과 다른 이해당사자 간 그 우열 등의 관계에 있어서 예측 불가능성의 존재[74]로 인해 법적 안정성이 매우 침해될 수 있다는 점이다. 그런데 유치권 등기제도를 도입할 경우 유치권의 가장 큰 폐해로 지목되는 공시 부재의 측면을 해결하면서도 기존대로 유치권과 다른 이해당사자 간 우열 관계에서의 예측 가능성을 제공하는 법적안정성의 측면도 달성할 수 있다. 즉, 이 제도의 도입은 유치권이라는 안 보이는 권리를 등기할 수 있어 외부에 공시를 할 수 있다는 점에서 사회적 문제가 되고 있는 허위·가장유치권의 난제도 해결할 수 있는 것이다.

또한 실무와 학계에서 어느 정도 지지를 받는 현행 대법원 판례법리를 그대로 구현해낼 수 있다는 점에서도 더 합리적이다. 현행법상 부동산

---

[74] 유치권 개정안이 적용될 경우 예측 불가능성으로 인한 법적 불안정성의 논의에 관하여는 김홍엽, "민사유치권 관련 민사집행법 개정안에 대한 비판적 고찰", 성균관법학 제25권 제4호, 성균관대학교 법학연구소, 2013, 147-168면; 오시영, "유치권 관련 민법개정안에 대한 검토", 강원법학 제38권, 강원대학교 비교법학연구소, 2013, 97-142면; 성민섭, "부동산유치권제도의 개선을 위한 민법 등 개정법률안에 대하여", 외법논집 제38권 제1호, 한국외국어대학교법학연구소, 2014, 189-208면; 김미혜, "부동산유치권 관련 개정안에 대한 몇 가지 제언", 아주법학 제8권 제1호, 아주대학교 법학연구소, 2014, 157-181면; 졸저, "부동산유치권 개정안 중 저당권설정청구권 제도 도입에 관한 고찰-부동산 경매절차에서 선행저당권에 관한 유치권의 우열 논제를 중심으로-", 법학논총 제26권 제2호, 조선대학교 법학연구소, 2019, 327면; 홍봉주, "부동산유치권에 관한 개정안 검토", 일감법학 제31호, 건국대학교 법학연구소, 2015, 18면; 전장헌, "부동산경매절차에서 유치권에 관한 개선방안", 민사집행법연구, 제9호, 2013, 178면; 김상찬/강창보, "부동산 유치권제도의 개선방안-2012년 민법개정안의 검토를 중심으로-", 법과정책 제19집 제2호, 제주대학교 법과정책연구소, 2013, 71-91면.

경매 압류·현금화·배당단계에 있어서 유치권과 다른 이해당사자 간 우열 논제는 매우 난해하고 어려운 문제로 인식되어 오고 있다.[75] 그런데 대법원에서 각 우열논제 영역에 있어서 오랜 기간 검토를 통해 어느 정도 그 판례법리가 축적되었고 일부 새로운 영역을 제외하고는 많은 우열 영역에 있어서 실무와 학계로부터 지지를 받는 판례이론이 많이 정착된 바 있다. 따라서 이처럼 실무와 학계로부터 지지를 받을 정도의 판례이론을 어느 정도 그대로 존속시켜줄 수 있다는 측면에서 검토할 경우 이러한 측면이 오히려 유치권 등기제도 도입의 더 큰 장점으로 판단된다.

(2) 유치권 등기제도 도입안과 유치권 개정안 간의 구별실익

본 유치권 등기제도를 도입안은 유치권 개정안 적용안 간 구별실익이 없다는 비판도 역시 있을 수 있다. 개정안도 저당권 등기로서 권리를 공시하는 방안을 택하였고 피담보채권에 대한 우선변제권을 인정하며 부동산 경매절차에서도 소멸주의 원칙을 적용하였기 때문에 유치권 자체를 등기하는 방안(본 제도 도입안)과 개정안에서의 방안 간 그 효과가 다르지 않았을 것이라는 점이다. 즉, 개정안의 입장과 본 등기제도 도입안의 입장 간 구별실익이 미흡하다는 문제가 제기될 수 있는 것이다.

그러나 본 유치권 등기제도 도입안은 다음과 같은 측면에서 개정안과의 명확한 구별실익이 있다. 등기제도 도입안에서는 부동산 경매절차에서 가압류채권자·압류채권자·저당권자와 '유치권자' 간의 우열논제임에 반해, 개정안에서는 부동산 경매절차에서 가압류채권자·압류채권자·저당권자와 '(유치권에서 전환된)저당권자' 간의 우열논제인 것이다. 이는 부동산 경매 압류단계에서 검토할 경우 선행(가)압류채권에 대한 유치권의 우열논제에

---

75 부동산 경매 압류단계에서는 선행(가)압류채권에 관한 유치권의 우열이 주요 논제가 되고 현금화 단계에서는 선행저당권에 관한 유치권의 우열이 주요 논제가 된다. 이에 관한 자세한 논의는 김홍엽, "민사유치권 관련 민사집행법 개정안에 대한 비판적 고찰", 성균관법학 제25권 제4호, 성균관대학교 법학연구소, 2013, 147−168면; 졸저, "부동산유치권 개정안 중 저당권설정청구권 제도 도입에 관한 고찰−부동산 경매절차에서 선행저당권에 관한 유치권의 우열 논제를 중심으로−", 법학논총 제26권 제2호, 조선대학교 법학연구소, 2019, 303−338면; 졸저, "건물에 관한 상사유치권의 우열상 제문제", 법학연구 제61권, 전북대학교 법학연구소, 2019, 337−378면 등 참조.

서(현행) 선행(가)압류채권에 대한 (유치권에서 전환된)저당권의 우열논제로 변경(개정안)되는 것이 아니라 선행(가)압류채권에 대하여 (저당권이 아니라) 유치권의 우열논제 그대로 존속(등기제도: 현행과 동일)함을 의미하는 것이다.

그리고 현금화 단계에서 검토할 경우에는 선행저당권에 대한 유치권의 우열논제(현행)가 선행저당권에 대한 (유치권에서 전환된)저당권의 우열로 변경(개정안)되는 것이 아니라 선행저당권에 대한 유치권의 우열논제 그대로 존속(등기제도: 현행과 동일)하는 것이다. 유치권 등기제도 도입안의 이러한 특성은 유치권 등기제도 도입 시 현행 대법원 판례법리 적용안과의 구별실익 논제에서도 검토한 바와 같이 오히려 그 합리성을 보여주는 것으로 판단된다. 즉, 현행 대법원 판례법리를 적용하는 것과 동일하게 유치권과 다른 이해당사자 간 우열 관계에서 (유치권을 공시할 수 있어) 예측 가능성을 제공할 수 있는 법적안정성의 측면도 달성할 수 있다는 점에서 등기제도 도입의 합리성을 살펴볼 수 있는 것이다.

(3) 유치권 등기제도 도입 시 점유 기간 증가에 따른 비판에 관한 검토

개정안에서의 유치권자의 점유 기간보다 본 유치권 등기제도 도입안에서의 점유 기간이 더 증가하기 때문에 유치권행사로서의 점유로 인한 폐해를 어떻게 줄일 수 있을지에 관한 비판이 제기될 수 있다.[76]

그러나 단순히 점유 기간이 더 증가하는 경우 유치권 폐해가 그 기간과 비례하여 더 발생하는 것으로 파악하는 것이 타당한지는 의문이다. 개정안보다 본 유치권 등기제도 도입안에서의 점유 기간이 더 증가하기 때문에 이 점유로 인한 폐해가 예상된다는 비판은 마치 점유 기간이 증가할 경우 유치권 폐해의 모습도 동일하게 증가함을 전제한 것으로 판단된다. 이는 점유=유치권 폐해로 바라본 것이다.

그런데 이 전제는 점유라는 요건의 부정적인 측면만을 고려한 것으로

---

76 개정안의 경우 유치권이 저당권으로 전환되어 저당권으로 등기를 하게 되나 유치권 등기제도 도입안에서는 유치권 자체로 등기를 하게 된다. 유치권 등기제도에서 유치권 자체를 등기하게 할 경우 유치권자가 임의적으로 등기를 하지 않는 경우도 예상할 수 있다는 것이다. 즉, 이러한 경우에 있어서는 개정안에서의 유치권자의 점유 기간보다 유치권 등기제도 도입안에서의 점유 기간이 더 증가할 수 있다는 것이다.

검토가 요구된다. 실무적으로도 인테리어 사업자, 혹은 영세 토목공사업자, 중소 건축수급인 등의 입장에서는 자신이 비용을 들여 건물을 건축하였음에도 불구하고 도급인으로부터 도급계약에 의한 비용을 보전받지 못하는 경우가 빈번하다. 이 경우 비용 지출자들 입장에서 기댈 수 있는 것은 온전히 유치권을 근거로 행하는 점유이고 지푸라기 잡는 심정으로 이 점유를 근거로 사업 도산을 막아 사업을 유지하게 해줄 수 있는 긍정의 측면도 상당하다는 점을 고려해야 한다. 따라서 이와 같은 점유의 기간에 있어 개정안보다 유치권을 존치하되 유치권 등기제도를 도입하자는 개선안에 대하여 점유가 길다는 점을 부정적으로만 인식하기보다 긍정의 측면도 있기 때문에 단순히 점유 길이만을 기준으로 하여 유치권의 점유상 폐해를 해결해야만 한다는 판단은 합리적이지 않다.[77]

그리고 개정안에서의 유치권자의 점유 기간보다 유치권 등기제도 도입안에서의 점유 기간이 더 증가하는 것보다는 오히려 감소하는 경우도 예상할 수 있다. 개정안에서 저당권 등기를 하려면 본래 유치권자로서는 저당권설정청구의 소를 제기해야 하는 경우가 있는바, 이 절차는 매우 오랜 기간이 소요될 것이 예상될 수 있는 측면을 고려하여야 한다. 즉, 유치권 개정안 제369조의2 제2항에서는 저당권설정청구권이 규정되어 있는데[78] 저당권설정청구의 소가 제기되어 그 절차가 진행 중에는 저당권설정등

---

77 한편, 이러한 점유의 긍정적 측면도 고려할 수 있는 부분과 더불어 점유의 기간이 증가함에 따른 부정적인 요소도 있는 측면도 고려하여야 한다. 부정적 측면의 경우 유치권 등기제도 하에서 유치권 등기의 법적성격에 관한 검토를 통해 그 부정적 요소를 상쇄시킬 수 있다. 유치권 등기제도를 신설하면서 유치권 등기의 법적성격에 대하여 유치권성립시설, 유치권등기시설, 피담보채권 변제기설이 대립하고 있다. 이 중 유치권성립시설의 견해를 취하게 될 경우 일응 점유기간 증가에 의한 부정적 요소를 해소할 수 있는 측면이 있다. 유치권 등기에 있어서 점유 지체로 인해 유치권 폐해를 야기시키는 것을 방지하기 위하여 유치권이 성립하는 그 즉시, 유치권자가 유치권설정청구권을 의무적으로 행사하도록 하고 이 권리의 법적 성격을 형성권으로 파악하면 된다. 유치권자가 유치권을 신청할 경우에는 바로 그 효력이 발생하는 것으로 판단하는 것이 점유의 기간을 최대한 감소시킬 수 있는 것이다. 이와 더불어 전자유치권 등기제도를 도입할 경우 더 합리적으로 그 점유 기간을 감소시킬 수 있다. 본고에서 제시하는 유치권 등기제도 역시 이 제도를 도입함에 있어 형성권적 측면을 같이 제시하고 있는바, 점유에 의한 폐해 문제를 최대한 해결할 수 있을 것으로 사료된다.

78 개정안 제369조의2에 관한 구체적 논의는 권영준, "유치권에 관한 민법 개정안 소개

기가 완성된 것도 아니며 그렇다고 저당권설정청구권이 아예 소멸된 것도 아닌 상황이 된다.

이 경우 유치권자로서는 부동산 점유를 지속적으로 유지하여야만 자신의 유치권을 유지할 수 있게 되어 유치권자의 점유가 매우 증가할 수 있는 것이다.[79] 이처럼 저당권설정청구의 소가 제기되는 상황에 있어서는 그 특성상 유치권자의 점유 기간이 상당히 장기의 기간 동안 진행될 수도 있는 것이다. 개정안에서의 유치권자의 점유 기간은 이와 같은 측면을 고려할 경우 유치권 등기제도에서의 유치권자의 점유 기간보다 오히려 더 증가할 수 있는 소지도 있다.

따라서, 단순히 개정안에서의 유치권자의 점유 기간이 유치권 등기제도에서의 유치권자의 점유 기간보다 더 증가한다는 법리는 타당하지 않다. 또한 개정안에서의 유치권자의 점유 기간이 유치권 등기제도에서의 유치권자의 점유 기간보다 더 증가하는 경우라 할지라도 앞서 검토한 바와 같이 무조건적으로 비합리적인 것으로 판단하는 법리는 합리적이지 않다.

(4) 유치권자에게만 유리한 방안인지에 관한 검토

이 도입안에 대해 유독 유치권자에게만 유리한 도입안이라는 비판도 제기될 수 있다. 물론 유치권자는 등기를 하게 되기 때문에 점유를 원치 않는 경우에 있어서도 의무적으로 해야만 하는 점유로부터 해방될 수 있는 측면에서는 유치권자에게 유리한 측면도 있다. 그러나 소유자 입장에서도 자신 소유의 부동산을 소유자의 지위에서 사용 · 수익할 수 있게 되므로 반드시 유치권자에게만 유리한 도입안으로는 판단하는 것은 합리적이지 않다.[80] 오히려 이 점은 유치권 등기제도의 긍정적인 점으로 판단된다.

와 분석", 「서울대학교 법학」 제57권 제2호, 2016, 157–165면 참조.

79 이처럼 이 상황에서는 지속적인 부동산 점유를 요구하게 되는데 이는 점유로 인한 폐해를 극복하고자 만든 개정안의 의도와 배치되는 상황이기도 하다(권영준, "유치권에 관한 민법 개정안 소개와 분석", 서울대학교 법학 제57권 제2호, 2016, 162면).

80 성민섭, "부동산유치권제도의 개선을 위한 민법 등 개정법률안에 대하여", 외법논집 제38권 제1호, 한국외국어대학교법학연구소, 2014, 202면; 오시영, "유치권 관련 민법개정안에 대한 검토", 강원법학 제38권, 강원대학교 비교법학연구소, 2013, 261면.

Ⅳ. 유치권 등기제도 도입시 실무상 문제 및 규율방안

1. 등기제도 도입 시 실무상 논제 및 그 대안방안 검토

유치권 등기제도를 도입하려면 어느 당사자가 어느 시점에 어떠한 서류를 첨부하여 신청해야 하는 것인지, 또 등기관으로서는 어떠한 기준으로 심사를 하여야 하는지 등이 문제된다. 그리고 등기관의 결정에 대하여 유치권자 및 이해관계인 등은 어떠한 절차를 통하여 다툴 수 있는지, 무엇보다 유치권 등기에는 어떠한 법적 효력을 부여하여야 할지 등의 실무·절차상 쟁점에 관한 검토가 필요하다.

유치권 등기제도 도입 후 실행하면서 유치권설정등기청구권이 받아들여지는 경우를 가정할 경우 필요적 등기사항 내용으로 채권자(유치권자), 채무자, 유치권설정자, 그리고 피담보채권액, 변제기 등을 지정할 수 있다. 여기서 유치권 등기가 기재되는 경우에 채권자인 유치권자로서는 목적물을 유치하는 것보다 유치목적물을 유치권설정자 측에게 반환함으로써 자신의 보관의무를 면하게 해주는 것이 합리적이다.[81]

그러나 유치권자 입장에서 적극적으로 유치권설정등기청구권을 행사하지 않을 경우에는 공동신청원칙에 따라 목적물을 반환받고자 원하는 채무자 또는 유치권설정자가 유치권설정등기청구권을 행사할 수 있도록 할 필요가 있다. 이 경우 의무자가 판결을 받고 그 판결에 의해 유치권 등기를 완료하고 목적물의 반환을 청구할 수 있도록 한다.[82]

신청권자는 실체법상 요구하는 성립요건을 갖춘 이후 유치권을 취득한 채권자가 될 것이고 유치권 등기를 신청할 수 있도록 한다. 그리고 첨부할 서류로는 피담보채권의 존재, 점유 사실을 증명할 수 있는 각종 자료를 첨부하여야 하고 유치권 등기 신청 시기는 유치권을 취득한 이후에 지체없

---

81 성민섭, "부동산유치권제도의 개선을 위한 민법 등 개정법률안에 대하여", 외법논집 제38권 제1호, 한국외국어대학교법학연구소, 2014, 202면; 오시영, "유치권 관련 민법개정안에 대한 검토", 강원법학 제38권, 강원대학교 비교법학연구소, 2013, 261면.

82 오시영, "유치권 관련 민법개정안에 대한 검토", 강원법학 제38권, 강원대학교 비교법학연구소, 2013, 261면.

이 신청하도록 하는 것이 합당하다.[83] 그리고 이해관계인들의 이의신청권을 보장하기 위하여 등기신청서류를 받은 등기관으로서는 등기 여부를 결정함에 앞서 지체 없이 부동산의 이해관계인들에게 유치권 등기신청이 접수된 사실을 통지하여야 하고 일정 기간 이내 이의제기를 할 수 있는 기회를 부여하여야 한다. 또한 등기관의 심사권리와 심사의무를 강화할 목적으로 이의신청기간이 도과한 이후 이해관계인들이 제기하였던 이의사유까지 더불어 심사하도록 한 후 등기 여부를 결정하는 방안이 합리적이다.[84]

이 경우 가장 복잡하게 다툼이 예상되는 영역은 피담보채권액일 것이며 피담보채권액을 어떻게 등기를 할 것인지가 문제 된다. 그 이유는 유치권자의 비용지출액수(약정채권액수)와 그 비용지출로 인한 목적물의 객관적인 가치 증가액수가 서로 일치하지 않는 경우를 충분히 예상할 수 있는바, 이 경우 어느 금액을 기준으로 해야 하는지가 문제되는 것이다. 이 논제에 의해 다른 이해관계인 간 대립이 발생할 수 있기 때문이다. 그런데 이 논제에 대해서는 비용지출액수 또는 약정채권액수를 피담보채권으로 하는 것이 조금 더 타당한 것으로 판단된다. 유치권자의 비용지출에 따른 목적물의 객관적 가치 증가액은 법리적이나 논리적으로 정해질 수 있는 측면이 있기 때문이다. 즉, 객관적 가치 증가액 이외의 증가액은 부동산 경제 시장 동향에 따라 변경될 수도 있는 반사적 효과의 측면이 강하기 때문에 이와 같은 객관적 가치증가액 이외의 증가액 부분을 피담보채권으로 정하는 것은 타당하지 않은 측면이 있는 것이다. 따라서 유치권자의 객관적 비

---

83 성민섭, "부동산유치권제도의 개선을 위한 민법 등 개정법률안에 대하여", 외법논집 제38권 제1호, 한국외국어대학교법학연구소, 2014, 202면 각주 74번; 한편, 유치권이 성립하였음에도 유치권자가 유치권 등기를 하지 않는 경우도 발생할 수 있는바, 이 경우에서의 유치권자는 제3자에 대해 대항 불가능하도록 하는 것이 합리적이다. 또한 유치권자가 자신의 유치권 성립을 인정받고 의도적으로 등기를 하지 않는 경우에는 유치권자에 대해 채무자 및 소유자 등은 손해배상청구를 할 수 있도록 하면 된다. 이 입법안이 선착하려면 유치권자가 점유 등의 유치권 성립요건을 충족할 경우 의무적으로 등기를 해야만 한다는 규정도 함께 입안되어야 합리적이다. 본 입법을 적용할 경우 부동산이 아닌 동산이나 유가증권에 대한 유치권은 현재의 점유 등의 성립요건에 등기라는 존속요건이 추가되는 것이다. 이에 관한 구체적 논의는 후속연구가 진행되어야 할 것이다.

84 유치권을 등기할 경우 다른 등기의 경우보다는 등기관의 심사권한과 의무를 강화할 필요성은 분명하나 구체적 방안 역시 추가적인 연구가 진행되어야 한다.

용지출액이나 약정채권액이 그나마 부동산 경제시장 동향에 덜 영향을 받는 측면에서 검토할 경우 조금 더 합리적이다.[85]

한편, 부동산유치권에 유치권의 등기 여부가 다툼의 대상이 되는 상황도 예상된다. 이 경우 부동산 경매절차가 임박한 상황 또는 진행 중일 가능성이 높으며 그 경우 법률관계를 신속히 확정할 필요가 있다. 이 경우 채무자 회생 및 파산에 관한 법률 제170조인 회생채권 및 회생담보권 조사확정의 재판,[86] 그리고 동법 제171조인 채권조사확정재판에 대한 이의의 소[87] 제도와 유사한 제도를 근거로 하여 유치권 관련 분쟁해결절차를 도입하는 방안도 검토해볼 만하다.[88] 이 경우 유치권 관련 법률관계를 신속하

---

85 민법개정위원회 제5분과위원회안의 견해와 일치하기도 하다(김재형, "부동산유치권의 개선방안: 2011년 민법개정시안을 중심으로", 민사법학 제55호, 2011, 366면).

86 **채무자 회생 및 파산에 관한 법률 제170조(회생채권 및 회생담보권 조사확정의 재판)**
   ① 목록에 기재되거나 신고된 회생채권 및 회생담보권에 관하여 관리인·회생채권자·회생담보권자·주주·지분권자가 이의를 한 때에는 그 회생채권 또는 회생담보권(이하 이 편에서 "이의채권"이라 한다)을 보유한 권리자는 그 권리의 확정을 위하여 이의자 전원을 상대방으로 하여 법원에 채권조사확정의 재판(이하 이 편에서 "채권조사확정재판"이라 한다)을 신청할 수 있다. 다만, 제172조 및 제174조의 경우에는 그러하지 아니하다.
   ② 제1항 본문의 규정에 의한 신청은 조사기간의 말일 또는 특별조사기일부터 1월 이내에 하여야 한다.
   ③ 채권조사확정재판에서는 이의채권의 존부 또는 그 내용을 정한다.
   ④ 법원은 채권조사확정재판을 하는 때에는 이의자를 심문하여야 한다.
   ⑤ 법원은 채권조사확정재판의 결정서를 당사자에게 송달하여야 한다.

87 **채무자 회생 및 파산에 관한 법률 제171조(채권조사확정재판에 대한 이의의 소)**
   ① 채권조사확정재판에 불복하는 자는 그 결정서의 송달을 받은 날부터 1월 이내에 이의의 소를 제기할 수 있다.
   ② 제1항의 소는 회생계속법원의 관할에 전속한다.
   ③ 제1항의 소를 제기하는 자가 이의채권을 보유하는 권리자인 때에는 이의자 전원을 피고로 하고, 이의자인 때에는 그 회생채권자 또는 회생담보권자를 피고로 하여야 한다.
   ④ 제1항의 소의 변론은 결정서를 송달받은 날부터 1월을 경과한 후가 아니면 개시할 수 없다.
   ⑤ 동일한 이의채권에 관하여 여러 개의 소가 계속되어 있는 때에는 법원은 변론을 병합하여야 한다.
   ⑥ 제1항의 소에 대하여 법원은 그 소가 부적법하여 각하하는 경우를 제외하고는 채권조사확정재판을 인가하거나 변경하는 판결을 하여야 한다.

88 성민섭, "부동산유치권제도의 개선을 위한 민법 등 개정법률안에 대하여", 외법논집

게 확정할 목적으로 등기관이 등기 여부를 결정하게 될 경우 그 즉시 그러한 사실을 등기신청인, 이해관계인들에게 통지하여야 함을 의무로 규정하여야 할 것이다.

그리고 이 등기관의 결정에 대해 이의 있는 자는 간편 · 신속한 권리구제절차를 확보할 목적으로 부동산을 관할하는 집행법원에 유치권조사확정의 재판(가칭)을 신청할 수 있도록 할 필요가 있다. 이후 집행법원의 조사확정재판에 대해 불복하는 당사자는 유치권조사확정재판에 대한 이의의 소(가칭)를 제기할 수 있도록 하여 최종적으로 다툼의 기회를 부여하는 방안도 검토할 수 있다. 마지막으로 유치권 등기에 대해 어떠한 법적 효력을 부여하는 것이 타당한지에 대해서는 유치권 등기를 완료하기 전에 등기를 완료한 이해관계인들에 대하여는 대항 불가능하도록 하는 것이 합리적이다.[89]

2. 미등기부동산의 등기를 위한 일본의 임시가등기부 제도 도입

유치권 등기제도를 도입하려면 최우선 과제로 미등기부동산을 등기할 수 있는 방안이 선행되어야 한다. 실무상 유치권이 문제되는 영역은 등기부동산의 경우보다 미등기부동산의 경우가 훨씬 많기 때문이다. 미등기부동산에 등기부가 존재하지 않는 경우 어떠한 방법을 통해 등기제도에 의하여 공시를 할 수 있을 것인지가 문제되는 것이다.[90] 부동산 유치권 등기제도를 도입할 경우 보존등기가 경료된 건물은 유치권을 등기함에는 문제가 없으나 미완성 건물에 관하여는 소유권보존등기를 경료할 수 없기 때문에 실무상 문제되는 것이다.[91]

제38권 제1호, 한국외국어대학교법학연구소, 2014, 202면.

89 성민섭, "부동산유치권제도의 개선을 위한 민법 등 개정법률안에 대하여", 외법논집 제38권 제1호, 한국외국어대학교법학연구소, 2014, 202면.

90 성민섭, "부동산유치권제도의 개선을 위한 민법 등 개정법률안에 대하여", 외법논집 제38권 제1호, 한국외국어대학교법학연구소, 2014, 201면.

91 물론 미등기부동산의 등기는 부동산등기법 제28조(채권자대위권에 의한 등기신청)에 따른 대위신청, 그리고 동법 제66조(미등기부동산의 처분제한의 등기와 직권보존)에 의한 등기 등의 방법이 있다. 이에 따른 등기방안은 외관상 거의 완성의 모습을 보이고 있으나 등기가 되지 않은 부동산의 경우에 있어서는 합리적인 것으로 판단된다. 그러나 유치권과 관련되어 실무상 문제되는 경우는 대부분 외관상 건물의 외형이 완

이에 이 문제를 해결하기 위하여 일본의 미완성 부동산에 대한 임시가
등기부(표시등기부)제도를 검토할 필요가 있다.[92] 채권자 입장에서는 미등기
부동산에 대한 소유자가 곧 채무자라는 소명을 통해[93] 유치권설정등기나
강제집행을 신청하도록 하고 법원으로서는 현장조사 등을 통하여 미완성
부동산이 채무자의 소유임을 확인하게 될 경우에는 강제집행을 위한 목적
의 임시등기부를 작성하도록 하는 것이다.[94] 만약 소유자가 채무자인 것으

성되지 않은 즉, 건축 중인 건물 또는 미완성건물에서의 상황이 문제되는 것이다. 가
령, 10층을 목표를 하는 건물의 경우 외관상 거의 완성되지 않았고 2–3층 정도만 완
성된 단계에서 중단된 건축 중의 건물(미완성 건물)에 있어서는 채권자대위권에 의한
다 할지라도 등기 자체를 할 수 없다. 이러한 건축 중 건물의 경우 최소한 소유권의
객체로 될 수 있어야 제한물권의 객체로 될 수 있는 것이다. 건축 중의 건물이 유치권
의 객체로 되려면 소유권 내지는 물권의 객체가 될 수 있어야 한다. 동일 사례에서 10
층 목표 건물의 경우 거의 10층 모두 완성이 되어야만 소유권보존등기를 할 수 있다.
그러나 유치권의 경우 실무상 10층이 아닌 지하 부분 또는 2–3층만 완료된 경우에 있
어서도 그 유치권의 객체가 될 수 있다. 따라서 이러한 건축 중 건물의 단계에 있어서
도 유치권의 객체로 될 수 있는 것이다. 이 경우 위 현행법상의 등기방안을 통해서는
유치권 등기를 하기가 쉽지 않다. 따라서 이에 대한 방안으로 일본의 임시가등기부제
도를 검토하는 것이다. 또한 동법 제68조(미등기부동산의 처분제한의 등기와 직권보
존)을 통한 등기방안도 그 합리성이 있다. 그런데 미등기부동산에 대하여 유치권 등
기를 직접적으로 하는 것이 아니라 소유권의 처분제한을 통한 소유권보존등기를 한
다는 측면을 검토할 필요가 있다. 일본의 임시가등기부제도는 유치권 등기를 바로 할
수 있다는 측면에 있어서 검토 필요성이 있을 것이다.

92 안철상, "건축 중인 건물에 대한 금전채권의 집행", 부산판례연구 제7집, 부산판례연
구회, 1995, 582면; 조윤아, "유치권 제도의 개선을 위한 입법방향", 일감법학 제35
호, 건국대학교 법학연구소, 2016, 333면; 오시영, "미등기건물에 대한 강제집행상의
문제점 및 입법론적 고찰", 민사소송 제11권 제2호, 한국민사소송법학회, 2007, 228
면; 성민섭, "부동산유치권제도의 개선을 위한 민법 등 개정법률안에 대하여", 외법
논집 제38권 제1호, 한국외국어대학교법학연구소, 2014, 202면.

93 채무자 명의로 된 건축허가서, 그리고 임시사용승인서 또는 재산세납세증명서 등을
첨부한 이후 제출하거나 무허가건물에 관한 재산세납세증명서 등을 첨부하면서 제출
하면 될 것이다. 이 경우 미등기 건물 또는 무허가건물이 채무자 소유가 아니라고 주
장하며 다투고자 하는 정당한 소유자로서는 제3자이의의 소를 제기하는 방안이 있
고 채무자로서는 집행이의신청 등의 방안을 통해 다투는 것이 가능할 것이다(오시영,
"법무부 민법개정시안 중 유치권에 대한 대안 제시 (I)", 법학논총, 제32집 제2호, 전
남대학교 법학연구소, 2012, 278면 각주 22번).

94 서기석, "민사집행의 제문제 – 실효성 있는 민사집행제도마련을 위한 토론회 결과보고
서", 법원행정처, 1996, 51면; 한편, 부동산등기법을 개정한다 하더라도 건축허가사
항의 위반 등의 사유로 인하여 사용승인을 받지 못하게 되는 경우 이를 악용할 소지

로 판명되지 않는 경우 소유자에 대해 채무자에 대한 공사대금채권 등을 채권자대위를 통하여 행사하게 되면 동일 결과를 얻을 수 있다.[95]

일본 부동산 등기법에서는 등기관에게 토지 및 건물에 대한 직권조사권을 부여하고 있다. 그리고 건축 중의 건물이 사회통념상 건물로 인정할 수 있을 정도까지 진행된 경우 완공되기 이전의 건축물이라 할지라도 직권으로 표시에 관한 등기가 가능하도록 하고 있다.[96] 일본의 등기관은 표시에 관한 등기에 대해 ⅰ)동법 제18조에 의해 신청이 있는 경우, ⅱ)전조 규정에 의해 직권으로 등기하고자 할 경우에 필요하다고 인정되는 때에는 부동산의 표시에 관한 사항을 조사할 수 있다. 등기관이 조사할 경우 부동산의 소유자 및 그 밖의 관계자에 대해 문서나 전자적 기록의 제시를 요구할 수 있으며 질문도 할 수 있다.[97] 등기관이 직권으로 표시에 관한 등기를 행하는 경우 건물에 대해 소유권에 관한 등기가 경료되지 않은 경우라 할지라도 부동산 강제집행을 할 수 있게 되는 것이다. 무엇보다 표시등기부상 표제부에는 토지의 소재, 지목, 지번, 지적을 기재하도록 하고 건물의 소재, 종류, 가옥번호, 구조, 바닥면적, 부소건물을 기재하여야 한다. 그리고 소유자의 성명 및 주소도 기재하여야 하는데 이 경우 표시등기에

가 있어 보존등기를 허용한다 하여도 무허가건물에 대해서는 무허가건물임을 기재하는 것이 타당하다는 견해도 있다(법원행정처, 「민사소송법(강제집행편) 개정착안점」, 법원도서관, 1996, 50~51면).

95 오시영, "법무부 민법개정시안 중 유치권에 대한 대안 제시 (Ⅰ)", 법학논총, 제32집 제2호, 전남대학교 법학연구소, 2012, 278면; 현행 부동산등기법 제28조(채권자대위권에 의한 등기신청)에 따른 대위신청의 방법으로도 가능하다.

96 第二十八条(職権による表示に関する登記) 表示に関する登記は、登記官が、職権ですることができる。

97 第二十九条(登記官による調査) 登記官は、表示に関する登記について第十八条の規定により申請があった場合及び前条の規定により職権で登記しようとする場合において、必要があると認めるときは、当該不動産の表示に関する事項を調査することができる。
2 登記官は、前項の調査をする場合において、必要があると認めるときは、日出から日没までの間に限り、当該不動産を検査し、又は当該不動産の所有者その他の関係者に対し、文書若しくは電磁的記録に記録された事項を法務省令で定める方法により表示したものの提示を求め、若しくは質問をすることができる。この場合において、登記官は、その身分を示す証明書を携帯し、関係者の請求があったときは、これを提示しなければならない。

서의 소유자는 소유권보존등기를 할 때의 신청적격자, 그리고 고정자산에 대한 납세의무자임을 밝히면 되는 소극적인 의미만 있을 뿐, 보존등기에 있어서의 소유권은 인정해주지 않는다.[98] 따라서 표시등기상 소유자는 추후 건물이 완공될 경우 소유권보존등기를 경료할 수 있는 정당한 권리자가 되는 것이며 소유권보존등기를 할 경우 비로소 갑구란에 소유자의 지위에서 정식등기를 하게 된다. 일본에서는 이 해결방안을 통해 우리처럼 미등기건물 또는 미완성건물에 대한 집행불능의 문제는 발생하지 않기 때문에 일본에서의 방책을 적용할 필요가 있다.[99]

우리 상법 제790조 규정과 제787조 규정에서 시사점을 얻을 수 있는 점도 검토해보아야 한다. 상법 제790조[100] 및 제787조 규정[101]에서는 건조 중에 있는 선박에 대하여 저당권 설정을 할 수 있음이 규정되어 있고 선박등기규칙 제23조 규정에서는 건조 중에 있는 선박에 저당권 등기를 하고자 하는 경우에는 조선지를 관할하는 등기소에서 신청할 수 있다. 그리고 선박의 종류, 선질, 용골의 깊이(다만, 해당 선박에 용골을 설치하지 않은 때에는 선박의 길이), 계획의 깊이와 폭, 계획의 총톤수, 건조지, 그리고 조선자의 성명과 주소(조선사가 법인인 경우에는 그 상호나 명칭 및 본점이나 주된 사무소), 부동산등기규칙 제43조 제1항 제2호에서 제6호, 제8호와 제9호 규정에서 정하고 있는 사항, 등록면허세액 등을 등기사항의 내용으로 하여 선박등기와 저당권설정등기를 완료할 수 있도록 하고 있다. 이후 선박건조를 완료하면 저당권설정등기가 완료된 등기소에 선박에 대하여 보존등기를 할 수 있다. 이 때 등기기록 중에 건조 중인 선박등기 시 표제부에 이미 기록하였던 선박의 표시와 선박등기규칙 제23조 제4항 규정에 따라 갑

---

98 龜川靑長, "表示の 登記, 現代民事裁判の 課題②", 不動産登記, 新日本法規出版株式會社, 1991, 18頁.

99 안철상, "건축 중인 건물에 대한 금전채권의 집행", 부산판례연구 제7집, 부산판례연구회, 1995, 582면.

100 제790조(건조 중의 선박에의 준용) 이 절의 규정은 건조 중의 선박에 준용한다.

101 상법 제787조(선박저당권)
① 등기한 선박은 저당권의 목적으로 할 수 있다.
② 선박의 저당권은 그 속구에 미친다.
③ 선박의 저당권에는 「민법」의 저당권에 관한 규정을 준용한다.

구 사항란 내용에 기록하였던 등기사항을 말소시키는 표시를 하고 소유권 보존등기로 인해 말소하게 된다는 뜻을 기록하도록 하고 있다. 이는 건조 중에 있는 선박등기부와 건조 완성 이후 선박에 관한 소유권보존등기부 를 연결시켜주는 것이다.[102] 그리하여 건조 중에 있는 선박에 대하여 설정 된 저당권으로 건조 중에 있는 선박에 대한 담보권실행경매도 가능하도록 하고 있다.[103] 그러면 건축 중에 있는 건물 역시도 건조 중인 선박과 유사 하게 취급하지 못할 것도 아니므로 건축 중인 건물에 대하여 ⅰ)일본의 표 시등기부제도와 유사한 임시표시등기제도를 신설하는 방안을 취하거나[104] ⅱ)건조 중인 선박에 대하여 저당권등기제도와 같이 표제부와 건축허가서 내용을 기재한 후에 임시표시등기부를 작성하도록 하여 유치권에 대한 등 기를 행할 수 있도록 한다. 그 상태에서 건조 중에 있는 선박에 대하여 저 당권실행이 허용되는 것과 같이 부동산 강제집행을 허용하는 방안을 취하 면[105] 미등기 부동산에 대하여 여러 법적 분쟁을 해결할 수 있기 때문에 합 리적이다.

---

102 선박등기규칙 제24조(건조 중에 저당권등기를 한 선박의 소유권보존등기)
   ① 건조 중에 저당권의 등기를 한 선박에 대한 소유권보존등기는 저당권의 등기를 한 등
     기소에 신청하여야 한다.
   ② 제1항의 등기는 저당권의 등기를 한 등기기록에 하여야 한다.
   ③ 제1항의 등기를 할 때에는 등기기록 중 표제부에 이미 기록한 선박의 표시와 제23조제
     4항에 따라 갑구 사항란에 기록한 등기사항을 말소하는 표시를 하고 소유권보존등기로
     인하여 말소한다는 뜻을 기록하여야 한다.

103 이론상으로 건조 중인 선박에 대한 집행방법으로 유체동산집행설, 선박집행설의 견해가
    대립되어 있으나 입법적으로 해결을 도모하는 것이 바람직하다는 견해가 있다(오시영,
    "법무부 민법개정시안 중 유치권에 대한 대안 제시 (Ⅰ)", 법학논총, 제32집 제2호, 전남대
    학교 법학연구소, 2012, 279면 각주 26번).

104 성민섭, "부동산유치권제도의 개선을 위한 민법 등 개정법률안에 대하여", 외법논집 제38
    권 제1호, 한국외국어대학교법학연구소, 2014, 202면.

105 오시영, "법무부 민법개정시안 중 유치권에 대한 대안 제시 (Ⅰ)", 법학논총, 제32집 제2호,
    전남대학교 법학연구소, 2012, 279면.

3. 유치권 등기방법론(유치권등기명령제도 도입)

유치권 등기제도를 도입한 경우 유치권을 등기방법으로 채무자(소유자)의 협조를 받아 진행하는 구조로 갈 것인가, 임차권등기명령제도와 같이 유치권 주장자가 일방적으로 신청하면서 법원의 결정으로 하는 제도로 진행할 것인가가 문제된다. 이는 채무자(소유자)와 유치권자 간 협의를 할 수 있는 경우와 협의를 할 수 없는 경우[106]로 구분하여 검토하는 것이 합리적이다.

(1) 유치권의 성립에 대하여 다툼이 없는 경우

유치권의 성립에 대하여 다툼이 없는 경우에는 채무자(소유자)와 유치권 주장자 간 합의에 의하여 유치권 등기가 행해진다. 이 경우 민법 제621조[107]에 따른 주택임대차등기 효력과 관련된 법리를 참고하여 규정할 수 있을 것이다.[108] 유치권 신청서에는 유치권의 내용이 되는 피담보채권 이외에도 유치대상인 목적물을 점유한 날, 그리고 이러한 사실을 증명할 수 있는 서면을 첨부하여야 할 것이다.[109] 유치권자는 유치권 등기 전에 이미 유치권부동산에 대한 점유를 통해 채무자에 대한 대항력을 가지고 있는 경우 해당 유치권 등기가 완료되면 제3자에 대해서도 대항할 수 있다. 또한 이 경우 유치권자는 부동산에 대한 점유를 상실할지라도 등기가 완료되었기 때문에 그 유치권의 우열을 지속적으로 유지할 수 있게 된다.[110]

유치권자가 유치권을 등기하기 전 목적물을 점유하고 있지 않음을 이

---

106 유치권 등기제도를 도입할 경우 이와 같은 실무 사례가 다수 발생할 것으로 예상된다.

107 민법 제621조(임대차의 등기)

　　① 부동산임차인은 당사자 간에 반대약정이 없으면 임대인에 대하여 그 임대차등기절차에 협력할 것을 청구할 수 있다.

　　② 부동산임대차를 등기한 때에는 그때부터 제삼자에 대하여 효력이 생긴다.

108 주택임대차보호법 제3조의4(「민법」에 따른 주택임대차등기의 효력 등) ① 「민법」 제621조에 따른 주택임대차등기의 효력에 관하여는 제3조의3 제5항 및 제6항을 준용한다는 규정 참조.

109 주택임대차보호법 제3조의4 제2항 참조.

110 이정민/이점인, "허위·가장 유치권 문제와 유치권 등기의 필요성에 대한 검토", 민사법 이론과실무 제18권 제1호, 민사법의 이론과 실무학회, 2014, 206면; 주택임대차보호법 제3조의3 제5항 규정 참조.

유로 그 대항력이 인정되지 않는 경우라 할지라도 채무자(소유자)의 점유에 갈음할 수 있는 동의 또는 합의가 있음을 증명한 경우라면 해당 유치권이 등기가 완료된 때부터 채무자 또는 제3자에 대해 유치권의 우열을 인정해 주어야 할 것이다.[111]

(2) 유치권의 성립에 대하여 다툼이 있는 경우

채무자(소유자)와 유치권자 간 협의를 할 수 없는 경우와 같이 유치권의 성립에 대해 다툼이 있는 때에는 유치권자가 강제적인 방법을 통하여 유치권을 등기하는 방안도 제시할 필요가 있다.[112]

부동산 유치권을 취득하고자 하는 자는 위 유치권 등기제도가 도입된 제도 하에서 민법 제320조 제1항에서의 요건을 충족한 경우 유치권 주장자가 유치권을 등기하려면 목적부동산의 관할법원에 대해 "부동산유치권 등기명령에 따른 부동산유치권등기(가제)"를 신청하도록 한다. 이후 관할법원은 심리를 열고 이 신청이 이유 있는 것으로 판단될 경우 등기소에 촉탁하면서 부동산유치권등기를 하도록 하는 방법이다.[113]

이는 먼저 유치권등기명령제도의 도입을 통해 위 방안을 구현할 수 있다. 정당한 유치권자의 경우 피담보채권을 변제받지 못하였고 점유 등으로 일정 요건을 충족한 때에는 유치권자가 채무자(소유자 등)와의 협의 또는 합의에 의하지 않고 단독으로 유치권 등기를 할 수 있도록 하여 채무자뿐만 아니라 제3자에 대해서도 대항할 수 있게 되는 것이다.[114]

그런데 이처럼 유치권을 취득하려는 자에게 일방적으로 등기할 수 있

---

111 이정민/이점인, "허위·가장 유치권 문제와 유치권 등기의 필요성에 대한 검토", 민사법 이론과실무 제18권 제1호, 민사법의 이론과 실무학회, 2014, 206면; 주택임대차보호법 제3조의3 제5항 규정 본문 참조.

112 물론 이 방안제시는 유치권이 허위·가장유치권이 아닌 정당한 유치권인 경우에 국한된다.

113 현재 주택임대차보호법, 상가건물임대차보호법에서도 채택하고 있는 제도이다. 임대차보호법에서의 임차권등기명령에 따른 임차권등기와 그 목적은 다를 수 있으나 부동산유치권을 등기할 수 있는 방법으로 원용할 수 있는 것이다(노종천, "부동산유치권 등기제도 도입 연구", 토지법학 제31권 제1호, 한국토지법학회, 2015, 132면).

114 이정민/이점인, "허위·가장 유치권 문제와 유치권 등기의 필요성에 대한 검토", 민사법 이론과실무 제18권 제1호, 민사법의 이론과 실무학회, 2014, 207면.

도록 하는 방안은 유치권자에게 유리한 방안이라는 비판이 제기될 수도 있다. 그러나 유치권등기명령제도 도입에 따른 유치권 등기방안은 ⅰ)법원 심리를 통하여 등기한다는 점, ⅱ)허위 유치권 신청을 하여 등기를 할 경우에는 소송사기죄 등이 성립하여 형사처벌도 따를 수 있는 점, ⅲ)실체관계에 합치하는 유치권 등기를 기대할 수 있는 점 등의 장점이 있으므로 보다 합리적인 방안으로 판단된다.[115]

다음으로는 등기청구권에 따른 등기방안도 살펴볼 수 있다. 이 방안에 의한 등기는 민법 제245조 제1항에서의 부동산점유취득시효에 의한 물권을 취득할 경우에서의 등기절차 및 법리를 유추하는 것이다.[116] 부동산유치권을 등기하고자 하는 자는 유치권 등기제도가 도입된 제도 하에서 민법 제320조 제1항에서의 요건을 충족한 경우 채무자(소유자 등)에 대하여 유치권등기청구권을 행사하면서 등기하도록 하는 방안인 것이다.[117]

그러나 등기청구권에 의한 등기방법은 ⅰ)상대방의 소재 불명의 경우 등기의 어려움, ⅱ)상대방이 유치권 등기에 불응할 경우 소송경제 문제 등의 한계가 있다. 따라서 관할법원의 심리를 통한 유치권등기명령에 따른 부동산유치권등기명령제도 도입은 이러한 한계를 극복할 수 있다는 점에서 더 합리적인 방안으로 판단된다.[118]

한편, 위 제도들의 도입은 시간 및 비용 등이 소요될 것이기 때문에 위 제도들이 도입되지 않은 현행법상에서도 그 신속한 해결을 위한 단기적 방안의 검토도 요구된다. 이 경우 유치권 성립에 다툼이 있는 때에는 부동산등기법 제37조(가등기) 및 제38조(가등기가처분) 규정에 의하여 유치권의 피담보채권을 피보전권리로 하여 먼저 법원으로부터 가등기ㆍ가처분결정

---

115   노종천, "부동산유치권 등기제도 도입 연구", 토지법학 제31권 제1호, 한국토지법학회, 2015, 132면.

116   민법 제245조 제1항 규정에서의 부동산점유취득시효에 의한 물권을 취득할 경우 등기절차를 유추하는 법리에 관한 자세한 논의는 노종천, "부동산유치권 등기제도 도입 연구", 토지법학 제31권 제1호, 한국토지법학회, 2015, 133면 참조.

117   노종천, "부동산유치권 등기제도 도입 연구", 토지법학 제31권 제1호, 한국토지법학회, 2015, 133면.

118   이 방안은 민법 제320조 제3항을 신설하면서 등기명령에 따른 유치권등기를 신청할 수 있도록 개정하는 것이 합리적이다(노종천, "부동산유치권 등기제도 도입 연구", 토지법학 제31권 제1호, 한국토지법학회, 2015, 133면).

을 받는다. 이후 이를 등기할 경우 유치권 주장자로서는 강제적으로 등기를 할 수 있을 것이다.[119] 그리고 채무자가 전세권자 등 부동산의 소유자가 아닌 경우에는 유치권자가 전세권자 등의 비용상환청구권을 대위 행사하면서 가등기·가처분결정을 받아 가등기하는 방안도 있다. 이후 다시 처분금지가처분을 하는 방안을 취하는 것이다.[120]

V. 결론

유치권 관련 문제를 해결하기 위해서는 부동산 유치권 제도를 급격히 폐지하는 것보다 존치하되 발생할 수 있는 문제를 해결하면서 그 제도의 효과를 극대화하는 방안이 더 타당한 입법방향으로 판단된다.[121] 유치권은 폐지할 경우 기대하는 긍정적 효과는 존치하되 약간의 입법안만으로도 동일하게 얻을 수 있기 때문이다.

그런데 부동산유치권은 공시가 되지 않아 관련 분쟁은 지속적으로 발생하고 있으므로 신속한 해결이 요청되고 있으며[122] 유치권 존·폐 논의로 대립되었다. 그런데 이제는 위 존폐론의 굴레에서 벗어나 하루라도 빨리 현행 유치권 제도의 합리적 개선 및 예상 가능한 문제 발생의 상쇄, 그리고 입법실무의 측면까지 담보할 수 있는 개선안이 요구되는 시점이 되었다. 그 시작은 부동산 물권 공시제도의 개선이며 그 핵심은 유치권 등기제도 도입이다.

---

119 오시영, "부동산유치권 강제집행에 대한 문제점과 입법론적 고찰", 토지법학 제23권 제2호, 2007, 221-222면.

120 오시영, "부동산유치권 강제집행에 대한 문제점과 입법론적 고찰", 토지법학 제23권 제2호, 2007, 221-222면; 대법원 1988. 9. 27. 선고 84다카2267 판결 참조.

121 성민섭, "부동산유치권제도의 개선을 위한 민법 등 개정법률안에 대하여", 외법논집 제38권 제1호, 한국외국어대학교법학연구소, 2014, 201면; 오시영, "법무부 민법개정시안 중 유치권에 대한 대안 제시 (Ⅱ)", 법학논총, 제32집 제3호, 전남대학교 법학연구소, 2012, 247면; 전장헌, "부동산경매절차에서 유치권에 관한 개선방안", 민사집행법연구, 제9호, 2013, 178면.

122 노종천, "부동산유치권 등기제도 도입 연구", 토지법학 제31권 제1호, 한국토지법학회, 2015, 110면.

유치권 등기제도 도입방안은 유치권의 성립요건을 점유로 하고, 존속 (우열 또는 대항)요건을 등기로 하는 방안이다. 이처럼 도입할 경우 유치권과 다른 물권 간 등기부상의 순위번호나 접수일자를 기준으로 그 우선순위를 정할 수 있다. 이는 유치권이 공시되지 않아 모든 분쟁의 시작점을 해소할 수도 있다. 유치권자도 불필요한 점유를 할 필요가 없고 소유자 역시 자신의 소유권 지위에 합당하게 부동산을 사용·수익할 수 있다. 또한 전제조건까지 함께 도입될 경우 여러 당사자의 지위를 합리적으로 조정할 수 있을 것이다.

한편, 유치권 등기제도 도입 시 현행 대법원 판례법리 및 개정안과의 구별실익이 미흡하다는 비판 등이 있을 수 있다. 그러나 유치권 등기제도 도입안은 현행 대법원 판례법리 및 개정안과의 명확한 구별실익이 존재하고 기존의 대법원 판례법리 그대로 구현해낼 수 있다는 점에서 오히려 합리적이다.

그리고 본 제도를 도입할 경우 그 유치권 등기신청 관련 절차, 피담보채권액 등기, 등기 여부 상황에 따른 실무상 논제 등도 검토하였다. 유치권 등기제도를 도입할 경우의 최우선 과제인 미등기부동산의 등기방안에 관하여는 일본의 임시가등기부 제도를 도입하면 그 해결의 모색을 꾀할 수 있다. 이와 관련하여 일본에서의 강화된 등기관 제도의 도입도 검토하였다. 무엇보다 유치권을 등기할 수 있는 방안으로는 등기청구권에 의한 등기방안보다 부동산유치권등기명령제도 도입이 더 타당하다. 한편, 이 제도들의 도입은 시간 및 비용 등이 소요될 것이므로 도입되지 않은 현행법상 논제의 해결을 위한 방안으로, 유치권자가 전세권자 등의 비용상환청구권을 대위 행사하여 가등기·가처분결정을 통해 유치권을 가등기하는 방안도 제시하였다.

유치권 등기제도 도입만으로 유치권 관련 모든 분쟁을 해결할 수는 없다. 그 한계점도 분명히 있을 수 있으나 지속적인 연구 및 입법을 통해 그 제도의 선착을 목표로 나아가야 할 것이다. 무엇보다 본 제도의 도입은 유치권 분쟁에서 가장 핵심논란의 영역인 유치권의 공시 측면을 해결해줄 수 있다. 이는 실체법뿐만 아니라 부동산 경매절차에서도 유치권과 다른 이해당사자 간 법적안정성을 추구할 수도 있으므로 합리적이다.

참고 문헌

Ⅰ. 국내 문헌

1. 단행본

김용담 편집대표(김갑유 집필 부분), 「주석 민법 물권(3)」, 한국사법행정학회, 2011.

김용택 편집대표(김갑유 집필부분), 「주석민법 물권(3)(제4판)」, 한국사법행정학회, 2011.

김형배, 「민법강의」, 신조사, 2018.

곽윤직/김재형, 「물권법」, 박영사, 2014.

곽윤직 편집대표(호문혁 집필 부분), 「민법주해[Ⅵ] 물권(3)」, 박영사, 1992.

법무부 민법개정자료발간팀, 「민법개정총서 03 −2004년 법무부 민법개정안 총칙·물권편」, 민속원, 2013.

법원행정처, 「민사소송법(강제집행편) 개정착안점」, 법원도서관, 1996.

송덕수, 「신민법강의」, 박영사, 2015,

이시윤, 「신민사집행법」, 박영사, 2014.

이영준, 「물권법」, 박영사, 2009.

지원림, 「민법강의」, 홍문사, 2015.

2. 논문

강구욱, "부동산압류의 처분금지효와 압류의 효력", 법학논고 제62권, 경북대학교 법학연구원, 2018.

강민성, "민사집행과 유치권," 사법논집 제36집, 2003.

강정규/이용득, "부동산경매에서 유치권 개선방안에 관한 연구", 부동산학보 제62권, 한국부동산학회, 2015.

김기찬/이춘섭, "부동산경매에서 유치권의 한계에 관한 연구", 부동산학연구 제13집 제2호, 2007.

김만웅, "유치권의 공시기능 강화방안에 관한 연구", 토지법학 제26−1호, 2010.

김명엽, "민사집행법상 유치권의 공시에 관한 연구", 법과 정책 제17권 제1호, 제주대학교 법과정책연구소, 2011.

김미혜, "부동산유치권 관련 개정안에 대한 몇 가지 제언", 아주법학 제8권 제1호, 아주대학교 법학연구소, 2014.

김상찬/강창보, "부동산 유치권제도의 개선방안-2012년 민법개정안의 검토를 중심으로-", 법과정책 제19집 제2호, 제주대학교 법과정책연구소, 2013.

김송, "유치권관련 개정안에 대한 재고", 법학연구 제24권 제1호, 경상대학교 법학연구소, 2016.

김연우, "상사유치권에 부동산이 포함되는지 여부 및 선행 저당권자와의 관계 대상판결 : 대법원 2013. 2. 28. 선고 2010다57350 판결", 재판과 판례 제22집, 대구판례연구회, 2013.

김영두, "부동산유치권의 문제점에 관한 연구", 지안이선영박사화갑기념논문집(토지법의 이론과 실무), 법원사, 2006.

김영희, 유치권이 있는 부동산의 경매와 유치권의 저당권에 대한 대항력, 민사법학 제63집 제1호, 한국민사법학회, 2013.

김인유, "부동산유치권의 개선방안에 관한 연구", 토지법학 제28권 제1호, 한국토지공법학회, 2012.

김재형, "부동산유치권의 개선방안:2011년 민법개정시안을 중심으로", 민사법학 제55호, 2011.

김종국/안정근, "유치권이 부동산경매의 매각가율에 미치는 영향", 부동산학보 제47호, 한국부동산학회, 2011.

김홍엽, "민사유치권 관련 민사집행법 개정안에 대한 비판적 고찰", 성균관법학 제25권 제4호, 성균관대학교 법학연구소, 2013.

권영준, "유치권에 관한 민법 개정안 소개와 분석", 서울대학교 법학 제57권 제2호, 2016.

노종천, "부동산유치권 등기제도 도입 연구", 토지법학 제31권 제1호, 한국토지법학회, 2015.

노한장/유정석, "부동산 경매에 있어서 유치권의 우선변제권 인정 및 대항력 제한", 부동산학보 제52권, 한국부동산학회, 2013.

박진근, "건축계약상 수급인의 유치권 제한", 민사법학 제39권 제1호, 한국민사법학회, 2007.

서기석, "민사집행의 제문제-실효성 있는 민사집행제도마련을 위한 토론회 결과보고서", 법원행정처, 1996.

서인겸, "부동산경매절차상 유치권의 효력에 관한 몇 가지 쟁점", 원광법학, 제32권 제2호, 원광대학교 법학연구소, 2016.

서종희, "부동산 유치권의 대항력 제한에서 불법점유를 원인으로 하는 유치권 성립제한으로의 재전환", 성균관법학 제24집 제4호, 성균관대학교 법학연구소, 2012.

_____, "유치권자와 경매절차에서의 유치목적물 매수인의 법적 관계", 일감부동산법

학 제18호, 건국대학교 법학연구소, 2019.

_____, "가압류등기경료 후 성립한 유치권의 대항력인정 여부", 외법논집 제36집 제 4호, 한국외국어대학교 법학연구소, 2012.

성민섭, "부동산유치권제도의 개선을 위한 민법 등 개정법률안에 대하여", 외법논집 제38권 제1호, 한국외국어대학교법학연구소, 2014.

소성규/이용호, "유치권에 관한 민법 및 관련법의 개정방안", 한양법학 제29권 제2집, 한양대학교 법학연구소, 2018.

신국미, "유치권의 성립요건으로서의 물건과 채권간의 견련관계", 재산법연구 제21권 제1호, 한국재산법학회, 2004.

안철상, "건축 중인 건물에 대한 금전채권의 집행", 부산판례연구 제7집, 부산판례연 구회, 1995.

양재모, "유치권적정화에 관한 법정책적 접근", 법과 정책 제14집 제2호, (사)한국법정 책학회, 2014.

양창수, "유치권의 성립요건으로서의 채권과 물건 간의 견련관계", 민법연구 제1권, 박영사, 1991.

엄성현/박상호, "현행 부동산유치권의 문제점과 민법 일부개정법률안에 관한 검토", 공공정책연구 제32집 제1호, 동의대학교 지방자치연구소, 2015.

오시영, "유치권 관련 민법개정안에 대한 검토", 강원대학교 비교법학연구소, 2013.

_____, "유치권 관련 민법개정안에 대한 검토", 강원법학 제38권, 강원대학교 비교 법학연구소, 2013.

_____, "법무부 민법개정시안 중 유치권에 대한 대안 제시 (I)", 법학논총, 제32집 제 2호, 전남대학교 법학연구소, 2012년.

_____, "법무부 민법개정시안 중 유치권에 대한 대안 제시 (II)", 법학논총, 제32집 제3호, 전남대학교 법학연구소, 2012년.

_____, "부동산유치권 강제집행에 대한 문제점과 입법론적 고찰", 토지법학 제23권 제2호, 2007.

_____, "민사소송법 및 민사집행법상의 담보 및 보증제도에 대한 검토", 민사소송 제 13권 제1호, 한국민사소송법학회, 2009.

_____, "미등기건물에 대한 강제집행상의 문제점 및 입법론적 고찰", 민사소송 제11 권 제2호, 한국민사소송법학회, 2007.

윤진수, "유치권 및 저당권설정청구권에 관한 민법개정안", 민사법학 제63-1호, 한국 민사법학회, 2013.

윤철홍, "유치권의 개정방향", 법학논총 제31권, 숭실대학교 법학연구소, 2014.

이무선, "공시기능강화를 위한 부동산유치권의 문제점과 그 입법대안", 홍익법학 제19 권 제1호, 홍익대학교 법학연구소, 2018.

이범수, "부동산유치권의 문제점과 개정안에 대한 검토", 경성법학 제23권 제1호, 경성대학교 법학연구소, 2014.

이상태, "유치권에 관한 연구-대항력제한을 중심으로-(대법원 2009. 1. 15. 선고 2008다70763 판결)", 토지법학 제26-1호, 2010.

이정민/이점인, "허위·가장 유치권 문제와 유치권 등기의 필요성에 대한 검토", 민사법이론과실무 제18권 제1호, 민사법의 이론과 실무학회, 2014.

이찬양, "부동산유치권 개정안 중 저당권설정청구권 제도 도입에 관한 고찰-부동산경매절차에서 선행저당권에 관한 유치권의 우열 논제를 중심으로-", 법학논총 제26권 제2호, 조선대학교 법학연구소, 2019.

_____, "건물에 관한 상사유치권의 우열상 제문제", 법학연구 제61권, 전북대학교 법학연구소, 2019.

_____, "전자소송 하에서의 전자송달", 원광법학 제31권 제4호, 원광대학교 법학연구소, 2015.

이현석, "유치권과 점유 – 민사유치권과 상사유치권을 중심으로", 법과 정책연구 제17권 제4호, 한국법정책학회, 2017.

이호행, "유치권이 설정된 부동산의 경매-유치적 효력을 중심으로-", 홍익법학 제19권 제1호, 홍익대학교 법학연구소, 2018.

장건, "유치권에 기한 경매에서 소멸주의 적용여부", 민사집행법연구 제12권, 한국민사집행법학회, 2016.

전장헌, "부동산경매절차에서 유치권에 관한 개선방안", 민사집행법연구, 제9호, 2013.

조윤아, "유치권 제도의 개선을 위한 입법방향", 일감법학 제35호, 건국대학교 법학연구소, 2016.

차문호, "유치권의 성립과 경매," 사법논집 제42집, 2006.

추신영, "가장유치권의 진입제한을 위한 입법적 고찰", 민사법학 제44호, 2009.

최동홍, "부동산경매에서 유치권신고의 의무화", 법조 통권 제643호, 2010.

한상곤, "민사집행절차에서 본 유치권의 개정안에 대한 고찰", 경희법학 제50권 제1호, 경희법학연구소, 2015.

홍봉주, "부동산유치권에 관한 개정안 검토", 일감법학 제31호, 건국대학교 법학연구소, 2015.

Ⅱ. 국외 문헌

1. 일본 문헌

竹田稔, 「民事執行の實務Ⅰ」, 酒井書店, 1980

三ケ月章, 「民事執行法」, 弘文堂, 1981.

龜川靑長, "表示の 登記, 現代民事裁判の 課題②", 不動産登記, 新日本法規出版株式會
　　社, 1991.

坂本武憲, "不動産費用債権の担保", ジュリスト No. 1223, 2002.

池田淸治, "必要費と有益費", 法学セミナ— No. 705, 2013.

座談會, "近未来の抵当権とその實行手続—改正のあり方お探る", 経済法, 令究會刊・
　　銀行法務21, 第600号, 2002.

園尾隆司, 「留置權による競賣および形式的競賣の賣却手續」, 金融法務事情 1221号6,
　　金融財政事情研究所, 1989.

坂本倫城, 「留置權による競賣申立て」, 大石忠生ほか編, 裁判實務大系7, 靑林書院,
　　1986.

生田治郎, 「留置權の實行をめぐる諸問題」, 加藤一郎一 林良平編集代表, 擔保法大系 第
　　二卷, 金融財政, 1985.

生熊長幸, "建築請負代金債權による敷地への留置權と抵當權(下)" 「金融法務事情」 第
　　1447号, 1996.

2. 독일 문헌 등

BaslerKomm/Hofstetter, ZGB, Art. 837, 2007.

Claus Ahrens, Zivilrechtliche Zuruckbehaltungsrechte, 2002.

Dieter Zobl , Das Bauhandwerkerpfandrecht de lege lata und de lege ferenda, 2. Halbband,
　　ZSR, 1982.

Münchener(Krüger), Münchener Kommentar zum Bürgerlichen Gesetzbuch, 5.aufl., Carl
　　Heymanns Verlag, 2009.

Münchener(Baldus), Münchener Kommentar zum Bürgerlichen Gesetzbuch, 5.aufl., Carl
　　Heymanns Verlag, 2009.

Münchener(Busche), Münchener Kommentar zum Bürgerlichen Gesetzbuch, 5.aufl., Carl
　　Heymanns Verlag, 2009.

Rummel/Hofmann, ABGB(오스트리아 민법총전—Das Allgemeine Bürgerliche
　　Gesetzbuch) Kommentar, 3. Aufl., 2000.

Staudinger(Bitner), Kommentar Zum Bürgerlichen Gesetzbuch mit Einführungsgesetz und
　　Nebengesetzen: Buch 2: Recht der Schuldverhältnisse, §273. Neubearbeitung, 2009.

Philippe Simler et Philippe Delebecque, 「—Droit civil—Les sûretés」 4" édition, la publicité
　　foncière, 2004.

Ⅲ. 언론기사 및 기타자료

남효순, "등기된 부동산유치권 폐지 – 찬성", 법률신문, 2013년 3월 25일, ⟨https://m.lawtimes.co.kr/Content/Opinion?serial=73558⟩, 최종확인: 2020. 3. 31.

이광수, "등기된 부동산유치권 폐지–반대", 법률신문, 2013년 3월 25일, ⟨https://m.lawtimes.co.kr/Content/Opinion?serial=73558⟩, 최종확인: 2020. 3. 31.

이진기, "부동산유치권의 재고", 법률신문, 2013년 4월 29일, ⟨https://m.lawtimes.co.kr/Content/Info?serial=138794⟩, 최종확인: 2020. 3. 23.

한국경제, "경매 허위유치권 폐해 심각", 한국경제신문, 2005년 8월 8일, ⟨ http://economy.hankooki.com/ArticleView/ArticleView.php?url=news/200508/e2005080816470770300.htm&ver=v002⟩, 최종확인: 2020. 3. 20.

_____, "경매 저가매각 유도…'허위 유치권' 소송 5년간 2배 급증", 2018년 10월 18일, ⟨http://news.hankyung.com/article/2018100841421⟩, 최종확인: 2020. 4. 11.

이찬양, "부동산 경매 압류·현금화·배당단계에서 유치권의 한계에 관한 검토", 한국민사소송법학회 제1회 정기학술대회 발표문, 한국민사소송법학회, 2020.

임정윤, "부동산 경매 압류·현금화·배당단계에서 유치권의 한계에 관한 검토에 대한 토론문", 한국민사소송법학회 제1회 정기학술대회 토론문, 한국민사소송법학회, 2020.

제3장

나가며

본문에서는 부동산 유치권법 각론의 논의를 크게 제1장 압류와 유치권 간의 우열 관계, 제2장 압류 · 저당권과 유치권의 우열에 관한 입법적 대안으로 검토하였는바, 연구 · 검토한 바를 종합하면 다음과 같다.

제1장 제1절 압류와 유치권의 우열 관계에서는 어느 시기를 묻지 않고 성립한 유치권자보다 압류채권을 우선한다는 점에서 부동산 경매절차에서 여러 이해당사자들의 법적 안정성을 중시한 법리이자 대법원 판례법리인 대항력부정설이 더 타당하다.

대항력부정설에 따른 압류채권에 관한 유치권의 우열논제에서는 첫째, 압류 이후 채무자의 관리행위 · 이용행위는 압류의 처분금지효에 반하는 것이 아니다. 부동산에 대한 압류 이후에는 채무자가 ⅰ) 부동산의 보관 · 관리를 목적으로 임치계약 또는 위임계약을 체결하는 행위를 하거나, ⅱ) 수리 · 수선을 할 목적으로 도급계약을 체결하는 행위, ⅲ) 부동산을 수치인 · 위임인 또는 도급인에게 인도하고 그들에게 계약의 이행을 하도록 할 목적으로 상당 비용을 투입하거나 보관 및 관리비용이 발생한 경우 압류의 처분금지효에 반하는 것으로 판단할 수는 없다. 특히 ⅲ) 의 경우 그 수치인 등이 부동산과 관련된 유치권을 취득한 경우 경매절차상의 매수인에 대하여 대항할 수 있다.

둘째, 압류 효력이 발생한 이후 채무자가 부동산을 타인에게 임대해준 행위가 있는 경우 민법 제621조에 따라 등기하거나 주택임대차보호법 제3조와 상가건물임대차보호법 제3조에 따라 대항요건을 갖추게 된 경우라 할지라도 경매신청인에 대하여 대항할 수 없다고 판단하는 것이 합리적이며 대항력부정설의 견해와도 일맥상통하므로 타당한 것으로 판단된다.

셋째, 부동산에 대하여 경매개시결정의 기입등기가 경료되어 압류 효력이 발생한 이후 채무자가 제3자에게 부동산의 점유를 이전해줌으로써 유치권을 취득하도록 한 경우라면 이 점유이전행위는 처분행위에 해당한다. 따라서 이 경우에서의 압류채권에 관한 유치권의 대항력은 인정되지 않는 것으로 판단하는 것이 합리적이며 대항력부정설과도 양립 가능하다.

한편, 무조건적으로 점유이전≠처분행위로 판단해서도 안 될 것이며 그렇다고 점유이전=처분행위로 판단함은 검토가 필요하다. 그 판단을 함에서는 압류의 목적 등 여러 제반사정을 종합적으로 고려하여 처분행위 여부를 판단하는 것이 합리적이다.

넷째, 압류 이후 부동산에 대하여 비용을 지출한 경우(부동산 증·개축의 경우 포함) 부동산 경매절차의 매수인에 대해 비용을 지출한 부분에 한정하여 유치권을 주장하며 대항할 수 있다는 법리는 타당하다.

다섯째, 압류채권에 관하여 대항할 수 없는 자(임차인 등)는 불법점유가 아닌 한, 비용을 지출한 부분의 가치증가가 명확한 경우라면 그 유치권의 성립 자체를 불허하는 것은 타당하지 않다. 즉, 이 경우 유치권의 성립은 가능하나 압류채권에 대하여 대항할 수 없는 것으로 판단하는 것이 합리적이다.

위와 같은 논의는 대법원이 유치권을 공평의 견지 측면에서 변제의 간접적인 확보, 그리고 최우선변제의 사실상의 보장을 위한 제도로 파악하고 있으면서도 유치권자와 다른 이해당사자 간 우열 관계를 합리적으로 조정할 목적, 그리고 민사집행제도의 신속·적정한 운용을 도모할 목적으로 그 행사를 합리적으로 제한하는 것으로 판단된다.

제1장 제2절 압류·저당권과 상사유치권의 우열 관계 논제에서는 다음과 같이 검토하였다. 대항관계설에 따른 상사유치권의 우열논제에 있어서 첫째, 선행저당권에 관한 민사유치권의 우열에서 판례의 입장이 대항력인정설의 입장을 채택하였다고 할지라도 상사유치권에서는 선행저당권자의 권리가 침해되지 않도록 대항관계설 법리를 취하는 것이 합리적이다. 민사유치권과 상사유치권의 연혁, 제도의 목적을 고려해볼 때 상사유치권의 우열을 다르게 취급할 근거를 찾을 수 있기 때문이다.

둘째, 선행하고 있는 기존 제한물권이 확보하고 있었던 담보가치를 상사유치권의 주장을 통하여 사후적으로 침탈할 수 없다는 주장은 민사유치권자와 비교해볼 때 상사유치권자를 불리하게 차별하는 법리가 아니며 매우 적절한 법리이다.

셋째, 대법원 판결(2005다22688)에서의 법리논의가 상사유치권 관련 논의로 집중되어야 한다는 주장은 적어도 목적물을 건물이 아닌 대지에 관한 사안으로만 한정했을 경우에는 동의할 수 있다. 그러나 대법원 판결(2005다22688)에서의 사안은 건물의 대지만을 그 목적물의 대상으로 정하여 법리를 판단해야만 하는 사건이 아니었기 때문에 반드시 상사유치권의 관점에서만 법리를 검토하였어야만 하는 주장은 타당하지 않다.

대항관계설에 따른 대법원 판례 검토에서는 첫째, 대법원 판결(2010다57350)은 대항관계설 법리를 판시하였고 일응 타당하다. 둘째, 대항관계설 법리를 취할 경우 발생하는 한계를 보완하고자 소멸설과 상행위제한설 법리를 검토하였는바, 소멸설 또는 상행위제한설 법리를 취할 경우의 한계가 더 명백하고 극명히 드러나므로 대항관계설 법리가 상대적으로 더 합리적이다. 셋째, 이 대항관계설의 한계점은 대항관계설 법리에 상사유치권은 신소유자 등의 후행권리자에 대하여 대항할 수 있다는 법리를 보완하면 해결할 수 있다. 넷째, 대항관계설 법리와 보완법리에 대한 입법화는 기존 규정의 해석만으로도 충분하므로 굳이 입법화할 필요는 없다.

제1장 제3절 압류와 유치권의 우열 법리의 재구성 논제에 관하여는 어느 시기를 묻지 않고 성립한 유치권자보다 압류를 우선한다는 점에서 부동산 경매절차에서 여러 이해당사자들의 법적 안정성을 중시한 법리인 대법원 판례법리인 대항력 부정설이 더 타당하다.

그런데 이 대항력 부정설을 중심으로 쟁점들을 검토함에 앞서 대항력 부정설 내의 법리 간 관계 내지 연관성의 부재 지점이 있을 수 있으며 다음과 같이 검토하였다. 대항력 부정설 법리 하에서 ⅰ) 판례의 근거 법리로써 압류의 처분금지효 법리와 법적 안정성 법리는 아예 절연의 관점으로 파악하는 것은 다소 위험의 소지가 있고 일맥상통할 수 있는 법리로 판단하는 것이 타당하다. 그리고 ⅱ) 압류 이후 유치권의 우열 법리와 매수인에 대한 유치권의 우열 법리 간 관계는 역시 절연의 관점보다는 양자 법리가 함께 가는 내지 연결되는 법리로 판단하는 것이 역시 합리적이다. ⅲ) 압류 이후 유치권 법리와 압류 이후 비용 지출한 유치권 법리 간 관계는 원칙과 예외관계, 법적 안정성의 측면과 실질적 정의의 충돌 관계, 진정소급입법에서의 원칙과 예외의 관계, 양자 법리의 연관성을 유치권의 '성립이 완료된 동일성의 측면'에서의 관계, 압류의 처분금지성에의 유치권자의 저촉 여부의 관점에서의 관계법리로 검토할 수 있다. 즉, 대항력 부정설의 법리 간 부재의 문제 제기를 위와 같은 논의로 검토한 것이다.

대항력 부정설에 따른 압류에 관한 유치권의 우열 논제에서는 첫째, 압류 이후 채무자의 관리행위·이용행위는 압류의 처분금지효에 반하는 것이 아니다. 부동산에 대한 압류 이후에는 채무자가 ⅰ) 부동산의 보관·관리를 목적으로 임치계약 또는 위임계약을 체결하는 행위를 하거나, ⅱ) 수리·수선을 할 목적으로 도급계약을 체결하는 행위, ⅲ) 부동산을 수치인·위임인 또는 도급인에게 인도하고 그들에게 계약의 이행을 하도록 할 목적으로 상당 비용을 투입하거나 보관 및 관리비용이 발생한 경우 압류의 처분금지효에 반하는 것으로 판단할 수는 없다. 특히 ⅲ) 의 경우 그 수치인 등이 부동산과 관련된 유치권을 취득한 경우 경매절차상의 매수인에 대하여 대항할 수 있다.

둘째, 압류 효력이 발생한 이후 채무자가 부동산을 타인에게 임대해준 행위가 있는 경우 민법 제621조에 따라 등기하거나 주택임대차보호법 제3조와 상가건물임대차보호법 제3조에 따라 대항요건을 갖추게 된 경우라 할지라도 경매신청인에 대하여 대항할 수 없다고 판단하는 것이 합리적이며 대항력 부정설의 견해와도 일맥상통하므로 타당한 것으로 판단된다.

셋째, 부동산에 대하여 경매개시결정의 기입등기가 경료되어 압류 효력이 발생한 이후 채무자가 제3자에게 부동산의 점유를 이전해줌으로써 유치권을 취득하도록 한 경우라면 이 점유이전행위는 처분행위에 해당한다. 따라서 이 경우에서의 압류채권에 관한 유치권의 대항력은 인정되지 않는 것으로 판단하는 것이 합리적이며 대항력 부정설과도 양립 가능하다.

한편, 압류에 관하여 점유자의 점유이전행위가 있는 경우 무조건적으로 점유이전≠처분행위로 판단해서도 안 될 것이며 그렇다고 점유이전=처분행위로 판단함은 검토가 필요하다. 그 판단을 함에서는 압류의 목적 등 여러 제반사정을 종합적으로 고려하여 처분행위 여부를 판단하는 것이 합리적이다. 위 논의와 더불어 압류채권이 있는 경우 점유자가 비용을 지출하였을 때 유치권의 우열에 관하여도 후속 연구에서 검토되어야 할 것이다.

압류 이후 유치권자에 대한 대항력 부정설 적용의 예외영역이 있을 수 있다. 원칙적으로 압류에 대하여 유치권으로 대항할 수 없는 것으로 하되(대항력 부정설의 원론적 입장), 비용을 들인 자가 그 비용을 들인 가치가 해당 목적물에 잔존하고 있고 그 가치가 본래보다 증가하였음이 객관적으로 명확한 것에 다다른 것으로 판단될 수 있는 경우(법원에 의한 감정평가 등)라면 이러한 비용을 들인 유치권자는 압류에 대하여 대항할 수 있다는 법리가 합리적이다(원칙에 대한 예외로써의 실질적 정의의 측면).

상기 제 논의는 대법원이 유치권을 공평의 견지 측면에서 변제의 간접적인 확보, 그리고 최우선변제의 사실상의 보장을 위한 제도로 파악하고 있으면서도 유치권자와 다른 이해당사자 간 우열관계를 합리적으로 조정할 목적, 그리고 민사집행제도의 신속 · 적정한 운용을 도모할 목적으로 그 행사를 합리적으로 제한하는 것으로 판단된다.

제2장 제1절 집행법적 시각에서의 유치권 개정안 재조명에서의 논의는 다음과 같다. 유치권 개정안의 핵심은 유치권을 폐지하고 저당권으로 전환하자는 것이다. 그러나 개정안은 부동산 경매 압류단계에서 선행(가)압류채권에 대한 유치권의 우열상 불합리성 및 권리보호의 약화 가능성 문제가 있고 현금화 단계에서는 변제기 소급효에 의한 선행저당권에 대한 유치권(저당권)의 우열상 불합리성 및 채권자의 열후적 지위 가능성의 문제가 있다. 또한, 배당단계에서는 허위유치권자의 저당권설정청구의 소 제기에 따른 유치권자의 배당상 우열문제 등이 있다.

따라서 유치권을 전면적으로 폐지하면서 굳이 저당권설정청구권 제도를 도입하고자 하는 본 개정안의 입장이 실익이 있는지 의문이다. 따라서 저당권을 설정할 수 있도록 하는 것이 아니라 유치권을 기존과 같이 존치하되 등기를 할 수 있도록 하는 방안이 타당하다. 무엇보다도 개정안에서 유치권 폐지 · 저당권 전환방안을 통해 얻고자 하는 장점들은 기존 유치권을 존치하되 보완하는 선에서 충분히 얻을 수 있기 때문에 굳이 유치권을 폐지해야 할 필요는 없다.

한편, 유치권을 폐지 주장의 가장 큰 원인으로 허위 · 가장유치권의 폐해를 제시하고 있으나 엄밀히 말하면 허위 · 가장유치권의 경우 진정한 유치권의 범위에 해당하는 것이 아니고 따라서 유치권의 문제로 판단할 필요가 없다. 그러므로 허위 · 가장유치권으로 인해 폐해가 발생한 경우에는 적합한 민 · 형사상 제재를 통해 해결하면 된다.

또한, 50여 년 동안 유지된 권리인 유치권을 한 번에 폐지하는 개정안은 입법실무의 절차적인 측면에서 문제가 있다. 한 권리를 급격히 폐지하는 것도 모자라 새로운 권리로 전환하는 내용의 입법안은 앞서 검토한 여러 문제들을 안고 있으므로 입법자의 찬성을 얻기에는 매우 큰 부담으로 작용한다. 이 입법안은 찬성과 반대진영이 팽배하게 대립할 소지가 있고 대립은 선거에서 유권자의 대립으로도 나타난다. 국회의원의 관심사이자 모든 정치·입법 활동 여부의 기준은 재선의 성공이므로 법안에 찬성을 표명할 경우 지역구의 성향에 따라 자칫 낙선할 수 있는 것이다. 따라서 입법자는 본 법안에 대해 흔쾌히 찬성하기 어렵다. 현재 개정안은 본회의 절차까지 가지 못하였으며 법사위에서 임기만료 폐기되었다.

향후 입법안이 기존 입장과 유사하게 유치권 폐지의 내용을 담아 국회에 제출될 가능성이 높은바, 이 경우 국회에서 과거와 동일하게 법사위 단계에서 검토·심사가 진행될 수는 있을 것이다. 그러나 개정안은 본회의 단계로의 진행조차도 난관이 많을 것이며 법사위에서 심사 도중 과거와 동일하게 임기만료 폐기될 것이다.

따라서 입법 실무의 측면도 고려할 경우 유치권을 급격히 폐지하면서 저당권으로 전환하여 대혼란을 초래할 수 있는 방안보다 일단 오랫동안 시행해온 유치권을 존치시키면서 유치권에 의해 발생될 수 있는 문제들은 유치권 제도의 운용상의 문제로 판단하여 보완해나가는 방식이 법적 안정성의 측면에서도 합리적이다.

제2장 제2절 저당권설정청구권 제도 도입의 도입 가능성에서의 검토내용은 다음과 같다. 현행 유치권은 정당한 유치권이라 할지라도 등기에 공시되지 않아 이해당사자들의 우열을 가리기 어렵게 한다는 비판을 받는다. 이 문제를 해결하고자 유치권에 대해서는 개선안을 비롯하여 폐지 논의에 이르기까지 많은 논의가 진행되고 있다.

법무부 민법개정위원회에서는 유치권 제도를 개정하여 미등기 부동산에 대해서만 유치권을 원칙적으로 인정해주는 한편, 저당권설정청구권 제도를 도입하여 그에 대한 보완책을 마련하고자 하였다. 본 개정안은 법제처 심사를 통해 국회 법제사법위원회에 회부되었으나 임기 만료되어 폐기되었다.

개정안의 핵심은 기존의 부동산 유치권을 전면적으로 폐지하고 저당권으로 전환하자는 것이다. 이것은 이론적으로는 일응 타당한 법리일 수 있으나 실무적으로는 특히 저당권설정청구권 제도 도입으로 인한 문제가 첨예하게 대립될 소지가 많으므로 검토가 필요하다. 그런데 이 저당권설정청구권 제도 도입을 담은 개정안은 과거 개정안의 흐름을 살펴보건대 다시 기존 유치권을 폐지하고 저당권설정청구권 제도 도입을 핵심으로 하는 개정안이 제출될 가능성이 높다.

이 이유로 개정안의 핵심인 저당권설정청구권 제도 도입 개정안을 중심으로 입법안을 검토할 필요가 있다. 검토할 경우에는 부동산 경매절차 중 가장 심각한 문제가 야기되는 부동산 경매 현금화단계 중 선행저당권에 관한 유치권의 우열 논제를 중심으로 검토하였다.

첫 번째 쟁점으로 유치권을 저당권으로 전환할 경우 저당권의 효력발생시기에 있어 변제기 소급효 인정에 따른 문제를 적시하였다. 이를 통해 선행저당권에 관한 유치권의 우열상 불합리성도 발생함을 검토하였다. 이 문제를 개선하고자 저당권 효력발생시기의 재정립에 관한 검토를 통해 유치권성립시설이 타당함도 도출하였다.

다음 쟁점으로 본 개정안이 도입될 경우 선행저당권에 관한 채권자의 열후적 지위 가능성을 검토하였다. 또한, 선행저당권이 존재하는 경우 개정안 제369조의2에서의 저당권, 제369조의3에서의 저당권, 민법 제666조에서의 저당권 등 3가지 저당권의 존재로 인한 우열상의 혼란이 야기될 수 있음도 검토하였다.

개정안이 도입되면 저당권자 등 다른 이해관계인들 입장에서의 신뢰 침해 및 예상치 못한 손해 발생의 위험이 예상된다. 그리고 오히려 공평의 원칙에 의해 당연하게 보호받아야 할 정당한 채권자가 소외되기도 한다. 따라서 입법방향을 굳이 개정안대로 적용해야 하는지 그 실익이 미흡하다. 따라서 부동산 유치권제도를 급격하게 폐지한 후 저당권설정청구권 제도를 도입하는 것 보다는 유치권을 존치시키되 발생되는 문제를 해결하여 그 제도의 효과를 극대화하는 방안으로의 모색이 타당한 입법방향일 것이다.

부동산유치권의 존치를 전제로 한 구체적인 입법방향으로는 첫째, 유치권을 전면적으로 폐지할 것이 아니라 유치권의 법정담보물권의 법적성질을 그대로 유지시키는 것이 타당하다. 둘째, 유치권등기제도를 신설하면 유치권의 불완전한 공시에서 벗어날 수 있고 법적 안정성 도모가 가능하다. 셋째, 부동산 경매절차에서 유치권자가 피담보채권을 변제받을 수 있게 유치권에 우선변제권을 부여해주는 입법이 필요하다. 넷째, 유치권 제도 자체의 폐지를 요구하는 주된 이유인 인수주의를 폐지하는 소멸주의 원칙을 채택하여야 한다.

이 입법방향은 부동산 경매절차에서 유치권자와 부동산을 둘러싼 여러 이해관계인 등의 이익을 균형 있고 합리적으로 조화시켜줄 수 있는 개정 안이 될 것이다. 즉, 유치물에 대한 경매절차가 진행되는 경우 선순위채권 자, 후순위채권자, 유치권자, 경락인(매수인) 등의 이해관계를 합리적으로 조정할 수 있다.

제2장 제3절 유치권 등기제도의 장·단점과 그 도입 가능성에 관한 논의는 다음과 같다. 유치권 관련 문제를 해결하기 위해서는 부동산 유치권 제도를 급격히 폐지하는 것보다 존치하되 발생할 수 있는 문제를 해결하면서 그 제도의 효과를 극대화하는 방안이 더 타당한 입법 방향으로 판단된다. 유치권은 폐지할 경우 기대하는 긍정적 효과는 존치하되 약간의 입법안만으로도 동일하게 얻을 수 있기 때문이다.

그런데 부동산유치권은 공시가 되지 않아 관련 분쟁은 지속적으로 발생하고 있으므로 신속한 해결이 요청되고 있으며 유치권 존·폐 논의로 대립되었다. 그런데 이제는 위 존폐론의 굴레에서 벗어나 하루라도 빨리 현행 유치권 제도의 합리적 개선 및 예상 가능한 문제 발생의 상쇄, 그리고 입법실무의 측면까지 담보할 수 있는 개선안이 요구되는 시점이 되었다. 그 시작은 부동산 물권 공시제도의 개선이며 그 핵심은 유치권 등기제도 도입이다.

유치권 등기제도 도입방안은 유치권의 성립요건을 점유로 하고, 존속 (우열 또는 대항)요건을 등기로 하는 방안이다. 이처럼 도입할 경우 유치권 과 다른 물권 간 등기부상의 순위번호나 접수 일자를 기준으로 그 우선순 위를 정할 수 있다. 이는 유치권이 공시되지 않아 모든 분쟁의 시작점을 해소할 수도 있다. 유치권자도 불필요한 점유를 할 필요가 없고 소유자 역시 자신의 소유권 지위에 합당하게 부동산을 사용·수익할 수 있다. 또한, 전제조건까지 함께 도입될 경우 여러 당사자의 지위를 합리적으로 조정할 수 있을 것이다.

한편, 유치권 등기제도 도입 시 현행 대법원 판례법리 및 개정안과의 구별실익이 미흡하다는 비판 등이 있을 수 있다. 그러나 유치권 등기제도 도입안은 현행 대법원 판례법리 및 개정안과의 명확한 구별실익이 존재하고 기존의 대법원 판례법리 그대로 구현해낼 수 있다는 점에서 오히려 합리적이다.

그리고 본 제도를 도입할 경우 그 유치권 등기신청 관련 절차, 피담보채권액 등기, 등기 여부 상황에 따른 실무상 논제 등도 검토하였다. 유치권 등기제도를 도입할 경우의 최우선 과제인 미등기부동산의 등기방안에 관하여는 일본의 임시가등기부 제도를 도입하면 그 해결의 모색을 꾀할 수 있다. 이와 관련하여 일본에서의 강화된 등기관 제도의 도입도 검토하였다. 무엇보다 유치권을 등기할 수 있는 방안으로는 등기청구권에 의한 등기방안보다 부동산유치권등기명령제도 도입이 더 타당하다. 한편, 이 제도들의 도입은 시간 및 비용 등이 소요될 것이므로 도입되지 않은 현행법상 논제의 해결을 위한 방안으로, 유치권자가 전세권자 등의 비용상환청구권을 대위 행사하여 가등기·가처분결정을 통해 유치권을 가등기하는 방안도 제시하였다.

유치권 등기제도 도입만으로 유치권 관련 모든 분쟁을 해결할 수는 없다. 그 한계점도 분명히 있을 수 있으나 지속적인 연구 및 입법을 통해 그 제도의 선착을 목표로 나아가야 할 것이다. 무엇보다 본 제도의 도입은 유치권 분쟁에서 가장 핵심논란의 영역인 유치권의 공시 측면을 해결해줄 수 있다. 이는 실체법뿐만 아니라 부동산 경매절차에서도 유치권과 다른 이해당사자 간 법적안정성을 추구할 수도 있으므로 합리적이다.

색인

판례색인

저자 소개

이찬양

고려대학교에서 법학박사 학위를 받았다. 고려대학교 법학전문대학원(Lawschool) 연구교수로 연구영역을 넓혔으며 경상국립대·계명대·국립순천대·성신여대에서 민사소송법 강의를 하였다. 연세대학교에서는 사회과학도를 위한 민법의 기초, 육군사관학교에서는 생활법률, 군 관련 공·사법 관련 강의를 하였다. 대한민국 법무부 법교육 전문강사(법무부 장관 위촉)로 10년째 법 관련 강의를 하고 있다. 또한, 법무부에서 우수강의자로 선정되어, 법무부 주관 전국 초·중·고 법·사회과 전공 교사 직무연수에서 수년간 「우수강의안 강의」를 제공하였다. 전남대학교 법학연구소 Postdoc(교육부·한국연구재단)으로서 유치권을 상법과 도산절차에 접목시키는 연구를 하였으며, 한국민사소송법학회, 한국협상학회, 안암법학회에서 이사·편집위원·편집간사·실무간사 등을 역임하였다. 대한민국국회 입법공무원, 서울특별시 노원구청 연구용역 평가·심의위원 등의 경력도 쌓았다.

민사전자소송과 신기술인 블록체인에 관심이 많아 「차세대 전자소송과 개인정보보호」, 「차세대 전자소송 중 소송기록 전면 디지털화 절차와 블록체인」, 「전자소송 하에서의 전자송달」 논문을 게재하였다. 또한, 「싱가포르 조정협약과 대한민국 조정의 국제적 허브로서의 선도방안」, 「강제징용판결에 등장한 외국법인의 국제재판관할 법리에 관한 고찰」 등의 논문 등도 게재하였다. 「부동산 유치권 강의(박영사)」 단행본의 기출간과 함께 「부동산유치권 개정안 중 저당권설정청구권 제도 도입에 관한 고찰」, 「건물에 관한 상사유치권의 우열」, 「부동산 경매 압류·현금화·배당단계에서 유치권 개정안의 한계에 관한 고찰」, 「부동산 물권 공시제도의 관점에서 유치권 등기제도 도입에 관한 민사법적 고찰」 등의 논문도 게재하였다.

대한민국 법무부 주관 우수강의안 및 교수법 경진대회에서 대한변호사협회장상을 수상하였고, 고려대학교 대학원장상인 우수논문상도 수상하였다.

부동산유치권법 각론

초판발행   2023년 3월 30일

지은이   이찬양
펴낸이   안종만·안상준

편 집   양수정
기획/마케팅   김한유
표지디자인   BEN STORY
제 작   고철민·조영환

펴낸곳   (주) **박영사**
             서울특별시 금천구 가산디지털2로 53, 210호(가산동, 한라시그마밸리)
             등록 1959.3.11. 제300-1959-1호(倫)
전 화   02)733-6771
f a x   02)736-4818
e-mail   pys@pybook.co.kr
homepage   www.pybook.co.kr
ISBN   979-11-303-4411-9 (93360)

* 파본은 구입하신 곳에서 교환해드립니다. 본서의 무단복제행위를 금합니다.
* 저자와 협의하여 인지첩부를 생략합니다.

정 가   25,000원